スロヴァキア語文法

Gramatika slovenského jazyka

長與 進 著

東京 **大学書林** 発行

Gramatika slovenského jazyka

Susumu NAGAYO

Vydavateľstvo Daigaku-šorin
Tokio 2004

まえがき

　私がスロヴァキア語の記述文法を執筆する構想を立てたのは，ブラチスラヴァのコメンスキー大学留学から戻ってきてしばらくした 1983 年のことだった．しかしこの構想が具体化しはじめたのは，東京外国語大学のチェコ語専攻（当時）の講義科目のひとつとして，「スロヴァキア語基礎」を担当するようになった 1994 年以降のことである．講義用の教材として作成した原稿は，毎年書き直され，そして書き足された．記述文法を順番に解説していくという形式の講義に，学年末まで辛抱強く付きあってくれた学生諸君の数は，合計すると 30 名を越える．

　橋本ダナさん（北海道大学講師）には，1996 年と 2001 年の二度にわたって，原稿全体に丁寧に目を通して，詳細なコメントをつけていただいた．スロヴァキア語を母語としつつ，日本語にも堪能なダナさんの，豊かな言語感覚にもとづいた的確なコメントは，本書の随所に生かされている．畏友金田一真澄氏（慶応大学教授）も，お忙しい時間をさいて原稿を通読してくださり，文法用語の用法について貴重なご指摘をいただいた．昨年（2002 年）9 月，本書の仕上げを主要課題のひとつとしてブラチスラヴァに滞在したおり，20 数年来の友人であるユライ・ミハリーク氏は，原稿全体を注意深く読んで，スロヴァキア語の文章表現について，多くの有益なアドバイスをしてくれた．言語学者ヴィクトル・クルパ氏（スロヴァキア科学アカデミー）も留学時代からの友人だが，氏にはこの機会に，総合的なコンサルタント役をお願いした．原稿へのコメントだけでなく，さまざまな疑問点をめぐる長時間の質疑応答にも，快く応じてくださった．このように本書の成立に際しては，何人もの友人から貴重なご助力をいただいた．この場であらためて，心からの感謝の気持ちを表明したい．

　本書の完成を，20 年近くも辛抱強く待っていてくださった佐藤政人氏（大学書林社長）にも，厚くお礼を申し上げなければならない．その間にいただいた励ましのお電話は，数十回にも及ぶだろうか．遅きに失したとはいえ，とにかく脱稿に漕ぎ着けることができたのは，ひとえに佐藤氏の寛容なお心のなせる技と言うほかはない．

まえがき

　近年，スロヴァキアの状況は大きく変化した．私が留学していた 1980 年前後は，まだ社会主義体制の時代で，チェコスロヴァキア連邦制度も自明の現実として受け入れられていた．しかし 1989 年に社会主義体制が崩壊し，1992 年末には連邦制度も解体して，独立したスロヴァキア共和国が国際的に認知されてから，早くも 10 年の歳月が流れた．スロヴァキアの NATO と EU 加盟も，すでに具体的な政治日程に上っている．文字どおり隔世の感がある．

　わが国においてもスロヴァキアの存在は，広く知られるようになり，スロヴァキア語の知識が必要とされる機会が増えている．スロヴァキアに対する関心のあり方も多様化してきた．本書がそうした時代と社会の要請に応えて，スロヴァキア語の知識の普及にいささかでも貢献できれば幸いである．

　最後に拙い本書を，故千野栄一氏のご霊前に捧げさせていただきたい．千野氏には 1970 年代中頃の大学院時代に，言語学の講義を拝聴したとき以来，折にふれてご厚情をたまわった．原稿が完成した段階で，お目にかけてご批判を仰ぐ心づもりでいたが，無念なことに昨年 3 月，忽然と逝去された．もうすこし早く仕上げていればと，後悔の念がこみ上げてくるが，詮ないことになってしまった．今はただ，ご冥福をお祈りするばかりである．

著　者

2003 年 4 月 2 日

Predslov

K napísaniu popisnej gramatiky slovenského jazyka som sa rozhodol v roku 1983, tesne po návrate zo študijného pobytu na Univerzite Komenského v Bratislave. Ku konkretizácii svojej koncepcie som sa však dostal, až keď som v roku 1994 začal prednášať základy slovenčiny na Tokijskej univerzite cudzích jazykov. Rukopis, napísaný ako študijný materiál pre poslucháčov, som z roka na rok prepracovával a doplňoval. Moju prednášku, v rámci ktorej postupne vysvetľujem celú popisnú gramatiku slovenčiny, si s láskavou trpezlivosťou vypočulo až do konca semestra už viac ako tridsať študentov.

Môj rukopis dvakrát (v rokoch 1996 a 2001) pozorne prečítala pani Dana Hashimotová (lektorka na Univerzite Hokkaidó), pričom mi ho okomentovala podrobnými pripomienkami. Jej precízne poznámky, vychádzajúce z bohatého jazykového citu pre svoju materčinu a zo skvelej znalosti japončiny, mi poslúžili pri jeho dopracovávaní. Rukopis ďalej prečítal, napriek svojej zaneprázdnenosti, môj ctený priateľ, pán Masumi Kindaichi (profesor Univerzity Keió) a pomohol mi svojimi vzácnymi radami z oblasti používania gramatickej terminológie. Počas mojej pracovnej návštevy Bratislavy v septembri minulého roku (2002), jedným z hlavných cieľov ktorej bolo dokončenie tohto diela, rukopis pozorne prečítal môj dlhoročný priateľ, pán Juraj Mihalík, a poskytol mi mnoho užitočných rád v súvislosti s používaním slovenských výrazov. Zároveň som pri tejto príležitosti požiadal o odbornú konzultáciu vynikajúceho jazykovedca, pána PhDr. Viktora Krupu, DrSc. (SAV), z priateľstva ktorého mám česť sa tešiť už tiež vyše dvadsať rokov. Pán doktor Krupa so mnou nielenže prebral môj rukopis, ale ochotne sa mi venoval niekoľko hodín, aby mi pomohol

Predslov

aj s vyriešením rozličných konkrétnych otázok. Pri vzniku tohto diela mi takto poskytlo vzácnu pomoc niekoľko priateľov. Za ich cenné rady a podporu im tu vyslovujem svoju hlbokú vďaku.

Moja srdečná vďaka patrí ďalej pánovi Masatovi Satóovi (majiteľ vydavateľstva Daigaku-šorin), ktorý na dokončenie tohto rukopisu trpezlivo čakal skoro dvadsať rokov. Zvlášť mu ďakujem za desiatky neúnavných telefonátov, ktoré boli pre mňa vždy silným povzbudením. Po dlhom meškaní sa mi konečne podarilo svoju prácu dokončiť. Stalo sa tak predovšetkým vďaka jeho láskavej trpezlivosti.

V priebehu posledných desaťročí sa situácia na Slovensku veľmi zmenila. Na začiatku osemdesiatych rokov, keď som tam trávil svoj dvojročný študijný pobyt, panoval ešte socialistický systém a česko-slovenská fedelácia sa považovala za samozrejmosť. V roku 1989 však socialistický režim padol, ba koncom roku 1992 sa rozpadla i federácia. Od zrodu samostatnej Slovenskej republiky (SR) a jej medzinárodného uznania uplynulo už desať rokov. Vstup SR do Severoatlantického paktu (NATO) a do Európskej únie (EÚ) je už dnes na dosah ruky. Časy sa naozaj zmenili.

Aj u nás v Japonsku vchádza existencia Slovenska čoraz viac do všeobecného povedomia. Zároveň s tým vzrastá potreba znalosti slovenčiny a záujem o Slovensko nadobúda stále rozmanitejšie formy. Želal by som si, aby moja práca odpovedala na potreby doby a spoločnosti a, hoci aj skromne, predsa len aby prispela k rozšíreniu znalosti slovenčiny u nás.

Nakoniec si toto dielo dovolím venovať zosnulému pánovi profesorovi Eiičimu Činovi, s ktorým ma spájali srdečné vzťahy od polovice sedemdesiatych rokov, keď som mal tú česť navštevovať jeho prednášky o jazykovede. Pôvodne som pána profesora zamýšľal poprosiť o kritické zhodnotenie hotového rukopisu. On nás však, na náš hlboký zármutok, pred rokom, v marci 2002, náhle

Predslov

opustil. Aj z tohto dôvodu je mi veľmi ľúto, že sa mi túto prácu nepodarilo dokončiť skôr. Teraz mi zostáva už len zaželať pánovi profesorovi ľahký odpočinok.

Autor

2. apríla 2003

目 次

まえがき（日本語） ……………………………………………………………… i
まえがき（スロヴァキア語） …………………………………………………… iii
目次（日本語） …………………………………………………………………… vi
目次（スロヴァキア語） ………………………………………………………… xii

第1部　文字と音声

I　アルファベット

§1　スロヴァキア語のアルファベット ……………………………………… 3

II　母音

§2　スロヴァキア語の母音 …………………………………………………… 7
§3　短母音の発音 ……………………………………………………………… 7
§4　長母音の発音 ……………………………………………………………… 9
§5　二重母音の発音 …………………………………………………………… 11

III　子音

§6　スロヴァキア語の子音 …………………………………………………… 14
§7　子音の発音 ………………………………………………………………… 15
§8　硬子音・軟子音・中立子音 ……………………………………………… 25
§9　軟子音 d', t', ň, l' の表記 ………………………………………………… 26
§10　硬子音・軟子音・中立子音と，母音 i／í, y／ý の書きわけ ……… 30
§11　有声子音と無声子音 …………………………………………………… 32
§12　子音の同化（1）— 有声子音の無声化 ……………………………… 33
§13　子音の同化（2）— 有声子音 v の発音 ……………………………… 35
§14　子音の同化（3）— 無声子音の有声化 ……………………………… 37
§15　子音の同化（4）— 前置詞 z(zo), s(so), k(ku) の発音 ……… 39

— vi —

目　次

　§16　子音の同化（5） － 子音結合による同化 …………………42

IV　アクセント

　§17　スロヴァキア語のアクセント ………………………………45

V　リズム短縮の規則

　§18　リズム短縮の規則 ……………………………………………48
　§19　リズム短縮の規則の例外 ……………………………………50

VI　正書法の規則

　§20　外来語の表記 …………………………………………………53
　§21　大文字の表記 …………………………………………………55
　§22　句読点の用法 …………………………………………………68

第 2 部　形態論

　§23　スロヴァキア語の品詞 ………………………………………93

I　名詞

　§24　スロヴァキア語の名詞 ………………………………………94
　§25　名詞の性 ………………………………………………………94
　§26　名詞の数 ………………………………………………………96
　§27　名詞の格 ………………………………………………………99
　§28　名詞の格変化 ………………………………………………110
　§29　男性活動名詞（1） － chlap タイプ ………………………112
　§30　男性活動名詞（2） － hrdina タイプ ……………………120
　§31　男性不活動名詞（1） － dub タイプ ……………………121
　§32　男性不活動名詞（2） － stroj タイプ ……………………129
　§33　女性名詞（1） － žena タイプ ……………………………133
　§34　女性名詞（2） － ulica タイプ ……………………………138
　§35　女性名詞（3） － dlaň タイプ ……………………………144
　§36　女性名詞（4） － kosť タイプ ……………………………147

— vii —

目 次

§37　女性名詞（5）－ gazdiná, pani, mat'……………………148
§38　中性名詞（1）－ mesto タイプ ……………………………151
§39　中性名詞（2）－ srdce タイプ ……………………………161
§40　中性名詞（3）－ vysvedčenie タイプ ……………………163
§41　3性名詞（4）－ dievča タイプ ……………………………164
§42　不変化名詞 ……………………………………………………166
§43　人名（名前と苗字）の格変化 ………………………………168

II　形容詞

§44　スロヴァキア語の形容詞 ……………………………………182
§45　形容詞の用法 …………………………………………………183
§46　硬変化形容詞 － pekný タイプ ……………………………184
§47　軟変化形容詞 － cudzí タイプ ……………………………187
§48　所有形容詞（1）－ páví タイプ ……………………………189
§49　所有形容詞（2）－ otcov タイプ …………………………191
§50　形容詞の短語形 ………………………………………………193
§51　形容詞の比較級と最上級 ……………………………………195
§52　不変化形容詞 …………………………………………………201

III　代名詞

§53　スロヴァキア語の代名詞 ……………………………………202
§54　人称代名詞 ……………………………………………………203
§55　再帰代名詞 ……………………………………………………213
§56　指示代名詞 ……………………………………………………216
§57　疑問代名詞 ……………………………………………………224
§58　定代名詞 ………………………………………………………228
§59　不定代名詞 ……………………………………………………234

IV　数詞

§60　スロヴァキア語の数詞 ………………………………………239
§61　個数詞 …………………………………………………………240
§62　集合数詞 ………………………………………………………256

目　　次

　　§63　倍数詞 ……………………………………………………258
　　§64　順序数詞 …………………………………………………259
　　§65　種数詞 ……………………………………………………262
　　§66　数詞から派生した名詞 …………………………………263
　　§67　分配をあらわす表現 ……………………………………264

V　動詞

　　§68　スロヴァキア語の動詞 …………………………………265
　　§69　自立動詞と補助動詞 ……………………………………267
　　§70　再帰動詞 …………………………………………………271
　　§71　動詞の体 …………………………………………………276
　　§72　反復動詞 …………………………………………………281
　　§73　現在形 ……………………………………………………282
　　§74　否定形 ……………………………………………………284
　　§75　未来形 ……………………………………………………286
　　§76　過去形 ……………………………………………………290
　　§77　過去完了形 ………………………………………………292
　　§78　命令法 ……………………………………………………293
　　§79　仮定法 ……………………………………………………297
　　§80　不定形 ……………………………………………………299
　　§81　副動詞 ……………………………………………………301
　　§82　能動形動詞現在 …………………………………………305
　　§83　能動形動詞過去 …………………………………………308
　　§84　被動形動詞 ………………………………………………310
　　§85　受動構文 …………………………………………………314
　　§86　動名詞 ……………………………………………………316
　　§87　動詞の時制変化 …………………………………………319
　　§88　不規則動詞 ………………………………………………345
　　§89　特殊変化動詞 ……………………………………………354

VI　副詞

　　§90　スロヴァキア語の副詞 …………………………………359

目　次

§ 91　副詞の分類 ……………………………………………………360
§ 92　副詞の形成（1）－ 形容詞から派生した副詞 ……………364
§ 93　副詞の形成（2）－ 代名詞から派生した副詞 ……………372
§ 94　副詞の形成（3）－ 前置詞と自立的な品詞の変化形が
　　　結びついて形成された副詞 ……………………………………376
§ 95　副詞の形成（4）－ その他の品詞から派生した副詞 ……377
§ 96　副詞の比較級と最上級 ………………………………………378

VII　前置詞

§ 97　スロヴァキア語の前置詞 ……………………………………381
§ 98　おもな前置詞 …………………………………………………381
§ 99　派生的前置詞 …………………………………………………399
§ 100　前置詞的表現 …………………………………………………401
§ 101　前置詞と格の結合 ……………………………………………402
§ 102　方向と場所を示す前置詞 ……………………………………404
§ 103　前置詞の母音化 ………………………………………………407

VIII　接続詞

§ 104　スロヴァキア語の接続詞 ……………………………………409
§ 105　おもな接続詞 …………………………………………………410
§ 106　反復接続詞・複合接続詞・二項相関接続詞 ………………426

IX　助詞

§ 107　スロヴァキア語の助詞 ………………………………………429
§ 108　おもな助詞 ……………………………………………………430
§ 109　助詞の形成 ……………………………………………………447
§ 110　独立していない助詞 …………………………………………447

X　間投詞

§ 111　スロヴァキア語の間投詞 ……………………………………449

目　次

付録1　スロヴァキア語について …………………………………456
付録2　スロヴァキア語関係の参考文献
　(1)　辞書 ……………………………………………………461
　(2)　教科書 …………………………………………………465
　(3)　研究文献 ………………………………………………466
索引（日本語）………………………………………………………473
索引（スロヴァキア語）……………………………………………486

Obsah

Predslov (v japončine) i
Predslov (v slovenčine) iii
Obsah (v japončine) vi
Obsah (v slovenčine) xii

Prvá časť — Písmená a zvuky

I Abeceda

 § 1 Slovenská abeceda 3

II Samohlásky

 § 2 Samohlásky v slovenčine 7
 § 3 Výslovnosť krátkych samohlások 7
 § 4 Výslovnosť dlhých samohlások 9
 § 5 Výslovnosť diftongov 11

III Spoluhlásky

 § 6 Spoluhlásky v slovenčine 14
 § 7 Výslovnosť spoluhlások 15
 § 8 Tvrdé, mäkké a obojaké spoluhlásky 25
 § 9 Písanie mäkkých spoluhlások ď, ť, ň, ľ 26
 § 10 Tvrdé, mäkké a obojaké spoluhlásky a písanie
   samohlások i/í, y/ý 30
 § 11 Znelé a neznelé spoluhlásky 32
 § 12 Spodobovanie spoluhlások (1)
   — Výslovnosť znelých spoluhlások ako neznelých 33
 § 13 Spodobovanie spoluhlások (2)

Obsah

- Výslovnosť znelej spoluhlásky v ·················35
§ 14 Spodobovanie spoluhlások (3)
- Výslovnosť neznelých spoluhlások ako znelých ······37
§ 15 Spodobovanie spoluhlások (4)
- Výslovnosť predložiek z(zo), s(so) a k(ku) ············39
§ 16 Spodobovanie spoluhlások (5)
- Spodobovanie kombináciou spoluhlások ················42

IV Prízvuk

§ 17 Prízvuk v slovenčine ·····································45

V Pravidlo o rytmickom krátení

§ 18 Pravidlo o rytmickom krátení ···························48
§ 19 Výnimky z pravidla o rytmickom krátení ················50

VI Pravopisné pravidlo

§ 20 Písanie slov cudzieho pôvodu ···························53
§ 21 Písanie veľkých písmen ································55
§ 22 Používanie interpunkčných znamienok ····················68

Druhá časť — Morfológia

§ 23 Slovné druhy v slovenčine ·····························93

I Podstatné mená

§ 24 Podstatné mená v slovenčine ···························94
§ 25 Rod podstatných mien ·································94
§ 26 Číslo podstatných mien ································96
§ 27 Pád podstatných mien ·································99
§ 28 Skloňovanie podstatných mien ·························110
§ 29 Životné podstatné mená mužského rodu (1)
- vzor chlap ···112

Obsah

§ 30 Životné podstatné mená mužského rodu (2)
      – vzor hrdina ································120
§ 31 Neživotné podstatné mená mužského rodu (1)
      – vzor dub ····································121
§ 32 Neživotné podstatné mená mužského rodu (2)
      – vzor stroj ··································129
§ 33 Podstatné mená ženského rodu (1) – vzor žena ········133
§ 34 Podstatné mená ženského rodu (2) – vzor ulica ········138
§ 35 Podstatné mená ženského rodu (3) – vzor dlaň ········144
§ 36 Podstatné mená ženského rodu (4) – vzor kosť ········147
§ 37 Podstatné mená ženského rodu (5)
      – gazdiná, pani, mať ····························148
§ 38 Podstatné mená stredného rodu (1) – vzor mesto ······151
§ 39 Podstatné mená stredného rodu (2) – vzor srdce ······161
§ 40 Podstatné mená stredného rodu (3)
      – vzor vysvedčenie ······························163
§ 41 Podstatné mená stredného rodu (4) – vzor dievča ·····164
§ 42 Nesklonné podstatné mená ····························166
§ 43 Skloňovanie mien a priezvisk ························168

II Prídavné mená

§ 44 Prídavné mená v slovenčine ··························182
§ 45 Používanie prídavných mien ··························183
§ 46 Tvrdé prídavné mená – vzor pekný ····················184
§ 47 Mäkké prídavné mená – vzor cudzí ····················187
§ 48 Privlastňovacie prídavné mená (1) – vzor páví ········189
§ 49 Privlastňovacie prídavné mená (2) – vzor otcov ·······191
§ 50 Krátke tvary prídavných mien ························193
§ 51 Komparatív a superlatív prídavných mien ·············195
§ 52 Nesklonné prídavné mená ·····························201

III Zámená

- § 53 Zámená v slovenčine ················202
- § 54 Osobné zámená ················203
- § 55 Zvratné zámená ················213
- § 56 Ukazovacie zámená ················216
- § 57 Opytovacie zámená ················224
- § 58 Vymedzovacie zámená ················228
- § 59 Neurčité zámená ················234

IV Číslovky

- § 60 Číslovky v slovenčine ················239
- § 61 Základné číslovky ················240
- § 62 Skupinové číslovky ················256
- § 63 Násobné číslovky ················258
- § 64 Radové číslovky ················259
- § 65 Druhové číslovky ················262
- § 66 Podstatné mená odvodené od čísloviek ················263
- § 67 Výraz, vyjadrujúci rozdelenie ················264

V Slovesá

- § 68 Slovesá v slovenčine ················265
- § 69 Významové (plnovýznamové) a pomocné slovesá ·······267
- § 70 Zvratné slovesá ················271
- § 71 Slovesný vid ················276
- § 72 Opakovacie slovesá ················281
- § 73 Prítomný čas (prézent) ················282
- § 74 Záporné tvary ················284
- § 75 Budúci čas (futúrum) ················286
- § 76 Minulý čas (préteritum) ················290
- § 77 Predminulý čas (antepréteritum) ················292
- § 78 Rozkazovací spôsob ················293

Obsah

§ 79 Podmieňovací spôsob · 297
§ 80 Infinitív · 299
§ 81 Prechodník · 301
§ 82 Činné príčastie prítomné · 305
§ 83 Činné príčastie minulé · 308
§ 84 Trpné príčastie · 310
§ 85 Pasívne konštrukcie · 314
§ 86 Slovesné podstatné mená · 316
§ 87 Časovanie slovies · 319
§ 88 Nepravidelné slovesá · 345
§ 89 Slovesá špeciálneho časovania · 354

VI Príslovky

§ 90 Príslovky v slovenčine · 359
§ 91 Triedenie prísloviek · 360
§ 92 Tvorenie prísloviek (1)
 — príslovky odvodené od prídavných mien · 364
§ 93 Tvorenie prísloviek (2)
 — príslovky odvodené od zámen · 372
§ 94 Tvorenie prísloviek (3)
 — príslovky tvorené spájaním predložiek s plnovýznamovými slovnými druhmi · 376
§ 95 Tvorenie prísloviek (4)
 — príslovky odvodené od iných slovných druhov · 377
§ 96 Komparatív a superlatív prísloviek · 378

VII Predložky

§ 97 Predložky v slovenčine · 381
§ 98 Hlavné predložky · 381
§ 99 Druhotné predložky · 399
§ 100 Predložkové výrazy · 401
§ 101 O spájaní predložiek s pádmi · 402

Obsah

§ 102　Predložky, ukazujúce smer a miesto deja ············404
§ 103　Vokalizácia predložiek ····························407

VIII　Spojky

§ 104　Spojky v slovenčine ·······························409
§ 105　Hlavné spojky ····································410
§ 106　Opakované spojky, zložené spojky a dvojčlenné
　　　súvzťažné spojky ·································426

IX　Častice

§ 107　Častice v slovenčine ······························429
§ 108　Hlavné častice ···································430
§ 109　Tvorenie častíc ··································447
§ 110　Nesamostatné častice ·····························447

X　Citoslovcia

§ 111　Citoslovcia v slovenčine ···························449

Príloha 1　Krátke poznámky o slovenčine ················456

Príloha 2　Literatúra o slovenčine

(1)　Slovníky ·······································461
(2)　Učebnice ·······································465
(3)　Odborná literatúra ······························466

Index (v japončine) ····································473

Index (v slovenčine) ···································486

第1部　Prvá časť

文字と音声　Písmená a zvuky

I アルファベット　Abeceda

§1　スロヴァキア語のアルファベット　Slovenská abeceda

スロヴァキア語のアルファベットはラテン文字を用い，以下の46文字からなる．

文字		名称		音価
A	a	krátke a	短いア	[a]
Á	á	dlhé á	長いアー	[á]
Ä	ä	široké e	広いエ	[æ/e/a]
B	b	bé	ベー	[b]
C	c	cé	ツェー	[c]
Č	č	čé	チェー	[č]
D	d	dé	デー	[d]
Ď	ďʼ	ďʼé	ヂェー	[ďʼ]
Dz	dz	dzé	ヅェー	[ʒ]
Dž	dž	džé	ジェー	[ǯ]
E	e	krátke e	短いエ	[e]
É	é	dlhé é	長いエー	[é]
F	f	ef	エフ	[f]
G	g	gé	ゲー	[g]
H	h	há	ハー	[h]
Ch	ch	chá	ハー	[x]
I	i	krátke i	短いイ	[i]
Í	í	dlhé í	長いイー	[í]
J	j	jé	イェー	[j]

—3—

第1部　文字と音声　Písmená a zvuky

K	k	ká	カー	[k]
L	l	el	エル	[l]
Ĺ	ĺ	dlhé el	長いエル	[ĺ]
L'	l'	el'	エリ	[l']
M	m	em	エム	[m]
N	n	en	エヌ	[n]
Ň	ň	eň	エニ	[ň]
O	o	krátke o	短いオ	[o]
Ó	ó	dlhé ó	長いオー	[ó]
Ô	ô	o s vokáňom	山形記号のついたオ	[ŭo]
P	p	pé	ペー	[p]
Q	q	kvé	クヴェー	[kv]
R	r	er	エル	[r]
Ŕ	ŕ	dlhé er	長いエル	[ŕ]
S	s	es	エス	[s]
Š	š	eš	エシ	[š]
T	t	té	テー	[t]
Ť	ť	ť é	チェー	[ť]
U	u	krátke u	短いウ	[u]
Ú	ú	dlhé ú	長いウー	[ú]
V	v	vé	ヴェー	[v]
W	w	dvojité vé	二重のヴェー	[v]
X	x	iks	イクス	[ks／gz]
Y	y	ypsilon	イプシロン	[i]
Ý	ý	dlhý ypsilon	長いイプシロン	[í]
Z	z	zé	ゼー	[z]
Ž	ž	žé	ジェー	[ž]

I　アルファベット　Abeceda

小文字の活字体と筆記体

a	a	á	á	ä	ä	b	b
c	c	č	č	d	d	ď	ď
e	e	é	é	f	f	g	g
h	h	ch	ch	i	i	í	í
j	j	k	k	l	l	ĺ	ĺ
ľ	ľ	m	m	n	n	ň	ň
o	o	ó	ó	ô	ô	p	p
r	r	ŕ	ŕ	s	s	š	š
t	t	ť	ť	u	u	ú	ú
v	v	x	x	y	y	ý	ý
z	z	ž	ž				

大文字の活字体と筆記体

A	A	B	B	C	C	Č	Č
D	D	Ď	Ď	E	E	F	F
G	G	H	H	Ch	Ch	I	I
J	J	K	K	L	L	Ľ	Ľ
M	M	N	N	Ň	Ň	O	O
P	P	R	R	S	S	Š	Š
T	T	Ť	Ť	U	U	V	V
X	X	Y	Y	Z	Z	Ž	Ž

第1部　文字と音声　Písmená a zvuky

注1）スロヴァキア語は，原則として1文字で1音を表す．しかし dz [ʒ], dž [ʓ], ch [x] は例外で，2文字で1音を表す．ぎゃくに q [kv], x [ks／gz] は，1文字で2音を表す．

注2）子音 c, d, l, n, s, t, z の上につけられる軟音記号 mäkčeň (ˇ／')は，音が「軟らかく」発音されることを示す（⇒§7）．

注3）母音 a, e, i, o, u, y と，子音 l, r の上につけられる長音記号 dĺžeň (´)は，音が長く発音されることを示す（⇒§4／7）．

注4）a の上に，二重点 dve bodky (¨) をつけて示される ä は，正式には広く開かれた [æ] の音を示すが，ふつうは [e] と発音される（⇒§3）．

注5）o の上に，山形記号 vokáň (ˆ) をつけて示される ô は，二重母音 [ŭo] の音を示す（⇒§5）．

注6）q, w, x の3文字は，外来語起源の語を表記する場合にのみ用いられる（⇒§6）．

注7）外国の固有名詞などを表記する場合は，上記の46文字以外の文字が用いられることもある．

　　例　röntgen [röndgen]（レントゲン線照射機）
　　　　Lübeck [lübek]（リューベック＜ドイツの都市＞）
　　　　Petőfi（ペテーフィ＜ハンガリーの苗字＞）
　　　　Dvořák（ドヴォジャーク＜チェコの苗字＞）

II　母音　Samohlásky

§2　スロヴァキア語の母音　Samohlásky v slovenčine

スロヴァキア語の母音は，音の長短によって，次のように分類することができる．

6個の短母音　― a [a], ä [æ/e/a], e [e], i/y [i], o [o], u [u]
5個の長母音　― á [á], é [é], í/ý [í], ó [ó], ú [ú]
4個の二重母音　― ia [ĭa], ie [ĭe], iu [ĭu], ô [ŭo]

§3　短母音の発音　Výslovnosť krátkych samohlások

短母音 a, ä, e, i/y, o, u の発音は，次のようである．

a [a]　―発音する際の舌の位置は低く，また舌の中央部が，軟口蓋に向かって多少もりあがる．日本語の「ア」にほぼ等しい．

例　a（と＜接続詞＞），na（～の上に＜前置詞＞），
　　tam（そこで，そこへ），mak（ケシ），mapa（地図），
　　matka（母親）

ä [æ/e/a]　―正式の発音である [æ] は，発音する際の舌の位置が [a] よりやや高く，舌の中央部が硬口蓋に向かって多少もりあがる．この発音は，格式の高いスタイルと見なされる．しかしふつうは [e] と発音してよい．この母音は，唇音（b, p, m, v）の後にしか現れず，ほかの母音と比較すると使用頻度は低い．

例　päta [peta]（かかと），mäso [meso]（肉），
　　najmä [naĭme]（とくに），väzy [vezi]（首筋）

第 1 部　文字と音声　Písmená a zvuky

> 注）語によっては，[e] とともに [a] という発音が許容される場合もある．なおこれらの語は中性名詞に属する（⇨§41）．
>
> 例　bábä [bába/bábe]（幼児），holúbä [holúba/holúbe]（ひな鳩），žriebä [žrieba/žriebe]（子馬）

e [e] －発音する際の舌の位置は中程度で，舌が硬口蓋に向かってかなりもりあがる．日本語の「エ」にほぼ等しい．

　例　epos（叙事詩），sen（夢），zem（大地），zase（ふたたび），
　　　pes（犬），vec（もの）

i／y [i] －発音する際の舌の位置は高く，舌の前部が硬口蓋に向かってもりあがる．日本語の「イ」にほぼ等しいが，くちびるをいくぶん左右にくいしばるようにして発音する．i と y の区別は，正書法の規則に基づくもので，d, t, n, l の後に書かれる場合以外は，両者のあいだに発音上の差異はない（⇨§9／10）．

　例　i（も＜接続詞＞），iba（だけ），pivo（ビール），asi（たぶん），
　　　kino（映画館），zima（冬），
　　　byt [bit]（マンション），my [mi]（私たち），syn [sin]（息子），
　　　ryba [riba]（魚），hymna [himna]（頌歌）

o [o] －発音する際の舌の位置は中程度で，舌の後部が，軟口蓋に向かってかなりもりあがる．日本語の「オ」にほぼ等しいが，くちびるを丸めていくぶん前に突き出し，舌を奥に引くようにして発音する．

　例　o（〜について＜前置詞＞），on（彼），dom（家），toto（これ），
　　　oko（目），motor（モーター），popol（灰），okno（窓）

u [u] －発音する際の舌の位置は高く，舌の後部が，軟口蓋に向かって高くもりあがる．日本語の「ウ」に近いが，くちびるを強く丸めて前に突き出し，舌を奥に引くようにして発音する．

II 母音 Samohlásky

例 u（～のもとで＜前置詞＞），um（知恵），ujo（おじさん），
buk（ブナ），tu（ここで），ruka（手）

6個の短母音が発音される際の，舌の位置を図示すると，次のようになる．

	前舌	中舌	奥舌
狭	i		u
半狭	e		o
半広	æ		
広		a	

---

§4 長母音の発音　Výslovnosť dlhých samohlások

長母音á, é, í／ý, ó, úの発音は，次のようである．

á [á] － 短母音aの約2倍の長さで発音される．音質は短母音とほとんど同じであるが，音が多少低くなる．

例 áno（はい），káva（コーヒー），padák（パラシュート），
váza（花瓶），zákon（法律），nová（新しい＜女性単数主格＞）

é [é] － 短母音eの約2倍の長さで発音される．音質は短母音とほとんど同じであるが，口の開き方が多少広くなり，音が多少低くなる．長母音éは，もっぱら外来語において用いられる．

例 éra（時代），téma（テーマ），portrét（ポートレート），
kométa（彗星），nové（新しい＜中性単数主格など＞）

注）通常のスロヴァキア語において長母音éが現れるのは，以下の場合に限られる．

①dcéra [céra]（娘）と，その派生語（dcérsky, dcérinなど）
②pekný タイプに準じて格変化する形容詞・数詞・代名詞の格変化語

第1部　文字と音声　Písmená a zvuky

> 尾 (pekné, pekného, peknému など)
> ③間投詞 bé（ヒツジやヤギの鳴き声，子供の泣き声），mé（ヒツジやヤギの鳴き声）と，その派生語（mékať など）

í/ý [í]　短母音 i, y の約2倍の長さで発音される．音質は，短母音とほとんど同じである．また短母音の場合と同様に，d, t, n, l の後に書かれる場合以外は，í と ý のあいだに発音上の差異はない（⇒§9／10）．

例　ísť（行く），víno（ワイン），sídlo（住居），píla（ノコギリ），
　　noví（新しい＜男性活動名詞複数主格＞），
　　význam [víznam]（意味），sýty [síti]（満腹した），
　　rýchlik [ríxľik]（急行列車），
　　nový [noví]（新しい＜男性単数主格など＞）

ô [ó]　－短母音 o の約2倍の長さで発音される．音質は短母音とほとんど同じであるが，口の開き方が多少狭くなり，音が多少低くなる．長母音 ô はもっぱら外来語において用いられ，通常のスロヴァキア語では，驚きなどを表す間投詞 ô などに現れるだけである．ほかの長母音と比較すると，用いられる頻度は低い．

例　móda（流行），tón（音色），salón（サロン），vagón（車両）

ú [ú]　－短母音 u の約2倍の長さで発音される．音質は短母音とほとんど同じである．

例　ústa（口），búrka（嵐），múr（塀），súcit（同情），
　　novú（新しい＜女性単数対格＞）

> 母音の長短は，語の意味の区別にかかわるので，はっきりと発音しわけなければならない．
>
> 例　tvar（形態＜男性名詞＞）　　－　tvár（顔＜女性名詞＞）
> 　　organ（オルガン）　　　　　－　orgán（器官，機関紙）
> 　　pani [paňi]（婦人＜単数＞）　－　páni [páňi]（紳士＜複数＞）

－ 10 －

II 母音　Samohlásky

```
latka（細い木板）            －  látka（布地）
babka [bapka]（老婆）       －  bábka [bápka]（人形）
zástavka [zástaŭka]        －  zastávka [zastáŭka]
（旗＜指小語＞）                （停留所）
badat'（気づく）             －  bádat'（研究する）
dobre（良く＜副詞＞）         －  dobré（良い＜形容詞＞）
druhy [druhi]（種類＜複数＞） －  druhý [druhí]（第2の）
dom（家）                    －  dóm（大聖堂）
sud [sut]（桶）              －  súd [sút]（裁判所）
```

§5　二重母音の発音　Výslovnosť diftongov

二重母音 ia, ie, iu, ô の発音は，次のようである．

ia [ĭa]　一音節をなさない半母音 i [ĭ] と，音節をなす短母音 a からなる．

例　Vianoce [vĭanoce]（クリスマス），maliar [maľĭar]（画家），mesiac [mesĭac]（月），bratia [braťĭa]（兄弟＜複数主格＞）

ie [ĭe]　一音節をなさない半母音 i [ĭ] と，音節をなす短母音 e からなる．二重母音のなかでは，用いられる頻度がいちばん高い．

例　vietor [vĭetor]（風），rieka [rĭeka]（川），papier [papĭer]（紙），vediet' [veďĭet']（知っている），prízemie [prízemĭe]（1階）

iu [ĭu]　一音節をなさない半母音 i [ĭ] と，音節をなす短母音 u からなる．格変化語尾にのみ現れ，二重母音のなかでは，用いられる頻度がいちばん低い．

例　príezmiu [prízemĭu]（1階＜単数与格＞），lepšiu [ľepšĭu]（より良い＜女性単数対格＞）

ô [ŭo]　一音節をなさない半母音 u [ŭ] と，音節をなす短母音 o からなる

第1部　文字と音声　Písmená a zvuky

る．

例　ôsmy［ŭosmi］（第8の），môj［mŭoǐ］（私の），
kôň［kŭoň］（馬），stôl［stŭol］（テーブル），
vôbec［vŭobec］（まったく）

注1）二重母音は長い1音節であり，その長さは長母音に等しい．

注2）二重母音 ô は，語頭に書かれることができるが，二重母音 ia, ie, iu は，(j 以外の) 軟子音か，あるいは起源的に軟らかい子音の後にのみ現れ，語頭や母音の後には書かれない．語頭や母音の後では，それぞれ ja, je, ju と書かれる．

例　jar（春），jesť（食べる），juh［jux］（南），
šija（首筋），oje（ながえ），moju（私の＜女性単数対格＞）

注3）外来語起源の語における ia, ie, iu は，ふつう二重母音ではなく，それぞれ音節をなす2つの短母音の結合である．

例　diamant［di-amant］（ダイヤモンド），
fialka［fi-alka］（スミレ），biblia［bibli-a］（聖書），
Mária［mári-a］（マーリア＜名前＞），
diecéza［di-ecéza］（司教管区），
štúdium［štúdi-um］（勉強）

ただしスロヴァキア語に定着した語のなかには，外来語起源でも，ia, ie, iu を二重母音として発音する場合がある．

例　diabol［ďiabol］（悪魔），
halier［haľier］（ハリエル＜補助通貨単位＞），
inžinier［inžiňier］（技術者），pacient［pacient］（患者），
pilier［piľier］（支柱）

注4）外来語起源の語における au は，ふつう音節をなす短母音 a と，音節をなさない半母音 u［ŭ］からなる二重母音として発音される．

II 母音　Samohlásky

　　例　august [aŭgust]（8月），auto [aŭto]（車），
　　　　sauna [saŭna]（サウナ），pauza [paŭza]（休憩），
　　　　reštaurácia [reštaŭráci-a]（レストラン）

注5）外来語起源の語における au, eu を，二重母音として発音しても，音節をなす2つの短母音として発音しても，許容する場合もある．

　　例　flauta [flaŭta/fla-uta]（フルート），
　　　　Európa [e-urópa/eŭrópa]（ヨーロッパ）

また外来語起源の語における au, eu を，音節をなす2つの短母音として発音する場合もある．

　　例　autor [a-utor]（著者），
　　　　Austrália [a-ustráli-a]（オーストラリア），
　　　　pneumatika [pne-umatika]（タイヤ）

注6）格変化語尾 ou は，音節をなす短母音 o と，音節をなさない半母音 u [ŭ] として発音される．

　　例　mojou rodnou dedinou [mojoŭ rodnoŭ d'ed'inoŭ]
　　　　（私の生まれた村＜女性単数造格＞）

二重母音の発音は，語の意味の区別にかかわるので，はっきりと発音しわけなければならない．

　例　riad [rĭat]（食器）　　　－　rád [rát]（好き＜男性単数＞）
　　　niekde [ňiegd'e]（どこかで）－　nikde [ňigd'e]
　　　　　　　　　　　　　　　　　　（どこにも～ない）
　　　miesto [mĭesto]（場所）　－　mesto（町）
　　　priechod [prĭexot]（通路）－　prechod [prexot]（移行）

第1部　文字と音声　Písmená a zvuky

III　子音　Spoluhlásky

§6　スロヴァキア語の子音　Spoluhlásky v slovenčine

スロヴァキア語の子音には，次の27個の文字がある（[　]内は音価）.

b [b], c [c], č [č], d [d], d' [d'], dz [ʒ], dž [ǯ], f [f],
g [g], h [h], ch [x], j [j], k [k], l [l], l' [l'], m [m],
n [n], ň [ň], p [p], r [r], s [s], š [š], t [t], t' [t'],
v [v], z [z], ž [ž]

注1）音節をなす長いĺとŕは，独立した子音とは見なされない（⇒§7）.

注2）外来語起源の語を表記する場合は，q, w, xの3文字も用いられる.

①qはつねに母音uとともに書かれ，[k]あるいは[kv]と発音される.

例　Québec [kebek]／Quebec [kvibek]
（ケベック＜カナダの州＞），
quickstep [kvikstep]（クイックステップ＜ダンスの種類＞）

②wは[v]と発音される.

例　Washington [vošiŋkton]（ワシントン），
whisky [viski]（ウイスキー）

③xは，e＋x＋母音，e＋x＋有声子音の場合は[gz]と発音され，そのほかの場合は[ks]と発音される.

例　exemplár [egzemplár]（部数），
exlibris [egzlibris]（蔵書票），

III 子音　Spoluhlásky

xylofón [ksilofón]（木琴，シロフォン），
taxík [taksík]（タクシー），expres [ekspres]（急行），
prax [praks]（実習）

　子音は，調音点や調音方法などにもとづいて，次のように分類することができる．

(1)調音点にもとづく分類
　両唇音 pernoperné　　　　　　－ p, b, m
　唇歯音 pernozubné　　　　　　－ f, v
　前部歯茎音 predod'asnové　　　－ t, d, n, s, z, c, dz
　後部歯茎音 zadod'asnové　　　　－ š, ž, č, dž, r, l, ŕ, ĺ
　歯茎口蓋音 d'asnovopodnebné　 － t', d', ň, l'
　硬口蓋音 tvrdopodnebné　　　　－ j
　軟口蓋音 mäkkopodnebné　　　 － k, g, ch
　喉頭音 hrtanové　　　　　　　　－ h

(2)調音方法にもとづく分類
　閉鎖音 záverové　　　　　　　　－ p, b, m, t, d, n, t', d', ň, k, g
　摩擦音 úžinové　　　　　　　　　－ f, v, s, z, š, ž, j, ch, h
　破擦音 záverovoúžinové　　　　　－ c, dz, č, dž
　側面音 bokové　　　　　　　　　－ l, l', ĺ
　ふるえ音 kmitavé　　　　　　　　－ r, ŕ

§7　子音の発音　Výslovnost' spoluhlások

子音の発音は，次のようである．

b [b] －（両唇音・閉鎖音）両くちびるを閉じてから，口腔に呼気を通して，その閉鎖を破ることによって得られる音である．その際に声帯の振動をともなう（これを有声子音という（⇒§11））．日本語の「バ」の子音部分

－15－

第1部　文字と音声　Písmená a zvuky

にほぼ等しい．

例　banán（バナナ），beseda（討論会），bič（鞭），bok（脇腹），bubon（タイコ），brat（兄弟）

c [c] －（前部歯茎音・破擦音）舌の上部を上の歯と歯茎の境目に近づけて，狭い隙間をつくってから，口腔に呼気を通して得られる音である．その際に声帯の振動をともなわない（これを無声子音という（⇒§11））．日本語の「ツ」の子音部分にほぼ等しい．

例　minca（硬貨），cesta（道），cit（感情），colnica [colňica]（税関），cukor（砂糖），noc（夜）

č [č] －（後部歯茎音・破擦音）舌の前部全体を硬口蓋に近づけて，狭い隙間をつくってから，口蓋に呼気を通して得られる音である．その際に声帯の振動をともなわない．日本語の「チ」の子音部分にほぼ等しい．

例　časopis（雑誌），čelo（額，チェロ），počítač（コンピュータ），čokoláda（チョコレート），čudo（奇跡），meč（剣）

d [d] －（前部歯茎音・閉鎖音）舌の上部を，上の歯と歯茎の境目に押しつけてから，口蓋に呼気を通して，その閉鎖を破ることによって得られる音である．その際に声帯の振動をともなう．日本語の「ダ」の子音部分にほぼ等しい．

例　Dán（デンマーク人），jeden（1），dym [dim]（煙），doba（時期），Dunaj [dunaĭ]（ドナウ河），drevo（木材）

d' [d'] －（歯茎口蓋音・閉鎖音）舌の前部全体を硬口蓋に押しつけてから，口蓋に呼気を通して，その閉鎖を破ることによって得られる音である．その際に声帯の振動をともなう．日本語の「ヂ」の子音部分に近く聞こえるが，この音を正しく発音するためには，練習が必要である（軟音記号の有無については§9参照）．

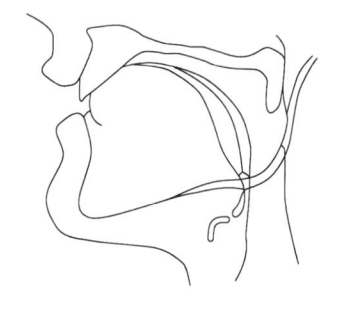

－16－

III 子音　Spoluhlásky

例　d'akovat'（感謝する），deň [d'eň]（日），
　　divadlo [d'ivadlo]（劇場），medved'ovi（クマ＜単数与格＞），
　　d'umbier [d'umbier]（ショウガ），pod'me（行こう）

dz [ʒ] －（前部歯茎音・破擦音）舌の上部を，上の歯と歯茎の境目に近づけて，狭い隙間をつくってから，口腔に呼気を通して得られる音である．その際に声帯の振動をともなう．この音は連続する2つの音ではなく，1つの音である．日本語の「ヅ」の子音部分に近い．

例　sadza [saʒa]（スス），
　　odzemok [oʒemok]（オゼモク＜スロヴァキアの民族舞踊＞），
　　medzi [meʒi]（～の間に＜前置詞＞），
　　cudzojazyčný [cuʒojazični]（外国語の），
　　medzu [meʒu]（境，あぜ＜単数対格＞），
　　odznak [oʒnak]（バッジ）

dž [ӡ] －（後部歯茎音・破擦音）舌の前部全体を硬口蓋に近づけて，狭い隙間をつくってから，口腔に呼気を通して得られる音である．その際に声帯の振動をともなう．この音は連続する2つの音ではなく，1つの音である．日本語の「ジャ」の子音部分に近い．

例　džem [ӡem]（ジャム），džínsy [ӡínsi]（ジーンズ），
　　džob [ӡop]（仕事），džús [ӡús]（ジュース），
　　džbán [ӡbán]（把手つきの水差し）

f [f] －（唇歯音・摩擦音）上の歯を下くちびるに軽く押しあててから，口蓋に呼気を通して得られる音である．その際に声帯の振動をともなわない．英語の「f」の音にほぼ等しい．

例　farba（色），február（2月），figa（イチジク），forma（形），
　　fujara（フヤラ＜スロヴァキアの民族楽器＞），fráza（言い回し）

g [g] －（軟口蓋音・閉鎖音）舌の後部を軟口蓋に押しつけてから，口蓋に呼気を通して，その閉鎖を破ることによって得られる音である．その際に声帯の振動をともなう．日本語の「ガ」（鼻濁音ではないが）の子音部分

第1部　文字と音声　Písmená a zvuky

にほぼ等しい．

　例　agát（アカシア），geograf（地理学者），gitara（ギター），
　　　gombík（ボタン），guma（ゴム），gram（グラム）

h [h] －（喉頭音・摩擦音）声門を開いたまま，喉頭（のどの奥）に呼気を通して得られる音である．その際に声帯の振動をともなう．日本語の「ハ」の子音部分よりも，ずっと喉の奥のほうで発音される．この音を正しく発音するためには，練習が必要である．

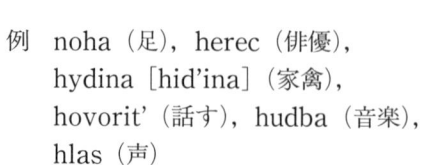

　例　noha（足），herec（俳優），
　　　hydina [hid'ina]（家禽），
　　　hovoriť（話す），hudba（音楽），
　　　hlas（声）

ch [x] －（軟口蓋音・摩擦音）舌の後部を軟口蓋に近づけて，狭い隙間をつくってから，口蓋に呼気を通して得られる音である．その際に声帯の振動をともなわない．日本語の「ハ」の子音部分に近いが，声門をいっそう絞るようにして発音する．

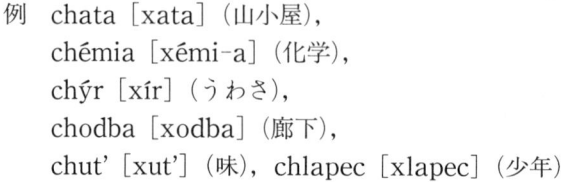

　例　chata [xata]（山小屋），
　　　chémia [xémi-a]（化学），
　　　chýr [xír]（うわさ），
　　　chodba [xodba]（廊下），
　　　chuť [xuť]（味），chlapec [xlapec]（少年）

j [j] －（硬口蓋音・摩擦音）舌の前部全体を硬口蓋に近づけて，狭い隙間をつくってから，口蓋に呼気を通して得られる音である．その際に声帯の振動をともなう．日本語の「ヤ」の子音部分に近いが，歯を軽くくいしばり，両くちびるを両脇に強くひいて発音する．

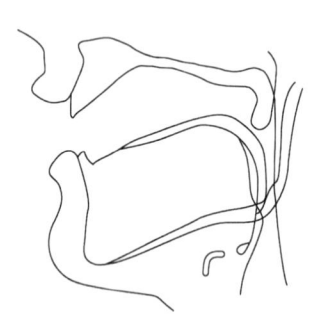

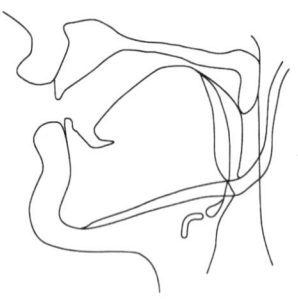

III　子音　Spoluhlásky

例　ja（私），jedlo（食べ物），dejiny [d'ejini]（歴史），
　　Jozef（ヨゼフ＜名前＞），jún（6月），jej [jeĭ]（彼女の）

k [k]　－（軟口蓋音・閉鎖音）舌の後部を軟口蓋に押しつけてから，口蓋に呼気を通して，その閉鎖を破ることによって得られる音である．その際に声帯の振動をともなわない．日本語の「カ」の子音部分にほぼ等しい．

例　kam（どこへ），kefka（ブラシ），kilometer（キロメートル），
　　ako（いかに），kukurica（トウモロコシ），kto（だれ）

l [l]　－（後部歯茎音・側面音）舌の先端を歯茎に押しつけてから，開いている口腔の両側面に呼気を通して得られる音である．その際に声帯の振動をともなう．この音を発音する際には，舌の後部を下げて，「硬く」響くようにしなければならない．日本語にない音なので，正しく発音するためには，練習が必要である．

例　láska（愛情），legenda（伝説），lyrika [lirika]（叙情詩），
　　slon（象），luster（シャンデリア），júl（7月）

　スロヴァキア語では，子音のあいだに置かれた子音lは，音節を形成することができる．そのために音節を形成するl [l̩] には，母音の場合と同じように，短い形とならんで長い形がある．長いĺ [ĺ̩] は，音節を形成する位置（子音のあいだの位置）にのみ現れ，短いlの約2倍の長さで発音される．

例　hlboko [hl̩boko]（深く），
　　jablko [jabl̩ko]（リンゴ），
　　slza [sl̩za]（涙），
　　vlk [vl̩k]（オオカミ），
　　vlna [vl̩na]（波）

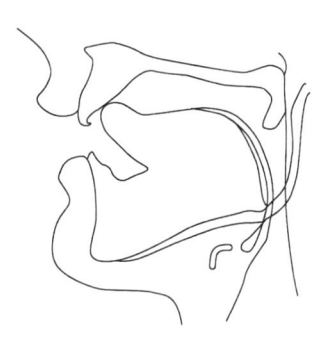

　　dĺžeň [dĺ̩žeň]（長音記号），stĺp [stĺ̩p]（柱），
　　vĺča [vĺ̩ča]（オオカミの子）

— 19 —

第1部　文字と音声　Písmená a zvuky

l' [l'] －(歯茎口蓋音・側面音) 舌の前部全体を硬口蓋に押しつけてから，開いている口腔の両側面に呼気を通して得られる音である．その際に声帯の振動をともなう．日本語にない音なので，正しく発音するためには，練習が必要である(軟音記号の有無については§9参照)．

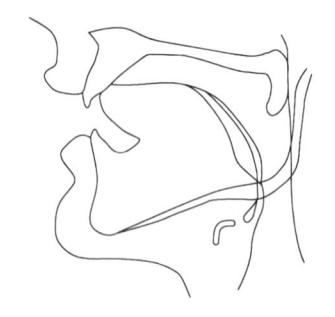

　例　l'alia [l'ali-a] (ユリ)，
　　　les [l'es] (森)，list [l'ist] (手紙)，
　　　král'ovstvo [král'oŭstvo] (王国)，
　　　l'udový [l'udoví] (民衆の)，sol' (塩)

m [m] －(両唇音・閉鎖音) 両くちびるを閉じてから，鼻に呼気を通して得られる音である．その際に声帯の振動をともなう．日本語の「マ」の子音部分にほぼ等しい．

　例　mamut (マンモス)，mesto (町)，mimo (の外に＜前置詞＞)，
　　　more (海)，múdry [múdri] (賢明な)，sem (こちらへ)

n [n] －(前部歯茎音・閉鎖音) 舌の上部を，上の歯と歯茎の境目に押しつけてから，鼻に呼気を通して得られる音である．その際に声帯の振動をともなう．日本語の「ナ」の子音部分にほぼ等しい．

　例　nálada (気分)，neón (ネオン)，univerzita (大学)，
　　　noviny [novini] (新聞)，nula (ゼロ)，občan [opčan] (市民)

ň [ň] －(歯茎口蓋音・閉鎖音) 舌の前部全体を硬口蓋に押しつけてから，鼻に呼気を通して得られる音である．その際に声帯の振動をともなう．日本語の「ニ」の子音部分に近い (軟音記号の有無については§9参照)．

　例　dyňa [diňa] (スイカ)，nebo [ňebo] (空)，
　　　nitka [ňitka] (糸)，dvojdňový [dvoĭdňoví] (2日間の)，
　　　ňuchat' [ňuxat'] (嗅ぐ)，kameň (石)

p [p] －(両唇音・閉鎖音) 両くちびるを閉じてから，口腔に呼気を通

III 子音　Spoluhlásky

して，その閉鎖を破ることによって得られる音である．その際に声帯の振動をともなわない．日本語の「パ」の子音部分にほぼ等しい．

例　papagáj［papagáį］（オウム），peniaze［peňiaze］（お金），pivo（ビール），potom（のちに），púpava（タンポポ），prečo（なぜ）

r［r］－（後部歯茎音・ふるえ音）舌の上部を歯茎のほうに巻き上げてから，口蓋に呼気を通して，舌先を数回振動させることによって得られる音である．その際に声帯の振動をともなう．日本語の「ラ」の子音部分や，英語の「r」の音とは異なっているので，正しく発音するためには，練習が必要である．

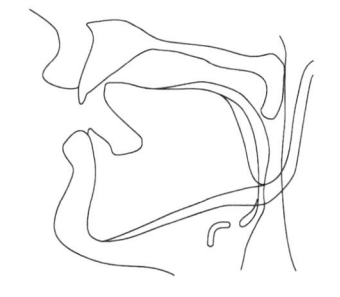

例　ráno（朝），repa（カブ＜植物＞），rybár［ribár］（漁師），rok（年），ruka（手），farár（神父）

スロヴァキア語では，子音のあいだに置かれた子音rは，音節を形成することができる．そのために音節を形成するr［r̥］には，母音の場合と同じように，短い形とならんで長い形がある．長いŕ［ŕ̥］は，音節を形成する位置（子音のあいだの位置）にのみ現れ，短いrの約2倍の長さで発音される．

例　krk［kr̥k］（首），krt［kr̥t］（モグラ），prst［pr̥st］（指），smrť［smr̥ť］（死），povrch［povr̥x］（表面），zrno［zr̥no］（穀粒）

　　mŕtvy［mŕ̥tvi］（死んだ），tŕň［tŕ̥ň］（刺），vŕba［vŕ̥ba］（柳），vŕšok［vŕ̥šok］（丘）

s［s］－（前部歯茎音・摩擦音）舌の上部を歯茎のほうに近づけて，狭い隙間をつくってから，口蓋に呼気を通して得られる音である．その際に声帯の振動をともなわない．日本語の「サ」の子音部分に近いが，siは日本語

第1部　文字と音声　Písmená a zvuky

の「シ」とは違う音なので，発音に注意を要する．

例　sako（背広），sedem [sed'em]（7），sila（力），sokol（タカ），
sused [suset]（隣人），sto（100）

š［š］－（後部歯茎音・摩擦音）舌の中央部を硬口蓋のほうに近づけて，狭い隙間をつくってから，口蓋に呼気を通して得られる音である．その際に声帯の振動をともなわない．日本語の「シ」の子音部分よりも，ずっと口腔の奥のほうで発音され，呼気も強い．正しく発音するためには，練習が必要である．

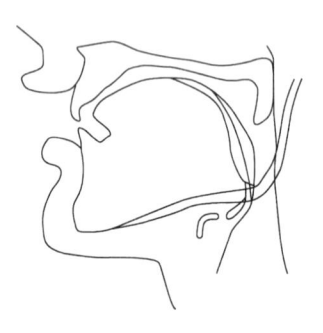

例　duša（魂），šest'（6），
široký [širokí]（広い），šašo（道化），
šuhaj [šuhaǐ]（若者），škola（学校）

t［t］－（前部歯茎音・閉鎖音）舌の上部を，上の歯と歯茎の境目に押しつけてから，口腔に呼気を通して，その閉鎖を破ることによって得られる音である．その際に声帯の振動をともなわない．日本語の「タ」の子音部分にほぼ等しい．

例　Tatár（タタール人），temer（ほとんど），ty [ti]（君），
tok（流れ），tulipán [tul'ipán]（チューリップ），tma（闇）

t'［t'］－（歯茎口蓋音・閉鎖音）舌の前部全体を硬口蓋に押しつけてから，口腔に呼気を通して，その閉鎖を破ることによって得られる音である．その際に声帯の振動をともなわない．日本語の「チ」の子音部分に近く聞こえるが，正しく発音するためには，練習が必要である（軟音記号の有無については§9参照）．

例　t'ava（ラクダ），teta [t'eta]（おばさん），
ticho [t'ixo]（静かに），nit'ový [ňit'oví]（糸製の），
t'uk（ノックの音＜間投詞＞），host'（客）

v［v］－（唇歯音・摩擦音）上の歯を下くちびるに軽く押しあててから，

III 子音　Spoluhlásky

口蓋に呼気を通して得られる音である．その際に声帯の振動をともなう．英語の「v」の音にほぼ等しい．

　例　orgován（ライラック），veverička（リス），víno（ワイン），
　　　voda（水），zvuk（音），vlak（列車）

z [z] －（前部歯茎音・摩擦音）舌先の上部を歯茎のほうに近づけて，狭い隙間をつくってから，口蓋に呼気を通して得られる音である．その際に声帯の振動をともなう．日本語の「ザ」の子音部分に近く聞こえるが，正しく発音するためには，練習が必要である．

　例　zákon（法律），zemiak [zemiak]（ジャガイモ），zima（冬），
　　　zošit（ノート），Zuzana（ズザナ＜名前＞），zvon（鐘）

ž [ž] －（後部歯茎音・摩擦音）舌の中央部を硬口蓋のほうに近づけて，狭い隙間をつくってから，口腔に呼気を通して得られる音である．その際に声帯の振動をともなう．日本語の「ジ」の子音部分よりも，ずっと口腔の奥のほうで発音され，呼気も強い．この音を正しく発音するためには，練習が必要である．

　例　žaba（カエル），žena（女，妻），život（生活，生命），
　　　ružový [ružoví]（バラの），žurnalista（ジャーナリスト），
　　　žralok（サメ）

　次のような子音は混同しやすいので，発音の際に注意する必要がある．

1 ）b（両唇音・閉鎖音）－ v（唇歯音・摩擦音）

　　例　beda（たいへんだ）　－ veda（科学）
　　　　vybaliť [vibaliť]（＜包みを＞解く）
　　　　　　　　　　　　　　－ vyvaliť [vivaliť]（倒す）
　　　　bodka [botka]（点）－ vodka [votka]（ウォッカ）

2 ）č（後部歯茎音・破擦音）－ ť（歯茎口蓋音・閉鎖音）

第 1 部　文字と音声　Písmená a zvuky

　　　例　čelo（額，チェロ）　　－ telo［t'elo］（からだ）
　　　　　či（かどうか＜接続詞＞）－ ti［t'i］（君＜与格＞）
　　　　　vodič［vod'ič］（運転手）－ vodit'［vod'it'］（導く）

3）d'（歯茎口蓋音・閉鎖音）－ dž（後部歯茎音・破擦音）－
　　ž（後部歯茎音・摩擦音）

　　　例　deň［d'eň］（日）－ džem［ǯem］（ジャム）－ žena（女，妻）

4）h（喉頭音・摩擦音）－ ch（軟口蓋音・摩擦音）

　　　例　hodit'［hod'it'］（投げる）－ chodit'［xod'it'］（歩く）
　　　　　hlad［hlat］（空腹）　　　－ chlad［xlat］（寒さ）
　　　　　dúha（虹）　　　　　　　－ dúcha［dúxa］
　　　　　　　　　　　　　　　　　　（吹く＜3人称単数現在＞）

5）l（後部歯茎音・側面音）－ r（後部歯茎音・ふるえ音）

　　　例　lev［l'eǔ］（ライオン）　－ rev［reǔ］（叫び声）
　　　　　lyža［liža］（スキー）　　－ ryža［riža］（米）
　　　　　lektor（＜大学の＞講師）－ rektor（＜大学の＞学長）

　日本語の五十音をスロヴァキア式表記で表すと，次のようになる（日本式表記と異なる場合は，下線をふした）．

あ	a	い	i	う	u	え	e	お	o
か	ka	き	ki	く	ku	け	ke	こ	ko
さ	sa	し	ši	す	su	せ	se	そ	so
た	ta	ち	či	つ	cu	て	te	と	to
な	na	に	ni	ぬ	nu	ね	ne	の	no
は	ha	ひ	hi	ふ	fu	へ	he	ほ	ho
ま	ma	み	mi	む	mu	め	me	も	mo
や	ja			ゆ	ju			よ	jo

III 子音　Spoluhlásky

| ら | ra | り | ri | る | ru | れ | re | ろ | ro |
| わ | wa | | | | | | | を | (wo) |

が	ga	ぎ	gi	ぐ	gu	げ	ge	ご	go
ざ	za	じ	dži	ず	zu	ぜ	ze	ぞ	zo
だ	da	ぢ	dži	づ	zu	で	de	ど	do
ば	ba	び	bi	ぶ	bu	べ	be	ぼ	bo
ぱ	pa	ぴ	pi	ぷ	pu	ぺ	pe	ぽ	po

きゃ	kja	きゅ	kju	きょ	kjo
しゃ	ša	しゅ	šu	しょ	šo
ちゃ	ča	ちゅ	ču	ちょ	čo
にゃ	nja	にゅ	nju	にょ	njo
みゃ	mja	みゅ	mju	みょ	mjo
ひゃ	hja	ひゅ	hju	ひょ	hjo
りゃ	rja	りゅ	rju	りょ	rjo

ぎゃ	gja	ぎゅ	gju	ぎょ	gjo
じゃ	dža	じゅ	džu	じょ	džo
ぢゃ	dža	ぢゅ	džu	ぢょ	džo
びゃ	bja	びゅ	bju	びょ	bjo
ぴゃ	pja	ぴゅ	pju	ぴょ	pjo

| ん | n |

§8　硬子音・軟子音・中立子音
Tvrdé, mäkké a obojaké spoluhlásky

　スロヴァキア語の子音は，正書法の規則の観点から，硬子音・軟子音・中立子音の3つのグループに分類することができる．

硬子音　－ d, t, n, l：k, g, h, ch

第 1 部　文字と音声　Písmená a zvuky

軟子音　－ d', t', ň, l'：j, c, š, ž, č, dz, dž
中立子音　－ b, p, v, f：m, r：s, z

> 注）スロヴァキア語では，d-d', t-t', n-ň, l-l' の 4 組の子音が，硬軟の対立のペアをなしている．そのほかの硬子音（k, g, h, ch）は，つねに硬く発音される．

> 　硬子音と軟子音の対立は，語の意味の区別にかかわるので，はっきりと発音しわけなければならない．
>
> 　例　med［met］（蜜）　　　－ med'［met'］（銅）
> 　　　byt［bit］（マンション）　－ byt'［bit'］（ある＜動詞＞）
> 　　　krásne（美しい＜形容詞＞）－ krásne［krásňe］
> 　　　　　　　　　　　　　　　　　（美しく＜副詞＞）
> 　　　lak（ラッカー）　　　　－ l'ak（驚き）
> 　　　lavica（ベンチ）　　　　－ l'avica（左派）
> 　　　polka（ポルカ＜ダンスの種類＞）
> 　　　　　　　　　　　　　　　－ Pol'ka（ポーランド女性）
> 　　　uhol（角）　　　　　　－ uhol'（炭）
> 　　　kryštál［krištál］（結晶）－ krištál'（クリスタルガラス）

§9　軟子音 d', t', ň, l' の表記
　　Písanie mäkkých spoluhlások d', t', ň, l'

(1) 軟子音 d', t', ň, l' の後に，短母音 i, e，長母音 í, 二重母音 ia, ie, iu が書かれる場合は，軟音記号が省略される．

　例　di［d'i］ － divadlo［d'ivadlo］（劇場），
　　　　　　　　rodina［rod'ina］（家族），
　　　　　　　　súdi［súd'i］（裁く＜3 人称単数現在＞）

III 子音 Spoluhlásky

ti [t'i] － tis [t'is]（イチイ＜樹木の名称＞），
　　　　　Bratislava [brat'islava]（ブラチスラヴァ），
　　　　　proti [prot'i]（～に反して＜前置詞＞）
ni [ňi] － nič [ňič]（何もない），narodeniny [narod'eňini]
　　　　　（誕生日），pani [paňi]（婦人）
li [l'i] － lipa [l'ipa]（ぼだい樹），ulica [ul'ica]（通り），
　　　　　mali [mal'i]（持つ＜複数過去＞）

de [d'e] － deti [d'et'i]（子供たち），sedem [sed'em]（7），
　　　　　inde [ind'e]（よそで）
te [t'e] － teta [t'eta]（おばさん），otec [ot'ec]（父親），
　　　　　máte [mát'e]（持つ＜2人称複数現在＞）
ne [ňe] － nebo [ňebo]（空），dnes [dňes]（きょう），
　　　　　presne [presňe]（正確に）
le [l'e] － les [l'es]（森），d'aleko [d'al'eko]（遠くに），
　　　　　stále [stál'e]（たえず）

dí [d'í] － dívat' sa [d'ívat' sa]（見つめる），
　　　　　budík [bud'ík]（目覚まし時計），
　　　　　chodí [xod'í]（歩く＜3人称単数現在＞）
tí [t'í] － tíšit' [t'íšit']（鎮める），letím [l'et'ím]，
　　　　　（飛ぶ＜1人称単数現在＞），tretí [tret'í]（第3の）
ní [ňí] － nížina [ňížina]（平地），
　　　　　účastník [účastňík]（参加者），
　　　　　popoludní [popoludňí]（午後に）
lí [l'í] － líška [l'íška]（キツネ），
　　　　　kostolík [kostol'ík]（小さな教会），
　　　　　balí [bal'í]（包む＜3人称単数現在＞）

dia [d'ia] － dial'nica [d'ial'ňica]（高速道路），
　　　　　　l'udia [l'ud'ia]（人びと）
tia [t'ia] － tiahnut' [t'iahnut']（移動する），

― 27 ―

第1部　文字と音声　Písmená a zvuky

       chytia［xiťia］（つかむ＜3人称複数現在＞）
   nia［ňa］　－　menia［meňia］（変える＜3人称複数現在＞）
   lia［ľia］　－　liať［ľiať］（注ぐ），
       delia［ďeľia］（分ける＜3人称複数現在＞）

   die［ďie］　－　dieťa［ďieťa］（子供），
       poschodie［posxoďie］（階）
   tie［ťie］　－　tieň［ťieň］（陰），námestie［námesťie］（広場）
   nie［ňie］　－　niekto［ňiekto］（だれか），
       umenie［umeňie］（芸術）
   lie［ľie］　－　liek［ľiek］（薬），obilie［obiľie］（穀物）

   diu［ďiu］　－　poschodiu［posxoďiu］（階＜単数与格＞）
   tiu［ťiu］　－　námestiu［námesťiu］（広場＜単数与格＞）
   niu［ňiu］　－　umeniu［umeňiu］（芸術＜単数与格＞）
   liu［ľiu］　－　obiliu［obiľiu］（穀物＜単数与格＞）

注1）　dy, ty, ny, ly：dý, tý, ný, lý：dé, té, né, lé は，表記どおり硬子音として発音される．

注2）　上述したように標準スロヴァキア語の規範は，li, le, lí と，lia, lie, liu の場合の l を，軟子音として発音するように求めている．しかし実際の話し言葉では，この規範はかならずしも守られず，表記どおり硬子音として発音されることも多い（l と ľ の発音については⇒§7）．

---

(2) 次のような場合の d, t, n, l は，後に短母音 i, e, 長母音 í, 二重母音 ia, ie, iu が書かれていても，例外的に表記どおり硬子音として発音される．

 ① pekný タイプと otcov タイプに準じて格変化する形容詞・順序数詞などの格変化語尾

III 子音 Spoluhlásky

例 krásne, krásneho, krásnemu, krásnej [krásneǐ], krásni (美しい), matkinej [matkineǐ], matkini, matkine (母親の), piate [pǐate], piateho [pǐateho], piatemu [pǐatemu], piatej [pǐateǐ], piati [pǐati] (第5の)

②指示代名詞 ten, tento, onen と，その変化形

例 ten, tej [teǐ], tí, tie [tǐe] (その)，
tento, tejto [teǐto], títo, tieto [tǐeto] (この)，
onen, onej [oneǐ], oni (かの)

③母音 i, e, í で始まる語の前に，接頭辞 nad-, od-, pod-, ponad-, popod-, pred- がつけられた場合

例 odísť, odídem [odíd'em], odišiel [odišiel], odíď [odíť'], odíduc (去る), nadísť (<時が>訪れる), podísť (近寄る), predísť (追い越す), odizolovať (隔離する), predizba (玄関), nadeň (=nad neho), podeň (=pod neho), ponadeň (=ponad neho), popodeň (=popod neho), predeň (=pred neho)

④次のような語

例 hoden (〜するにあたいする), jeden, jednej [jedneǐ], jedni (1), jedenásť (11), pijatika (酒盛り), teda (つまり), temer (ほとんど), teraz [teras] (今), terč (標的), vínečko (ワイン<指小語>), vinen (罪のある), vtedy [ftedi] (その時), žiaden [žǐaden], žiadnej [žǐadneǐ], žiadne [žǐadne], žiadni [žǐadni] (いかなる)

⑤外来語起源の語と，それからの派生語

例 dekan (学部長, 首席司祭), detektívka [detektíǔka] (探偵小説), diéta (ダイエット), disciplína (規律), električka (市電), evidentný [evidentní] (明瞭な), gramatika (文法),

Helena（ヘレナ＜名前＞），hotel（ホテル），idea（理念），
indický [indickí]（インドの），
iniciatíva [inici-atíva]（イニシアティヴ），
internet（インターネット），katedra（＜大学の＞学科），
krokodíl（ワニ），lektor（講師），Martin（マルティン＜名前＞），
matematika（数学），míting [mítiŋk]（集会），
nerv [nerv/nerŭ]（神経），politika（政治），
sveter（カーディガン），študent（学生），taktika（戦術），
technika [texnika]（技術），telefón（電話），termín（期限），
Tibor（ティボル＜名前＞），tiger（トラ），tím（チーム），
titul（タイトル），univerzita（大学）

注）外来語起源の語でも，スロヴァキア語に定着したと見なされる場合は，軟子音として発音される．

例 diabol [dʼiabol]（悪魔），latinčina [latʼinčina]（ラテン語），rytier [ritʼier]（騎士）

⑥擬音語（オノマトペ）の間投詞と，それからの派生語

例 tik-tak（時計が時を刻む音＜間投詞＞），tikať（時計が時を刻む），tikot（時計が時を刻む音）

§10 硬子音・軟子音・中立子音と，母音 i/í, y/ý の書きわけ Tvrdé, mäkké a obojaké spoluhlásky a písanie samohlások i/í, y/ý

(1)硬子音（d, t, n, l：k, g, h, ch）の後では，原則として y/ý が書かれる．

例 dym [dim]（煙），ty [ti]（君），noviny [novini]（新聞），
mlyn [mlin]（製粉所），kyslý [kislí]（酸っぱい），
gymnázium [gimnázi-um]（ギムナジウム），

III 子音　Spoluhlásky

　　dlhý［dl̥hí］（長い），chytro［xitro］（すばやく），
(2)硬子音のあとに i／í が書かれるのは，次のような場合である．

①形容詞の男性活動名詞複数主格の語尾

　例　vysokí chlapci［visokí xlapci］（背の高い少年たち），
　　　mnohí občania［opčaňia］（多くの市民）

②女性名詞から作られる所有形容詞の語尾

　例　matkin hlas（母親の声），ženina［žeňina］rada（妻の忠告）

③擬音語（オノマトペ）の間投詞と，それからの派生語

　例　kikiriki/kikirikí（オンドリの鳴き声），hí（驚き・憤激の声），
　　　híkať（驚きの声をあげる）

④起源的に i を書く外来語

　例　gitara（ギター），história［histśri-a］（歴史），
　　　chirurgia［xirurgi-a］（外科医学），kilogram（キログラム）

(3)軟子音（ď, ť, ň, ľ：j, c, š, ž, č, dz, dž）の後では，i／í が書かれる（軟音記号の有無については⇒§9）．

　例　divák［ďivák］（観客），ticho［ťixo］（静かに），
　　　niť［ňiť］（糸），list［ľist］（手紙），objímať（抱擁する），
　　　cibuľa（タマネギ），šiť（縫う），žiť（生きる），číslo（番号），
　　　medzi［meʒi］（〜の間に＜前置詞＞），džíp［ǯíp］（ジープ）

> 注）例外は，軟子音 c のあとに y が書かれる一部の外来語起源の語のみである．
>
> 　例　bicykel［bicikel］（自転車），
> 　　　cyklámen［ciklámen］（シクラメン），
> 　　　cyklus［ciklus］（周期），

第1部　文字と音声　Písmená a zvuky

encyklopédia [enciklopédi-a]（百科事典）

(4)中立子音（b, p, v, f：m, r：s, z）の後で，i／íあるいはy／ýの，いずれの文字が書かれるかについては，定まった法則はないが，外来語起源の語の場合は，起源的な形にしたがって，iかyを書く．

例　pilot（パイロット）　　　－ pyramída [piramída]
　　　　　　　　　　　　　　　　　　　（ピラミッド）
　　filozofia [filozofi-a]（哲学）－ fyzika [fizika]（物理学）
　　richtár [rixtár]（村長）　　－ rytier [rit'ier]（騎士）
　　situácia [situáci-a]（情勢）－ symbol [simbol]（シンボル）

次のような語は，同音異義語である．

例　bit'（打つ）　　　　－ byt' [bit']（ある）
　　pisk（ピーという音）－ pysk [pisk]（動物の鼻面）
　　vit'（編む）　　　　－ vyt' [vit']（吠える）
　　mi（私＜与格＞）　　－ my [mi]（私たち＜主格＞）
　　Rím（ローマ）　　　－ rým [rím]（韻）

§11　有声子音と無声子音　Znelé a neznelé spoluhlásky

　スロヴァキア語の子音は，発音の際の声帯の振動の有無によって，有声子音と無声子音に分類することができる．有声子音は，発音の際に声帯の振動をともなう音を，無声子音は，声帯の振動をともなわない音をさす．

有声子音	b	v	d	d'	dz	dž	z	ž	g	h	m	n	ň	l	l'	r	j
無声子音	p	f	t	t'	c	č	s	š	k	ch							

－32－

III 子音 Spoluhlásky

> 注）上掲の表の上下の子音は，たがいに有声と無声のペアをなしている．b−p, v−f, d−t, d'−t', dz−c, dž−č, z−s, ž−š, g−k の 9 組のペアは，調音点が等しいが，h−ch のペアのみは，調音点が異なっている（⇒§7）．残りの有声子音（m, n, ň, l, l', r, j）は，ペアをなす無声子音を持たない．

§12 子音の同化（1）− 有声子音の無声化
Spodobovanie spoluhlások (1) − Výslovnosť znelých spoluhlások ako neznelých

次のような場合，ペアを持つ有声子音（b, d, d', dz, dž, z, ž, g, h）は無声化して，それぞれペアをなす無声子音の音として発音される（v の発音については⇒§13）．

(1)語中で，上記の有声子音の後に，無声子音が後続する場合

 例 babka［bapka］（おばあさん），sladký［slatkí］（甘い），choďte［xoʅt'e］（歩く＜命令法 2 人称複数＞），povedzte［povect'e］（言う＜命令法 2 人称複数＞），hádžte［háčt'e］（投げる＜命令法 2 人称複数＞），otázka［otáska］（問題），ťažký［t'aškí］（重い），ľahko［ľaxko］（簡単に）

> 注）外来語起源の語の場合も，同様の無声化が起こる．
>
> 例 absolutizmus［apsolutizmus］（絶対主義），abstraktný［apstraktní］（抽象的な）

(2)上記の有声子音が語末の位置にきて，そのあとに発音上の休止がある場合

 例 zub［zup］（歯），hrad［hrat］（城），medveď［medvet']（クマ），

― 33 ―

第 1 部　文字と音声　Písmená a zvuky

povedz［povec］（言う＜命令法 2 人称単数＞），
hádž［háč］（投げる＜命令法 2 人称単数＞），
mráz［mrás］（厳寒），muž［muš］（男，夫），
mozog［mozok］（頭脳），breh［brex］（岸辺）

注 1 ）外来語起源の語の場合も，同様の無声化が起こる．

　　例　klub［klup］（クラブ），trend［trent］（傾向），
　　　　imidž［imič］（イメージ），džez［ʒes］（ジャズ），
　　　　filológ［filolók］（文献学者）

注 2 ）有声子音の結合 zd, žd' の場合も，同様の無声化が起こる．

　　例　drozd［drost］（ツグミ），dážd'［dášt'］（雨）

注 3 ）名詞の場合，主格（およびそれと等しい対格）以外の格では，無声化は起こらない．

　　例　hrad［hrat］, hradu［hradu］, hradu［hradu］…
　　　　medved'［medvet'］, medved'a［medved'a］,
　　　　medved'ovi［medved'ovi］…

注 4 ）上記の有声子音が語末の位置にきても，その後に有声子音，あるいは母音で始まる語が，発音上の休止なしに後続する場合は，無声化は起こらない．

　　例　západ mesiaca［západ‿mesiaca］（月の入り），
　　　　imidž a skutočnost'［imiʒa‿skutočnost'］（イメージと現実），
　　　　bez výnimky［bez‿vÿňimki］（例外なく），
　　　　pred obedom［pred‿obedom］（昼食の前に）

III 子音　Spoluhlásky

§13　子音の同化 (2) － 有声子音 v の発音
Spodobovanie spoluhlások (2) － Výslovnosť znelej spoluhlásky v

次のような場合，ペアを持つ有声子音 v は，有声子音 [w]，無声子音 [f]，あるいは音節をなさない半母音 u [ŭ] の音として発音される．

(1) v は有声子音が後続する場合は，[w] と発音されることもある．[w] は唇歯音・摩擦音の噪音である（[v] は，唇歯音・摩擦音の鳴子音である）．

　例　vďaka [wďaka]（感謝），vhodný [whodní]（適切な），
　　　vzduch [wzdux]（空気），vznik [wzňik]（発生）

(2) v が語頭の位置にきて，そのあとに無声で発音される子音が後続する場合は，無声化が起こって [f] と発音される．

　例　včera [fčera]（昨日），vchod [fxot]（入口），
　　　všetko [fšetko]（すべて），vták [fták]（鳥），
　　　vzťah [fsťax]（関係）

> 注1）接頭辞などが前接された語の場合は，語頭の位置でなくても [f] と発音される．
>
> 　例　avšak [afšak]（しかし），nevšedný [ňefšedni]（珍しい），
> 　　　odvtedy [otftedi]（その時以来），
> 　　　povstanie [pofstaňie]（蜂起），
> 　　　predovšetkým [predofšetkím]（なによりも），
> 　　　predvčerom [pretfčerom]（一昨日），
> 　　　zavčasu [zafčasu]（＜時間的に＞早く）
>
> 注2）前置詞 v も，無声で発音される子音で始まる語が後続する場合は，[f] と発音される．
>
> 　例　v cudzine [fcuʒiňe]（外国で），

第1部　文字と音声　Písmená a zvuky

> v kaviarni [fkaviarňi]（喫茶店で）

(3) v が語中の位置にきて，後に子音が後続する場合は，ふつう音節をなさない半母音 u [ŭ] の音として発音される．

　例　dievča [ďieŭča]（娘），najnovší [naĭnoŭší]（最新の），
　　　ovca [oŭca]（羊），polievka [poľieŭka]（スープ），
　　　plavba [plaŭba]（航海），pravda [praŭda]（真実）

> 注1) 有声子音 l, ľ, n, ň, r が後続する場合は，[ŭ] とともに，[v] という発音も許容される．
>
> 　例　hnevlivý [hňevľiví/hňeŭľiví]（怒りっぽい），
> 　　　nedávno [ňedávno/ňedáŭno]（最近），
> 　　　hlavný [hlavní/hlaŭní]（おもな），
> 　　　správny [správni/spráŭni]（正しい），
> 　　　úschovňa [úsxovňa/úsxoŭňa]（保管室），
> 　　　havran [havran/haŭran]（ワタリガラス）
>
> 注2) návšteva [náfšťeva/náŭšťeva]（訪問），navštíviť [nafšťíviť/naŭšťíviť]（訪問する）と，それらからの派生語の場合は，[f] と [ŭ] の両方の発音が許容される．

(4) v が語末の位置にきて，そのあとに発音上の休止がある場合は，ふつう音節をなさない半母音 u [ŭ] の音として発音される．

　例　archív [arxíŭ]（文書館），domov [domoŭ]（故郷），
　　　krv [kr̩ŭ]（血），Ladislav [laďislaŭ]（ラジスラウ＜名前＞），
　　　názov [názoŭ]（名称），Prešov [prešoŭ]（プレショウ＜都市名＞），
　　　spev [speŭ]（歌声），vplyv [fpliŭ]（影響）

> 注1) 外来語起源の語の場合も，同様である．

III 子音 Spoluhlásky

> 例　Kyjev [kijeŭ]（キエフ），lev [l'eŭ]（ライオン），
> motív [motíŭ]（モチーフ）
>
> 注2）語によっては，[ŭ] とともに [v] という発音が許容される場合もある．
>
> 例　obuv [obuv/obuŭ]（履物）

§14　子音の同化（3） — 無声子音の有声化
Spodobovanie spoluhlások (3) — Výslovnosť neznelých spoluhlások ako znelých

次のような場合，ペアを持つ無声子音（p, f, t, t', c, č, s, š, k, ch）は有声化して，それぞれペアをなす有声子音の音として発音される．

(1) 次のような語の場合

> 例　kde [gd'e]（どこに），nikde [ňigd'e]（どこにも～ない），
> nikdy [ňigdi]（1度も～ない），
> sme [zme]（ある＜1人称複数現在＞）

> 注1）有声子音 l, l', n, ň, r, v の前の無声子音は，有声化しない．
>
> 例　teplý [t'eplí]（暖かい），šľachta [šľaxta]（貴族），
> letný [l'etní]（夏の），kňaz [kňas]（聖職者），
> kroj [kroǐ]（民族衣装），svet [svet]（世界）
>
> 注2）有声子音 m の前でも，不規則動詞 byť の現在形複数1人称 sme [zme]，語尾 -me, -mu，および複合語以外の場合は，有声化は起こらない．
>
> 例　písmo [písmo]（文字），tmavý [tmaví]（暗い）

第1部　文字と音声　Písmená a zvuky

(2) ペアを持つ無声子音の後に，-ba, -me, -ho, -mu が後続する場合

　例　prosba ［prozba］（依頼），modlitba ［modl'idba］（祈り），
　　　liečba ［l'ieʒba］（治療），
　　　kúpme ［kúbme］（買う＜命令法1人称複数＞），
　　　plat'me ［plad'me］（支払う＜命令法1人称複数＞），
　　　nášho ［nážho］（私たちの＜単数生格＞），
　　　vášho ［vážho］（あなた方の＜単数生格＞），
　　　nášmu ［nážmu］（私たちの＜単数与格＞），
　　　vášmu ［vážmu］（あなた方の＜単数与格＞）

(3) 複合語で，前半部がペアを持つ無声子音で終わり，後半部が有声子音か母音で始まる場合

　例　akiste ［agist'e］（おそらく），hocaký ［hoʒakí］（どのような～も），
　　　pät'desiathaliernik ［pe›d'esıadhal'ıerňik］（50ハリエル硬貨），
　　　pät'metrový ［ped'metroví］（5メートルの），
　　　takisto ［tagisto］（おなじく），takmer ［tagmer］（ほとんど），
　　　takzvaný ［tagzvaní］（いわゆる），takže ［tagže］（それゆえ），
　　　viac-menej ［vıaʒ‿meňeı］（多かれ少なかれ），
　　　viacročný ［vıaʒroční］（長年の）

　　注1）外来語起源の語の場合も，同様に有声化する．

　　　　例　futbal ［fudbal］（サッカー），
　　　　　　Habsburg ［habzburk］（ハプスブルク），
　　　　　　masmédium ［mazmédi-um］（マスメディア），
　　　　　　šéfredaktor ［šéwredaktor］（編集長）

　　注2）語の前半部が，無声子音の結合 sk, st, st', št' で終わる場合も，同様に有声化する．

　　　　例　postmodernizmus ［pozdmodernizmus］（ポストモダニズム），
　　　　　　šest'uholník ［šezd'uholník］（六角形）

III 子音 Spoluhlásky

(4) 上記の無声子音が語末の位置にきて，後に有声子音あるいは母音で始まる語が，発音上の休止なしに後続する場合

 例 stĺp ohňa [stĺb‿ohňa]（火柱），
   život a smrť [živod‿a‿smr̩ť]（生と死），
   desať minút [ďesaď‿minút]（10分），
   koniec roka [koňiez‿roka]（年末），
   náš národ [náž‿nárot]（わが民族），
   radosť a smiech [radozď‿a‿smiex]（喜びと笑い）

> 注）この場合，無声子音 ch はふつう [h] と発音されるが，調音点と調音方法が ch と等しい有声子音 [γ] として発音されることもある．
>
> 例 vrch veže [vr̩γ‿veže]（塔の頂上），
>   duch a telo [duγ‿a‿ťelo]（精神と肉体）

§15 子音の同化 (4) － 前置詞 z (zo), s (so), k (ku) の発音
Spodobovanie spoluhlások (4) － Výslovnosť predložiek z (zo), s (so) a k (ku)

前置詞 z (zo), s (so), k (ku) は，次のように発音される．

(1) 生格と結合する前置詞 z（～の中から）は，無声子音の前では [s] と発音され，有声子音と母音の前では [z] と発音される．

 例 z poľa [spoľa]（畑から），z hory [zhori]（山から），
   z ruky [zruki]（手から），z utorka [zutorka]（火曜日の）

> 注1）後続の語が，s, z, š, ž, あるいはそれらの子音を含む子音群で始まる場合は，zo という形が用いられる．zo は，つねに [zo] と発音される．
>
> 例 zo stredy [zostredi]（水曜日の），

— 39 —

第1部　文字と音声　Písmená a zvuky

> zo začiatku [zozačiatku]（最初から），
> zo Šariša [zošariša]（シャリシから），
> zo Žiliny [zožiľini]（ジリナから），
> zo všetkých síl [zofšetkíx síl]（全力で）
>
> 注2）zo という形は，zo mňa（私から），zo dňa na deň（日々），zo dverí（ドアから）のような結合においても用いられる．

(2)造格と結合する前置詞 s（～とともに）は，無声子音の前では [s] と発音され，有声子音と母音の前では [z] と発音される．

例　s priateľmi [spriateľmi]（友人たちとともに），
　　s deťmi [zdeťmi]（子供たちとともに），
　　chlieb s maslom [xľieb zmaslom]（バターつきパン），
　　s radosťou [zradosťou]（喜んで），
　　s otcom [zo〉com]（父親とともに），
　　kniha s ilustráciami [kňiha zilustráci-ami]
　　（イラスト入りの本）

> 注1）後続の語が，s，z，š，ž，あるいはそれらの子音を含む子音群で始まる場合は，so という形が用いられる．so は，[zo] と発音される．
>
> 例　so synom [zosinom]（息子とともに），
> 　　so záujmom [zozáuĭmom]（興味を持って），
> 　　so šálom [zošálom]（マフラーをして），
> 　　so ženou [zoženoŭ]（妻とともに），
> 　　so všetkými [zofšetkími] účastníkmi
> 　　（すべての参加者とともに）
>
> 注2）s，so が基本人称代名詞と結びつく場合は，後続の語が有声子音で始まっていても，それぞれ [s]，[so] と発音される．
>
> 例　so mnou [somnoŭ]（私とともに），

III 子音 Spoluhlásky

  s ním [sňím] （彼とともに），
  s ňou [sňoŭ] （彼女とともに），
  s nami [snami] （私たちとともに），
  s vami [svami] （あなた方とともに），
  s nimi [sňimi] （彼らとともに）

(3)与格と結合する前置詞 k （〜のほうへ）は，無声子音の前では [k] と発音され，有声子音と母音の前では [g] と発音される．

 例 k stolu [kstolu] （テーブルのほうへ），
   k záhrade [gzáhrad'e] （庭のほうへ），
   k rieke [grieke] （川のほうへ），
   k obloku [gobloku] （窓のほうへ）

注1）後続の語が，k，g，あるいはそれらの子音を含む子音群などで始まる場合は，ku という形が用いられる．ku は，[gu] と発音される．

  例 ku kamarátovi [gukamarátovi] （友人のほうへ），
    ku garáži [gugaráži] （ガレージのほうへ），
    ku škole [guškol'e] （学校のほうへ）

注2）次のような場合も，ku という形が用いられることがあるが，今日ではアルカイズム（古風な表現）と見なされている．

  例 láska ku (k) všetkým l'udom （万人への愛）

注3）k, ku が基本人称代名詞と結びつく場合は，後続の語が有声子音で始まっていても，それぞれ [k], [ku] と発音される．

  例 ku mne [kumňe] （私のほうへ），
    k nemu [kňemu] （彼のほうへ），
    k nej [kňeĭ] （彼女のほうへ），
    k nám [knám] （私たちのほうへ），
    k vám [kvám] （あなた方のほうへ），

第 1 部　文字と音声　Písmená a zvuky

k nim [kňim]（彼らのほうへ）

§16　子音の同化（5）－　子音結合による同化
Spodobovanie spoluhlások (5) － Spodobovanie kombináciou spoluhlások

2つ以上の子音が連続する場合は，次のように発音される．

(1) 二重子音は，長い子音（長さは短い子音の約2倍），あるいは促音をともなう子音として発音される．

　例　oddych [o>dix]（休息），polliter [po>liter]（半リットル），
　　　cenný [ce>ní]（高価な），denne [d'e>ňe]（毎日），
　　　štvorrozmerný [štvo>rozmerní]（4次元の），
　　　vyšší [vi>ší]（より高い），rozzúriť [ro>zúriť]（激怒させる）

(2) zs [>s], žš [>š], dt [>t], td [>d], ďť [>ť], ťď [>ď] のように，同化によって生じた二重子音も，長い子音，あるいは促音をともなう子音として発音される．

　例　rozsudok [ro>sudok]（判決），nižší [ňi>ší]（より低い），
　　　predtým [pre>tím]（以前に），
　　　choďte [xo>ťe]（歩く＜命令法複数2人称＞），
　　　päťdesiat [pe>ďesi̯at]（50）

注）次のような語では，zs は [s] と発音される．

　　例　Francúzsko [francúsko]（フランス），
　　　　kňazský [kňaskí]（聖職者の），
　　　　perzský [perskí]（ペルシャの），
　　　　víťazstvo [víťastvo]（勝利）

III 子音 Spoluhlásky

(3) tc [>c], dc [>c], tč [>č], dč [>č], ds [>c], tš [>č], dš [>č], čš [>č] のような子音結合も，二重子音として発音される．

例　otca [o>ca]（父親＜単数生格・対格＞），
sudca [su>ca]（裁判官），dobytčí [dobi>čí]（家畜用の），
svedčiť [sve>čiť]（証言する），predsa [pre>ca]（とはいえ），
kratší [kra>čí]（より短い），mladší [mla>čí]（より若い），
väčší [ve>čí]（より大きい）

> 注1) 子音結合 ds, dš は，無声子音が後続する場合は，それぞれ [c]，[č] と発音される．
>
> 　例　Holandsko [holancko]（オランダ），
> ľudský [ľuckí]（人間の），podstata [poctata]（本質），
> predstaviteľ [prectaviteľ]（代表），
> odškodniť [očkodniť]（償う）
>
> 注2) 子音結合 dc は，dcéra [céra]（娘）と，その派生語（dcérsky, dcérin など）では，[c] と発音される．

(4) 子音結合 ts は，無声子音が後続する場合は [c] と発音される．
例　bohatstvo [bohactvo]（富），detský [ďeckí]（子供の），
Chorvátsko [xorvácko]（クロアチア），
študentský [študenckí]（学生の）

> 注) 子音結合 stsk は [sk] と発音される．
>
> 　例　mestský [meskí]（都会の）

(5) 子音結合 dzs は，無声子音が後続する場合は [c] と発音される．
例　prievidzský [prievickí]（プリエヴィザ＜地名＞の）

— 43 —

第1部　文字と音声　Písmená a zvuky

(6)子音 n は，子音結合 nb の場合は [mb]，ng の場合は [ŋg]，nk の場合は [ŋk] と発音される．[ŋ] は呼気が鼻に抜ける軟口蓋音で，日本語の鼻音の「ン」に近い．

　例　hanbit' sa [hambit'‿sa]（恥じる），
　　　fungovat' [fuŋgovat']（機能する），
　　　banka [baŋka]（銀行），topánky [topáŋki]（靴）

(7)子音結合 stn, stl, zdn に含まれる子音 t, d の発音は，省略されない．

　例　vlastný [vlastní]（自分自身の），
　　　šťastlivý [šťastliví]（幸福な），
　　　pozdný [pozdní]（遅い），
　　　prázdniny [prázdňini]（＜学校の＞休暇）

　　注) šestnásť [šesnásť]（16）とその派生語の場合だけは，t の発音が省略される．

(8)子音結合 sč, zš, sš, zž に含まれる s, z の発音は変化せず，それぞれ [sč]，[sš]，[sš]，[zž] と発音される．

　例　sčítat' [sčítat']（計算する），rozšírenie [rosšíreňie]（拡大），
　　　zžiť sa [zžiť‿sa]（慣れる）

　　注) francúzština [francúšťina]（フランス語）の場合は，zš は [š] と発音される．

IV アクセント Prízvuk

§17 スロヴァキア語のアクセント Prízvuk v slovenčine

(1) スロヴァキア語のアクセントは強弱アクセントで，アクセントが置かれる音節は，そのほかの音節よりも強く発音される．スロヴァキア語のアクセントは固定アクセントで，ふつうは語の第1音節に置かれる．

例　1音節の語の場合 — tam（あそこに），slon（ゾウ），tón（トーン）
　　　　　　　　　　　↑　　　　　　　　↑　　　　　↑

　　2音節の語の場合 — mo-re（海），prí-zvuk（アクセント），
　　　　　　　　　　　↑　　　　　↑
　　　　　　　　　　　pa-dák（パラシュート）
　　　　　　　　　　　↑

　　3音節の語の場合 — bu-do-va（建物），prí-ro-da（自然），
　　　　　　　　　　　↑　　　　　　　　↑
　　　　　　　　　　　pa-miat-ka（記念碑），
　　　　　　　　　　　↑
　　　　　　　　　　　slo-ven-ský（スロヴァキアの）
　　　　　　　　　　　↑

(2) 4音節の語の場合は，始めから3番目の音節に弱い副次アクセントが現れる．

例　slo-ven-či-na（スロヴァキア語），pred-po-kla-dať（想定する）
　　⇑　　　↑　　　　　　　　　　　　⇑　　　　↑

(3) 5音節以上の語の場合は，始めから3番目の音節か，終わりから2番目の音節に，弱い副次アクセントが現れる．

例　u-ni-ver-zi-ta（大学），ma-te-ma-ti-ka（数学）
　　⇑　　↑　↑　　　　　　⇑　　　↑　↑

(4) 複合語の場合は，語の後半部の第1音節に，弱い副次アクセントが現れる．

— 45 —

第1部　文字と音声　Písmená a zvuky

　　例　ban-sko-bys-tri-cký（バンスカービストリツァの），
　　　　　　⇧　　　　⇧
　　　　dva-dsat'-je-den（21）
　　　　　⇧　　　⇧

　　　　poľ-no-hos-po-dár-stvo（農業），spo-lu-prá-ca（協力）
　　　　　⇧　　　　　⇧　　　　　　　　⇧　　　⇧

(5) 音節を形成しない前置詞は，後続の語と結びついて1語のように発音される．こうした語は後接語 predklonka, proklitika と呼ばれる．

　　例　v Afrike [vafrike]（アフリカで），
　　　　k rieke [gri̯eke]（川のほうへ），
　　　　s Jozefom [zjozefom]（ヨゼフとともに），
　　　　z auta [zau̯ta]（車から）

(6) 1音節の前置詞は，ふつう後続の語と結びついて，1語のように発音される．その際ふつうアクセントは，前置詞のほうに移行する．

　　例　so mnou [somnou̯]（私とともに），
　　　　　　　　　　⇧
　　　　pred domom [pre⟩domom]（家の前で），
　　　　　　　　　　　⇧
　　　　pod oknom [podoknom]（窓の下で），
　　　　　　　　　　⇧
　　　　bez kabáta [beskabáta]（コートなしで），
　　　　　　　　　　　⇧
　　　　od uja [oduja]（おじさんから）
　　　　　　　　⇧

　┌──────────────────────────────────────┐
　│ 注）後続の語が意味的に強調される場合などは，上記のアクセント移行は │
　│ 　　起こらず，後続の語の第1音節にアクセントが置かれる．　　　　　│
　│ 　　例　Túto knihu som nedostal od otca, ale od uja. 　　　　│
　│ 　　　　　　　　　　　　　　　　　⇧　　　　　⇧　　　　　　　│
　│ 　　　（ぼくはこの本を，父ではなくおじさんからもらった）　　　　　│
　└──────────────────────────────────────┘

IV　アクセント　Prízvuk

(7) 1音節の接続詞（a, i, aj, no, že など），代名詞（ma, t'a, ho, mi, ti, mu, jej, ju, sa, si など），不規則動詞 byt' の変化形（som, si, je, sme, ste, sú, bol），助詞（by など）にはアクセントは置かれず，先行の語と結びついて，1語のように発音される．こうした語は前接語 príklonka, enklitika と呼ばれる．

例　dámy a páni [dámi‿páňi]（ご列席の皆さん）

Povedal som mu pravdu. [povedalso>mu praŭdu]
（ぼくは彼に真実を語った）

Nech sa páči, sadnite si. [ňexsa páči sadňit'esi]
（どうぞ，座ってください）

(8) スロヴァキア語では，アクセントの位置と母音の長短とのあいだに関係はない．また母音はアクセントの有無にかかわりなく，つねに明瞭に発音される．

現代スロヴァキア語のテキストにおける語の音節別頻度は，1音節の語−19％，2音節の語−33％，3音節の語−26％，4音節の語−15％，5音節の語−5％，6音節の語−1.6％，7音節以上の語−0.5％であり，1語の平均音節は約2音節である．

第1部　文字と音声　Písmená a zvuky

V　リズム短縮の規則
Pravidlo o rytmickom krátení

§18　リズム短縮の規則　Pravidlo o rytmickom krátení

(1) 標準スロヴァキア語では，原則として，1語内において長音節を連続させてはならない．語形変化に際して，長音節が連続する場合は，ふつう後ろの音節が短縮される．これをリズム短縮の規則と呼ぶ．

> 注) 長音節とは，長母音〔á, é, í/ý, ó, ú〕，二重母音〔ia, ie, iu, ô〕および長い ĺ, ŕ を含む音節をさす．長音節の短縮は，次のようにして起こる．
>
> 長母音　－　á ⇒ a, é ⇒ e, í ⇒ i, ý ⇒ y, ú ⇒ u
>
> 二重母音　－　ia ⇒ a, ie ⇒ e, iu ⇒ u, ô ⇒ o
>
> 長い ĺ, ŕ　－　ĺ ⇒ l, ŕ ⇒ r

(2) リズム短縮の規則にしたがって長音節が短縮するのは，次のような場合である．

① 名詞

(a) 女性名詞の複数与格と複数前置格の格変化語尾

　例　vláda（政府）⇒ vládam, vládach
　　　【比較例 záhrada（庭）⇒ záhradám, záhradách】
　　　práca（仕事）⇒ prácam, prácach
　　　【比較例 ulica（通り）⇒ uliciam, uliciach】
　　　báseň（詩）⇒ básňam, básňach
　　　【比較例 dlaň（手のひら）⇒ dlaniam, dlaniach】

V　リズム短縮の規則　Pravidlo o rytmickom krátení

(b)中性名詞の複数主格・複数与格・複数前置格の格変化語尾

例　miesto（場所）⇨ miesta, miestam, miestach
　　【比較例 mesto（町）⇨ mestá, mestám, mestách】
　　líce（ほお）⇨ líca, lícam, lícach
　　【比較例 plece（肩）⇨ plecia, pleciam, pleciach】

(c)女性名詞と中性名詞の複数生格（挿入母音をともなわない場合）

例　záhrada（庭）⇨ záhrad【比較例 ohrada（垣根）⇨ ohrád】
　　zámeno（代名詞）⇨ zámen【比較例 meno（名前）⇨ mien】

(d)女性名詞と中性名詞の複数生格（挿入母音をともなう場合）

例　výhra（勝ち）⇨ výher【比較例 hra（遊び）⇨ hier】
　　vlákno（繊維）⇨ vláken【比較例 okno（窓）⇨ okien】

> 注）この場合は，それぞれ výhier, vlákien という形も許容される（⇨ §19／33／38）．

②形容詞 − pekný タイプと cudzí タイプに準じて変化する形容詞の格変化語尾

例　krásny（美しい）⇨ krásneho, krásnemu ...
　　【比較例 dobrý（良い）⇨ dobrého, dobrému ...】
　　rýdzi（純粋な）⇨ rýdzeho, rýdzemu ...
　　【比較例 cudzí（よその）⇨ cudzieho, cudziemu ...】

③数詞 − 順序数詞の格変化語尾

例　ôsmy（第8の）⇨ ôsmeho, ôsmemu ...
　　【比較例 druhý（第2の）⇨ druhého, druhému ...】
　　tisíci（第1000の）⇨ tisíceho, tisícemu ...
　　【比較例 tretí（第3の）⇨ tretieho, tretiemu ...】

第1部　文字と音声　Písmená a zvuky

④動詞

(a)現在形の人称変化語尾

例　dávat'（与える）⇒ dávam, dávaš …
　　【比較例 chovat'（飼う）⇒ chovám, chováš …】
　　miešat'（混ぜる）⇒ miešam, miešaš …
　　【比較例 vešat'（掛ける）⇒ vešiam, vešiaš …】

(b)3人称複数現在の人称変化語尾

例　písat'（書く）⇒ píšu【比較例 česat'（くしけずる）⇒ češú】
　　vládnut'（支配する）⇒ vládnu
　　【比較例 mladnút'（若返る）⇒ mladnú】

(c)-uc で終わる副動詞（⇒§81）

例　písat'（書く）⇒ píšuc【比較例 česat'（くしけずる）⇒ češúc】
　　vládnut'（支配する）⇒ vládnuc
　　【比較例 mladnút'（若返る）⇒ mladnúc】

(d)-nut' で終わる動詞の不定形（⇒§87）

例　dosiahnut'（達する）, odmietnut'（拒否する）,
　　tŕpnut'（しびれる）
　　【比較例 padnút'（倒れる）, stihnút'（間にあう）】

(e)-avat' で終わる反復動詞（⇒§72）

例　spievavat'（しばしば歌う）, čítavat'（しばしば読む）
　　【比較例 volávat'（しばしば呼ぶ）, robievat'（しばしば作る）】

§19　リズム短縮の規則の例外
Výnimky z pravidla o rytmickom krátení

次のような場合はリズム短縮の規則は守られず、後続の長音節は短縮されない．

V　リズム短縮の規則　Pravidlo o rytmickom krátení

①名詞

(a)女性名詞と中性名詞の複数生格（挿入母音をともなう場合）

例　výhra（勝ち）⇨ výhier／vlákno（繊維）⇨ vlákien

> 注）この場合は，それぞれ výher, vláken という形も許容される（⇨
> §18／33／38）.

(b)女性名詞複数生格の格変化語尾 -í

例　elektráreň（発電所）⇨ elektrární／sieť（網）⇨ sietí

(c) vysvedčenie タイプに準じて変化する中性名詞の格変化語尾

例　lístie（葉）⇨ lístia, lístiu …
　　siatie（種まき）⇨ siatia, siatiu …
　　tŕnie（イバラ＜木の名称＞）⇨ tŕnia, tŕniu …

(d)接頭辞 ná-, sú-, zá- がつけられた語

例　námietka（異議），súčiastka（部品），zámienka（口実）

②形容詞－páví タイプに準じて変化する所有形容詞の格変化語尾

例　kohútí（おんどりの）⇨ kohútieho, kohútiemu …
　　páví（孔雀の）⇨ pávieho, páviemu …
　　vtáčí（鳥の）⇨ vtáčieho, vtáčiemu …

③数詞－次のような複合数詞

例　prvýkrát（はじめて），druhýkrát（2度めに）
　　tisícnásobný [ťisíʒnásobní]（1000倍の）
　　viacnásobný [viaʒnásobní]（数倍の）

第1部　文字と音声　Písmená a zvuky

④代名詞-nie-がつけられた不定代名詞

例　niečí, niečia, niečie（だれかの）, niekým（だれか＜造格＞）, niečím（なにか＜造格＞）

⑤動詞

(a) IIタイプ（模範動詞 rozumieť）に準じて変化する動詞の変化形

例　krásnieť（美しくなる）⇒ krásniem, krásnieš …
　　múdrieť（賢くなる）⇒ múdriem, múdrieš …

(b) -ievať で終わる反復動詞

例　pálievať（しばしば燃やす）, súdievať（しばしば裁く）, tvárievať sa（しばしば装う）

(c) XIIタイプ（模範動詞 robiť）に準じて変化する動詞の、3人称複数現在の人称変化語尾 -ia, 副動詞の語尾 -iac, 能動形動詞現在の語尾 -iaci

例　cítiť（感じる）⇒ cítia, cítiac, cítiaci
　　kúpiť（買う）⇒ kúpia, kúpiac, kúpiaci

　現代スロヴァキア語の規範は、リズム短縮の規則を徹底的に適用する方向に向かっている。1991年に正書法の規則が改定された時も、それまでリズム短縮の法則の例外とされていたいくつかのケース――ár, -áreň, -ársky, -árstvo などで終わる語、能動形動詞現在の語尾 -úci, 能動形動詞過去の語尾 -vší ―が例外から外された。

VI 正書法の規則　Pravopisné pravidlo

§20　外来語の表記　Písanie slov cudzieho pôvodu

(1)スロヴァキア語の正書法では，外来語起源の普通名詞も，通常のスロヴァキア語を表記する際の原則にしたがって，表記しようとする傾向がある．外来語起源の普通名詞の表記は，次の2つのグループに大別することができる．

①スロヴァキア語の正書法にしたがって表記される語

例　adresa（住所），biznis（ビジネス），databanka（データバンク），
databáza（データベース），demokracia [-ci-a]（民主主義），
džem [ǯem]（ジャム），džez [ǯes]（ジャズ），
džínsy [ǯínsi]（ジーンズ），džudo [ǯudo]（柔道），
džús [ǯús]（ジュース），garáž [garáš]（ガレージ），
génius [-ni-us]（天才），hardvér（ハードウェア），
ilúzia [-zi-a]（幻影），inžinier [inžiňier]（技師），
kampaň（キャンペーン），kríza（危機），kultúra（文化），
líder（指導者），milión（100万），míting [mítiŋk]（集会），
mýtus [mítus]（神話），profesor（教授），
program（プログラム），realizmus（リアリズム），
systém [sistém]（システム），tím（チーム），
videokazeta [-de-]（ビデオカセット），
víkend [víkent]（週末）

②元来の正書法にしたがって表記される語（不変化名詞が多い）

例　allegro [a>legro]（s. アレグロ＜音楽用語＞），
baseball [beɪzból]（m. 野球），derby [derbi]（s. ダービー），
e-mail [imejl]（m. 電子メール），jury [žüri]（ž. 審査員団），

第1部　文字と音声　Písmená a zvuky

　　　　kanoe [kano-e] (s. カヌー), loby [lobi] (ž. ロビー活動),
　　　　menu [menü] (s. メニュー), renomé (s. 名声),
　　　　revue [revü] (ž. 専門雑誌, ショー),
　　　　sujet [süže] (m. 筋, 主題)

(2)外国の地名は，ふつう元来の正書法にしたがって表記される．

　例　Bologna [boloňa] (ボローニャ),
　　　Edinburgh [edinburk] (エジンバラ), Helsinki (ヘルシンキ),
　　　Liverpool [livrpúl] (リバプール),
　　　Marseille [marseǐ] (マルセイユ),
　　　New York [ňújork] (ニューヨーク),
　　　Québec [kebek]／Quebec [kvibek] (ケベック),
　　　Versailles [versaǐ] (ヴェルサイユ),
　　　Zürich [cürix] (チューリッヒ)

(3)一部の都市名・山脈名・河川名の場合は，次のようなスロヴァキア語化した形が用いられる．

　例　Atény [aténi] (アテネ), Belehrad [belehrat] (ベオグラード),
　　　Benátky [benátki] (ヴェネツィア), Berlín (ベルリン),
　　　Brémy [brémi] (ブレーメン), Brusel (ブリュッセル),
　　　Budapešť (ブダペシュト), Bukurešť (ブカレスト),
　　　Drážďany [drážďani] (ドレスデン), Florencia (フィレンツェ),
　　　Janov [janoǔ] (ジェノヴァ), Kodaň (コペンハーゲン),
　　　Lipsko (ライプチヒ), Lisabon (リスボン),
　　　Londýn [londín] (ロンドン), Miláno (ミラノ),
　　　Mníchov [mňíxoǔ] (ミュンヘン), Neapol (ナポリ),
　　　Norimberg [norimberk] (ニュルンベルク),
　　　Ostrihom (エステルゴム), Paríž [paríš] (パリ),
　　　Rím (ローマ), Solún (テッサロニキ), Tokio (東京),
　　　Turín (トリノ), Varšava (ワルシャワ), Viedeň [vieďeň] (ウィーン),
　　　Záhreb [záhrep] (ザグレブ)

— 54 —

VI 正書法の規則　Pravopisné pravidlo

Alpy [alpi]（アルプス山脈），Andy [andi]（アンデス山脈），
Apeniny [apeňini]（アペニン山脈），
Karpaty [karpati]（カルパチア山脈），Himaláje（ヒマラヤ山脈），
Pyreneje [pireneje]（ピレネー山脈）

Dunaj（ドナウ河），Rýn [rín]（ライン河），
Seina [séna]（セーヌ河），Visla（ヴィスワ河）

§21　大文字の表記　Písanie veľkých písmen

標準スロヴァキア語で大文字が用いられるのは，(1)文頭，(2)敬意の表明，(3)固有名詞の3つの場合である．

(1)**文頭**（文の最初の語の最初の文字）

　例　Veľké písmená sa v súčasnej slovenčine píšu na začiatku viet, na znak úcty a vo vlastných menách.（現代スロヴァキア語において大文字は，文頭と敬意の表明と固有名詞のなかで書かれる）

注1）2文字で1音を表すdz, dž, chが，大文字で表記される場合は，最初の文字（d, c）のみが大文字で書かれる．

　　例　Dzvoník（ズヴォニーク＜苗字＞），
　　　　Džingischán [ʒiŋgisxán]（ジンギスカン），
　　　　Chorvátsky Grob（ホルヴァーツキ・グロプ＜地名＞）

注2）完全な文頭以外でも，コロン（：）の後で新たな文章が始まる場合は，ふつう大文字が用いられる（⇒§22）．

　　例　Samo Czambel napísal : „Slovenčina môže mať iba jeden rozumný, odôvodniteľný cieľ, a to je : slúžiť za most ku vzdelaniu ľudu slovenského."
　　　（サモ・ツァムベルはこう書いた—「スロヴァキア語は，ただひ

第1部　文字と音声　Písmená a zvuky

> とつの合理的で根拠づけのできる目的を持つべきだ．それはすなわち，スロヴァキアの人々の教養への橋渡しをすることである」）
>
> 注3）諺やスローガンなどが引用される場合は，文中でも，その語頭に大文字が用いられることがある．
>
> 　例　Príslovie Pomaly ďalej zájdeš platí aj dnes.
> 　　　（「急がばまわれ」という諺は，今日でも通用する）

(2) 敬意の表明

① 手紙文などでは，相手にたいする敬意の表明として，基本人称代名詞 ty, vy と所有人称代名詞 tvoj, váš の語頭の t と v を，文中でもすべての格において，大文字で書くのが慣例である．相手が個人の場合も，集団の場合も同様である．

例　Srdečne Ťa pozdravujem.（心から君に挨拶を送ります）
　　Posielam Vám niekoľko fotografií.
　　（あなたに何枚かの写真をお送りします）
　　Pozdravujte Vašich rodičov.
　　（あなたのご両親によろしくお伝えください）

② 宗教上の敬意の表明として，一部の宗教関係の普通名詞の語頭に，大文字を用いることがある．

例　Pán Boh（主なる神），Boh Otec（父なる神），
　　Božia Matka（聖母），Svätá Trojica（三位一体），
　　veriť v Boha（神を信じる），
　　V mene Otca i Syna i Ducha Svätého.
　　（父と子と聖霊の御名において）

> 注）これらの語でも，宗教上の敬意に関わらない場合は，小文字を用いる．

VI 正書法の規則　Pravopisné pravidlo

> 例　Vďaka bohu som zdravý.（おかげさまでぼくは健康だ），
> každý boží deň（毎日），
> Duch svätý je tretia božská osoba v kresťanskej vierouke.（聖霊とはキリスト教の教義における第三の神格である）

③公用文書などでは，一部の敬称の語頭に大文字を用いることがある．その際，2人称で用いる場合は Váš/Vaša/Vaše を，3人称で用いる場合は Jeho/Jej を，やはり大文字でつけ加える．

例　Vaše Veličenstvo（陛下＜君主にたいする敬称＞），
　　Vaša Excelencia（閣下＜大統領や首相などにたいする敬称＞），
　　Jeho Eminencia（猊下＜高位聖職者などにたいする敬称＞），
　　Jeho Jasnosť（陛下＜支配者にたいする敬称＞）

> 注）これらの語でも，公用文書などでない場合は小文字を用いる．
> 例　najvernejší jeho veličenstva poddaný
> 　　（陛下のもっとも忠実な臣民），
> 　　šedá eminencia（影の大物）

④詩などで，ある対象への特別な思い入れを表明するために，普通名詞や代名詞に，大文字を用いることがある．

例　„Kto to tu plače？ － že On nežije,/kto to tým svet i nás mámi？/Páčte len vôkol : Slovanstvo žije－/a duch Jeho medzi nami!"
　　（嘆いているのはだれだ－あの人（ヤーン・コラールをさす）はもう生きていないと／そう言って，世界とわれらを欺いているのはだれだ／あたりを見回してみよ－スラヴ民族は生きている／そしてあの人の精神は，われらのあいだにある）

第1部　文字と音声　Písmená a zvuky

(3)**固有名詞**

①人名など

(a)名前・苗字・家名・ペンネームなど

例　Milan Rastislav Štefánik（ミラン・ラスチスラウ・シチェファーニク），
　　Dominik Tatarka（ドミニク・タタルカ），
　　Dubčekovci（ドゥプチェク家の人びと），
　　Hviezdoslav（フヴィエズドスラウ＜Pavol Országh パヴォル・オルサークのペンネーム＞），
　　Jégé（イェーゲー＜Ladislav Nádaši ラジスラウ・ナーダシのペンネーム＞）

注1）支配者などの名前につけられる定語は，固有名詞の一部と見なされて，大文字が用いられる．

　　例　Konštantín Filozof（哲人コンスタンチヌス），
　　　　Jozef Druhý（ヨーゼフ2世），
　　　　pápež Ján Pavol Druhý（ローマ法王ヨハネ・パウロ2世）

注2）人名から転用された普通名詞の場合は，小文字が用いられる．

　　例　donkichot（非現実的な夢想家），donchuan（女たらし），
　　　　judáš（裏切り者），lazár（病人），mecenáš（パトロン），
　　　　xantipa（悪妻）

(b)民族名・種族名・地名から派生した住民名など

例　Slovan（スラヴ人），Slováci（スロヴァキア人たち），
　　Japonec（日本人），Róm（ロマ人＜ジプシー＞），
　　Lužický Srb（ルジツェ・ソルブ人），
　　Nemaďari（ハンガリー人でない人たち），
　　Košičan（コシツェの住民），Rožňavčanka（ロジニャヴァの女性）

VI　正書法の規則　Pravopisné pravidlo

> 注）固有名詞から派生した普通名詞の場合は，小文字が用いられる．
>
> 　例　Habsburg（ハプスブルク）⇨ habsburgovci（ハプスブルク王朝の支持者）
> 　　　【比較例 Habsburgovci（ハプスブルク家の人びと）】
> 　　　Hegel（ヘーゲル）⇨ hegelovec（ヘーゲル主義者）
> 　　　Štúr（シトゥール）⇨ štúrovci（シトゥール派の人びと）
> 　　　【比較例 Štúrovci（シトゥール家の人びと）】
> 　　　Žid（＜民族としての＞ユダヤ人）⇨ žid（ユダヤ教徒）

(c)動物につけられた愛称

　例　Dunčo（ドゥンチョ＜犬の名前＞），Micka（ミツカ＜猫の名前＞），Rysuľa（リスリャ＜雌牛の名前＞），Sivko（スィウコ＜馬の名前＞）

(d)神話やおとぎ話などに出てくる擬人化された存在の名称

　例　Červená čiapočka（赤頭巾ちゃん），Líška（キツネさん），Perún（雷神ペルーン），Popoluška（シンデレラ），Smrť（死神），Snehulienka（雪娘），Šípková Ruženka（眠れる森の美女）

> 注）同様の存在でも，普通名詞と考えられれば，小文字が用いられる．
>
> 　例　anjel [aňiel]（天使），čert（鬼），diabol [ďiabol]（悪魔），rusalka（水の妖精ルサルカ），satan/satanáš（悪魔），víla（妖精），vodník（水男）

②地名など

(a)天体の名称

　例　Zem obieha okolo Slnka.（地球は太陽の周囲を回っている）
　　　Mesiac tiež obieha okolo Zeme ako družica.

第1部　文字と音声　Písmená a zvuky

　　（月も地球の周囲を衛星として回っている）
　　Polárka（北極星），Labuť（はくちょう座＜星座＞）

注1）これらの語でも，天文学用語としてでなく，一般的な名称として使われる場合は，小文字が用いられる．

　　例　život na zemi（地上での生活），východ slnka（日の出），
　　　　západ mesiaca（月の入り），polárka（導きの星），
　　　　labuť（ハクチョウ）

注2）2語以上からなる名称の場合は，最初の語の語頭に大文字を用い，以下の語が普通名詞であれば小文字を用いる．

　　例　Halleyho [heliho] kométa（ハレー彗星），
　　　　Mliečna cesta（天の川），
　　　　Oceán búrok（嵐の海＜月面の地名＞），
　　　　Veľký voz（おおぐま座＜星座＞）

(b)大陸・国・地方などの名称

例　Eurázia（ユーラシア），Európa（ヨーロッパ），
　　Západ（西側諸国）【比較例 západ（西）】，
　　Slovensko（スロヴァキア），
　　Gemer（ゲメル＜中部スロヴァキアの地域名＞）

注1）2語以上からなる名称の場合は，最初の語の語頭に大文字を用い，以下の語が固有名詞であれば大文字を，普通名詞であれば小文字を用いる．

　　例　Severná Amerika（北アメリカ），
　　　　Nový Zéland（ニュージーランド），
　　　　Veľká Británia（グレート・ブリテン），
　　　　Veľká Morava（大モラヴィア）

VI　正書法の規則　Pravopisné pravidlo

  Slovenská republika（スロヴァキア共和国），
  Žilinský kraj（ジリナ県＜スロヴァキアの一地方＞），
  Spojené štáty americké（アメリカ合衆国），
  Spojené kráľovstvo Veľkej Británie a Severného Írska
  （グレート・ブリテン及び北アイルランド連合王国），
  Nemecká spolková republika/Spolková republika
  Nemecko（ドイツ連邦共和国），
  Ruská federácia（ロシア連邦），
  Rímska ríša（ローマ帝国），
  Blízky a Stredný východ（中近東），
  Ďaleký východ（極東）

注2）正式名称でない場合は，最初の語の語頭でも，小文字を用いる場合もある．

  例　habsburská monarchia（ハプスブルク帝国），
    tretia ríša（第三帝国），
    predmníchovská republika
    （＜1938年9月のミュンヘン協定締結以前の＞チェコスロヴァキア共和国）

注3）地理学上の名称でない場合は，形容詞には小文字が用いられる．

  例　stredná Európa（中央ヨーロッパ），
    južné Slovensko（南部スロヴァキア）

　1990年から1992年までチェコスロヴァキアの正式国名であった **Česká a Slovenská Federatívna Republika**（チェコ及びスロヴァキア連邦共和国）の場合は，例外的に，接続詞以外のすべての語頭を，大文字で書いた．

第1部　文字と音声　Písmená a zvuky

(c)島・半島・山・平野・谷・海・川・湖などの名称

例　Cyprus（キプロス島），Krym（クリミア半島），
　　Karpaty（カルパチア山脈），Dunaj（ドナウ川），Váh（ヴァーフ川）

> 注）2語以上からなる名称の場合は，最初の語の語頭に大文字を用い，以下の語が固有名詞であれば大文字を，普通名詞であれば小文字を用いる．
>
> 　　例　Malé Karpaty（小カルパチア山脈），Malý Dunaj（小ドナウ川），
> 　　　　Vysoké Tatry（ヴィソケー・タトリ山地）
>
> 　　　　Žitný ostrov（ジトニー・オストロウ＜南部スロヴァキアの地域名＞），
> 　　　　Gerlachovský štít（ゲルラフ峰＜スロヴァキアの最高峰＞），
> 　　　　Slovenské rudohorie（スロヴェンスケー・ルドホリエ山地），
> 　　　　Veľká dunajská kotlina（大ドナウ盆地），
> 　　　　Podunajská nížina（沿ドナウ平野），Tichý oceán（太平洋），
> 　　　　Severný ľadový oceán（北氷洋），
> 　　　　Stredozemné more（地中海），
> 　　　　Baltské more（バルト海），Fínsky záliv（フィンランド湾），
> 　　　　Blatenské jazero（バラトン湖＜ハンガリー＞）

(d)市町村（地方自治体）などの名称

例　Trnava（トルナヴァ），Tornaľa（トルナリャ），
　　Čičmany（チチマニ村），Jasová（ヤソヴァー村），
　　Devín（ジェヴィーン＜ブラチスラヴァの一部＞）

> 注）2語以上からなる名称の場合は，前置詞以外のすべての語の語頭に，大文字を用いる．
>
> 　　例　Banská Bystrica（バンスカー・ビストリツァ），

VI　正書法の規則　Pravopisné pravidlo

> Dolný Kubín（ドルニー・クビーン），
> Šaštín-Stráže（シャシチーン-ストラージェ），
> Spišská Nová Ves（スピシスカー・ノヴァー・ヴェス），
> Nové Mesto nad Váhom（ノヴェー・メスト・ナド・ヴァーホム），
> Brezová pod Bradlom（ブレゾヴァー・ポド・ブラドロム），
> Štrbské Pleso（シトルプスケー・プレソ＜町の名称＞），
> 【比較例 Štrbské pleso（シトルバ湖）】
> Biely Potok（ビエリ・ポトク＜町の名称＞），
> 【比較例 Biely potok（ビエリ川）】

(e) 通り・広場・公園・名所などの名称

例　Gorazdova（ゴラスト通り），
　　Hrad（城＜ふつうブラチスラヴァ城をさす＞），
　　Reduta（レドゥタ＜コンサート・ホールがあるブラチスラヴァの建物の名称＞）

> 注）2 語以上からなる名称の場合は，最初の語の語頭に大文字を用い，以下の語が固有名詞であれば大文字を，普通名詞であれば小文字を用いる。
>
> 　例　Ulica Fraňa Kráľa（フラニョ・クラーリ通り），
> 　　　Dóm svätého Martina（聖マルティン大聖堂），
> 　　　Most Lafranconi [lafrankoni]（ラフランコニ橋）
>
> 　　　Viedenská cesta（ウィーン街道），
> 　　　Dunajská ulica（ドナウ通り），
> 　　　Rázusovo nábrežie（ラーズス河岸通り），
> 　　　Námestie slobody（自由広場），
> 　　　Hviezdoslavovo námestie（フヴィエズドスラウ広場），
> 　　　Mlynská dolina（ムリンスカー・ドリナ＜市街名＞），
> 　　　Tatranský národný park（タトリ国立公園），

第1部　文字と音声　Písmená a zvuky

> Národný cintorín（国民墓地），
> Park kultúry a oddychu（文化と休息の公園），
> Stará radnica（旧市庁舎），Michalská brána（ミハル門），
> Nový most（ノヴィー橋＜新しい橋＞），
> Spišský hrad（スピシ城）

③祝祭日・記念日・歴史的事件など

例　Vianoce（クリスマス＜12月25日＞），Silvester（大晦日＜12月31日＞）

> 注1）2語以上からなる名称の場合は，最初の語の語頭に大文字を用い，以下の語が固有名詞であれば大文字を，普通名詞であれば小文字を用いる．
>
> 　　例　Nový rok（元旦＜1月1日＞），
> 　　　　Zjavenie Pána（公現祭＜1月6日＞），Veľká noc（復活祭），
> 　　　　Všetkých svätých（万聖節＜11月1日＞），
> 　　　　Štedrý deň（クリスマス・イヴ＜12月24日＞），
> 　　　　Francúzska revolúcia（フランス革命），
> 　　　　Slovenské národné povstanie（スロヴァキア民族蜂起）
>
> 注2）同様の語でも，最初の語の語頭に，小文字を用いる場合もある．
>
> 　　例　dožinky（収穫祭），fašiangy（謝肉祭），
> 　　　　tridsaťročná vojna（三十年戦争），
> 　　　　druhá svetová vojna（第2次世界大戦）

> 　スロヴァキア共和国の国家の祭日 štátne sviatky は，次の5日である．
>
> 1. január － Deň vzniku Slovenskej republiky
> 　　　　　　（1月1日－スロヴァキア共和国成立記念日）

VI 正書法の規則　Pravopisné pravidlo

5. júl － Sviatok svätého Cyrila a svätého Metoda
（7月5日－聖キュリロスと聖メトディオスの祭日）
29. august － Výročie Slovenského národného povstania
（8月29日－スロヴァキア民族蜂起記念日）
1. september － Deň Ústavy Slovenskej republiky
（9月1日－スロヴァキア共和国憲法記念日）
17. november － Deň boja za slobodu a demokraciu
（11月17日－自由と民主主義をめざす闘いの日）

④著作・新聞・雑誌・公共機関・企業・団体・催し・賞などの名称

例　Rozum（『理性』＜小説の表題＞），Pravda（『真理』＜新聞紙名＞），Život（『生活』＜雑誌名＞）

注1）2語以上からなる名称の場合は，最初の語の語頭に大文字を用い，以下の語が固有名詞であれば大文字を，普通名詞であれば小文字を用いる．

例　Sväté písmo（『聖書』），Nový zákon（『新約聖書』），
Hájnikova žena（『森番の妻』＜詩の表題＞），
Nevesta hôľ（『高原牧場の花嫁』＜小説の表題＞），
Národná obroda（『民族の再生』＜新聞紙名＞），
Historický časopis（『歴史学雑誌』），
Organizácia Spojených národov（国際連合），
Charta Spojených národov（国連憲章），
Červený kríž（赤十字），Európska únia（欧州連合），
Rada Európy（欧州議会），
Národná rada Slovenskej republiky
（スロヴァキア共和国国民議会），
Národná banka Slovenska（スロヴァキア国民銀行），
Slovenská akadémia vied（スロヴァキア科学アカデミー），
Slovenské národné divadlo（スロヴァキア民族劇場），

第1部　文字と音声　Písmená a zvuky

      Slovenská filharmónia（スロヴァキア・フィルハーモニー），
      Filozofická fakulta Univerzity Komenského
      （コメンスキー大学哲学部），
      Univerzitná knižnica（大学図書館），
      Matica slovenská
      （マチツァ・スロヴェンスカー＜民族文化団体＞），
      Nobelova cena（ノーベル賞），
      Slovenská koruna（スロヴァキア・コルナ＜貨幣単位＞）

注2）公共機関などが，省略された形で書かれる場合は，小文字を用いる．

   例　naše ministerstvo zahraničných vecí（わが国の外務省）
      【比較例 Ministerstvo zahraničných vecí Slovenskej
      republiky（スロヴァキア共和国外務省）】
      košická univerzita（コシツェの大学）
      【比較例 Univerzita Pavla Jozefa Šafárika
      （パヴォル・ヨゼフ・シャファーリク大学）】

注3）催しなどの名称には，小文字を用いる語もある．

   例　majstrovstvá sveta（世界選手権），olympiáda（オリンピック）

⑤固有名詞から派生された otcov タイプの所有形容詞（⇒§49）

例　Bernolák（ベルノラーク）⇒ Bernolákov
    Bernolákovo jazykovedné dielo（ベルノラークの言語学関係著作）
    Pribina（プリビナ）⇒ Pribinov
    Pribinovo kniežatstvo（プリビナ公国）
    Timrava（チムラヴァ＜女性作家のペンネーム＞）⇒ Timravin
    Timravina poviedka（チムラヴァの短編小説）

注）固有名詞から派生されても，語末が -ský, -cký で終わる性質形容詞の場合は，小文字を用いる．

VI 正書法の規則　Pravopisné pravidlo

例　Bratislava（ブラチスラヴァ）⇨ bratislavský
　　bratislavské letisko（ブラチスラヴァ空港）
　　Štúr（シトゥール）⇨ štúrovský
　　štúrovský pravopis（シトゥール式の正書法）

⑥略語の一部

(a)学位称号など（この場合は，語末にピリオドをつける）（⇒§22）

例　CSc.（修士），Ing.（工学士），MUDr.（医学博士），PhDr.（哲学博士）

注）次のような学位称号は，文中では小文字を用いる．
　　例　akad. [akademik]（アカデミー会員），doc. [docent]（助教授），
　　　　dr. [doktor]（博士），prof. [profesor]（教授）

(b)そのほかの略語（この場合は，語末にピリオドをつけない）

例　SR [es-er]（スロヴァキア共和国），OSN [o-es-en]（国際連合），
　　EÚ [e-ú]（欧州連合），RE [er-e]（欧州議会），
　　NR SR [en-er es-er]（スロヴァキア共和国国民議会），
　　NBS [en-bé-es]（スロヴァキア国民銀行），
　　MS [em-es]（マチツァ・スロヴェンスカー＜民族文化団体＞／世界選手権），
　　SAV [sav]（スロヴァキア科学アカデミー），
　　SND [es-en-dé]（スロヴァキア民族劇場），
　　FFUK [ef-ef-u-ká]（コメンスキー大学哲学部），
　　TANAP [tanap]（タトリ国立公園），
　　MZV SR [em-zé-vé es-er]（スロヴァキア共和国外務省），
　　Sk [es-ká]（スロヴァキア・コルナ＜貨幣単位＞）

第1部　文字と音声　Písmená a zvuky

§22　句読点の用法 Používanie interpunkčných znamienok

スロヴァキア語の句読点 interpunkčné znamienka には，次のようなものがある．

(1)　ピリオド（．）　(2)　コンマ（，）　(3)　セミコロン（；）
(4)　コロン（：）　(5)　多重点（…）　(6)　疑問符（？）　(7)　感嘆符（！）
(8)　ダッシュ（－）　(9)　ハイフン（-）　(10)　引用符（„ "）
(11)　アポストロフィ（'）　(12)　斜線（／）
(13)　カッコ（（ ）〔 〕＜ ＞｛ ｝）

(1) ピリオド Bodka

ピリオド（．）が使われるのは，次のような場合である．

①平叙文（疑問符や感嘆符が付かない文）の末尾

例　Bodka sa píše na konci oznamovacej vety.
　　（ピリオドは，平叙文の末尾に書かれる）

②表題や表示の末尾（区分するためにピリオドが必要な場合）

例　Pravidlá slovenského pravopisu. Tretie vydanie, Bratislava 2000.
　　（スロヴァキア語正書法の規則，第3版，ブラチスラヴァ，2000年）

③一部の略語の末尾（⇒§21）

例　a i. [a iné]（など），ap./a pod. [a podobne/a podobný]（等々），atď. [a tak ďalej]（等々），c. d. [citované dielo]（前掲書），č./čís. [číslo]（号），hl. [hlava]（章），hod. [hodina]（時），mil. [milión]（百万），min. [minúta]（分），mld. [miliarda]（10億），m. r. [minulého roka]（昨年），nábr. [nábrežie]（河岸通り），nám. [námestie]（広場），napr. [napríklad]（たとえば），n. l. [nášho letopočtu]（西暦），ods. [odsek]（項），okr. [okres]（郡），p. [pozri]（参照せよ），

— 68 —

VI 正書法の規則　Pravopisné pravidlo

p. [pán]（～氏），porov. [porovnaj]（比較せよ），r. [rok]（年），
resp. [respektíve]（あるいは），sek. [sekunda]（秒），
str. [strana]（ページ），tel. [telefón]（電話），tis. [tisíc]（千），
t. j. [to jest]（すなわち），t. r. [tohto roka]（今年），
tzn. [to znamená]（つまり），tzv. [takzvaný]（いわゆる），
ul. [ulica]（通り），v. r. [vlastnou rukou]（直筆で），
Zb. [Zbierka zákonov]（＜1992年以前の＞法令集），
Z. z. [Zbierka zákonov]（＜1993年以降の＞法令集）

A. [Anton] Bernolák（アントン・ベルノラーク＜人名＞），
J. [Jozef] M. [Miloslav] Hurban
（ヨゼフ・ミロスラウ・フルバン＜人名＞），
St. [Stará] Ľubovňa（スタラー・リュボウニャ＜地名＞）

④ローマ数字やアラビア数字で表記された順序数詞の末尾（⇨§64）

例　I. [prvý] diel（第1部），Mojmír II. [Druhý]（モイミール2世），
15. [pätnásty] august 1948（1948年8月15日），
1. [prvého] septembra 1992 Slovenská národná rada prijala Ústavu Slovenskej republiky.
（1992年9月1日にスロヴァキア国民議会はスロヴァキア共和国憲法を採択した）

注）ページや章などを示す場合，数字が前に置かれる時は，順序数詞として読まれて，ピリオドが付くが，名詞が前に置かれる時は，個数詞として読まれて，ピリオドは付かない．

例　3. [tretia] strana（3ページ）
　　【比較例　strana 3 [tri]（3ページ）】
　　4. [štvrtá] kapitola（第4章）
　　【比較例　kapitola 4 [štyri]（第4章）】
　　5. [piaty] paragraf（第5条）
　　【比較例　paragraf 5 [päť]（第5条）】

第1部　文字と音声　Písmená a zvuky

> 6. [šiesty] odsek（第6項）
> 【比較例 odsek 6 [šesť]（第6項）】

(2)コンマ Čiarka

コンマ（,）が使われるのは，次のような場合である．

①文の成分でない表現（同格語，呼びかけ，間投詞など）と，文のあいだ

例　Bratislava, hlavné mesto Slovenska, leží na Dunaji.
　　（スロヴァキアの首都ブラチスラヴァはドナウ河畔にある），
　　Janko, poď sem!（ヤンコ，こちらへおいで），
　　Ach, ale je to ťažké!（ああ，なんて重いんだろう）

②bohužiaľ（残念ながら），chvalabohu（ありがたいことに），
　naopak（ぎゃくに），pravdaže（もちろん），
　samozrejme（いうまでもなく），
　zaiste（きっと）などのような，文に挿入された助詞と，文のあいだ

例　Bohužiaľ, teraz sa musíme rozlúčiť.
　　（残念ながら，もうお別れしなければなりません），
　　Chvalabohu, nič zlé sa nestalo.
　　（さいわい悪いことはなにも起こらなかった），
　　Manželka neplakala, naopak, tešila sa.
　　（妻は泣くどころか，ぎゃくに喜んだ），
　　Listiny boli písané, samozrejme, v latinčine.
　　（公文書は，いうまでもなくラテン語で書かれていた）

> 注1）azda（たぶん），hádam（たぶん），naozaj（ほんとうに），
> 　　nuž（さあ），povedzme（であるとしよう），teda（つまり），
> 　　veru（まったく），vraj（いわく）などのような助詞は，ふつうコ
> 　　ンマによって区切られない．

— 70 —

VI　正書法の規則　Pravopisné pravidlo

> 例　Ujo je azda doma.（おじさんはたぶん家にいるだろう），
> 　　Nuž teda poďme!（それじゃ行こうか），
> 　　Naozaj je to pravda.（それはほんとうに真実だ），
>
> 注2）これらの助詞でも，文頭の位置に置かれて，独立した返答として強調される場合には，コンマによって区切られることがある．
>
> 例　Naozaj, na to som zabudol.
> 　　（本当だ，ぼくはそのことを忘れていたよ）

③挿入された従属文と，主文のあいだ

例　Hostia nám oznámili, že prídu.
　　（客たちはやってくると知らせてきた），
　　Večer, keď sme sa vracali domov, začalo pršať.
　　（晩方，私たちが家路をたどっている時に，雨が降りだした），
　　Častice, ktoré sa vzťahujú iba na jeden vetný člen, sa čiarkami nevyčleňujú.（ひとつの文の成分にしか関係しない助詞は，コンマによって区切られない）

④並列複文中の文のあいだ，または従属複文中の従属文と主文のあいだ（並列接続詞aによって結ばれていない場合）

例　Keď som sa prebudil, bol už jasný deň.
　　（私が目を覚ました時には，もう良い日和だった）

> 注1）接続詞aが，並列以外の意味（反意・結果・説明）で使われている場合は，aの前でもコンマが付けられる．そのような場合は，しばしばaの後に，強調の助詞－a jednako, a nie, a predsa, a preto, a tak, a teda, a to など－が添えられる．
>
> 例　On sa bránil, a predsa súhlasil.
> 　　（彼は逆らったが，けっきょく同意した）

第 1 部　文字と音声　Písmená a zvuky

> 注 2 ）接続詞 a の前で，挿入された従属文が終わっている場合は，並列の
> 意味で使われていても，コンマが使われる。
>
> 　例　Celý týždeň len sedel vo svojej izbe, ako sme sa
> 　　　dozvedeli, a nič nerobil.
> 　　　（われわれが知ったところでは，彼は丸 1 週間ひたすら自室にこ
> 　　　もっていて，なにもしなかった）

⑤比較の接続詞 ako, než, sťa, ani の前では，後に文が続く場合はコンマが使われ，語が続く場合はコンマが使われない。

例　Ekonomická situácia je lepšia, ako sme čakali.
　　（経済状況は，私たちが予期していたより良好だ）
　　【比較例 Ekonomická situácia je lepšia ako vlani.
　　（経済状況は去年よりは良好だ）】
　　Zuzana je vyššia, než bola jej matka.
　　（ズザナは，母親がそうだったよりも背が高い）
　　【比較例 Zuzana je vyššia než jej matka.
　　（ズザナは母親よりも背が高い）】

⑥代名詞 kto, čo, ktorý, aký, kde, kedy, ako, koľko, prečo などの前では，従属文をともなう場合は，コンマが付けられるが，動詞 mať, nemať, byť, nebyť に後続する場合は，コンマは付けられない。

例　Má kde spať, ale nemá čo jesť.
　　（彼には寝るところはあるが，食べるものがない），
　　Nemám čo robiť. （私はすることがない），
　　Našťastie, bolo čo piť. （幸いなことに，飲み物はあった），
　　Nebolo jej prečo sa obávať. （彼女には恐れる理由がなかった）

⑦同質の語や文のあいだ－並列接続詞（a, aj, i, ani, alebo など）によって結ばれていない場合

― 72 ―

VI 正書法の規則　Pravopisné pravidlo

例　Najväčšie mestá na Slovensku sú Bratislava, Košice, Prešov, Nitra, Žilina, Banská Bystrica, Trnava, Martin, Trenčín, Poprad a Prievidza.
（スロヴァキアでもっとも大きな都市は、ブラチスラヴァ、コシツェ、プレショウ、ニトラ、ジリナ、バンスカー・ビストリツァ、トルナヴァ、マルティン、トレンチーン、ポプラト、プリエヴィザである）．
Čiarka má vo významovej a gramatickej stavbe vety tri základné funkcie: vyčleňovaciu, pripájaciu a odčleňovaciu.
（コンマは文の意味上と文法上の構造のなかで、分離、連結、区別という三つの基本的な役割を担っている）

⑧反意接続詞（ale, no）の前（かならずコンマが付けられる）

例　Slnko síce svietilo, ale fúkal studený vietor.
（太陽が照ってはいたが、冷たい風が吹いていた）．
　Slovenčina a čeština sú si vel'mi blízke, no existujú medzi nimi aj významné rozdiely.
（スロヴァキア語とチェコ語はたがいにひじょうに近いが、両語のあいだには重要な相違も存在する）

⑨説明の接続詞（ako, a to, t. j. [to jest]）の前（かならずコンマが付けられる）

例　Vývin slovenského spisovného jazyka je zaujímavý, a to vzhl'adom na vel'mi komplikovaný vývin slovenského národného povedomia.
（標準スロヴァキア語の発展は、ひじょうに錯綜したスロヴァキア人の民族意識の発展を考えると、興味深いものである）．
asimilácia, t. j. [to jest] prispôsobovanie spoluhlások
（子音の同化、つまり順応）

⑩さまざまな文の成分と、文のあいだ

例　Dobré rady, tie by sme teraz potrebovali najväčšmi.
（良き助言こそ、いま私たちがもっとも必要としているものだろう）．

— 73 —

第1部　文字と音声　Písmená a zvuky

Konečne prišli, obaja.（とうとうやって来た，二人ともだ），
Zajtra, to už bude neskoro.（明日ではもう手遅れだろう）

注1) ある定語によって規定されている表現を，新たな定語によって発展させる場合（定語の機能が，意味的に見て等価ではない場合）は，定語のあいだにコンマは付けられない．

　　例　moja rodná dedina（私の生まれた村），
　　　　súčasná slovenská próza（現代のスロヴァキア語散文）

注2) したがってコンマの有無によって，意味を区別する場合がある．

　　例　nová, dobrá kniha　　　　nová dobrá kniha
　　　　　　　　　　（新しくて良い本）　　　（新しい良書）

(3) **セミコロン** Bodkočiarka

セミコロン（;）は，ピリオドを付けても，コンマを付けてもよい個所で使われる．セミコロンが使われるのは，次のような場合である．

①単文あるいは複文中で，先行する部分を説明する個所の前

　例　Vypukla parlamentná kríza ; opozícia odhlasovala, aby rokovanie viedol namiesto predsedu podpredseda.
　　　（議会危機が発生した．野党は，議長に代わって副議長が審議を取り仕切るように決議した），
　　　Výraznú pripájaciu funkciu má najmä čiarka ; signalizuje priradenie vetného člena, hlavnej alebo vedľajšej vety.
　　　（明確な連結機能を担っているのは，とくにコンマである．コンマは，文の成分の並列，主文あるいは従属文の並列を予告している）

②単文中で，補足説明の部分を分離する場合

　例　Bol najlepším útočníkom dorasteneckého mužstva ; nádejou

VI 正書法の規則　Pravopisné pravidlo

slovenského fudbalu.
（彼はジュニア・チームの最良のアタッカーで，スロヴァキア・サッカー界の希望の星だった）

③数え上げの際に，密接に関係するグループを他から分離する場合

例　Niektoré interpunkčné znamienka majú iné funkcie : bodkou sa naznačuje skrátenie slova alebo to, že ide o radovú číslovku ; bodkou, pravou zátvorkou, lomkou alebo pomlčkou sa označuje začiatok nových odsekov alebo jednotlivé body pri vyratúvaní.
（一部の句読点は，別の役割を担っている．ピリオドによって，語の省略や順序数詞であることが示されている．ピリオド，右カッコ，斜線，あるいはダッシュによって，新しい段落のはじまりや，数え上げの際の個々の点が表現されている）

④複文中で，分かりやすくするために，より大きな部分を分離する場合

例　Tento systém sa označuje ako jazyk (langue) na rozdiel od reči (parole) ; tieto dve zložky vytvárajú language − ľudskú reč.
（このシステムは，発話（パロール）とは区別された言葉（ラング）として定義されている．これら2つの要素がランゲージ，つまり人間の言葉を形成している）

⑤数え上げの際の各部分の末尾

例　V češtine i v slovenčine sa ustálil prízvuk na prvej slabike v slove ; spoluhlásky d, t, n sa zmäkčujú pred e (ě) ; skupina dl ostala počas historického vývinu jazyka nezmenená.
（チェコ語でもスロヴァキア語でも，アクセントは語の第1音節に固定し，子音d, t, nは，e（ě）の前で口蓋化し，子音グループdlは，言語の歴史的発展を通して，変化しないままであった）

第1部　文字と音声　Písmená a zvuky

(4) **コロン** Dvojbodka

コロン（：）が使われるのは，次のような場合である．

①直接話法をあらわす文や表現の前

例　Ja mu občas poviem : „Janko, počul si ? Počul si, čo povedala ?"
（ぼくはときにはこう言ってやったりする．「ヤンコ，聞いたかい．彼女の言ったことを聞いたかい」）

注1) コロンの後で，直接話法や独立した文が続く場合は，その文頭にはふつう大文字が使われる（大文字の用法については§21参照）．

注2) 同上の文が，導きの文の前に位置する場合は，その後にはコンマが使われる．

　　例　„Janko, počul si ? Počul si, čo povedala ?", poviem mu ja občas.
　　（「ヤンコ，聞いたかい．彼女の言ったことを聞いたかい」と，ぼくはときには言ってやったりする）

---

②単文や複文のなかで，先行する部分を解明・発展・補足・説明する部分の前．lebo（なぜなら），veď（というのも），t. j. [to jest]（すなわち），totiž（つまり）などの意味を表現する．

例　Do 15. [pätnásteho] storočia bolo v slovenčine popri jednotnom a množnom čísle aj dvojné číslo (duál) : očima, ušima, za dvoma horama, rukama, nohama, do očú, do ušú, do nohú atď.
（15世紀までスロヴァキア語には，単数・複数とならんで，双数も存在した．očima, ušima, za dvoma horama, rukama, nohama, do očú, do ušú, do nohú などが，その例である），
Inými slovami : česká výslovnosť sa prispôsobuje písanej

― 76 ―

VI 正書法の規則　Pravopisné pravidlo

forme, zatiaľ čo v slovenčine je stále silnejšia hovorená ako písaná podoba slov.
（言いかえれば，チェコ語の発音は書かれた形に合わせているが，いっぽうスロヴァキア語では，語の書かれた形よりも話された形のほうが，ますます強くなっている）

③複文のなかで，前半部分と後半部分を分離する．

例　V slovenskej historiografii sa ustálil predmet dejín Slovenska : Sú to dejiny súčasného slovenského teritória, kombinované s dejinami slovenského etnika.
（スロヴァキア歴史学において，スロヴァキア史の対象は確定している．それは，今日のスロヴァキア領域の歴史と，スロヴァキア民族集団の歴史を組み合わせたものである）

④列挙される文の成分の前

例　Rok sa delí na štyri ročné obdobia : jar, leto, jeseň a zimu.
（1年は四季に，すなわち春，夏，秋，冬に分けられる）
Ohybné slovné druhy sú : podstatné mená, prídavné mená, zámená, číslovky a slovesá.
（語形変化する品詞には，名詞，形容詞，代名詞，数詞および動詞がある）

⑤文献データ中の，著者の名前と文献名のあいだ

例　KRÁĽ, Á. : Pravidlá slovenskej výslovnosti. 3. vydanie, Bratislava 1996.
（Á・クラーリ，スロヴァキア語発音の規則，第3版，ブラチスラヴァ，1996年）

(5) **多重点** Tri bodky

多重点（...）が使われるのは，次のような場合である．

第1部　文字と音声　Písmená a zvuky

①発話がたかぶったり，妨げられたりしたことを示す場合

例　Prekliati... Perún vás skára... Tisíc rokov budete otrokmi... Zanikne moja ríša. Žobrákmi budete bez vlasti...
（呪われた者どもよ…ペルーンがおまえたちを滅ぼすことだろう…おまえたちは千年ものあいだ奴隷となろう…わたしの国が滅びる。おまえたちは，祖国を持たない物乞いとなるだろう…）

②独立した文や複文の末尾に使って，発話の中断や沈黙を示す場合

例　Myslím, že... （私が思うに…），
Povedal by som, že tento... tento výber je najvhodnejší.
（私に言わせれば，この…この選択がいちばんふさわしい），
Ktovie, čo to mohli byt' za nedostatky...
（どんな欠点だったか，わかったものじゃない…）

③引用中で，その一部を省略したことを示す場合

例　Morfológia slovenského jazyka... je súčast'ou niekol'kozväzkového diela, venovaného všestrannému synchrónnemu opisu slovenčiny.
（『スロヴァキア語形態論』は…スロヴァキア語の全面的な総合的記述にあてられた数巻の著作の一部である）

④周知の言い回しや諺を，途中で言い止めたことを示す場合

例　Kto druhému jamu kope...
（他人を陥れようとする者は…＜後半に sám do nej padne.（自分が痛い目にあう）が続くが，周知の表現なので，省略されることが多い＞）

注）多重点の後には，ピリオドを付ける必要はない．

VI　正書法の規則　Pravopisné pravidlo

(6)**疑問符** Otáznik

疑問符（？）が付けられるのは，次のような場合である．

①独立した疑問文と修辞疑問文の末尾

例　Hovoríte po slovensky？（スロヴァキア語を話しますか？），
　　Kedy ste sa vrátili domov？（いつ帰宅なさいましたか？），
　　Byť, či nebyť？（生きるべきか，それとも死すべきか）

②疑問をあらわす単項文の末尾

例　Skutočne？（ほんとうに？），Áno？（そうですか？），
　　Päťsto korún？（500 コルナですって？）

③従属複文の末尾（主文が疑問文である場合）

例　Neviete, že sa na svete nič nestáva bez príčiny？
　　（この世では何事も，原因なしには起こらないことを，ご存じないのですか？）
　　Premýšľali ste o tom, čo by sa malo predovšetkým robiť？
　　（まず何がなされるべきなのかを，あなたたちは熟考しましたか？）

④並列複文の末尾（複文の末尾に疑問文がある場合）

例　Prídeme na kraj hory a čo nevidíme？
　　（ぼくたちが森の端に来た時，なにを見たと思う？）

注）従属文のみが疑問文の性格を持っている場合は，疑問符は付けられない．

例　Pýtal som sa ho, ako dlho bol na Slovensku.
　　（私は，どれほどスロヴァキアにいたかを彼にたずねた），
　　Neviem, či vám to môžem sľúbiť.
　　（あなたにそれを約束できるかどうか分かりません）

第 1 部　文字と音声　Písmená a zvuky

⑤文中で，ある語や表現にたいする疑念を表示したい場合，それらの後に，疑問符をカッコに入れて挿入する

例　Zmieňoval sa o nevyhnutnosti(?) takéhoto riešenia problémov.
（彼は，問題のそうした解決法の必然性とやらについて言及した）

(7)**感嘆符** Výkričník

感嘆符（！）が使われるのは，次のような場合である．

①感嘆の感情をあらわす文の末尾

例　Aká je táto voda studená！（この水はなんて冷たいんだろう！）

②呼びかけをあらわす単項文の末尾

例　Haló！（もしもし！），Pomoc！（助けて！），Pozor！（気をつけて！）
Dámy a páni！（ご列席のみなさま）
Deti, večera！（子供たち，晩ごはんですよ！）

注）感嘆符を必要とするいくつかの単項文が重なる場合は，感嘆符はふつう，最後の文の末尾にのみ使われる．

例　Chlapci, dievčatá！（みなさん！），
Slovania, bratia！（スラヴの兄弟たちよ！）

③命令や願望をあらわす命令法の文の末尾（命令や願望をとくに強調したい場合）

例　Čakajte！（お待ちなさい！），Vyplňte！（記入してください！），
Pošlite！（送ってください！），
Nech sa vám všetko podarí！
（万事うまくいくようにお祈りしていますよ！）

注1）命令や願望をとくに強調せずに，たんに勧めたり，呼びかけたりす

VI　正書法の規則　Pravopisné pravidlo

る場合は，感嘆符ではなくピリオドを使う．

例　Čakajte tu chvíľku.（ここでちょっと待っていてください），
Dotazník vyplňte a pošlite na dolu uvedenú adresu.
（アンケートに記入して，下記の住所宛てにお送りください）

注2）複文の場合は，後の文が命令法でなければ，感嘆符ではなくピリオドを使う．

例　Počkajte, lebo ešte neprišli všetci.
（ちょっと待ってください，まだ全員がそろっていませんから）

④文中で，ある語や表現にたいする批判的な視点を表示したい場合，それらの後ろに，感嘆符をカッコに入れて挿入する．

例　Jeho „vedecký prístup"（tak!）nie je v nijakom prípade vedecký.
（彼の「学問的アプローチ」なるものは，まったく学問的ではない）

注1）強い感情をこめた表現の場合は，2つあるいは3つの感嘆符が付けられることもある．

例　Dosť!!（もうたくさんだ!!），Ticho!!（静かに!!），
Odpoveď napíšte súrne!!!（大急ぎで返事を書いてください!!!）

注2）疑問文の性格を持つ呼びかけ文の後では，疑問符と感嘆符を並べて使うことがある．

例　Na mňa, malého tretiaka－（ach, bože, bol som niekedy tretiak?!）pozeral ako na psa.
（三年生の小さなぼくを－ああ，ぼくにも三年生のときがあったなんて?!－イヌを見るような目で見ていた）
Môj Bože, môj Bože, prečo si ma opustil?!
（わが神，わが神，なぜわたしをお見捨てになったのです

第1部　文字と音声　Písmená a zvuky

> か?!　＜マタイによる福音書　27章46節＞）

(8) **ダッシュ** Pomlčka

ダッシュ（−）は，文の枠内で使われる記号である．ダッシュが使われるのは，次のような場合である．

①諺やスローガンなどで，連辞の代わりに使われる場合

例　Zdravie − najcennejšie bohatstvo.（健康がなによりの財産）

②間（ま）を強調したい場合

例　Čo sa stalo − stalo sa.（起こったことは…しかたがない），
Čakali sme odmäk, a prišiel − mráz.
（私たちは雪解けを予期していたが，やって来たのは…厳寒だった），
Kto nepozná Tatry − nepozná Slovensko.
（タトリを知らない者は…スロヴァキアを知らない）

③挿入文あるいは先行文への補語を切り離す際に，コンマでは表現が足りない場合

例　Jozef Druhý nariadil, že každý občan musí mať dve mená − rodné a priezvisko.
（ヨーゼフ2世は，すべての市民は2つの名前を，姓と名を持たなければならないという勅令を発した）

④2つの項目のあいだの，空間的・時間的な隔たりや対立などを表現する場合

例　Bratislava − Košice
（ブラチスラヴァ−コシツェ＜鉄道車両などの表示＞），
Slovenská republika v rokoch 1939−1945
（1939−1945年のスロヴァキア共和国），
Slovensko − Švédsko

VI 正書法の規則　Pravopisné pravidlo

（スロヴァキア対スウェーデン＜対戦相手＞）

⑤思考の思いがけない転換を示す場合，発話がたかぶったり，妨げられたりしたことを示す場合，発話が中断されてしまったことを示す場合

例　Hlavaj s Rončiakom videli, že dvere sú zatvorené a škola － prázdna.
（フラヴァイとロンチヤクは，ドアが閉まっているのを見たが，学校のなかは…無人だった）

⑥引用符の代わりに直接話法を示す場合にも使われる．

例　－ Dobrý deň, slečna Daniela !
－ Dobrý deň, pán Bartolomej !
Daniela si ďalej prezerá noviny, spýta sa :
－ Vonku je taká hustá hmla ?
－ Áno, drahá Daniela. Bola hustá hmla.
（「こんにちは，ダニエラさん」．「こんにちは，バルトロメイさん」．ダニエラはあいかわらず新聞に目を注いだまま訊ねる－「外はひどい霧ですか」．「ええ，ダニエラさん，ひどい霧でしたよ」）

(9) **ハイフン** Spojovník

ハイフン（-）は，語の枠内で使われる記号である．ハイフンが使われるのは，次のような場合である．

①各部分が等価で，意味的に独立している複合語

例　bielo-modro-červená zástava
（白と青と赤の国旗＜スロヴァキアの国旗＞）
　　【比較例 modročervené hrozno（青みがかった赤色のブドウ）】
česko-slovenský slovník（チェコ語・スロヴァキア語辞典）
　　【比較例 československý štát（チェコスロヴァキア国家）】
kultúrno-politický aspekt（文化的および政治的な視点）
　　【比較例 kultúrnopolitický program（文化政策のプログラム）】

第1部　文字と音声　Písmená a zvuky

> 注）結合して1つの概念をあらわす複合形容詞には，ハイフンを使わない．
>
> 　　例　história kultúry（文化史）⇨ kultúrnohistorický（文化史の）
> 　　　　literárna veda（文学研究）⇨ literárnovedný（文学研究の）
> 　　　　Červený kríž（赤十字）⇨ červenokrížsky（赤十字の）
> 　　　　Dunajská Streda（ドゥナイスカー・ストレダ＜地名＞）
> 　　　　　　　　⇨ dunajskostredský（ドゥナイスカー・ストレダの）

②複合固有名詞

例　Šaštín-Stráže（シャシチーン・ストラージェ＜地名＞），
　　Rakúsko-Uhorsko（オーストリア・ハンガリー），
　　Alsasko-Lotrinsko（アルザス・ロレーヌ＜フランス＞），
　　Česko-Slovensko
　　（＜2つの地域が同等で結合した国家としての＞チェコ・スロヴァキア），
　　【比較例 Československo
　　（＜単一国家としての＞チェコスロヴァキア）】
　　Jozef Gregor-Tajovský
　　（ヨゼフ・グレゴル－タヨウスキー＜グレゴルが本名，タヨウスキーはペンネーム＞）

> 　社会主義体制崩壊後の1990年春に，スロヴァキア科学アカデミー言語学研究所の発案によって，それまでの Československo（チェコスロヴァキア）という表記が，ハイフンを使った Česko--Slovensko（チェコ・スロヴァキア）に改められた．それにともなって形容詞 československý（チェコスロヴァキアの）も，česko--slovenský（チェコ・スロヴァキアの）と表記されることになった．

③より限定された規定を示す結合

例　Košice-okolie（コシツェ近郊＜行政区域の名称＞），

— 84 —

VI　正書法の規則　Pravopisné pravidlo

Bratislava-Devínska Nová Ves
（ブラチスラヴァ市街区－ジェヴィーンスカ・ノヴァー・ヴェス＜行政区域の名称＞）

④2語からなるがひとつの概念を示す，ある種の固定した語結合

例　dlho-predlho（ひじょうに長く），dnes-zajtra（今日明日にも），dňom-nocou（昼も夜も），dva-tri týždne（2，3週間），hore-dolu（ふらふらと），horko-ťažko（やっとのことで），chtiac-nechtiac（いやおうなく），íst' cestou-necestou（万難を排して行く），krížom-krážom（縦横に），ledva-ledva（かろうじて），len-len（いまにも），plus-mínus（プラスとマイナス），pomaly-pomaly（じょじょに），rad-radom（ひとつ残らず），rukami-nohami（あらゆる手段を尽くして），sem-tam（ところどころ，時々），skôr-neskôr（遅かれ早かれ），sprava-zľava（四方から），tak-tak（かろうじて），trma-vrma（ごたごた），už-už（いまにも），voľky-nevoľky（いやおうなく），viac-menej（多かれ少なかれ），zle-nedobre（たいへんに，ひどく），zoči-voči（じかに），zôkol-vôkol（あたり一帯），zubami-nechtami（なんとしても）

⑤文法の説明で，語の分割を示す場合

例　S-l-o-v-á-k（音素への分割），Slo-vák（音節への分割），Slov-ák（形態素への分割）

⑥行末で，その行に収まりきらない語を，次の行に送る場合（分綴法については，下記のコラムを参照）

　現代スロヴァキア語の分綴法の原則は，次のようである．

①1音節の語は分けない．
②子音 dz, dž, ch と，二重母音 ia, ie, iu は分けない．

第1部 文字と音声　Písmená a zvuky

③1つの子音が母音に挟まれている時は，子音を右側の母音につける．
　例　ho-ra, na-ši, ja-zyk
④2つ以上の子音が重なる時は，最初の子音は左側の母音につけ，残りの子音は右側の母音につける．
　例　ob-lok, sloven-ský
⑤ハイフンが分綴の位置にくる場合，改行した部分の語頭に，再度ハイフンを付ける
　例　Rakúsko-/-Uhorsko, Košice-/-okolie

(10) **引用符 Úvodzovky**

引用符（„ "）が使われるのは，次のような場合である．

①直接話法の前後

　例　„Dobrý deň, slečna Daniela!"
　　　„Dobrý deň, pán Bartolomej!"
　　　Daniela si ďalej prezerá noviny, spýta sa:
　　　„Vonku je taká hustá hmla?"
　　　„Áno, drahá Daniela. Bola hustá hmla."
　　　(「こんにちは，ダニエラさん」．「こんにちは，バルトロメイさん」．ダニエラはあいかわらず新聞に目を注いだまま訊ねる－「外はひどい霧ですか」．「ええ，ダニエラさん，ひどい霧でしたよ」)

注）最近では，引用符に代わってダッシュを使うことが多い（⇒(8)）

②文字どおりの引用の前後

　例　„V núdzi poznáš priateľa", hovorí naše príslovie.
　　　(「まさかの時の友こそ真の友」とわが国の諺は教えている)
　　　Ľudovít Štúr povedal: „Naspäť cesta nemožná, napred sa ísť musí."

VI　正書法の規則　Pravopisné pravidlo

(リュドヴィート・シトゥールはこう言った．－「もう引き返すことはできない．前進しなければならない」)

③ある語や表現が，特定の環境や人々にとって特徴的であることを表示したい場合，それらを引用符でくくる．

例　Susedia mu doniesli „jarmočnô".
　　(隣人たちは彼に「市で買った贈り物」を持ってきた．＜jarmočnôは中部方言の表現，標準語では jarmočné＞)

④筆者が留保条件をつけている表現，皮肉をこめた表現，あるいは通常とは異なった意味で使われている表現の前後

例　To je pekná „pravda". (そいつはすてきな「真実」だね)
　　Je načase rozlišovat' demokraciu a „demokraciu".
　　(ほんとうの民主主義とカッコ付きの民主主義を区別すべき時期だ)

⑤言語学関係の文献において，文法的に見て不正確な，あるいは不適当な表現の前後

例　pravda, nie „ovšem"
　　(「もちろん」は ovšem ではなく pravda)
　　bratanec, nie „bratranec"
　　(「いとこ」は bratranec ではなく bratanec)

⑥書籍や雑誌名などには，ふつう引用符を用いないが，必要な場合 (たとえば名称が，数語にわたるような場合) には使ってもよい．

例　Práca „Frekvencia tvarov a konštrukcií v slovenčine" bezprostredne nadväzuje na autorove diela „Frekvencia slov v slovenčine" a „Retrográdny slovník slovenčiny".
　　(著作『スロヴァキア語における語形と構文の頻度』は，著者の業績である『スロヴァキア語における語の頻度』と『スロヴァキア語逆引き辞典』に，直接に繋がっている)

第1部　文字と音声　Písmená a zvuky

> 注）こうした場合は，書籍や雑誌名などをイタリック体で表示することもある．
>
> 例　Práca *Frekvencia tvarov a konštrukcií v slovenčine* bezprostredne nadväzuje na autorove diela *Frekvencia slov v slovenčine* a *Retrográdny slovník slovenčiny*.

(11) アポストロフィ Apostrof

アポストロフィ（'）が使われるのは，次のような場合である．

① 母音を省略した記号として

例　čosi ⇨ čos'（なにか），ktosi ⇨ ktos'（だれか），
bol si ⇨ bols'（君はいた）

② 西暦年号のはじめの2桁を省略した記号として

例　Voľby '02（2002年総選挙），
BIB '03（Bienále ilustrácií Bratislava 2003），
（2003年ブラチスラヴァ絵本原画ビエンナーレ），
P.F. '04 / p.f. '04（pour féliciter 2004）（謹賀新年 2004年）

> 注）言語学関係の文献ではアポストロフィを，軟子音を表示したり，アクセントの位置を表示する記号として使う場合もある．

(12) 斜線 Lomka

斜線（／）が使われるのは，次のような場合である．

① 言語学関係の文献で，ペアやヴァリアントを表示する記号として

例　kategória dokonavosti/nedokonavosti
（完了／不完了のカテゴリー），

VI　正書法の規則　Pravopisné pravidlo

Slovo Shakespeare sa vyslovuje [šekspír/šeĭkspír].
（シェイクスピアという語は，「シェクスピール」あるいは「シェイクスピール」と発音される）

②数式記号として

例　1/3 [jedna tretina]（3分の1），2/5 [dve pätiny]（5分の2）

③分離記号として

例　Zbierka zákonov č. [číslo] 184/1999（1999年度法令集第184号）
školský rok 2002/2003（2002－2003年度の学年）

④詩を改行せずに転写する場合，原文における改行個所を示す

例　Nad Tatrou sa blýska, hromy divo bijú. / Zastavme ich, bratia, / ved' sa ony stratia, / Slováci ožijú. / To Slovensko naše posial' tvrdo spalo, / ale blesky hromu / vzbudzujú ho k tomu, / aby sa prebralo. (Hymna Slovenskej republiky)
（タトラ山上に稲妻ひかり，雷鳴は荒々しく轟く／食いとめよう，兄弟たちよ／それらはいずれ消え去り／スロヴァキア人は蘇るのだから／わがスロヴァキアはこれまで深く眠っていた，／だが雷鳴の稲妻に／呼び覚まされて，／スロヴァキアはめざめた－スロヴァキア共和国国歌）

⑴⑶**カッコ** Zátvorky

カッコには，丸カッコ okrúhle zátvorky（ ），角カッコ hranaté zátvorky〔 〕，山カッコ lomené zátvorky< >，中カッコ zložené zátvorky { } などがあるが，使用頻度が高いのは丸カッコである．カッコが使われるのは，次のような場合である．

①先行する語あるいは文を，説明・解明・発展・補足・厳密化する語の前後（丸カッコを使う）

例　V tejto práci preberieme vývin slovenského jazyka

第 1 部　文字と音声　Písmená a zvuky

(historickú gramatiku).
(本書では，スロヴァキア語の発展（歴史文法）を検討する)
Gramatické slová (predložky, spojky a častice) sú vcelku kratšie ako plnovýznamové slová.
(文法語（前置詞と接続詞と助詞）は全体として自立語よりも短い)

②引用の後に，著者の名前を記す場合（丸カッコを使う）

例　Vitaj, vitaj, slovenčina naša, ty dcéra Slávy pekná, rovnoprávna, ale dávno utajená pred svetom … (Ľudovít Štúr)
(ついに現れたか，わがスロヴァキア語よ，汝は同権の，だが久しく世に知られていなかった美しきスラーヴァの娘だ…（リュドヴィート・シトゥール))

③言語学関係の文献で，発音についてのデータを示す場合（角カッコを使う）

例　Bratislava [bratʹislava]（「ブラチスラヴァ」），
Martin [martin, nie martʹin]（「マルチン」ではなく「マルティン」），
sme [zme, nie sme]（「スメ」ではなく「ズメ」）

　現代スロヴァキア語では，句読点は使用されなくなる傾向にある．学術文献において，セミコロンの使用頻度は減っており，テキストにおいても，疑問符と感嘆符の使用頻度は急激に下がっている．

第 2 部　Druhá časť

形態論　Morfológia

§23 スロヴァキア語の品詞　Slovné druhy v slovenčine

(1) 品詞 slovné druhy/časti reči は，言語のもっとも広いカテゴリーである．スロヴァキア語には，次の10の品詞がある（角カッコ内の数値は，品詞全体を100％とした場合の，それぞれの品詞の使用頻度を示す）．

① 名詞　　podstatné mená（substantíva）［28％］
② 形容詞　prídavné mená（adjektíva）［10％］
③ 代名詞　zámená（pronominá）［14％］
④ 数詞　　číslovky（numeráliá）［2％］
⑤ 動詞　　slovesá（verbá）［19％］
⑥ 副詞　　príslovky（adverbiá）［6％］
⑦ 前置詞　predložky（prepozície）［10％］
⑧ 接続詞　spojky（konjunkcie）［8％］
⑨ 助詞　　častice（partikuly）［5％］
⑩ 間投詞　citoslovcia（interjekcie）［0.35％］

(2) 文法上の意味機能による分類

① 語形変化する品詞　　　　　　　― 名詞・形容詞・代名詞・数詞・動詞
　　格変化 skloňovanie する品詞　― 名詞・形容詞・代名詞・数詞
　　時制変化 časovanie する品詞　 ― 動詞
② 語形変化しない品詞　　　　　　― 副詞・前置詞・接続詞・助詞
③ その他　　　　　　　　　　　　― 間投詞

(3) 文中での機能による分類

① 文の成分になる品詞　― 名詞・形容詞・代名詞・数詞・動詞・副詞
② 形態素になる品詞　　― 前置詞・接続詞・助詞
③ 文になる品詞　　　　― 間投詞

(4) 意味の自立性による分類

① 自立的意味を持った品詞　― 名詞・形容詞・代名詞・数詞・動詞・副詞
② 自立的意味を持たない品詞 ― 前置詞・接続詞・助詞
③ その他　　　　　　　　　― 間投詞

第2部　形態論　Morfológia

I　名詞　Podstatné mená

§24　スロヴァキア語の名詞　Podstatné mená v slovenčine

(1)スロヴァキア語の名詞は，人間・動物・事物などの名称を示す具象名詞 konkrétne podstatné mená と，属性・行為・感情などを表現する抽象名詞 abstraktné podstatné mená に分類することができる．また，普遍的に通用する名称を示す普通名詞 všeobecné podstatné mená と，特定の対象にしか関わらない名称を示す固有名詞 vlastné podstatné mená に分類することもできる．

(2)スロヴァキア語の名詞には，性 rod, 数 číslo, 格 pád という3つの文法上のカテゴリーがある．性は，男性・女性・中性に，数は，単数・複数に，格は，主格・生格・与格・対格・前置格・造格に区分される．

(3)男性名詞の場合は，活動名詞 životné podstatné mená と不活動名詞 neživotné podstatné mená に区分される．活動名詞とは，人間と動物をさし，不活動名詞とは，それ以外の事物をさす．スロヴァキア語においては，活動名詞／不活動名詞のカテゴリーは，男性名詞にしか適用されない．

§25　名詞の性　Rod podstatných mien

(1)スロヴァキア語の名詞の性には，男性 mužský rod, 女性 ženský rod, 中性 stredný rod の3つのカテゴリーがあり，すべての名詞は，この3つの性のうちのいずれかに属する．

> ある資料によると現代スロヴァキア語には，全部で6万6587語の名詞が登録されているが，そのうち男性に属する語は2万8671語 (43％)，女性に属する語は3万0573語 (46％)，中性に属する語は

I 名詞 Podstatné mená

7343 語（11 ％）である．

(2) 人間と動物にかんしては，名詞の性は，ふつう自然性によって決まる．

例　muž（男性）－ žena（女性），manžel（夫）－ manželka（妻），
otec（父親）－ matka（母親），syn（息子）－ dcéra（娘），
ujo（おじさん）－ teta（おばさん），
spisovateľ（作家）－ spisovateľka（女性作家），
plavec（水泳選手）－ plavkyňa（女子水泳選手），
Slovák（スロヴァキア人男性）－ Slovenka（スロヴァキア人女性），
samec（オス）－ samica（メス），
baran（雄ヒツジ）－ ovca（雌ヒツジ），
býk（雄ウシ）－ krava（雌ウシ），
žrebec（雄ウマ）－ kobyla（雌ウマ），
kohút（オンドリ）－ sliepka（メンドリ）

注1）一部の男性名詞は，メスの動物をさす場合にも用いられる．

例　had（ヘビ），holub（ハト），kôň（馬），jeleň（シカ），
medveď（クマ），orol（ワシ），pes（イヌ），slon（ゾウ），
vrabec（スズメ）

注2）一部の女性名詞は，男性の人間やオスの動物をさす場合にも用いられる．

例　mládež（若者たち），osoba（人物），sirota（孤児），
stráž（見張り）

hus（ガチョウ），krava（ウシ），mačka（ネコ），
opica（サル），ovca（ヒツジ），sova（フクロウ），
vrana（カラス），žaba（カエル）

注3）一部の中性名詞は，男性と女性の人間や，オスとメスの動物をさす場合に用いられる．

第2部　形態論　Morfológia

> 例　dievča（娘），chlapča（少年），žieňa（＜小柄な＞女性）
> 　　prasa（子ブタ），psíča（子イヌ），žriebä（子馬）
>
> 注4）一部の名詞は例外的に，2つの性にまたがって用いられる場合がある．こうした名詞は，両性名詞 viacrodové podstatné mená と呼ばれる．
>
> 例　chlapčisko（腕白小僧＜指大語＞s., m.），
> 　　chlapisko（男＜指大語＞s., m.），kniežä（公 s., m.），
> 　　mládenčisko（若者＜指大語＞s., m.）

(3) 無生物の場合は，名詞の性は，ふつう単数主格の形の，語末の文字によって決まる（⇒§28）．

§26　名詞の数　Číslo podstatných mien

(1) スロヴァキア語の名詞の数には，単数 jednotné číslo（singulár）と，複数 množné číslo（plurál）の2つのカテゴリーがある．大部分の名詞は，単数と複数をあわせ持っている．

例　chlap/chlapi（男），hrdina/hrdinovia（勇士），dub/duby（オーク），stroj/stroje（機械），žena/ženy（女性），ulica/ulice（通り），dlaň/dlane（てのひら），kosť/kosti（骨），mesto/mestá（町），srdce/srdcia（心臓），vysvedčenie/vysvedčenia（成績表），dievča/dievčatá, dievčence（少女）

(2) ある種の名詞は，単数しか用いられない．こうした名詞は，単数専用名詞 singulária tantum と呼ばれる．

① 集合名詞 hromadné podstatné mená

例　burina（雑草），chrobač（昆虫），horstvo（山脈），korenie（香辛料），lístie（植物の葉），ľudstvo（人類），obyvateľstvo（住民），zverina（野獣）

I 名詞 Podstatné mená

②抽象名詞 abstraktné podstatné mená

例 láska（愛），pamäť（記憶），sloboda（自由），
spokojnosť（満足），umenie（芸術），únava（疲労）

③物質名詞 látkové podstatné mená

例 drevo（木），chlieb（パン），maslo（バター），piesok（砂），
pšenica（小麦），ryža（米），striebro（銀），tráva（草），
voda（水），zlato（金），zelenina（野菜），železo（鉄）

④地名をさす固有名詞の大部分

例 Bratislava（ブラチスラヴァ），Európa（ヨーロッパ），
Slovensko（スロヴァキア），Váh（ヴァーフ川）

> 注）これらの名詞も，転義的に使われる場合は，複数が用いられることがある．
>
> 例 pamäti（回想録），železá（鉄の罠）
> základné slobody človeka（人間の基本的諸権利）
> rozdelenie na dve Európy po druhej svetovej vojne
> （第二次世界大戦後の2つのヨーロッパへの分割）

(3) ある種の名詞は，1個のものをさす場合でも，複数が用いられる．こうした名詞は，複数専用名詞 pomnožné podstatné mená（plurália tantum）と呼ばれる．スロヴァキア語では，複数専用名詞も性を有する．

①次のような語

例 bradlá（平行棒 ž.），dáta（データ s.），dejiny（歴史 ž.），
dvere（ドア ž.），financie（財政 ž.），gajdy（バグパイプ ž.），
hodiny（時計 ž.），hrable（熊手 ž.），husle（バイオリン ž.），
jasle（保育園 ž.），kliešte（ペンチ ž.），memoáre（回想録 m.），
nohavice（ズボン ž.），noviny（新聞 ž.），nožnice（ハサミ ž.），

第2部　形態論　Morfológia

okuliare（メガネ m.），pamäti（回想録 ž.），pľúca（肺 s.），
preteky（競争 m.），prsia（胸 s.），raňajky（朝食 ž.），
reálie（＜特定地域の生活と文化に関する＞知識 ž.），
sane（そり ž.），ústa（口 s.），váhy（はかり ž.），vráta（門 s.）

②ふつう複数で用いられる語（これらの語には単数形も存在するが，ふつうは複数形が用いられる）

例　dvojčatá/dvojčence（双子 s.），fúzy（口ヒゲ m.），
papuče（スリッパ ž.），párky（ソーセージ m.），
ponožky（靴下 ž.），rezance（麺 m.），schody（階段 m.），
topánky（靴 ž.），vlasy（髪 m.），zápalky（マッチ ž.）

③祝祭日名の一部

例　dožinky（収穫祭 ž.），fašiangy（謝肉祭 m.），
hody（寺院祭礼日 m.），meniny（名の日 ž.），
narodeniny（誕生日 ž.），Vianoce（クリスマス ž.）

④地名をさす固有名詞の一部

例　Alpy（アルプス山脈 ž.），Filipíny（フィリピン ž.），
Karpaty（カルパチア山脈 m.），Košice（コシツェ＜都市名＞ ž.），
Piešťany（ピエシチャニ＜都市名＞ m.），Tatry（タトリ山地 ž.），
Topoľčianky（トポリチャンキ＜都市名＞ ž.）

(4)ある集団の構成メンバー全体をさす場合は，男性名詞の複数が用いられる．

例　manžel（夫）　　　　　　⇒ manželia（夫妻）
　　rodič m.（父親あるいは母親）⇒ rodičia（両親）
　　občan（＜1人の男性の＞市民）⇒ občania（＜複数の＞市民）
　　Slovák（＜1人の男性の＞スロヴァキア人）
　　　　　　　　　　　　　　⇒ Slováci（＜複数の＞スロヴァキア人）
　　snúbenec（＜1人の男性の＞婚約者）
　　　　　　　　　　　　　　⇒ snúbenci（婚約者のカップル）

I　名詞　Podstatné mená

> スロヴァキア語には15世紀まで，単数と複数とならんで，双数 dvojné číslo (duál) も存在した．現代語で用いられている očima (=očami), ušima (=ušami), za dvoma horama (=za dvoma horami), rukama (=rukami), nohama (=nohami), do očú (=do očí), do ušú (=do uší), do nohú (=do nôh) などの形は，双数のなごりである．

§27　名詞の格　Pád podstatných mien

(1)スロヴァキア語の名詞の格には，主格 nominatív, 生格 genitív, 与格 datív, 対格 akuzatív, 前置格 lokál, 造格 inštrumentál の6つのカテゴリーがある．格全体を100％とした場合，それぞれの格の使用頻度は，主格（32％），生格（17％），与格（5％），対格（20％），前置格（9％），造格（6％）である．

> 注）格の名称を，数字で示す場合もある．-
>   1格（主格），2格（生格），3格（与格），4格（対格），5格（呼格）
>   6格（前置格），7格（造格）

(2)**主格**のおもな機能

①文の主語 podmet vety

例　*Cenzúra* sa zakazuje. （検閲は禁止される＜憲法26条3項＞）
Na území Slovenskej republiky je štátnym jazykom *slovenský jazyk.*
（スロヴァキア共和国の領土においては，スロヴァキア語が国語である＜憲法6条2項＞）

第2部　形態論　Morfológia

②単項文の文の基礎 vetný základ v jednočlennej vete

例　Lesy černeli síce, ale aj to bola akási priezračná, smutná čerň. Smutná. *Čerň oddychu, čerň pokoja.*
（森は黒ずんでいたが，それはさながら透き通って陰鬱な黒色だった．陰鬱な．休息の黒色，安息の黒色）

③名詞類の述語 menný prísudok －内容の主格 obsahový nominatív

例　Slovenská republika je *zvrchovaný, demokratický a právny štát*.
（スロヴァキア共和国は，主権を持った民主的な法治国家である＜憲法1条＞）
Obec je *samostatný územný a správny celok* Slovenskej republiky.
（地方自治体は，スロヴァキア共和国の独立した領土的行政の単位である＜憲法64条2項＞）
Mať kamarátov je *vec neoceniteľná*.
（友人を持つのはひじょうに大事なことだ）

④定語 prívlastok －いわゆる命名の主格 pomenovací nominatív

例　Volám sa *Ján Kováč*.（私はヤーン・コヴァーチと言います）
vedecká konferencia o Tatarkovom románe *Prútené kreslá*
（タタルカの小説『籐椅子』についての学術会議）

⑤状態の主格 stavový nominatív

例　Je *hustá ranná hmla*.（濃い朝霧が出ている）
Bolo *poludnie*.（正午のことだった）

⑥呼びかけ oslovenie

例　otec！（父さん！），pán doktor！（＜学者や医者に向かって＞先生！），Juraj！（ユライ！），Katarína！（カタリーナ！）

I　名詞　Podstatné mená

(3) **生格**のおもな機能

①所属の生格 genitív príslušnosti

例　Územie *Slovenskej republiky* je jednotné a nedeliteľné.
（スロヴァキア共和国の領土は，一体かつ不可分である＜憲法3条1項＞）
Postavenie *Bratislavy* ako *hlavného mesta Slovenskej republiky* ustanoví zákon.
（スロヴァキア共和国の首都としてのブラチスラヴァの地位は，法律が定める＜憲法10条2項＞）

②性質の生格 genitív vlastnosti

例　Môj syn je *vysokej postavy*.（私の息子は背が高い）
Moja stará matka bola *jemnej povahy*.
（私の祖母は柔和な性格の人だった）

> 注）いわゆるヘブライ生格 hebrejský genitív も，このカテゴリーに属する。
>
> 　例　kráľ *kráľov*（王者のなかの王者）
> 　　　majster *majstrov*（名人のなかの名人）

③内容の生格 genitív obsahu

例　krajec *chleba*（パン一切れ），kocka *cukru*（角砂糖一個），
kopa *sena*（干し草一山），skupina *študentov*（学生のグループ），
časť *zamestnancov*（従業員の一部），reťaz *áut*（車の列）

④数量生格 genitív množstva

例　mnoho *ľudí*（多くの人びと），niekoľko *obcí*（いくつかの自治体），
málo *vzduchu*（わずかな空気），trochu *vody*（少量の水），
zopár *týždňov*（二，三週間），viac *obyvateľov*（より多くの住民），

第2部　形態論　Morfológia

menej *času*（より少ない時間）
Na Slovensku býva málo *zemetrasení*.
（スロヴァキアでは地震は少ない）
Snehu nadulo veľa.（雪がたくさん吹き寄せた）

⑤部分生格 partitívny genitív －行為が，対象の一部にしか及ばないことを意味する完全他動詞の目的語として

例　Doniesol som *dreva* do izby.（私は部屋のなかに薪を運んだ）
Pri studni stojí, a *vody* pýta.
（井戸の傍らに立って，水を乞う＜諺＞）

⑥部分生格 partitívny genitív －文の主語として

例　Natieklo *vody* do pivnice.（水が地下室に流れこんだ）
Je v ňom *múdrosti* ako v komárovi *sadla*.
（彼には賢明さのかけらもない）

⑦時間の生格 genitív času

例　*Jedného dňa* sa ohlásila pred bránou trúba.
（ある日，門のまえでラッパの音が鳴り響いた）
Stalo sa to *minulej noci*.
（それが起こったのは，昨晩のことだった）
Narodila som sa 14. [*štrnásteho*] *novembra*.
（私は11月14日に生まれた）

⑧否定生格 záporový genitív －否定された完全他動詞の目的語として

例　Nevidel som v snehu *nijakej ľudskej stopy*.
（私は雪の上に，いかなる人間の足跡も見なかった）
Nemám *peňazí,* ani *chleba*.（私にはお金もパンもない）

注）否定生格は，対象を全体として否定する．一定の限定された対象を否定する場合は，ふつう対格を使う．

I　名詞　Podstatné mená

> 例　Nevidel som v snehu *stopy* človeka.
> （私は雪の上に，人間の足跡を見なかった）
> Nemám *drobné peniaze*.（私は小銭を持っていない）

⑨否定生格 záporový genitív —文の主語として

例　Kde nehorí, tam ani *dymu* niet.
　　（火のないところに煙は立たない＜諺＞）
　　Nebolo na ňom badať *choroby*.
　　（彼には病気の兆候は見られなかった）

⑩文の目的語—分離を意味する動詞（odriecť sa, strániť sa, striasť sa, štítiť sa, zbaviť sa, zdržať sa），接触を意味する動詞（dotýkať sa, držať sa, chopiť sa, chytiť sa, zaujať sa, zmocniť sa），方向づけを意味する動詞（dočkať sa, domôcť sa, dopustiť sa, dožiť sa）などとともに

例　Usilujeme sa, aby sme sa zbavili *všetkých predsudkov*.
　　（私たちはあらゆる偏見から自由になるように努めている）
　　Môj starý otec sa dožil *vysokého veku*.
　　（私の祖父は高齢まで生きた）

⑪形容詞とともに用いられる生格

例　Som sýty *zábav*.（ぼくは娯楽にはうんざりだ）
　　lúka plná *kvetov*（花でいっぱいの草地）
　　Môj ujo je skúsený *sveta*.（ぼくのおじさんは世馴れしている）

(4)**与格のおもな機能**

①間接目的語 nepriamy predmet として

例　Prednášateľ vysvetlil *študentom* podstatu problému.
　　（講師は学生たちに問題の本質を説明した）
　　Zatelefonovala som *manželovi*, že sa oneskorím o hodinu.

第 2 部　形態論　Morfológia

（私は夫に，一時間遅れると電話した）
Želám *Vašej rodine* vel'a šťastia a zdravia.
（あなたのご家族に，ご多幸とご健康をお祈りしています）
Autor venuje svoju knihu *manželke*.
（著者は自著を妻に捧げている）
Požičal som *priatel'ovi* knihu.
（ぼくは友人に本を貸してあげた）

② 直接目的語 priamy predmet として－接近と分離を意味する動詞 (blížiť sa, nadbehnúť, ujsť, uniknúť, vyhnúť sa)，類似・対応・所属を意味する動詞 (chýbať, náležať, navyknúť, patriť, podobať sa, rovnať sa, vyhovovať)，好意と反感を意味する動詞 (blahopriať, blahorečiť, ďakovať, dôverovať, hnusiť sa, nadávať, odplatiť sa, osožiť, páčiť sa, pomôcť, priečiť sa, rúhať sa, škodiť, veriť, vysmievať sa, zlorečiť)，同意と反対を意味する動詞 (brániť sa, odporovať, prekážať, prisvedčovať, protiviť sa, vzdorovať)，支配と従属を意味する動詞 (hroziť, klaňať sa, koriť sa, lichotiť, otročiť, predsedať, slúžiť, vládnuť)，喜びと驚きを意味する動詞 (diviť sa, radovať sa, smiať sa, tešiť sa) などとともに

例　*Nebezpečenstvu* som unikol o vlások.
　　（私は間一髪で危険を逃れた）
　　Môj syn sa podobá *starému otcovi*.
　　（私の息子は祖父に似ている）
　　To sa prieči *logike*.（それは論理に反している）
　　Moja stará matka vzdoruje *chorobe*.
　　（私の祖母は病魔と闘っている）
　　On často predsedal *medzinárodným zjazdom*.
　　（彼はしばしば国際会議の議長を務めていた）
　　Deti sa tešia *novej hračke*.
　　（子供たちが新しいおもちゃを喜んでいる）

I　名詞　Podstatné mená

③利害の与格 prospechový datív

例　Matka napiekla *deťom* zákusky.
　　（母親は子供たちのためにケーキを焼いた）
　　Môjmu priateľovi sa narodila dcéra.
　　（私の友人に娘が生まれた）

④所有の与格 privlastňovací datív

例　Stratil som *staršej sestre* náramkové hodinky.
　　（私は姉の腕時計をなくしてしまった）
　　Otec pohladil *synovi* ruku.（父親は息子の手を撫でた）
　　Kde *ti* je otec？（君のとうさんはどこだい）

⑤視点と見解の与格 datív zreteľa a mienky

例　Som *Vám* veľmi vďačný za srdečné pohostenie.
　　（私はあなたの心のこもった歓待にひじょうに感謝しています）
　　Tieto šaty sú *mojej dcére* malé.（この服は私の娘には小さい）

⑥連体の与格 adnominálny datív

例　blahoželanie *manželke* na narodeniny
　　（妻への誕生日のお祝いの言葉）
　　prispôsobenie sa *životným podmienkam*（生活条件への適応）
　　pomník *obetiam* druhej svetovej vojny
　　（第二次世界大戦の犠牲者への記念碑）

(5)**対格**のおもな機能

①完全他動詞の直接目的語 priamy predmet として

例　Každý má *právo* vlastniť majetok.
　　（各人は財産を私有する権利を有する＜憲法20条1項＞）
　　Slovenčina a čeština tvoria *podskupinu* západoslovanských jazykov.
　　（スロヴァキア語とチェコ語は西スラヴ諸語の下位グループを形成す

第2部　形態論　Morfológia

　　る）
　　Akuzatív vyjadruje *neobmedzenú účasť* niečoho na danom predmete.
　　（対格は，当該の対象のなにかへの限定されない関与を表現する）

②状態の対格 stavový akuzatív
　（状態の担い手の対格 akuzatív nositeľa stavu）

例　*Jozefa* smädí od slaniny.（ヨゼフは脂身で喉が乾いている）
　　Prítomných zamrazilo na chrbte.
　　（居合わせた人々は背筋が寒くなった）

③説明・認定・補足を表現する内容の対格 obsahový akuzatív

例　Stará matka nám rozprávala *peknú rozprávku.*
　　（おばあさんは私たちに素敵なおとぎ話を語ってくれた）
　　Štatistický úrad pravidelne vykonáva *prieskum* verejnej mienky.
　　（統計局は定期的に世論調査を行っている）

④呼びかけの対格 zvolací akuzatív

例　*Dobrý deň!*（こんにちは），*Dobrú noc!*（おやすみなさい）

⑤結果の対格 výsledkový akuzatív

例　Roľníci kopali *zemiakovú jamu.*
　　（農民たちはジャガイモ用の穴を掘っていた）
　　Moja manželka piekla *makové koláče* v rúre.
　　（私の妻はオーブンでケシの実ケーキを焼いた）

⑥程度や時間などを示す副詞的規定－状況の対格 okolnostný akuzatív

例　Išiel som pešo *štyri kilometre.*（私は徒歩で4キロ歩いた）
　　Míľu za míľou sme sa blížili k cieľu.
　　（私たちは着実に目的に近づいて行った）
　　Čakal *hodinu* na vlak v čakárni.

I 名詞 Podstatné mená

(彼は待合室で一時間列車を待っていた)
Moja dcéra chodí *každý deň* do škôlky.
(私の娘は毎日幼稚園に通っている)

(6)**前置格**のおもな機能

前置格は，それ自身では動詞にたいする関係を表現することができず，かならず前置詞とともに用いられる．前置格と結びつく前置詞は，na（場所・目的・手段・視点・時間・原因・状態），o（時間・対象・方法），po（運動の場所・方法・分配・目的・視点・時間・起源），popri（場所・存在・比較），pri（場所・存在・目的・時間・条件・譲歩），v (vo)（場所・関心領域・時間・状態・手段・付随する状況・視点）の6個である（⇨ § 98）．

例 Moja teta žije na *Orave*.
(私のおばさんはオラヴァ地方に住んでいる)
Schôdzka sa začína o *druhej* [*hodine*].
(会議は2時に始まる)
Môj ujo chodí po *celom svete*.
(私のおじさんは世界中を旅行している)
Cesta vedie popri *potoku*. (道は小川沿いに通じている)
Mačka leží pri *peci*. (ネコが暖炉のそばで横になっている)
Býval som v *Bratislave* dva roky.
(私はブラチスラヴァで2年間暮らした)

(7)**造格**のおもな機能

①場所・時間・道具・手段・原因・視点などを示す—状況の造格 okolnostný inštrumentál

例 Pozeral som von *oknom*. (私は窓越しに外を見ていた)
Ona rozmýšľala nad týmto problémom *dňom i nocou*.
(彼女はこの問題を昼も夜も考えた)
krájať jablko *nožom* (リンゴをナイフで切る)
Hranice Slovenskej republiky sa môžu meniť len *ústav*-

第2部　形態論　Morfológia

ným zákonom.
(スロヴァキア共和国の国境は，憲法法律によってのみ変更することができる＜憲法3条2項＞)
Zuzana sa celá triasla *zimou.*
(ズザナは寒さでガタガタ震えていた)
Jeho starý otec je *pôvodom* Nemec.
(彼のおじいさんはもともとドイツ人だ)

②受動構文における本来の行為者を示す－行為者の造格 inštrumentál pôvodcu

例　Občianske práva sú chránené *zákonom.*
(市民の諸権利は，法律によって保護されている)
Zákon o používaní jazykov národnostných menšín bol schválený *parlamentom.*
(少数民族の言語の使用に関する法律が，議会によって可決された)

③方法・程度などを示す－資格の造格 kvalifikačný inštrumentál

例　On pozerá na budúcnosť *ružovými okuliarmi.*
(彼は将来をあまりに楽観視している)
Hovorili sme *šeptom.* (私たちはささやき声で話していた)
ísť *slimačím krokom* (カタツムリの歩みで進む)
Syn ma počúval len *jedným uchom.*
(息子は私の話を適当に聞き流していた)

④名詞類の述語 menný prísudok

例　*Štátnymi symbolmi* Slovenskej republiky sú štátny znak, štátna vlajka, štátna pečať a štátna hymna.
(スロヴァキア共和国の国家シンボルは，国章・国旗・国璽・国歌である＜憲法8条＞)
Hlavným mestom Slovenskej republiky je Bratislava.
(スロヴァキア共和国の首都は，ブラチスラヴァである＜憲法10条2項＞)

I 名詞　Podstatné mená

⑤動きを表現する動詞 (hodiť, hýbať, kývať, mávať, mykať, strihať) とともに

例　Kýval *hlavou* a mykal *plecami*.
（彼は頭を振ったり，両肩をすくめたりしていた）
Zajac strihal *ušami*. （ウサギは両耳をピクピクと動かしていた）

⑥状態の造格 stavový inštrumentál

例　Strach *ním* zalomcoval. （彼は恐怖にとらわれた）
Kôň zatriasol *hrivou*. （ウマはたてがみを振った）

⑦結果の造格 výsledkový inštrumentál － 大部分はポエティズム（詩的な表現）

例　Ona žiari *šťastím*. （彼女は幸福で輝いているように見える）
Lipa sa rozvoňala a rozhučala *včelami*.
（菩提樹はふくよかな香りを放ち，周囲ではミツバチが唸りはじめた）

⑧内容の造格 obsahový inštrumentál

例　On mi pomohol *dobrou radou*.
（彼は私を良い助言で助けてくれた）
Ona sa zaoberá *výskumnou prácou*.
（彼女は研究職に就いている）
Dedinčania rozprávali medzi sebou *nárečím*.
（村人たちは自分たちのあいだでは方言で話していた）
žiť *dobrým životom* （良い生活を送る）

⑨連体の造格 adnominálny inštrumentál

例　prechod *hrebeňom* （尾根越え），cesta *lesom* （森のなかの道）
vykorisťovanie človeka *človekom* （人間による人間の搾取）

(8) **呼格**のおもな機能

かつて存在した呼格 vokatív は，廃れた形と見なされている．現在では

第2部　形態論　Morfológia

呼びかけの場合は，ふつう主格の形が用いられる（⇒(2)）．ただし少数の男性活動名詞に，呼格のなごりが見られる．

例　boh（神）⇒ bože!*（神さま！）
　　človek（人間）⇒ človeče!（ねえ，君！）
　　chlapec（少年）⇒ chlapče!（ねえ，君！）
　　otec（父親）⇒ otče!（神父さま！）
　　pán（紳士）⇒ pane [paňe]!（主よ！）
　　priateľ（友人）⇒ priateľu!**（友よ！）
　　syn（息子）⇒ synu!**（息子よ！）
　　　*bože は間投詞としても用いられる．（⇒§111）
　　　**今日ではアルカイズム（古風な表現）と見なされている．

§28　名詞の格変化　Skloňovanie podstatných mien

スロヴァキア語の名詞は，文法上の性と，単数主格の形での語末の文字の性質にしたがって，次の12の基本変化タイプに分類することができる（カッコ内の数値は，それぞれの性・タイプに準じて変化する語の総数と，その性・タイプが，全体にたいして占めるパーセンテージを示す）．

男性名詞（28671語／43％）

①chlap タイプ　－活動名詞に属して，単数主格が子音で終わる語と，-o で終わる語（12511語／18.8％）

②hrdina タイプ　－活動名詞に属して，単数主格が -a で終わる語（858語／1.3％）

③dub タイプ　－不活動名詞に属して，単数主格が硬子音か中立子音で終わる語（13074語／19.6％）

④stroj タイプ　－不活動名詞に属して，単数主格が軟子音で終わる語（2228語／3.3％）

女性名詞（30573語／46％）

⑤žena タイプ　－単数主格で，語幹が硬子音か中立子音で終わり，語末が -a で終わる語（17981語／27.0％）

— 110 —

I 名詞　Podstatné mená

⑥ulica タイプ　　－単数主格で，語幹が軟子音で終わり，語末が -a で終わる語（7200 語／10.8％）
⑦dlaň タイプ　　－単数主格で，語末が軟子音か一部の中立子音で終わる語（770 語／1.2％）
⑧kosť タイプ　　－単数主格で，語末が一部の軟子音か一部の中立子音で終わる語（4622 語／6.9％）

中性名詞（7343 語／11％）

⑨mesto タイプ　　－単数主格で，語末が -o で終わる語（4045 語／6.1％）
⑩srdce タイプ　　－単数主格で，語末が子音＋e で終わる語（127 語／0.2％）
⑪vysvedčenie タイプ　－単数主格で，語末が -ie で終わる語（2975 語／4.5％）
⑫dievča タイプ　　－単数主格で，語末が -a, -ä で終わり，ふつう人間の子供や動物の子を意味する語（196 語／0.3％）

名詞の性は，つねに語末の形によって判断できるとは限らない．

例　ujo（叔父さん m.）　　　　－ rádio（ラジオ s.）
　　sudca（裁判官 m.）－ ulica（通り ž.）－ dievča（娘 s.）
　　stroj（機械 m.）　　－ výzbroj（武装 ž.）
　　žaluď（どんぐり m.）－ loď（船 ž.）
　　dom（建物 m.）－ zem（大地 ž.）－ múzeum（博物館 s.）
　　nos（鼻 m.）　　　－ os（軸 ž.）
　　kopec（丘 m.）　　－ pec（暖炉 ž.）
　　papier（紙 m.）　　－ jar（春 ž.）
　　tvar（形態 m.）　　－ tvár（顔 ž.）
　　meč（剣 m.）　　　－ reč（言語 ž.）
　　prsteň（指輪 m.）　－ dlaň（てのひら ž.）

第2部　形態論　Morfológia

§29　男性活動名詞 (1) － chlap タイプ
Životné podstatné mená mužského rodu (1) － vzor chlap

	単　数	複　数
主格	chlap-∅, ded-o	chlap-i, brat-ia, syn-ovia
生格	chlap-a	chlap-ov
与格	chlap-ovi, boh-u	chlap-om
対格	chlap-a	chlap-ov
前置格	chlap-ovi, boh-u	chlap-och
造格	chlap-om	chlap-mi, otc-ami

(1) chlap タイプに準じて変化するのは，次のような語である。このタイプは，ひじょうに生産的である (12511語／18.8％)。

①活動名詞に属して，単数主格が子音で終わる語

　例　brat（兄弟），človek（人間），chlap（男），chlapec（少年），lekár（医師），letec（パイロット），muž（男性），občan（市民），obyvateľ（住民），otec（父），premiér（首相），prezident（大統領），priateľ（友人），Slovák（スロヴァキア人），sused（隣人），syn（息子），študent（学生），učiteľ（教師），vodič（運転手），volič（有権者）

②活動名詞に属して，単数主格が -o で終わる語

　例　dedo（おじいさん），otecko（父さん＜愛称語＞），strýko（伯父さん），šašo（道化），ujo（叔父さん）

(2)生物名を示す男性名詞は，単数では活動名詞として，chlap タイプに準じて変化するが，複数では不活動名詞として，dub タイプあるいは stroj タイプに準じて変化する (⇒§31／32)。

　例　baran（雄ヒツジ）⇒ 複数主格・対格 barany

I　名詞　Podstatné mená

bažant（キジ）　　　⇒　複数主格・対格 bažanty
býk（雄牛）　　　　⇒　複数主格・対格 býky
had（ヘビ）　　　　⇒　複数主格・対格 hady
chrobák（甲虫）　　⇒　複数主格・対格 chrobáky
kohút（オンドリ）　⇒　複数主格・対格 kohúty
slon（ゾウ）　　　　⇒　複数主格・対格 slony
sokol（タカ）　　　 ⇒　複数主格・対格 sokoly

kôň（馬）　　　　　⇒　複数主格・対格 kone
medveď（クマ）　　 ⇒　複数主格・対格 medvede
mravec（アリ）　　 ⇒　複数主格・対格 mravce
zajac（ウサギ）　　⇒　複数主格・対格 zajace

注１）口語文体では，pes（犬），vlk（オオカミ），vták（鳥）の３語は，複数でも活動名詞として，chlap タイプに準じて変化させてもよい．

　　例　pes（犬）⇒ 複数主格 psy/psi，複数対格 psy/psov
　　　　vlk（オオカミ）⇒ 複数主格 vlky/vlci，複数対格 vlky/vlkov
　　　　vták（鳥）⇒ 複数主格 vtáky/vtáci，複数対格 vtáky/vtákov

注２）上記の３語以外でも，擬人化して用いられる場合は，複数でも活動名詞として扱われることがある．

　　例　bažant（キジ）⇒ bažanty／bažanti
　　　　　　　　　　　　（初年兵たち＜軍隊スラング＞）
　　　　býk（雄牛）⇒ býky／býci（頑丈で粗野な人たち）
　　　　medveď（クマ）⇒ medvede／medvedi（動きの鈍い人たち）

(3) 単数主格の形が，-ec，-ek，-eň，-er，-ok，-ol，-on，-or などで終わる語は，単数主格以外では，ふつう母音 e, o が脱落する．こうした母音は，出没母音と呼ばれる．

　例　Japonec（日本人）　⇒　Japonca, Japoncovi ...

第2部　形態論　Morfológia

```
umelec（芸術家）        ⇨ umelca, umelcovi ...
otec（父親）            ⇨ otca, otcovi ...
Turek（トルコ人）       ⇨ Turka, Turkovi ...
väzeň（囚人）           ⇨ väzňa, väzňovi ...
majster（熟練工）       ⇨ majstra, majstrovi ...
svedok（証人）          ⇨ svedka, svedkovi ...
orol（ワシ）            ⇨ orla, orlovi ...
blázon（狂人）          ⇨ blázna, bláznovi ...
svokor（義父）          ⇨ svokra, svokrovi ...
švagor（義理の兄弟）    ⇨ švagra, švagrovi ...
```

注) 同上の形で終わっている語でも，母音 e, o を脱落させると，スロヴァキア語にとって発音しにくい子音グループが生じる場合は，母音の脱落は起こらない．

例　chlapček（少年＜指小語＞）⇨ chlapčeka, chlapčekovi ...
　　démon（悪魔）　　　　　　⇨ démona, démonovi ...
　　doktor（博士，医者）　　　⇨ doktora, doktorovi ...

(4) 単数主格で，語幹に二重母音 ô を含む語は，単数主格以外では，ふつう二重母音 ô が短縮して o となる．

　例　kôň（馬）⇨ koňa, koňovi .../vôl（去勢牛）⇨ vola, volovi ...

(5) ギリシャ語起源の語尾 -os, -es, -as, およびラテン語起源の語尾 -us で終わる語で，活動名詞に属するものは，chlap タイプに準じて変化するが，その際に単数主格以外では，これらの語尾が失われて，語幹に直接に格変化語尾がつけられることがある．

　例　Sizyf-os（シジフォス）⇨ Sizyf-a, Sizyf-ovi ...
　　　géni-us（天才）　　　　⇨ géni-a, géni-ovi ...

I　名詞　Podstatné mená

(6)単数与格と単数前置格で，格変化語尾 -ovi とともに -u をとる語がある．

① boh/Boh（神）は，ふつう格変化語尾 -u をとる（大文字と小文字の用法については ⇨§21）．

例　modlit' sa k Bohu（神に祈る）
　　odovzdat' dušu Bohu（魂を神にゆだねる＝亡くなる）
　　d'akovat' Bohu（神に感謝する），vd'aka bohu（おかげで）

> 注）boh が，非キリスト教的な意味で用いられる場合は，格変化語尾 -ovi をとる．
>
> 　　例　ani bohovi（けっして＜強い否定の表現＞）
> 　　　　Priniesli obet' bohovi mora.
> 　　　　（彼らは海の神に捧げ物を持ってきた）

② človek（人間），duch（霊魂，偉人）などは，格変化語尾 -ovi とともに，-u もとることができる．その場合 človek は「不特定・任意の人」，duch は「精神」という意味になる．

例　Človeku sa verit' nechce.（信じたくても信じられない）
　　náuka o človeku（人間にかんする学問）
　　zodpovedat' duchu i litere zákona
　　（法律の精神と文言に合致する）

> 注）čert（鬼），Otec（天なる父）なども，単数与格では，格変化語尾 -ovi とともに，-u もとることができる．

③ pán（紳士）は，苗字や称号などと結びついて，「～さん，～氏」の意味で用いられる場合は，単数与格・前置格で，格変化語尾 -u をとる．

例　prejavit' úctu k pánu prezidentovi（大統領に敬意を表明する）

― 115 ―

第2部　形態論　Morfológia

　　chýr o pánu Kováčovi（コヴァーチ氏についての噂）

(7) kôň（馬），koník（お馬さん＜指小語＞）などの語は，交通手段として理解される場合は，単数前置格で，格変化語尾 -u あるいは -i をとることがある．

例　jazda na koni（乗馬），
　　niesť sa na koníku（お馬さんの背に運ばれる）

> 注）現在ではこうした場合でも，格変化語尾 -ovi をとる傾向がある．

(8) 複数主格で，格変化語尾 -i 以外に，-ia，-ovia をとる語がある．

①格変化語尾 -i をとる語（chlap タイプに属する語では，この語尾が生産的であり，とる語がいちばん多い）

例　chlapec（少年）⇒ chlapci／lekár（医者）⇒ lekári
　　muž（男，夫）⇒ muži／volič（有権者）⇒ voliči

> 注1）単数主格が -k, -ch で終わる語は，格変化語尾 -i をとる場合，語幹末の子音が，k ⇒ c, ch ⇒ s に交代する．
>
> 　　例　Slovák（スロヴァキア人）⇒ Slováci／žiak（生徒）⇒ žiaci
> 　　　　Čech（チェコ人）⇒ Česi／mních（修道士）⇒ mnísi
>
> 注2）複数主格の語末の -di, -ti, -ni, -li は，それぞれ [-ď'i], [-ť'i], [-ň i], [-ľ'i] と軟らかく発音される．外来語の場合も同様である．
>
> 　　例　Švédi [švéďi]（スウェーデン人たち）
> 　　　　študenti [šudenťi]（学生たち）
> 　　　　Germáni [germáňi]（ゲルマン人たち）
> 　　　　generáli [generáľi]（将軍たち）

― 116 ―

I 名詞　Podstatné mená

②格変化語尾 -ia をとる語

(a) -tel' で終わる語 (-tel' で終わる男性活動名詞は，約 440 語ある)

例　čitatel' (読者) ⇨ čitatelia
　　hlásatel' (アナウンサー) ⇨ hlásatelia
　　obyvatel' (住民) ⇨ obyvatelia／priatel' (友人) ⇨ priatelia
　　spisovatel' (作家) ⇨ spisovatelia／učitel' (教師) ⇨ učitelia

(b)住民名を示す接尾辞 -an で終わる語

例　Bratislavčan (ブラチスラヴァ市民) ⇨ Bratislavčania
　　krajan (同郷人) ⇨ krajania
　　krest'an (キリスト教徒) ⇨ krest'ania
　　občan (市民) ⇨ občania／Slovan (スラヴ人) ⇨ Slovania
　　zeman (小地主) ⇨ zemania

(c)次のような語

例　brat (兄弟) ⇨ bratia／host' (客) ⇨ hostia
　　manžel (夫) ⇨ manželia (夫妻)
　　rodič (父親あるいは母親) ⇨ rodičia (両親)
　　sused (隣人) ⇨ susedia

③格変化語尾 -ovia をとる語

(a)単数主格が -o で終わる語

例　dedo (おじいさん) ⇨ dedovia／ujo (叔父さん) ⇨ ujovia

(b)単数主格が -us で終わる語

例　génius (天才) ⇨ géniovia

(c)単数主格が -g, -h で終わる語

例　chirurg (外科医) ⇨ chirurgovia
　　pedagóg (教育学者) ⇨ pedagógovia

第 2 部　形態論　Morfológia

　　　boh（神）⇨ bohovia／druh（友）⇨ druhovia

(d) 親族名称を示すいくつかの語

　例　kmotor（名づけ親）⇨ kmotrovia／otec（父親）⇨ otcovia
　　　potomok（子孫）⇨ potomkovia／predok（祖先）⇨ predkovia
　　　syn（息子）⇨ synovia／svokor（義父）⇨ svokrovia
　　　švagor（義理の兄弟）⇨ švagrovia

(e) -ček, -čik で終わる語

　例　mládenček（若者＜指小語＞）⇨ mládenčekovia
　　　miláčik（寵児）⇨ miláčikovia

注）-ik で終わる語の大部分は，-ci となる．

　　例　akademik（アカデミー会員）⇨ akademici
　　　básnik（詩人）⇨ básnici
　　　fyzik（物理学者）⇨ fyzici／historik（歴史学者）⇨ historici

---

④ 2 つの格変化語尾（大部分は -i と -ovia）をとる語もあるが，多くの場合に，格変化語尾 -ovia から -i への移行が認められる．

　例　vnuk（孫）⇨ vnuci／vnukovia
　　　ekonóm（経済学者）⇨ ekonómi／ekonómovia
　　　etnograf（民俗学者）⇨ etnografi／etnografovia
　　　klasik（古典的作家）⇨ klasici／klasikovia

　　　dedič（後継者）⇨ dedičia／dediči

(9) host'（客）は複数生格・対格で，host'ov とならんで，hostí という形をとる．両者のあいだに文体上の差異はない．

　例　prijímat' hostí／host'ov（客たちを迎える）

Ⅰ　名詞　Podstatné mená

(10)複数造格の格変化語尾は -mi が一般的だが，-ami をとる語もある．格変化語尾 -ami をとるのは，次のような語である．

①単数主格が -o で終わる語

例　dedo（おじいさん）⇨ dedami／ujo（叔父さん）⇨ ujami

②単数主格が -us で終わる語

例　génius（天才）⇨ géniami

③単数主格が -m，あるいは m を含む子音グループで終わる語

例　agronóm（農業技師）⇨ agronómami

④出没母音 e, o を持つ語

例　otec（父親）⇨ otcami／poslanec（議員）⇨ poslancami
svedok（証人）⇨ svedkami／švagor（義理の兄弟）⇨ švagrami

(11) človek（人間）は複数で，次のような形をとる．

主格	ľudia
生格	ľudí
与格	ľuďom
対格	ľudí
前置格	ľuďoch
造格	ľuďmi

§30 男性活動名詞 (2) － hrdina タイプ
Životné podstatné mená mužského rodu (2) － vzor hrdina

	単　数	複　数
主格	hrdin-a	hrdin-ovia, poet-i
生格	hrdin-u	hrdin-ov
与格	hrdin-ovi	hrdin-om
対格	hrdin-u	hrdin-ov
前置格	hrdin-ovi	hrdin-och
造格	hrdin-om	hrdin-ami, poet-mi

(1) hrdina タイプに準じて変化するのは，活動名詞に属して，単数主格が -a で終わる語である．このタイプは，-ista で終わる外来語起源の語以外は，非生産的である（858 語／1.3％）．

例　bača（羊飼いの頭目），despota（専制君主），hrdina（勇士），huslista（バイオリニスト），jezuita（イエズス会士），kolega（同僚），poeta（詩人），predseda（議長），slavista（スラヴ学研究者），slovakista（スロヴァキア研究者），sprievodca（ガイド），starosta（自治体の長），sudca（裁判官），tenista（テニス選手），turista（ツーリスト），záujemca（関係者）

(2) 複数主格では，大部分の語は格変化語尾 -ovia をとるが，単数主格が母音＋ta と -ista で終わる語は，格変化語尾 -i をとる．語末の ti は，［ťi］と軟らかく発音される．

例　despota（専制君主）⇒ despoti［despoťi］
　　poeta（詩人）⇒ poeti［poeťi］
　　slavista（スラヴ学研究者）⇒ slavisti［slavisťi］

I 名詞　Podstatné mená

(3)複数造格では，大部分の語は格変化語尾 -ami をとるが，単数主格が母音＋ta で終わる語だけは，格変化語尾 -mi をとる．

　例　jezuita（イエズス会士）⇨ jezuitmi／poeta（詩人）⇨ poetmi

§31　男性不活動名詞（1）－ dub タイプ
Neživotné podstatné mená mužského rodu (1) － vzor dub

	単　数	複　数
主格	dub-∅	dub-y, konár-e
生格	dub-a, piesk-u	dub-ov
与格	dub-u	dub-om
対格	dub-∅	dub-y
前置格	dub-e, vlak-u, apríl-i	dub-och
造格	dub-om	dub-mi, dom-ami

(1) dub タイプに準じて変化するのは，次のような語である．このタイプは，ひじょうに生産的である（13074語／19.6％）．

①不活動名詞に属して，単数主格が硬子音〔d, t, n, l：k, g, h, ch〕か，中立子音〔b, p, v, f：m, r：s, z〕で終わる語

　例　august（8月），breh（岸），čas（時間），dom（家），dub（オーク），film（映画），hlas（声），hrad（城），humanizmus（ヒューマニズム），krok（歩み），kvet（花），list（手紙），most（橋），návrh（提案），nos（鼻），obraz（絵），pohľad（視点），pohyb（動き），prípad（事件），rok（年），súd（裁判），spôsob（方法），stôl（テーブル），svet（世界），večer（晩），vietor（風），vlak（列車），zákon（法律），zvon（鐘），život（生活，生命）

第2部　形態論　Morfológia

②単数主格が -x で終わる外来語の大部分（⇒§35）

例　fax（ファックス），index（一覧表），kódex（法典），komplex（複合体），paradox（パラドックス），telex（テレックス）

> 注）単数主格が -x で終わる外来語の大部分は，dub タイプの男性名詞に準じて変化するが，prax（実践）と syntax（統語論）のみは，dlaň タイプの女性名詞に準じて変化する．

③複数専用名詞と，ふつう複数で用いられる語で，想定される単数主格の形が，上記の①に属する語（＊印の語は，想定されるのみで実際には存在しない形）

例　fašiang ⇒ fašiangy（謝肉祭）／fúz ⇒ fúzy（口ヒゲ）
　　hod ⇒ hody（寺院祭礼日）／karpat* ⇒ Karpaty（カルパチア山脈）
　　piešt'an* ⇒ Piešt'any（ピエシチャニ＜都市名＞）
　　pomer（態度）⇒ pomery（関係）／pretek* ⇒ preteky（競争）
　　schod ⇒ schody（階段）／vlas ⇒ vlasy（髪）

(2) 生物名を示す男性名詞で，単数主格が，硬子音あるいは中立子音で終わる語の大部分は，単数では活動名詞として，chlap タイプに準じて変化するが，複数では不活動名詞として，dub タイプに準じて変化する（⇒§29）．

(3) 出没母音 e, o, á を持つ語の場合，出没母音は，単数主格・対格以外では脱落する．

例　bicykel（自転車）　　　⇒ bicykla, bicyklu ...
　　pojem（概念）　　　　 ⇒ pojmu, pojmu ...
　　priemysel（産業）　　　⇒ priemyslu, priemyslu ...
　　semester（学期）　　　 ⇒ semestra, semestru ...
　　sveter（カーディガン）　⇒ svetra, svetru ...
　　zmysel（意味）　　　　 ⇒ zmyslu, zmyslu ...

I 名詞　Podstatné mená

  cukor（砂糖）   ⇨ cukru, cukru ...
  ocot（酢）   ⇨ octu, octu ...
  stánok（キオスク） ⇨ stánku, stánku ...
  sviatok（祭日） ⇨ sviatka/sviatku, sviatku ...
  šiator（テント） ⇨ šiatra, šiatru ...
  zámok（館）   ⇨ zámku, zámku ...

  chrbát（背中） ⇨ chrbta, chrbtu ...

(4) 語幹に長母音を持つ語の一部は，単数主格・対格以外では，語幹の長母音が短縮する．

 例　chlieb（パン）⇨ chleba, chlebu ...
   mráz（厳寒）⇨ mrazu, mrazu ...
   stôl（テーブル）⇨ stola, stolu ...
   vietor（風）⇨ vetra, vetru ...

(5) ギリシャ語起源の語尾 -os, -es, -as, およびラテン語起源の語尾 -us で終わる語で，不活動名詞に属するものは，dub タイプに準じて変化するが，その際に単数主格・対格以外では，これらの語尾が失われて，語幹に直接に格変化語尾がつけられることがある．

 例　kozm-os（宇宙）⇨ kozm-u, kozm-u ...
   rytm-us（リズム）⇨ rytm-u, rytm-u ...
   humanizm-us（ヒューマニズム）⇨ humanizm-u, humanizm-u ...

> 注）スロヴァキア語に定着した語の場合は，これらの語尾は失われない．
>
> 例　autobus（バス） ⇨ autobusu/autobusa, autobusu ...
>   cirkus（サーカス） ⇨ cirkusu, cirkusu ...
>   epos（叙事詩） ⇨ eposu, eposu ...
>   kaktus（サボテン） ⇨ kaktusa/kaktusu, kaktusu ...

第2部　形態論　Morfológia

(6)単数生格では，格変化語尾 -a をとる語と，-u をとる語がある．格変化語尾 -a が基本的であり，-u は副次的である．

①格変化語尾 -a をとる語

(a)個々の事物をさす具象名詞

例　most（橋）⇨ mosta／nos（鼻）⇨ nosa
　　obed（昼食）⇨ obeda
　　prst（指）⇨ prsta／svet（世界）⇨ sveta
　　život（生活，生命）⇨ života

注) dom（家）⇨ domu／strom（木）⇨ stromu は例外

(b) -ík，-ák で終わる語

例　budík（目覚まし時計）⇨ budíka／chodník（歩道）⇨ chodníka
　　uterák（タオル）⇨ uteráka／padák（パラシュート）⇨ padáka

(c)指小語

例　domček（小さな家）⇨ domčeka
　　stromček（小さな木）⇨ stromčeka

②格変化語尾 -u をとる語

(a)数えられないものをさす物質名詞

例　cesnak（ニンニク）⇨ cesnaku／cukor（砂糖）⇨ cukru
　　hodváb（絹）⇨ hodvábu／kvet（花）⇨ kvetu
　　mak（ケシ）⇨ maku／med（蜜）⇨ medu
　　ocot（酢）⇨ octu／piesok（砂）⇨ piesku

注) chlieb（パン）⇨ chleba／ovos（オート麦）⇨ ovsa
　　syr（チーズ）⇨ syra は例外

I　名詞　Podstatné mená

(b)集合名詞

例　hmyz（虫）⇨ hmyzu／l'ud（民衆）⇨ l'udu
　　personál（スタッフ）⇨ personálu

> 注）národ（民族）⇨ národa は例外

(c)抽象名詞

例　ideál（理想）⇨ ideálu／let（飛行）⇨ letu
　　návrh（提案）⇨ návrhu／obraz（絵）⇨ obrazu
　　obsah（内容）⇨ obsahu／ostatok（残り）⇨ ostatku
　　pohl'ad（視点）⇨ pohl'adu／pojem（概念）⇨ pojmu
　　pozdrav（あいさつ）⇨ pozdravu／rozbor（分析）⇨ rozboru
　　skok（跳躍）⇨ skoku／styk（接触）⇨ styku
　　súd（裁判）⇨ súdu／vývin（発展）⇨ vývinu
　　začiatok（はじまり）⇨ začiatku

(d) -izmus で終わるすべての語

例　reumatizmus [reŭmatizmus]（リューマチ）⇨ reumatizmu
　　surrealizmus [sürealizmus]（シュールレアリズム）
　　　　　　　　　　　　　　　　　　⇨ surrealizmu

(e)ほかの語形と区別するために，格変化語尾 -u をとる語がある．

例　diel（部分）　　⇨ dielu【比較例　dielo（作品）⇨ diela】
　　druh（種類）　　⇨ druhu【比較例　druh（友）⇨ druha】
　　kolok（収入印紙）⇨ kolku
　　　　　　　　　　【比較例　kolok（ボーリングのピン）⇨ kolka】
　　tenor（テノール）⇨ tenoru
　　　　　　　　　　【比較例　tenor（テノール歌手）⇨ tenora】

第 2 部　形態論　Morfológia

③次のような語の場合は，格変化語尾 -a と -u を，意味の区別なしに併用する．

例　autobus（バス）⇨ autobusu/autobusa
　　bok（わき）⇨ boka/boku／kanál（運河）⇨ kanála/kanálu
　　list（手紙）⇨ listu/lista／oštep（槍）⇨ oštepu/oštepa
　　piatok（金曜日）⇨ piatka/piatku
　　sviatok（祭日）⇨ sviatka/sviatku
　　teplomer（温度計）⇨ teplomeru/teplomera

> 単数生格における格変化語尾 -a と -u の選択については，上で述べた以上の厳密な基準はないので，語ごとに辞書で確認する必要がある．

(7)単数前置格では，大部分の語は格変化語尾 -e をとるが，副次的な格変化語尾 -u，-i をとる語もある．

①単数主格が -g，-k，-h，-ch で終わる語は，格変化語尾 -u をとる．

例　dialóg（対話）⇨ v dialógu／vlak（列車）⇨ vo vlaku
　　breh（岸）⇨ na brehu／vzduch（空気）⇨ vo vzduchu

②格変化語尾 -i をとる語

(a)子音 -l，-r で終わる外来語の一部

例　bicykel（自転車）⇨ na bicykli／hotel（ホテル）⇨ v hoteli
　　ideál（理想）⇨ o ideáli／kanál（運河）⇨ v kanáli
　　kapitál（資本）⇨ o kapitáli／materiál（素材）⇨ o materiáli
　　sandál（サンダル）⇨ o sandáli／tunel（トンネル）⇨ v tuneli

　　dolár（ドル）⇨ o dolári
　　halier（ハリエル＜補助通貨単位＞）⇨ o halieri
　　kalendár（カレンダー）⇨ o kalendári

I 名詞 Podstatné mená

klavír（ピアノ）⇨ na klavíri
kufor（トランク）⇨ v kufri／meter（メートル）⇨ o metri
orchester（オーケストラ）⇨ o orchestri
papier（紙）⇨ na papieri
pohár（酒杯）⇨ v pohári／semester（学期）⇨ v semestri
sveter（カーディガン）⇨ vo svetri

(b) -ár, -iar, -ier で終わる語の一部

例 chotár（自治体の共有地）⇨ o chotári
konár（枝）⇨ na konári
močiar（沼）⇨ v močiari／požiar（火事）⇨ o požiari
tanier（皿）⇨ na tanieri／žalár（監獄）⇨ v žalári

(c) august（8月）以外のすべての月の名

例 január（1月）⇨ v januári／február（2月）⇨ vo februári
marec（3月）⇨ v marci／apríl（4月）⇨ v apríli
máj（5月）⇨ v máji／jún（6月）⇨ v júni
júl（7月）⇨ v júli／september（9月）⇨ v septembri
október（10月）⇨ v októbri
november（11月）⇨ v novembri
december（12月）⇨ v decembri

(8) 複数主格では，大部分の語は格変化語尾 -y をとるが，副次的な格変化語尾 -e をとる語もある．

①子音 -l, -r で終わる外来語の一部

例 bicykel（自転車）⇨ bicykle／kanál（運河）⇨ kanály/kanále
sandál（サンダル）⇨ sandále

dolár（ドル）⇨ doláre
halier（ハリエル＜補助通貨単位＞）⇨ haliere
kalendár（カレンダー）⇨ kalendáre
kufor（トランク）⇨ kufre／meter（メートル）⇨ metre

第2部　形態論　Morfológia

orchester（オーケストラ）⇨ orchestre
papier（紙）⇨ papiere／pohár（酒杯）⇨ pohárе
semester（学期）⇨ semestre／sveter（カーディガン）⇨ svetre

> 注）単数前置格で，格変化語尾 -i をとる外来語でも，複数主格では，格変化語尾 -y をとる場合がある．
>
> 例　hotel（ホテル）⇨ hotely／ideál（理想）⇨ ideály
> 　　kapitál（資本）⇨ kapitály／materiál（素材）⇨ materiály
> 　　klavír（ピアノ）⇨ klavíry／tunel（トンネル）⇨ tunely

② -ár, -iar, -ier で終わる語の一部

例　chotár（自治体の共有地）⇨ chotáre／konár（枝）⇨ konáre
　　močiar（沼）⇨ močiare／požiar（火事）⇨ požiare
　　tanier（皿）⇨ taniere／žalár（監獄）⇨ žaláre

(9) 複数生格では，čas（時間）は čias／časov, raz（回）は ráz という特別な形をとる．

例　od tých čias（その時以来），
　　za dávnych čias／za dávnych časov（昔は），
　　päť ráz（5回），niekoľko ráz（数回）

(10) 複数造格の格変化語尾は -mi が一般的だが，-ami をとる語もある．格変化語尾 -ami をとるのは，次のような語である．

① 複数専用名詞と，ふつう複数で用いられる語の多く

例　pomery（関係）⇨ pomerami／schody（階段）⇨ schodami

② 単数主格が -m, あるいは m を含む子音グループで終わる語

例　dom（家）⇨ domami／strom（木）⇨ stromami
　　triumf（大成功）⇨ triumfami

Ⅰ 名詞 Podstatné mená

③出没母音 e, o を持つ語

例　pojem（概念）⇨ pojmami／priemysel（産業）⇨ priemyslami
　　stánok（キオスク）⇨ stánkami
　　sveter（カーディガン）⇨ svetrami
　　sviatok（祭日）⇨ sviatkami

注）格変化語尾 -mi と -ami を併用する語もある．

　例　fúzy（口ヒゲ）⇨ fúzami/fúzmi
　　　most（橋）⇨ mostami/mostmi
　　　prst（指）⇨ prstami/prstmi
　　　zub（歯）⇨ zubmi/zubami － držať jazyk za zubami
　　　　　　　　　　　　　　　　　　　（口を慎む）

---

§32　男性不活動名詞（2）－ stroj タイプ
Neživotné podstatné mená mužského rodu（2）－ vzor stroj

	単　数	複　数
主格	stroj-∅	stroj-e
生格	stroj-a, čaj-u	stroj-ov
与格	stroj-u	stroj-om
対格	stroj-∅	stroj-e
前置格	stroj-i	stroj-och
造格	stroj-om	stroj-mi, uhľ-ami

(1) stroj タイプに準じて変化するのは，次のような語である（2228語／3.3％）．

①不活動名詞に属して，単数主格が軟子音〔ď, ť, ň, ľ：j, c, š, ž, č, dž〕で終わる語

－ 129 －

第2部　形態論　Morfológia

例　boj（闘い），bridž（＜トランプの＞ブリッジ），ciel'（目的），
dážd'（雨），deň（日），kameň（石），koniec（終わり），
kraj（地方），meč（剣），mesiac（月），nôž（ナイフ），
oheň（火），pokoj（平安），plášt'（コート），sobáš（結婚），
stroj（機械），týždeň（週），zdroj（源），žalud'（どんぐり）

②複数専用名詞と，ふつう複数で用いられる語で，想定される単数主格の形が，上記の①に属する語（＊印の語は，想定されるのみで実際には存在しない形）

例　rezanec ⇨ rezance（麺）
sliač* ⇨ Sliače（スリアチェ＜都市名＞）
spoj（接合）⇨ spoje（テレコミュニケーション）

注）複数専用名詞 peniaze（お金）も，このグループに属する．

(2)生物名を示す男性名詞で，単数主格が軟子音で終わる語は，単数では活動名詞として，chlap タイプに準じて変化するが，複数では不活動名詞として，stroj タイプに準じて変化する（⇨§29）．

(3)出没母音 e, ie, o を持つ語の場合，出没母音は，単数主格・対格以外では脱落する．

例　koberec（じゅうたん）⇨ koberca, kobercu ...
laket'（肘）⇨ lakt'a, lakt'u .../oheň（火）⇨ ohňa, ohňu ...
peň（切り株）⇨ pňa, pňu ...
týždeň（週）⇨ týždňa, týždňu ...

hrniec（壺）⇨ hrnca, hrncu ...
koniec（終わり）⇨ konca, koncu ...

uhol'（石炭）⇨ uhl'a, uhl'u ...

— 130 —

I　名詞　Podstatné mená

> 注）次のような語の e は，脱落しない．
>
> 　例　jačmeň（大麦）⇨ jačmeňa／kameň（石）⇨ kameňa
> 　　　koreň（根）⇨ koreňa／prameň（源）⇨ prameňa
> 　　　prsteň（指輪）⇨ prsteňa

(4)語幹に長母音を持つ語の一部は，単数主格・対格以外では，語幹の長母音が短縮する．

　例　dážď（雨）⇨ dažďa, dažďu …
　　　kôš（かご）⇨ koša, košu …
　　　nôž（ナイフ）⇨ noža, nožu …

(5) -teľ で終わる語は，大部分が男性活動名詞に属するが，男性不活動名詞に属する語も，20 語ほどある．後者の語は，単数生格 -a，単数与格 -u/-ovi，単数対格 -a，単数前置格 -i/-ovi，あるいは -i，複数主格 -e/ia，複数対格 -e/-ov という変化形を持つ．

　例　činiteľ（ファクター）⇨ činiteľa, činiteľu/činiteľovi …
　　　【比較例　činiteľ（活動家）⇨ činiteľa, činiteľovi …】
　　　ukazovateľ（指標）⇨
　　　　　　　ukazovateľa, ukazovateľu/ukazovateľovi …

(6)単数生格では，大部分の語は格変化語尾 -a をとるが，次のような語は，副次的な格変化語尾 -u をとる．

①抽象名詞の一部

　例　bôľ（悲嘆）⇨ bôľu／plač（泣き声）⇨ plaču／taj（秘密）⇨ taju
　　　žiaľ（悲哀）⇨ žiaľu

②物質名詞の一部

　例　čaj（お茶）⇨ čaju／chmeľ（ホップ）⇨ chmeľu

第 2 部　形態論　Morfológia

(7) 複数生格では，kôň（馬）は koní/koňov, groš（小銭）は grošov/groší，複数専用名詞 peniaze（お金）は peňazí/peniazov という 2 通りの形を持つ．

　例　päť koní（5 頭の馬）− nadať mu do koňov（彼を手ひどく罵る）
　　　mať pár groší（小銭を持つ）− šesť grošov（6 枚の小額貨幣）
　　　mať veľa peňazí（大金を持つ）− päť keltských peniazov
　　　　　　　　　　　　　　　　　　　　　　（5 枚のケルト硬貨）

(8) 複数造格の格変化語尾は -mi が一般的だが，-ami をとる語もある．格変化語尾 -ami をとるのは，次のような語である．

　①出没母音 e, ie, o を持つ語

　例　koberec（じゅうたん）⇒ kobercami
　　　koniec（終わり）⇒ koncami
　　　uhoľ（石炭）⇒ uhľami

　② -šť, -žď で終わる語

　例　plášť（コート）⇒ plášťami／dážď（雨）⇒ dažďami

(9) deň（日）は，次のように変化する．

	単　数	複　数
主格	deň	dni
生格	dňa	dní
与格	dňu	dňom
対格	deň	dni
前置格	(o) dni, (vo dne)*	dňoch
造格	dňom	dňami

＊単数前置格では，dni の形をとるが，vo dne（明るいうちに）という結合の場合のみは，例外である．

— 132 —

I　名詞　Podstatné mená

§33　女性名詞（1）－ žena タイプ
Podstatné mená ženského rodu (1) － vzor žena

	単　数	複　数
主格	žen-a	žen-y
生格	žen-y	žien-∅, ide-í
与格	žen-e, ide-i	žen-ám
対格	žen-u	žen-y
前置格	žen-e, ide-i	žen-ách
造格	žen-ou*	žen-ami

＊造格の格変化語尾 -ou は，[oŭ] と発音される（⇒§5）．

(1) žena タイプに準じて変化するのは，次のような語である．このタイプはひじょうに生産的である（17981語／27.0％）．

①女性名詞に属して，単数主格で語幹が硬子音〔d, t, n, l：k, g, h, ch〕か，中立子音〔b, p, v, f：m, r：s, z〕で終わり，語末が -a で終わる語

　例　budova（建物），cesta（道），dcéra（娘），doba（時代），harfa（ハープ），hlava（頭），hora（森，山），chata（山荘），izba（部屋），jama（穴），kosa（鎌），matka（母親），menšina（少数派），miazga（樹液），noha（足），repa（カブ），republika（共和国），ruka（手），ryba（魚），sila（力），socha（彫刻），stodola（納屋），váza（花びん），ústava（憲法），voda（水），žena（女性）

②複数専用名詞と，ふつう複数で用いられる語で，想定される単数主格の形が，上記の①に属する語（＊印の語は，想定されるのみで実際には存在しない形）

　例　alp* ⇒ Alpy（アルプス山脈）／dejina* ⇒ dejiny（歴史）

第2部　形態論　Morfológia

gajda* ⇨ gajdy（バグパイプ）／hodina（1時間）⇨ hodiny（時計）
novina（知らせ）⇨ noviny（新聞）／raňajka* ⇨ raňajky（朝食）
Tatra ⇨ Tatry（タトリ山地）／vol'ba（選択）⇨ vol'by（選挙）
zápalka ⇨ zápalky（マッチ）

③単数主格が -ea，-oa，-ua で終わる外来語

例　idea（理想），Kórea（朝鮮／韓国）
　　aloa（アロエ），boa（ボア＜大蛇＞）
　　Nikaragua（ニカラグア＜国名＞）

(2)単数主格が -ea で終わる外来語は，単数与格・前置格では，格変化語尾 -i をとる．

例　idea（理念）⇨ k idei, o idei
　　Kórea（朝鮮／韓国）⇨ ku Kórei, v Kórei

> 注) 単数主格が -oa，-ua で終わる外来語は，単数与格・前置格では，格変化語尾 -e をとる．
>
> 例　aloa（アロエ）　　　⇨ k aloe, o aloe
> 　　Nikaragua（ニカラグア）⇨ k Nikarague, v Nikarague

(3) zora，žiara の2語は，žena タイプに準じて変化するが，複数主格・対格では，ulica タイプの形を持つ．

例　zora（朝やけ，夕やけ）⇨ zore／žiara（輝き）⇨ žiare

(4)複数生格では，格変化語尾を持たない形と，格変化語尾 -í をとる形がある．格変化語尾を持たない形には，語幹末の音節の母音などが延長する場合と，あらたに母音が挿入される場合がある．大部分の語は，格変化語尾を持たない形に属し，格変化語尾 -í をとる語はごく少数である．

①格変化語尾を持たず，語幹末の音節の母音，あるいは音節をなす r, l が延長する場合

I 名詞　Podstatné mená

(a)語幹が1つの子音で終わる語

例　i ⇨ í － kniha（本）⇨ kníh／sila（力）⇨ síl
　　y ⇨ ý － ryba（魚）⇨ rýb
　　u ⇨ ú － huba（キノコ）⇨ húb
　　　　　　koruna（コルナ＜貨幣単位＞）⇨ korún
　　e ⇨ ie － repa（カブ）⇨ riep／žena（女性）⇨ žien
　　o ⇨ ô － podoba（形態）⇨ podôb／noha（足）⇨ nôh
　　硬子音＋a ⇨ á － hlava（頭）⇨ hláv／chata（山荘）⇨ chát
　　軟子音＋a ⇨ ia － ťava（ラクダ）⇨ tiav
　　　　　　žaba（カエル）⇨ žiab
　　　　　　【ただし jama（穴）⇨ jám】
　　r ⇨ ŕ － srna（ノロ）⇨ sŕn
　　l ⇨ ĺ － slza（涙）⇨ sĺz／vlna（波）⇨ vĺn

注1）次のような場合は，延長が起こらない．

①語幹末の音節の前に，長音節がある場合（リズム短縮の規則⇨ §18）

例　nálada（気分）⇨ nálad／priehrada（ダム）⇨ priehrad
　　úloha（課題）⇨ úloh／ústava（憲法）⇨ ústav
　　záhrada（庭）⇨ záhrad／zástava（旗）⇨ zástav

②単数主格が -ova で終わる語，あるいは語幹末の音節に，-vo- が含まれる語の一部

例　budova（建物）⇨ budov／obnova（再建）⇨ obnov
　　osnova（構想）⇨ osnov／sova（フクロウ）⇨ sov
　　vdova（寡婦）⇨ vdov

　　potvora（怪物）⇨ potvor

③一部の外来語の e, o

第 2 部　形態論　Morfológia

> 例　hyena（ハイエナ）⇨ hyen
> 　　metafora（メタファー）⇨ metafor
>
> ④語幹末の音節に，-jo- が含まれる語
>
> 例　obhajoba（弁護）⇨ obhajob
>
> 注 2）語幹末の音節が長母音である語は，長母音のままである．
>
> 例　bieda（貧困）⇨ bied／dráma（戯曲）⇨ drám
> 　　káva（コーヒー）⇨ káv／minúta（分）⇨ minút
> 　　tráva（草）⇨ tráv／trieda（クラス）⇨ tried
> 　　trúba（ラッパ）⇨ trúb／váza（花びん）⇨ váz

(b)語幹が，語末に位置することのできる子音グループで終わる語

例　cesta（道）⇨ ciest／gajdy（バグパイプ）⇨ gájd
　　harfa（ハープ）⇨ hárf／pošta（郵便局）⇨ pôšt
　　pravda（真理）⇨ právd／pumpa（ポンプ）⇨ púmp

> 注 1）次のような場合は，延長が起こらない．
>
> ①語幹末の音節の前に，長音節がある場合（リズム短縮の規則 ⇨ §18）
>
> ②一部の外来語の e, o
>
> 例　konzerva（かんづめ）⇨ konzerv／sorta（種類）⇨ sort
>
> 注 2）語幹末の音節が長母音である語は，長母音のままである．
>
> 例　hviezda（星）⇨ hviezd／miazga（樹液）⇨ miazg

②格変化語尾を持たず，あらたに母音が挿入される場合 － 語幹が，語末に位置することのできない子音グループで終わる場合は，母音 ie, á,

I 名詞 Podstatné mená

ô, o, e が挿入される.

(a) 1音節の語，あるいは語幹が短い音節で終わっている語の場合は，二重母音 ie が挿入される．この母音が，いちばん用いられる頻度が高い．

例　hra（遊び）⇨ hier

　　farba（色）⇨ farieb／forma（形式）⇨ foriem
　　izba（部屋）⇨ izieb
　　matka（母親）⇨ matiek／metla（ホウキ）⇨ metiel
　　norma（基準）⇨ noriem／prosba（依頼）⇨ prosieb
　　teta（おばさん）⇨ tiet／učiteľka（女教師）⇨ učiteliek
　　výnimka（例外）⇨ výnimiek／voľba（選択）⇨ volieb

(b) 語幹が短い音節で終わっている語の場合，長母音 á，あるいは二重母音 ô が併用されることもある．

例　doska（板）⇨ dosák／dosiek
　　karta（トランプ）⇨ kariet／karát
　　perla（真珠）⇨ perál／periel／sestra（姉妹）⇨ sestier／sestár
　　slivka（スモモ）⇨ slivák／sliviek
　　tehla（レンガ）⇨ tehál／tehiel

　　jamka（小さな穴）⇨ jamiek／jamôk

(c) 語幹が長い音節，あるいは j を含む子音グループで終わっている語の場合は，短母音 o，あるいは短母音 e が挿入される．

例　bájka（寓話）⇨ bájok／búrka（嵐）⇨ búrok
　　látka（物質）⇨ látok／pamiatka（思い出）⇨ pamiatok
　　paradajka（トマト）⇨ paradajok
　　raňajky（朝食）⇨ raňajok／schránka（ポスト）⇨ schránok
　　túžba（願望）⇨ túžob

　　vojna（戦争）⇨ vojen

第2部　形態論　Morfológia

(d)語幹が長い音節で終わっている語の場合，短母音 e が挿入されるときは，しばしば長母音 ie が併用されることがある（リズム短縮の規則の例外⇒§19）．

例　výhra（勝ち）⇒ výher/výhier
　　výzva（呼びかけ）⇒ výzev/výziev

③格変化語尾 -í をとる語

(a)単数主格が -ea, -oa, -ua で終わる外来語

例　aloa（アロエ）⇒ aloí／idea（理念）⇒ ideí

(b)次のような語

例　medaila（メダル）　　　　⇒ medailí
　　nuansa [nüansa]（ニュアンス）⇒ nuansí/nuáns
　　panva（＜鉱物の＞埋蔵地）　⇒ panví/paniev
　　pera（くちびる）　　　　　⇒ pier/perí

(5)複数与格・前置格では，先行音節が長い場合は，リズム短縮の規則にしたがって，格変化語尾 -ám, -ách は，それぞれ -am, -ach に短縮する（⇒§18）．

例　trieda（クラス）⇒ k triedam, v triedach
　　【比較例　škola（学校）⇒ ku školám, v školách】
　　líška（キツネ）⇒ k líškam, o líškach
　　【比較例　myška（小ネズミ）⇒ k myškám, o myškách】

§34　女性名詞 (2) － ulica タイプ
Podstatné mená ženského rodu (2) － vzor ulica

	単　数	複　数
主格	ulic-a	ulic-e
生格	ulic-e	ulíc-∅, kož-í

I 名詞　Podstatné mená

与格	ulic-i	ulic-iam
対格	ulic-u	ulic-e
前置格	ulic-i	ulic-iach
造格	ulic-ou	ulic-ami

(1) ulica タイプに準じて変化するのは，次のような語である（7200 語/10.8％）．

①女性名詞に属して，単数主格で語幹が軟子音〔d', t', ň, l'：j, c, š, ž, č, dz, dž〕で終わり，語末が -a で終わる語

例　baňa（鉱山），dial'nica（高速道路），duša（魂），chvíl'a（瞬間），Levoča（レヴォチャ＜都市名＞），medza（境，あぜ），práca（労働），rol'a（畑），ruža（バラ），schôdza（会議），stanica（駅），šija（首筋），ulica（通り），veža（塔），zemegul'a（地球）

②複数専用名詞と，ふつう複数で用いられる語で，想定される単数主格の形が，上記の①に属する語（＊印の語は，想定されるのみで実際には存在しない形）

例　husl'a* ⇒ husle（バイオリン）/jasl'a* ⇒ jasle（保育園）
kachl'a ⇒ kachle（暖炉）/kliešt'a* ⇒ klieště（ペンチ）
konopa ⇒ konope（麻）/košica* ⇒ Košice（コシツェ＜都市名＞）
papuča ⇒ papuče（スリッパ）
vianoca* ⇒ Vianoce（クリスマス）

③ večera（夕食）と，複数専用名詞 dvere（ドア）

(2) 単数主格が -ia で終わる外来語は，次のように変化する．

	単　数	複　数
主格	demokrac-ia	demokrac-ie
生格	demokrac-ie	demokrac-ií
与格	demokrac-ii	demokrac-iám

第2部　形態論　Morfológia

対格	demokrac-iu	demokrac-ie
前置格	demokrac-ii	demokrac-iách
造格	demokrac-iou	demokrac-iami

①このタイプに準じて変化するのは，次のような語である．

例　demokracia（民主主義），filozofia（哲学），funkcia（機能），komédia（喜劇），melódia（メロディー），organizácia（組織），pivónia（牡丹），privatizácia（民営化），séria（シリーズ），situácia（状況）

②複数専用名詞で，想定される単数主格の形が -ia で終わる語も，このタイプに準じて変化する（＊印の語は，想定されるのみで実際には存在しない形）．

例　financia* ⇒ financie（財政）
　　reália* ⇒ reálie（＜特定地域の生活と文化に関する＞知識）

(3)複数生格では，格変化語尾を持たない形と，格変化語尾 -í をとる形がある．

①格変化語尾を持たず，語幹末の音節の母音が延長する場合

(a)単数主格が母音＋ca で終わる語

例　opica（サル）⇒ opíc／pivnica（地下室）⇒ pivníc
　　stanica（駅）⇒ staníc／ulica（通り）⇒ ulíc

注1）語幹末の音節の前に，長音節がある場合は，延長は起こらない（リズム短縮の規則⇒§18）．

　　例　dial'nica（高速道路）⇒ dial'nic
　　　　víchrica（旋風）⇒ víchric

注2）語幹末の音節が長母音である語は，長母音のままである．

I　名詞　Podstatné mená

> 例　práca（仕事）⇨ prác

(b)単数主格が，母音＋l'a, ča, ša で終わる語（格変化語尾 -í をとる形が併用される場合もある）

例　fl'aša（ビン）⇨ fliaš／gul'a（球）⇨ gúl'/gulí
　　hol'a（高原牧場）⇨ hôl'/holí／papuča（スリッパ）⇨ papúč
　　tabul'a（黒板）⇨ tabúl'

> 注）語幹末の音節が長母音である語は，長母音のままである．
> 　　例　chvíl'a（瞬間）⇨ chvíl'

(c)単数主格が，-yňa, -iňa で終わるすべての語

例　kolegyňa（女性の同僚）⇨ kolegýň
　　kuchyňa（台所）⇨ kuchýň
　　jaskyňa（洞窟）⇨ jaskýň
　　plavkyňa（女性の水泳選手）⇨ plavkýň

　　skriňa（戸棚）⇨ skríň／sviňa（ブタ）⇨ svíň

②格変化語尾を持たず，あらたに母音が挿入される場合

(a)複数専用名詞で，複数主格が子音＋ce で終わるものは，二重母音 ie が挿入される．

例　Michalovce（ミハロウツェ＜地名＞）⇨ Michaloviec

(b) ovca（ヒツジ）⇨ oviec

(c)単数主格が，子音＋l'a, ňa で終わる語は，二重母音 ie が挿入される（格変化語尾 -í をとる形が，併用される場合も多い）

例　husle（バイオリン）⇨ husiel'/huslí

第2部　形態論　Morfológia

jasle（保育園）⇨ jasieľ/jaslí
mašľa（リボン）⇨ mašieľ/mašlí
žemľa（丸パン）⇨ žemieľ/žemlí

čerešňa（さくらんぼ）⇨ čerešieň/čerešní
sukňa（スカート）⇨ sukieň/sukní

③格変化語尾 -í をとる語．この場合は，リズム短縮の規則が守られない（⇨§19）．

(a)単数主格が -ňa で終わる語の多く（ただし -yňa, -iňa で終わる語を除く）

例　baňa（鉱山）⇨ baní／predajňa（売店）⇨ predajní
　　šatňa（クローク）⇨ šatní／vôňa（香り）⇨ vôní

(b)単数主格が -ovňa で終わるすべての語

例　pracovňa（仕事部屋）⇨ pracovní
　　úschovňa（保管所）⇨ úschovní

(c)単数主格が -nca で終わる外来語

例　minca（硬貨）⇨ mincí／šanca（チャンス）⇨ šancí

(d)単数主格が -ja で終わるすべての語

例　aleja（並木道）⇨ alejí／šija（首筋）⇨ šijí

(e)次のような語

例　duša（魂）⇨ duší／kliešte（ペンチ）⇨ klieští
　　konope（麻）⇨ konopí／koža（革）⇨ koží
　　lyže（スキー）⇨ lyží
　　mandľa（アーモンド）⇨ mandlí／ruža（バラ）⇨ ruží
　　schôdza（会議）⇨ schôdzí／večera（夕食）⇨ večerí

I 名詞 Podstatné mená

> ulica タイプの場合は，žena タイプに較べて，複数生格において，副次的な格変化語尾 -í をとる語の数が，相対的に多い．

(4)単数主格が -ja で終わる語は，複数与格・前置格の格変化語尾が短縮して，それぞれ -am, -ach となる．

　例　aleja（並木道）⇒ k alejam, o alejach
　　　šija（首筋）⇒ k šijam, o šijach

(5)複数与格・前置格では，先行音節が長い場合は，リズム短縮の規則にしたがって，格変化語尾 -iam, -iach は，それぞれ -am, -ach に短縮する（⇒§18）．

　例　ríša（帝国）⇒ k ríšam, o ríšach
　　　【比較例　omša（ミサ）⇒ k omšiam, o omšiach】
　　　dielňa（工房）⇒ k dielňam, o dielňach
　　　【比較例　tehelňa（レンガ工場）⇒ k tehelniam, o tehelniach】

(6)複数専用名詞 dvere（ドア）は，次のように不規則に変化する．

	複　数
主格	dvere
生格	dvier/dverí*
与格	dverám
対格	dvere
前置格	dverách
造格	dverami/dvermi**

　* z dvier/zo dverí（ドアから），od dvier/odo dverí（ドアから）
　** pred dverami/predo dvermi（ドアの前で）
　　 nad dverami（ドアの上で），pod dverami（ドアの下で）
　　 za zatvorenými dverami（閉ざされたドアの向こうで）

§35 女性名詞 (3) － dlaň タイプ
Podstatné mená ženského rodu (3) － vzor dlaň

	単　数	複　数
主格	dlaň-∅	dlan-e
生格	dlan-e	dlan-í
与格	dlan-i	dlan-iam
対格	dlaň-∅	dlan-e
前置格	dlan-i	dlan-iach
造格	dlaň-ou	dlaň-ami

(1) dlaň タイプに準じて変化するのは，次のような語である (770語／1.2%)．

①女性名詞に属して，単数主格が軟子音〔d', t', ň, l'：j, c, š, ž, č, dz〕か，一部の中立子音〔m, r：z〕で終わる語

例　-d'　－　hrud'（胸），lod'（船），odpoved'（答え），predpoved'（予報）

　　-t'　－　čel'ust'（あご），hat'（堰），hrst'（一握り），húšt'（茂み），labut'（白鳥），nit'（糸），obet'（犠牲），pažit'（芝生），päst'（こぶし），pečat'（印），pl'ušt'（悪天候），púšt'（砂漠），siet'（網），stat'（論文），štvrt'（地区）

　　-ň　－　báseň（詩），dlaň（てのひら），jedáleň（食堂），kampaň（キャンペーン），kaviareň（喫茶店），pieseň（歌），továreň（工場），Viedeň（ウィーン），zbraň（武器）

　　-l'　－　maštal'（家畜小屋），mysel'（思考），postel'（ベッド）

　　-j　－　esej（エッセイ），kol'aj（軌道），nádej（希望）

　　-c　－　obec（自治体），pec（暖炉）

　　-š　－　faloš（不誠実）【単数生格 falše】

　　-ž　－　garáž（ガレージ），mládež（若者たち），raž（ライ麦），reportáž（ルポルタージュ）

Ⅰ　名詞　Podstatné mená

-č　―　tlač（印刷物），tyč（棒）

-dz　―　mosadz（真ちゅう）

-m　―　zem（大地）

-r　―　kader（髪），neter（姪），tvár（顔）

-z　―　haluz（枝），ret'az（鎖）

②単数主格が -x で終わる外来語のうち，次の2語（⇨§31）

例　prax（実践），syntax（統語論）

③複数専用名詞と，ふつう複数で用いられる語で，想定される単数主格の形が，上記の①に属する語（＊印の語は，想定されるのみで実際には存在しない形）

例　kader ⇨ kadere（髪）
　　stráň* ⇨ Stráne（ストラーニェ＜地名＞）

(2) 単数生格では，格変化語尾 -e とならんで，kosť タイプのように格変化語尾 -i を併用する語がある．しかしこれらの語も，複数では dlaň タイプに準じて変化する．

例　myseľ（思考）⇨ mysle/mysli／raž（ライ麦）⇨ raže/raži
　　tvár（顔）⇨ tváre/tvári

(3) 複数生格の格変化語尾 -í は，先行音節が長い場合でも短縮しない（リズム短縮の規則の例外⇨§19）．

例　báseň（詩）⇨ básní／kaviareň（喫茶店）⇨ kaviarní
　　púšť（砂漠）⇨ púští／sieť（網）⇨ sietí

(4) 複数与格・前置格では，先行音節が長い場合は，リズム短縮の規則にしたがって，格変化語尾 -iam, -iach は，それぞれ -am, -ach に短縮する（⇨§18）．

例　jedáleň（食堂）⇨ k jedálňam, o jedálňach
　　【比較例　dlaň（てのひら）⇨ k dlaniam, na dlaniach】

第 2 部　形態論　Morfológia

　　siet'（網）⇨ k siet'am, o siet'ach
　　【比較例　nit'（糸）⇨ k nitiam, o nitiach】

(5) 単数主格が -j で終わる語は，複数与格・前置格の格変化語尾が短縮して，それぞれ -am, -ach となる．

　　例　kol'aj（軌道）⇨ ku kol'ajam, na kol'ajach

(6) kader（髪）はふつう複数で用いられ，次のように変化する．

	複　数
主格	kadere
生格	kaderí
与格	kaderám
対格	kadere
前置格	kaderách
造格	kaderami

　　dlaň タイプに属する語の多くは，数えられる具体的な事物の名称である．単数主格が d', t', l', c, š, ž, č, r で終わる女性名詞が，dlaň タイプと kost' タイプのいずれに属するかを，はっきりと判別する規則はない．この両タイプのあいだの境界はあいまいであり，kost' タイプから dlaň タイプへの移行が進行している．

I 名詞　Podstatné mená

§36　女性名詞 (4) － kost'タイプ
Podstatné mená ženského rodu (4) － vzor kost'

	単　数	複　数
主格	kost'-∅	kost-i
生格	kost-i	kost-í
与格	kost-i	kost-iam
対格	kost'-∅	kost-i
前置格	kost-i	kost-iach
造格	kost'-ou	kost'-ami

(1) kost'タイプに準じて変化するのは，女性名詞に属して，単数主格が一部の軟子音〔d', t', l', c, š, ž, č〕か，一部の中立子音〔p, v：r：s〕で終わる語である (4622語／6.9％)．

例　-d'　－　med'（銅），mlad'（若人たち）
　　-t'　－　bezpečnost'（安全），bolest'（痛み），
　　　　　　Budapešt'（ブダペシュト），Bukurešt'（ブカレスト），
　　　　　　čast'（部分），česť（名誉），hrdost'（誇り），chut'（味），
　　　　　　kost'（骨），mast'（ラード），milost'（恩赦），
　　　　　　mladost'（青春），možnost'（可能性），ortut'（水銀），
　　　　　　pamät'（記憶），plet'（顔の皮膚），plst'（フェルト），
　　　　　　radost'（喜び），rukovät'（握り），rýchlost'（速度），
　　　　　　skutočnost'（現実），smrt'（死），spoločnost'（社会），
　　　　　　srst'（＜哺乳動物の＞毛），vlast'（祖国）
　　-l'　－　sol'（塩）
　　-c　－　moc（権力），noc（夜），pomoc（助け），vec（もの）
　　-š　－　myš（ネズミ），voš（シラミ）
　　-ž　－　lož（嘘）
　　-č　－　reč（言葉）

第 2 部　形態論　Morfológia

```
-p  —  otep（束），step [st'ep]（ステップ）
-v  —  cirkev（教会），krv（血），obuv（履物）
-r  —  jar（春），Sibír（シベリア），zver（野獣）
-s  —  Devínska Nová Ves（ジェヴィーンスカ・ノヴァー・ヴェ
       ス＜地名＞），hus（ガチョウ），os（軸），zmes（混合）
```

(2) cirkev（教会）は，複数与格・前置格で，例外的に格変化語尾 -ám，-ách をとる．

例　cirkev（教会）⇒ k cirkvám, o cirkvách

---

　kost' タイプに属する語の多くは，抽象名詞・物質名詞・集合名詞である．単数主格が d', t', l', c, š, ž, č, r で終わる女性名詞が，kost' タイプと dlaň タイプのいずれに属するかを，はっきりと判別する規則はない．ただし形容詞の語幹に，-ost' をつけて形成される抽象名詞は，すべて kost' タイプに準じて変化する．―

　例　bezpečný（安全な）⇒ bezpečnosť（安全）
　　　mladý（若い）⇒ mladosť（青春）
　　　rýchly（早い）⇒ rýchlosť（速度）

---

§37　女性名詞 (5) — gazdiná, pani, mať
Podstatné mená ženského rodu (5) — gazdiná, pani, mať

(1) gazdiná

	単　数	複　数
主格	gazdin-á	gazdin-é
生格	gazdin-ej	gazdín-∅
与格	gazdin-ej	gazdin-ám
対格	gazdin-ú	gazdin-é

— 148 —

I　名詞　Podstatné mená

| 前置格 | gazdin-ej | gazdin-ách |
| 造格 | gazdin-ou | gazdin-ami |

　女性名詞 gazdiná は，単数のすべての格と複数主格・対格では，pekný タイプの硬変化形容詞の女性の形をとり，複数のそのほかの格では，žena タイプの女性名詞の語尾をとる．男性名詞から派生して，-ná で終わるごく少数の女性名詞が，同じように格変化する．

　例　cisár（皇帝）⇨ cisárovná（女帝，皇帝の妻）
　　　　　　　　　　　　　　　　　　　　【複数生格 cisárovien】
　　　gazda（家長）⇨ gazdiná（家長の妻，主婦）
　　　　　　　　　　　　　　　　　　　　【複数生格 gazdín】
　　　knieža（公）⇨ kňažná（女性の公，公の妻）
　　　　　　　　　　　　　　　　　　　　【複数生格 kňažien】
　　　kráľ（王）⇨ kráľovná（女王，王の妻）【複数生格 kráľovien】
　　　princ（王子）⇨ princezná（王女）【複数生格 princezien】
　　　strýc（伯父さん）⇨ stryná（伯母さん）【複数生格 strýn】
　　　švagor（義理の兄弟）⇨ švagriná（義理の姉妹）
　　　　　　　　　　　　　　　　　　　　【複数生格 švagrín】

(2) 不規則変化名詞 pani

	単　数	複　数
主格	pani	panie
生格	panej*	paní
与格	panej*	paniam
対格	paniu	panie
前置格	panej*	paniach
造格	paňou	paniami

　*[paňei] と発音される．

　① 不規則変化の女性名詞 pani は，「貴婦人，女主人，夫人，妻」の意味

— 149 —

第2部　形態論　Morfológia

で，単独で用いられる場合は，上記の表のように変化する．

例　Jeho pani teraz nie je doma.（彼の奥さんはいま家にいない）
　　rozprávka o čachtickej panej
　　（チャフチツェ城の女主人についてのおとぎ話）
　　rozprávat' sa s domácou paňou
　　（その家の女主人とお喋りする）

②女性名詞 pani は，苗字や称号などと結びついて，「～さん，～夫人」の意味で用いられる場合は，変化しない．

例　pani susedka（隣の奥さん）
　　navštíviť pani Komorovú（コモロヴァー夫人を訪問する）
　　rozprávat' sa s pani profesorkou（女性の先生とお喋りする）
　　pani/panie učiteľky（女教師たち）

(3)不規則変化名詞 mat'

	単　数	複　数
主格	mat'	matere
生格	matere	materí
与格	materi	materiam
対格	mat'	matere
前置格	materi	materiach
造格	materou	materami

不規則変化の女性名詞 mat'（母親）は，上記の表のように変化する．

例　stará mat'（祖母）
　　On nemá otca ani matere.（彼には父も母もいない）
　　Moja dcéra je na mat'/po materi.（私の娘は母親似だ）

注）「母親」をさす場合，ふつうは女性名詞 matka が用いられる．不規則

— 150 —

I　名詞　Podstatné mená

> 変化名詞 maťは，今日ではポエティズム（詩的な表現），あるいはアルカイズム（古風な表現）と見なされている．

§38　中性名詞（1）— mesto タイプ
Podstatné mená stredného rodu (1) — vzor mesto

	単　数	複　数
主格	mest-o	mest-á
生格	mest-a	miest-∅, rádi-í
与格	mest-u	mest-ám
対格	mest-o	mest-á
前置格	mest-e, uch-u	mest-ách
造格	mest-om	mest-ami

(1) mesto タイプに準じて変化するのは，次のような語である（4045語／6.1％）．

①中性名詞に属して，単数主格が -o で終わる語

例　číslo（番号），dielo（作品），divadlo（劇場），drevo（木材），hospodárstvo（経済，農場），jazero（湖），kakao（カカオ），kino（映画館），koleso（車輪），letisko（空港），mäso（肉），meno（名前），mesto（町），miesto（場所），ministerstvo（省庁），mlieko（牛乳），pero（ペン），pivo（ビール），poľnohospodárstvo（農業），rádio（ラジオ），ráno（朝），sídlo（住居），Slovensko（スロヴァキア），slovo（言葉），slnko（太陽），spoločenstvo（共同体），svetlo（明かり），tlačivo（印刷物），video（ビデオ），víno（ワイン）

②複数専用名詞と，ふつう複数で用いられる語で，想定される単数主格の形が，上記の①に属する語（＊印の語は，想定されるのみで実際には存

第 2 部　形態論　Morfológia

在しない形)

例　bradlo* ⇨ bradlá（平行棒），
　　košarisko* ⇨ Košariská（コシャリスカー＜地名＞），
　　ústo* ⇨ ústa（口），vráto* ⇨ vráta（門）

(2)単数主格が -um で終わるラテン語起源の語と，-on で終わるギリシャ語起源の語の多くも，mesto タイプに準じて変化する．その際に下掲の表のように，単数主格・対格以外では，-um，-on が脱落する．

	単　数	複　数
主格	múze-um	múze-á
生格	múze-a	múze-í, centier-∅
与格	múze-u	múze-ám
対格	múze-um	múze-á
前置格	múze-u, víz-e	múze-ách
造格	múze-om	múze-ami

①このタイプに準じて変化するのは，次のような語である．

例　absolutórium（卒業証書），akvárium（アクアリウム），
　　antonymum（反義語）【複数生格 antoným】，
　　centrum（センター）【複数生格 centier】，
　　etnikum（民族集団）【複数生格 etník】，
　　fórum（フォーラム）【複数生格 fór】，gymnázium（ギムナジウム），
　　homonymum（同形異義語）【複数生格 homoným】，
　　indivíduum（個人），kritérium（基準），lýceum（中等学校），
　　masmédium（マスメディア），maximum（最大限），
　　memorandum（覚書）【複数生格 memoránd】，
　　minimum（最小限），múzeum（博物館），ópium（阿片），
　　periodikum（定期刊行物）【複数生格 periodík】，
　　planetárium（プラネタリウム），
　　referendum（国民投票）【複数生格 referend】，

I　名詞　Podstatné mená

　　sympózium（シンポジウム），
　　synonymum（同義語）【複数生格 synoným】，
　　štúdium（勉強），vízum（ビザ）

　　asyndeton（連辞省略）【複数生格 asyndet】，
　　epiteton（詩的形容辞）【複数生格 epitet】

②スロヴァキア語に定着した一部の語の場合は，-um，-on が脱落せずに保たれたまま，男性名詞として dub タイプに準じて変化する（⇨ §31）．

例　album（アルバム m.）⇨ albumu, albumu …
　　oxymoron（撞着語法 m.）⇨ oxymoronu, oxymoronu …
　　【撞着語法（たがいに矛盾する語の結合）の例 －
　　živá mŕtvola（生ける屍）】

注1）両方の変化形を併用する語もある．

　　例　dátum（日付 m.）⇨ dátumu, dátumu …
　　　　dátum（日付 s.）⇨ dáta, dátu …

注2）中性の複数専用名詞 dáta（データ，資料）は，起源的には dátum（日付 s.）の複数形だが，現在では独立した語と見なされて，次のように変化する．

	複　数
主格	dáta
生格	dát
与格	dátam
対格	dáta
前置格	dátach
造格	dátami

第 2 部　形態論　Morfológia

(3) mesto タイプに属する bremeno（重荷），plemeno（種族），semeno（種子），temeno（頭頂部）などは，単数主格・対格で，それぞれ bremä, plemä, semä, temä という形をあわせ持っている．後者のかたちは，ポエティズム（詩的な表現）やアルカイズム（古風な表現）で用いられ，この場合の ä は [æ] と発音される（⇒§ 3）．

(4) -isko で終わる指大語は，中性名詞として，mesto タイプに準じて変化することも，男性活動名詞として，chlap タイプに準じて変化することもある（両性名詞⇒§ 25）．

　例　chlapisko（男＜指大語＞s.）⇒ chlapiska, chlapisku, chlapisko ...
　　　chlapisko（男＜指大語＞m.）⇒ chlapiska, chlapiskovi, chlapiska ...

(5) 単数前置格では，格変化語尾 -e ではなく，-u をとる語がある．格変化語尾 -u をとるのは，次のような語である．

　①単数主格が -go, -ko, -ho, -cho で終わる語

　例　tango（タンゴ）⇒ o tangu
　　　letisko（空港）⇒ na letisku
　　　Slovensko（スロヴァキア）⇒ na Slovensku
　　　blaho（幸福感）⇒ v blahu
　　　brucho（腹）⇒ v bruchu／ucho（耳）⇒ v uchu

　②単数主格が母音＋o で終わる外来語

　例　kakao（カカオ）⇒ o kakau／rádio（ラジオ）⇒ o rádiu
　　　video（ビデオ）⇒ o videu

　③単数主格が，母音＋um で終わるラテン語起源の語

　例　múzeum（博物館）⇒ v múzeu

(6) 語幹末の音節が長い語の場合，複数主格では，リズム短縮の規則にしたがって，格変化語尾が短縮して -a になる．

I　名詞　Podstatné mená

例　číslo（番号）⇨ čísla／dielo（作品）⇨ diela／miesto（場所）⇨ miesta

(7)複数生格では，格変化語尾を持たない形と，格変化語尾 -i をとる形がある．格変化語尾を持たない形には，語幹末の音節の母音などが延長する場合と，あらたに母音が挿入される場合がある．

①格変化語尾を持たず，語幹末の音節の母音，あるいは音節をなす r, l が延長する場合

(a)語幹が1つの子音で終わる語

例　i ⇨ í － kino（映画館）⇨ kín／kladivo（ハンマー）⇨ kladív
　　　　　　　pivo（ビール）⇨ pív
　　y ⇨ ý － koryto（川床）⇨ korýt
　　e ⇨ ie － pero（ペン）⇨ pier／plemeno（種族）⇨ plemien
　　　　　　　teleso（物体）⇨ telies
　　硬子音+a ⇨ á － lano（ロープ）⇨ lán／sako（上着）⇨ sák
　　ä ⇨ ia － mäso（肉）⇨ mias

注1）次のような場合は，延長が起こらない．

　①語幹末の音節の前に，長音節がある場合（リズム短縮の規則⇨§18）

　　例　písmeno（文字）⇨ písmen／zámeno（代名詞）⇨ zámen

　②単数主格が -ovo で終わる語

　　例　olovo（鉛）⇨ olov／slovo（言葉）⇨ slov

　③一部の外来語の e, o

　　例　dueto（二重奏）⇨ duet
　　　　espresso [espreso]（エスプレッソ・コーヒー）⇨ espress
　　　　rizoto（リゾット＜料理の一種＞）⇨ rizot

－ 155 －

第 2 部　形態論　Morfológia

注 2 ）語幹末の音節が長母音である語は，長母音のままである．

　　　例　ráno（朝）⇨ rán／víno（ワイン）⇨ vín

(b)語幹が，語末に位置することのできる子音グループで終わる語

例　embargo（通商停止）⇨ embárg／ihrisko（運動場）⇨ ihrísk
　　jablko（リンゴ）⇨ jablĺk／mesto（町）⇨ miest
　　slnko（太陽）⇨ slĺnk／zrno（穀粒）⇨ zŕn

注 1 ）次のような場合は，延長が起こらない．

　　①語幹末の音節の前に，長音節がある場合（リズム短縮の規則⇨
　　　§18）

　　　例　priezvisko（苗字）⇨ priezvisk
　　　　　sídlisko（団地）⇨ sídlisk

　　②語幹に j の含まれる語の一部

　　　例　vojsko（軍隊）⇨ vojsk

　　③一部の外来語の e

　　　例　depo（車庫）⇨ dep／gesto（身振り）⇨ gest
　　　　　percento（パーセント）⇨ percent
　　　　　tempo（テンポ）⇨ temp

注 2 ）語幹末の音節が長母音である語は，長母音のままである．

　　　例　miesto（場所）⇨ miest【比較例 mesto（町）⇨ miest】

②格変化語尾を持たず，あらたに母音が挿入される場合－語幹が，語末に位置することのできない子音グループで終わる場合は，母音 ie, á, o, e が挿入される．

I　名詞　Podstatné mená

(a) 1音節の語，あるいは語幹が短い音節で終わっている語の場合は，二重母音 ie が挿入される．この母音が，いちばん用いられる頻度が高い．

例　jarmo（軛）⇒ jariem／lietadlo（飛行機）⇒ lietadiel
ministerstvo（省庁）⇒ ministerstiev
rebro（あばら骨）⇒ rebier／sklo（ガラス）⇒ skiel
svetlo（明かり）⇒ svetiel／vrecko（ポケット）⇒ vreciek
zlo（悪）⇒ ziel

> 注) -stvo, -ctvo で終わる語は，語幹が長い音節で終わっている場合でも，二重母音 ie が挿入される（リズム短縮の規則の例外⇒§19）
>
> 　例　baníctvo（鉱山業）⇒ baníctiev
> 　　　hospodárstvo（農場）⇒ hospodárstiev

(b) 語幹が短い音節で終わっている場合，長母音 á が挿入されることもある．

例　jedlo（食べ物）⇒ jedál

(c) 語幹が長い音節で終わっている場合は，短母音 o が挿入される．

例　lôžko（ベッド）⇒ lôžok／lýtko（ふくらはぎ）⇒ lýtok
okienko（窓<指小語>）⇒ okienok
slovíčko（言葉<指小語>）⇒ slovíčok

(d) 語幹に -j- が含まれる場合は，短母音 e が挿入される．

例　lajno（<家畜の>糞）⇒ lajen

(e) 長母音 á と短母音 e が挿入される語の場合は，しばしば二重母音 ie が併用されることがある（リズム短縮の規則の例外⇒§19）．

例　brvno（丸太）⇒ brvien／brván／číslo（番号）⇒ čísel／čísiel
krídlo（翼）⇒ krídel／krídiel／pásmo（地帯）⇒ pásem／pásiem

第 2 部　形態論　Morfológia

písmo（文字）⇨ písem/písiem／sídlo（居住地）⇨ sídel/sídiel
súkno（羅紗）⇨ súken/súkien／vlákno（繊維）⇨ vláken/vlákien

③格変化語尾 -í をとる語

(a)単数主格が，母音＋o で終わる外来語

例　rádio（ラジオ）⇨ rádií／video（ビデオ）⇨ videí

(b)単数主格が，軟子音＋o で終わる語

例　pončo（ポンチョ）⇨ pončí

(c)単数主格が，母音＋um で終わるラテン語起源の語

例　múzeum（博物館）⇨ múzeí

(8)複数与格・前置格では，先行音節が長い場合は，リズム短縮の規則にしたがって，格変化語尾 -ám, -ách は，それぞれ -am, -ach に短縮する（⇨§18）．

例　víno（ワイン）⇨ k vínam, o vínach
　　【比較例 pivo（ビール）⇨ k pivám, o pivách】
　　lôžko（ベッド）⇨ k lôžkam, na lôžkach
　　【比較例 letisko（空港）⇨ k letiskám, o letiskách】

(9) oko（目）と ucho（耳）は，複数では 2 通りの変化形を持つ．

① oko

	単　数	複　　数	
主格	oko	I oči	II oká
生格	oka	očí/očú	ôk
与格	oku	očiam	okám
対格	oko	oči	oká
前置格	oku	očiach	okách
造格	okom	očami	okami

— 158 —

I　名詞　Podstatné mená

(a)「(視覚器官としての) 目」の意味では，複数では表 I のように変化する．

例　čierne oči（黒い瞳），povedať pravdu do očí（真実を直言する），
On má vždy otvorené oči.（彼はつねに注意深い），
v očiach verejnosti（公衆の面前で），
rozprávať medzi štyrmi očami（2人きりで話す）

> 注）複数生格で併用される očú は，固定したアルカイズム（古風な表現）において用いられる．
>
> 　例　pozrieť do očú（まなこを覗きこむ）

(b)「目に似た形をしたもの」を示す転義の意味では，複数では表 II のように変化する．

例　oká na polievke（スープに浮いた油の玉），
morské oká（山のなかの小さな湖），volské oká（目玉焼き）

② ucho

	単数	I　複数	II　複数
主格	ucho	uši	uchá
生格	ucha	uší/ušú	úch
与格	uchu	ušiam	uchám
対格	ucho	uši	uchá
前置格	uchu	ušiach	uchách
造格	uchom	ušami	uchami

(a)「(聴覚器官としての) 耳」の意味では，複数では表 I のように変化する．

例　veľké uši（大きな耳），On má dobré uši.（彼は耳が良い）

— 159 —

第 2 部　形態論　Morfológia

> 注）複数生格で併用される ušú は，固定したアルカイズム（古風な表現）において用いられる．
>
> 例　Ten chýr sa dostal i do mojich ušú.（その噂は私の耳にも届いた）

(b)「耳に似た形をしたもの」を示す転義の意味では，複数では表IIのように変化する．

例　uchá na hrnci（壺の把手），uchá ihiel（針のめど），
　　kreslo s uchami（肘かけ付きの安楽イス）

(10) 不規則変化名詞 nebo（空）は，複数では 2 通りの形を持つ．

	単　数	複　数	
主格	nebo	nebesá	nebesia
生格	neba	nebies	nebies
与格	nebu	nebesám	nebesiam
対格	nebo	nebesá	nebesia
前置格	nebi	nebesách	nebesiach
造格	nebom	nebesami	nebesami

① 単数の nebo には，「空」と「神（神々）の居る場所，死後の永遠の至福の場所」の 2 つの意味がある．

例　belasé nebo（青空），príst' do neba（神のみもとに行く），
　　Na nebi svieti mesiac.（空には月が輝いている）

② 複数は，「神（神々）の居る場所」の意味でのみ用いられる．2 通りの形のあいだに意味上の差異はない．

例　prosit' nebesá/nebesia o pomoc（神々に助けを求める）

Ⅰ　名詞　Podstatné mená

> 注) nebesá は，恐怖や驚愕などの感情をあらわす間投詞としても用いられる．
>
> 例　Nebesá, toľké nešťatie！（ああ，こんなに不幸が重なるなんて！）

§39　中性名詞（2）− srdce タイプ
Podstatné mená stredného rodu（2）− vzor srdce

	単　数	複　数
主格	srdc-e	srdc-ia
生格	srdc-a	sŕdc-∅, mor-í
与格	srdc-u	srdc-iam
対格	srdc-e	srdc-ia
前置格	srdc-i	srdc-iach
造格	srdc-om	srdc-ami

(1) srdce タイプに準じて変化するのは，次のような語である．このタイプは非生産的である（127 語／0.2 ％）．

①中性名詞に属して，単数主格が子音＋ e で終わる語

　例　citoslovce（間投詞），líce（ほお），more（海），nástupište（プラットフォーム），oje（かじ棒），plece（肩），pole（畑），schodište（階段），slnce（お日さま），srdce（心臓），vajce（卵），vrece（袋）

②複数専用名詞と，ふつう複数で用いられる語で，想定される単数主格の形が，上記の①に属する語（＊印の語は，想定されるのみで実際には存在しない形）

　例　pľúce* ⇨ pľúca（肺）／prse* ⇨ prsia（胸）

第 2 部　形態論　Morfológia

(2)複数主格では，先行音節が長い場合は，格変化語尾が短縮して -a となる（リズム短縮の規則⇒§18）．

　例　líce（ほお）⇒ líca／pľúce*（肺）⇒ pľúca

(3)複数生格では，格変化語尾を持たない形と，格変化語尾 -í をとる形がある．格変化語尾を持たない形には，語幹末の母音などが延長する場合と，あらたに母音が挿入される場合がある．

　①単数主格が -ce, -ište で終わる語は，語幹末の音節の母音が延長する．

　例　plece（肩）⇒ pliec／slnce（お日さま）⇒ sĺnc
　　　srdce（心臓）⇒ sŕdc／vrece（袋）⇒ vriec

　　　nástupište（プラットフォーム）⇒ nástupíšť

> 注1）語幹末の音節の前に長音節がある場合は，この延長は起こらない（リズム短縮の規則⇒§18）．
>
> 　例　riečište（河床）⇒ riečišť
>
> 注2）語幹末の音節が長母音である語は，長母音のままである．
>
> 　例　líce（ほお）⇒ líc／pľúca ⇒ pľúc（肺）

　②格変化語尾を持たず，あらたに母音が挿入される場合－単数主格が子音＋ce で終わる語は，二重母音 ie, あるいは短母音 e が挿入される．

　例　citoslovce（間投詞）⇒ citosloviec／vajce（卵）⇒ vajec

　③格変化語尾 -í をとるのは，次の3語のみである．

　例　more（海）⇒ morí／oje（かじ棒）⇒ ojí／pole（畑）⇒ polí

(4)複数与格・前置格では，先行音節が長い場合は，リズム短縮の規則にしたがって，格変化語尾 -iam, -iach は，それぞれ -am, -ach に短縮する（⇒§18）．

I　名詞　Podstatné mená

例　líce（ほお）⇨ k lícam, o lícach
　　【比較例　plece（肩）⇨ k pleciam, o pleciach】

(5)複数造格では，一部の語でしばしば格変化語尾 -ami とともに，-iami も用いられる．

例　more（海）⇨ morami/moriami
　　pole（畑）⇨ poľami/poliami

(6) oje（かじ棒）は，複数では次のように変化する．

	複　数
主格	oja
生格	ojí
与格	ojam
対格	oja
前置格	ojach
造格	ojami

§40　中性名詞（3）－ vysvedčenie タイプ
Podstatné mená stredného rodu (3) － vzor vysvedčenie

	単　数	複　数
主格	vysvedčen-ie	vysvedčen-ia
生格	vysvedčen-ia	vysvedčen-í
与格	vysvedčen-iu	vysvedčen-iam
対格	vysvedčen-ie	vysvedčen-ia
前置格	vysvedčen-í	vysvedčen-iach
造格	vysvedčen-ím	vysvedčen-iami

第2部　形態論　Morfológia

(1) vysvedčenie タイプに準じて変化するのは，中性名詞に属して，単数主格が -ie で終わる語である．もっとも規則的な変化タイプであり，すべての動名詞（⇒§86）がこのタイプに属するので，かなり生産的である（2975語／4.5％）．

　例　hnutie（運動），obilie（穀物），osvedčenie（証明書），poschodie（階），Považie（ヴァーフ川流域），poznanie（認識），prímorie（沿海地方），riešenie（解決），stretnutie（出会い），šťastie（幸福），uskutočnenie（実現），vedenie（指導部），vedomie（意識），vyhlásenie（宣言），vysvedčenie（成績表），zahraničie（外国），zamestnanie（職業），zdravie（健康），zemetrasenie（地震）

(2) このタイプの格変化語尾は，先行音節が長い場合でも短縮しない（リズム短縮の規則の例外⇒§19）．

　例　lístie（葉）⇒ lístia, lístiu ...
　　　siatie（種まき）⇒ siatia, siatiu ...
　　　tŕnie（リンボク＜木の名称＞）⇒ tŕnia, tŕniu ...

§41　中性名詞（4）－ dievča タイプ
Podstatné mená stredného rodu (4) － vzor dievča

	単　数		複　数
主格	dievč-a	I　dievč-at-á	II　dievč-enc-e
生格	dievč-aťa	dievč-at-∅	dievč-eniec-∅
与格	dievč-aťu	dievč-at-ám	dievč-enc-om
対格	dievč-a	dievč-at-á	dievč-enc-e
前置格	dievč-at-i	dievč-at-ách	dievč-enc-och
造格	dievč-aťom	dievč-at-ami	dievč-enc-ami

(1) dievča タイプに準じて変化するのは，ふつう「人間の子供や動物の子」を意味する語である．このタイプは非生産的である（196語／0.3％）．

— 164 —

I 名詞 Podstatné mená

①中性名詞に属して，単数主格が -a（唇音の後では -ä）で終わる語

例 bábä（幼児），dieťa（子供），dievča（少女），holúbä（ひな鳩），
húsa（ガチョウのひな），chlapča（少年），jahňa（子ヒツジ），
knieža（公），kura/kurča（ヒヨコ），mača（子ネコ），
mláďa（動物の子），prasa（子ブタ），šteňa（子イヌ），
teľa（子牛），vĺča（オオカミの子），zviera（動物），
žieňa（＜小柄な＞女性），žriebä（子馬）

②複数専用名詞と，ふつう複数で用いられる語で，想定される単数主格の形が，上記の①に属する語

例 dvojča（双子の片方）⇒ dvojčatá/dvojčence（双子）

注) dievča（少女）は中性名詞として扱われるが，対象を「女性」として意識する場合は，女性の基本人称代名詞 ona で受ける場合もある．

例 Včera ma navštívilo *to* dievča. *Ona* ma poprosila, aby som jej s tou vecou pomohol.
（昨日あの娘がぼくのところに来た．彼女は，この件で助けてくれるようにぼくに頼んだ）

(2) dievča タイプに属する語は，複数でふつう2通りの変化形を持つ．表Iの -atá タイプが基本的で，さまざまな文体で用いられる．表IIの -ence タイプは，話し言葉において用いられる．現在では -atá タイプの使用が拡大し，-ence タイプの使用は，しだいに限定される傾向にある．

(3) knieža（公），kurča（ヒヨコ），mláďa（動物の子），zviera（動物）などは，-atá タイプの複数形しか持たない．

(4) kura（ヒヨコ）は，-ence タイプの複数形しか持たない．

(5) prasa（子ブタ），šteňa（子イヌ），teľa（子牛）は，複数では -atá タイプとならんで，次のような -ce タイプの形も用いられる．

第 2 部　形態論　Morfológia

	複　数		
主格	prasce	štence	tel'ce
生格	prasiec	šteniec	teliec
与格	prascom	štencom	tel'com
対格	prasce	štence	tel'ce
前置格	prascoch	štencoch	tel'coch
造格	prascami	štencami	tel'cami

(6) diet'a（子供）は，単数では dievča タイプに準じて変化するが，複数では次のように変化する．

	単　数	複　数
主格	diet'a	deti
生格	diet'at'a	detí
与格	diet'at'u	det'om
対格	diet'a	deti
前置格	diet'ati	det'och
造格	diet'at'om	det'mi

(7)複数生格は，次のようになる．

① -atá タイプでは，先行音節が長い場合は -at，短い場合は -iat となる．

例　dievča（少女）⇨ dievčat／dvojča（双子の片方）⇨ dvojčiat

② -ence タイプでは，二重母音 ie が挿入される．

例　dievča（少女）⇨ dievčeniec
　　dvojča（双子の片方）⇨ dvojčeniec

§42　不変化名詞　Nesklonné podstatné mená

(1)一部の外来語は，いずれの変化タイプにも属さず，格変化しない．これを

I 名詞　Podstatné mená

不変化名詞と呼ぶ．スロヴァキア語は，外来語をみずからの文法と語彙体系に取りこむ力がひじょうに強いので，不変化名詞はごく少数である．

①単数主格が -é などで終わる男性名詞

例　ataše（＜大使館の＞専門担当官）

②単数主格が，子音あるいは -y, -e などで終わる女性名詞

例　džentry（＜イギリスの＞ジェントリー），jury [žüri]（審査員団），lady [leĭdi]（令嬢），madam（マダム），miss [mis]（ミス），revue [revü]（専門雑誌）*, šou/show [šoŭ]（ショー）** whisky [viski]（ウィスキー）

　　* revue（専門雑誌）はふつう不変化だが，単数与格・前置格 -ui,
　　複数 -ue, -uí,... という形で変化する場合もある．
　　** šou/show（ショー）は，中性名詞として扱われる場合もある
　　（両性名詞）．

③単数主格が，子音あるいは -i, -y, -e, -é, -u などで終わる中性名詞

例　derby [derbi]（ダービー），faksimile [-le]（復刻版），finále [-le]（フィナーレ），hobby [hobi]（ホビー），interview [intervjú]（インタヴュー）*, kanoe（カヌー），klišé（決まり文句），komuniké [-ni-]（コミュニケ），kupé（車室），matiné [-ti-]（マチネー＜昼間興行＞），menu [menü]（メニュー），pyré [piré]（ピューレ），ragby/rugby [ragbi]（ラグビー），rande [rande]（デート），renomé（名声），resumé [rezümé]（レジュメ），skóre（スコア），tabu（タブー），taxi（タクシー）

　　* interview（インタヴュー）はふつう中性の不変化名詞だが，男性
　　名詞として，dub タイプに準じて変化する場合もある（両性名
　　詞）．その場合，単数生格は interviewu [-vjúvu] となる．

(2) 一部の外国の地名も，不変化名詞に属する．

例　Buenos Aires（ブエノスアイレス s.），Labe（ラベ〔エルベ〕川 ž.），Marseille [marseī]（マルセイユ s.）*，Sydney [sidni]（シドニー s.）

*Marseille（マルセイユ）はふつう中性の不変化名詞だが，男性名詞として，stroj タイプに準じて変化する場合もある（両性名詞）。

> 日本語からの借用語
> 『外来語辞典』（ブラチスラヴァ，1983年）には，日本語からスロヴァキア語に入った言葉として，100 語近くが登録されているが，大部分は日本に固有の事物や現象を示す言葉である。広く知られている語は，džudo，-a s.（柔道），harakiri，不変化 s.（ハラキリ），ikebana，-y，-bán ž.（生け花），karate，不変化 s.（カラテ），kimono，-a，s.（和風の着物）など十数語である。

§43　人名（名前と苗字）の格変化
Skloňovanie mien a priezvisk

(1)スロヴァキアの男性の人名（名前と苗字）は，次のように変化する。

①単数主格が子音で終わる男性の人名（名前と苗字）は，chlap タイプに準じて変化する（⇒§29）。

例　Alexander [aleksander]（アレクサンデル），Andrej（アンドレイ），Anton（アントン），Dušan（ドゥシャン），František [-t'i-]（フランチシェク），Ivan（イヴァン），Ján（ヤーン），Jaroslav [jaroslaŭ]（ヤロスラウ），Jozef（ヨゼフ），Július [-li-us]（ユーリウス），Juraj（ユライ），Karol（カロル），Ladislav [lad'islaŭ]（ラジスラウ），Ľubomír（リュボミール），Ľudovít（リュドヴィート），Marek（マレク），Marián（マリアーン），Martin [-tin]（マルティン），Michal（ミハル），Milan（ミラン），Miroslav [miroslaŭ]（ミロスラウ），Ondrej（オンドレイ），Pavel（パヴェル），Pavol（パヴォル），Peter [-ter]（ペテル），

I 名詞　Podstatné mená

Róbert（ローベルト）, Roman（ロマン）, Rudolf（ルドルフ）,
Stanislav [staňislaŭ]（スタニスラウ）,
Štefan [šťe-]（シチェファン）, Tibor [tibor]（ティボル）,
Tomáš（トマーシ）, Vladimír [-ďi-]（ヴラジミール）,
Vojtech（ヴォイチェフ）,

Gajdoš（ガイドシ）, Hronec（フロニェツ）,
Kováč（コヴァーチ）, Kráľ（クラーリ）,
Michalík（ミハリーク）, Polák（ポラーク）,
Považan（ポヴァジャン）

(a) 単数主格が -ov で終わる男性の苗字も，chlap タイプに準じて変化する．

例　Ondrejov（オンドレヨウ）⇒ Ondrejova, Ondrejovovi ...
　　Žarnov（ジャルノウ）⇒ Žarnova, Žarnovovi ...

(b) 単数主格が -o で終わる男性の名前も，chlap タイプに準じて変化する．

例　Fero（フェロ＜František の愛称語＞），
　　Jano（ヤノ＜Ján の愛称語＞），
　　Jožo（ヨジョ＜Jozef の愛称語＞），
　　Paľo（パリョ＜Pavol の愛称語＞）

(c) chlap タイプに準じて変化する男性の人名（名前と苗字）は，複数主格で格変化語尾 -ovia をとる．

例　Štefan（シチェファン）⇒
　　　　　　Štefanovia（シチェファンという名前を持つ人びと）
　　Kováč（コヴァーチ）⇒
　　　　　　Kováčovia（コヴァーチという苗字を持つ人びと）

(d)「～家の人びと」「～一家」という意味を示したい場合は，格変化語尾 -ovci を用いる．この語尾は次のように格変化する．

第 2 部　形態論　Morfológia

	複　数
主格	Ková č-ovci
生格	Ková č-ovcov
与格	Ková č-ovcom
対格	Ková č-ovcov
前置格	Ková č-ovcoch
造格	Ková č-ovcami

例　Kováčovci（コヴァーチ家の人びと），
　　Habsburgovci [habzburgoŭci]（ハプスブルク家の一族），
　　potomok Habsburgovcov（ハプスブルク家の末裔），
　　stretnutie s Michalíkovcami（ミハリーク一家との出会い）

②単数主格が -a, -o で終わる男性の苗字は，hrdina タイプに準じて変化する（⇨ § 30）．

例　Hodža（ホジャ），Mitana（ミタナ），Sloboda（スロボダ），
　　Šikula（シクラ），Tatarka（タタルカ）

　　Hečko（ヘチコ），Krasko（クラスコ），Krno（クルノ），
　　Mňačko（ムニャチコ）

注）単数主格が -o で終わる男性の苗字の一部は，単数生格・対格において，格変化語尾 -a/-u の 2 つのバリエーションがある．

　　例　Krasko（クラスコ）⇨ Kraska/Krasku
　　　　Krno（クルノ）⇨ Krna/Krnu

③単数主格が -e で終わるスロヴァキア語の苗字の一部と，-ů で終わるチェコ語の苗字は，格変化しない（不変化名詞）．

例　Jakubovie（ヤクボヴィエ），Mišeje（ミシェイェ），

— 170 —

I　名詞　Podstatné mená

　　Pavlů（パヴルー）

④形容詞の形を持った苗字は，pekný タイプの硬変化形容詞に準じて変化する（⇨§46）.

例　Čarnogurský（チャルノグルスキー），Dobšinský（ドプシンスキー），Hollý（ホリー），Horecký（ホレツキー），Hronský（フロンスキー），Jesenský（イェセンスキー），Vilikovský（ヴィリコウスキー）

注）「～家の人びと」「～一家」という意味を示したい場合は，pekný タイプの硬変化形容詞の，男性活動名詞複数の形を用いる.

　　例　Dobšinskí（ドプシンスキー家の人びと），
　　　　potomok Jesenských（イェセンスキー家の末裔），
　　　　výlet s Vilikovskými（ヴィリコウスキー一家とのピクニック）

⑤公共施設などに，個人の苗字が冠せられる場合は，ふつう otcov タイプの所有形容詞の形が用いられる（⇨§49）.

例　Štúr（シトゥール）⇨ Štúrova ulica（シトゥール通り）
　　Šafárik（シャファーリク）⇨
　　　　　　　　Šafárikovo námestie（シャファーリク広場）
　　Rázus（ラーズス）⇨ Rázusovo nábrežie（ラーズス河岸通り）

注）形容詞の形を持った苗字の場合は，pekný タイプの硬変化形容詞の生格の形が用いられる.

　　例　Komenský（コメンスキー）⇨ Univerzita Komenského
　　　　　　　　　　　　　　　　　　　　（コメンスキー大学）
　　　　Jesenský（イェセンスキー）⇨ Jesenského ulica
　　　　　　　　　　　　　　　　　　　　（イェセンスキー通り）
　　　　Vajanský（ヴァヤンスキー）⇨ Vajanského nábrežie
　　　　　　　　　　　　　　　　　　　　（ヴァヤンスキー河岸通り）

第2部　形態論　Morfológia

(2)スロヴァキアの女性の人名（名前と苗字）は，次のように変化する．

①単数主格が，硬子音・中立子音＋aで終わる女性の名前は，ženaタイプに準じて変化する（⇒§33）．

例　Alena [-le-]（アレナ），Alžbeta（アルジベタ），Anna（アンナ），Daniela [-ňie-]（ダニエラ），Elena [-le-]（エレナ），Erika（エリカ），Eva（エヴァ），Gabriela [-rie-]（ガブリエラ），Helena [-le-]（ヘレナ），Irena（イレナ），Ivana（イヴァナ），Iveta（イヴェタ），Jana（ヤナ），Katarína（カタリーナ），Lenka [le-]（レンカ），L'udmila（リュドミラ），Magdaléna（マグダレーナ），Margita（マルギタ），Marta（マルタ），Martina [-ti-]（マルティナ），Miroslava（ミロスラヴァ），Monika [-ni-]（モニカ），Ol'ga（オリガ），Renáta（レナータ），Veronika [-ni-]（ヴェロニカ），Viera [vie-]（ヴィエラ），Zuzana（ズザナ）

②単数主格が -ea で終わる女性の名前も，ženaタイプに準じて変化する．

例　Andrea（アンドレア）

③単数主格が -ia [-i-a] で終わる女性の名前は，ulicaタイプに準じて変化する（⇒§34）．

例　Emília（エミーリア），Júlia（ユーリア），Lucia（ルツィア），Mária（マーリア），Silvia（シルヴィア），Terézia（テレーズィア）

④単数主格が子音で終わる女性の名前は，不変化名詞に属する（⇒§42）．

例　Dagmar（ダグマル），Ingrid（イングリト），Miriam [Miri-am/Miriam]（ミリアム）

⑤スロヴァキア語の女性の苗字は，男性の苗字から派生される．生まれてから結婚するまでは，ふつう父親の苗字から，結婚後はふつう夫の苗字から，次のようにして作られる．

― 172 ―

I 名詞　Podstatné mená

(a)男性の苗字が名詞の形を持つ場合は，語尾 -ová をつける．-ová は，pekný タイプの硬変化形容詞に準じて変化する（⇨§46）．

(i)男性の苗字が子音で終わる場合は，直接に語尾 -ová をつける．

例　Kováč（コヴァーチ）⇨ Kováčová（コヴァーチョヴァー）
　　Šrobár（シロバール）⇨ Šrobárová（シロバーロヴァー）
　　Štefánik（シチェファーニク）⇨ Štefániková
　　　　　　　　　　　　　　　　　　（シチェファーニコヴァー）

(ii)男性の苗字が -a, -o で終わる場合は，それらを省いて語尾 -ová をつける．

例　Krupa（クルパ）⇨ Krupová（クルポヴァー）
　　Mňačko（ムニャチコ）⇨ Mňačková（ムニャチコヴァー）

(iii)　男性の苗字が出没母音を含む場合は，出没母音を省略する（⇨§29）．

例　Štefánek（シチェファーニェク），Štefánka, Štefánkovi ...
　　　　⇨ Štefánková（シチェファーンコヴァー）
　　【比較例 Feldek（フェルデク），Feldeka, Feldekovi ...
　　　　⇨ Feldeková（フェルデコヴァー）】
　　Cambel（ツァムベル），Cambla, Camblovi ...
　　　　⇨ Camblová（ツァムブロヴァー）
　　【比較例 Cambel（ツァムベル），Cambela, Cambelovi ...
　　　　⇨ Cambelová（ツァムベロヴァー）】

(iv)単数主格が -y, -e などで終わる外国語起源の苗字の場合も，語尾 -ová をつけて作られる．

例　Škultéty（シクルテーティ）⇨ Škultétyová（シクルテーティオヴァー）
　　Fekete（フェケテ）⇨ Feketeová（フェケテオヴァー）

(v)単数主格が -e で終わるスロヴァキア語の苗字の一部と，-ů で終わるチェコ語の苗字の場合は，語尾 -ová をつけずに，男性形がそのまま用いられる．これらの苗字は格変化しない（不変化名詞）．

第2部　形態論　Morfológia

例　Mária Jakubovie（マーリア・ヤクボヴィエ）
　　　⇒ Márie Jakubovie …
　　Anna Pavlů（アンナ・パヴルー）⇒ Anny Pavlů …

⑥男性の苗字が，形容詞の形を持つ場合は，peknýタイプの硬変化形容詞の女性単数が用いられる（⇒§46）。

例　Hollý（ホリー）⇒ Hollá（ホラー）
　　Jesenský（イェセンスキー）⇒ Jesenská（イェセンスカー）
　　Vilikovský（ヴィリコウスキー）⇒ Vilikovská（ヴィリコウスカー）

女性の苗字を派生する語尾 -ová と，男性名詞から派生される所有形容詞の女性の語尾 -ova は，区別する必要がある（⇒§49）。

　例　Mária Chalupková（マーリア・ハルプコヴァー）
　　　Chalupkova ulica（ハルプカ通り）

女性の苗字の表記に関する法律規定

1993年9月24日付けのスロヴァキア共和国国民議会の「名前と苗字に関する法律」（姓名法）の4条4項には，次のような規定がある。―

„Ženské priezvisko v slovenskom jazyku sa určuje a používa s náležitou koncovkou slovenského prechyľovania. Takéto priezvisko v inom ako slovenskom jazyku sa môže používať aj bez tejto koncovky."

「スロヴァキア語における女性の苗字は，スロヴァキア語の女性名詞を派生させるしかるべき語尾をつけて，定められ，用いられる。スロヴァキア語以外の言語のそうした苗字は，この語尾をつけなくても用いられることができる」

I　名詞　Podstatné mená

よく用いられるスロヴァキア人の名前と苗字

ある論文によると，スロヴァキア共和国内務省のデータベースには，全部で 8433 の名前が登録されている．そのなかで，もっとも使用頻度の高い男性の名前は－
① Ján　　　　（31 万 5288 人）　⑥ Michal　　（11 万　748 人）
② Jozef　　　（30 万 5695 人）　⑦ Miroslav　（10 万 4482 人）
③ Peter　　　（20 万 5246 人）　⑧ František　（ 9 万 8068 人）
④ Štefan　　 （15 万 3789 人）　⑨ Ladislav　（ 9 万 5830 人）
⑤ Milan　　　（11 万 3835 人）　⑩ Martin　　（ 9 万 3270 人）
で，これらの名前を持つ人の合計（159 万 6251 人）は，男性全体の 61 パーセントを占める．

いっぽう，もっとも使用頻度の高い女性の名前は－
① Mária　　　（39 万 6697 人）　⑥ Eva　　　　（11 万 6116 人）
② Anna　　　 （28 万 4774 人）　⑦ Jana　　　 （11 万 4396 人）
③ Zuzana　　 （12 万 2836 人）　⑧ Alžbeta　　（ 8 万　945 人）
④ Helena　　 （11 万 9649 人）　⑨ Margita　　（ 6 万 7972 人）
⑤ Katarína　（11 万 7790 人）　⑩ Marta　　　（ 6 万 6767 人）
で，これらの名前を持つ人の合計（148 万 7942 人）は，女性全体の 54 パーセントを占める．

また同省のデータベースには，全部で 23 万 0011 の苗字が登録されているが，もっとも使用頻度の高い苗字は－
① Kováč/Kováčova　　　　⑥ Baláž/Balážová
　　（ 6 万 8847 人）　　　　　（ 2 万 7316 人）
② Horvát/Horvátová　　　⑦ Balog/Balogová
　　（ 5 万 4169 人）　　　　　（ 2 万 4504 人）
③ Tóth/Tóthová　　　　　⑧ Molnár/Molnárová
　　（ 4 万 2036 人）　　　　　（ 2 万 3958 人）
④ Varga/Vargová　　　　　⑨ Polák/Poláková
　　（ 3 万 9975 人）　　　　　（ 2 万　602 人）
⑤ Nad'/Nad'ová,　　　　　⑩ Lukáč/Lukáčová
　　Nagy/Nagyová　　　　　　（ 1 万 9839 人）

－ 175 －

第 2 部　形態論　Morfológia

> （3 万 6741 人）
> で，これらの苗字を持つ人の合計（35 万 7987 人）は，スロヴァキアの全人口の 7 パーセント弱にあたる．ハンガリー語起源の苗字がめだつが，これらの苗字を持つ人びとがハンガリー系であるとは限らない．
> （数値は 1995 年 8 月現在）

(3)外国人の人名（名前と苗字）は，ふつう元来の正書法の規則にしたがって表記される．

例　Leonardo da Vinci（レオナルド・ダ・ヴィンチ），
　　Don Quijote [kixot/kixote]（ドン・キホーテ），
　　William Shakespeare [šekspír/šeĭkspír]
　　（ウィリアム・シェークスピア），
　　René Descartes [dekart]（ルネ・デカルト），
　　Jean-Jacques Rousseau [rusó]（ジャン-ジャック・ルソー），
　　Johann Wolfgang Goethe（ヨハン・ヴォルフガンク・ゲーテ），
　　Adam Mickiewicz
　　（アダム・ミツキェヴィチ＜ポーランドの作家＞），
　　Zsigmond Móricz（ジグモンド・モーリツ＜ハンガリーの作家＞）

> 注）スロヴァキア語にない文字が用いられている場合は，印刷の便宜上，近似の文字に置き換えてもよい．
>
> 　例　Słowacki ⇒ Slowacki（スウォヴァツキ＜ポーランドの苗字＞），
> 　　　Krasiński ⇒ krasiński（クラシンスキ＜ポーランドの苗字＞），
> 　　　Karadžić ⇒ Karadžič（カラジッチ＜セルビアの苗字＞）

(4)外国の人名（名前と苗字）は，次のように変化する．

①単数主格が，子音で終わる外国の人名（名前と苗字）は，ふつう chlap タイプに準じて変化する（⇒§29）．

I 名詞 Podstatné mená

例 Bill Clinton [klinton]（ビル・クリントン）
　　⇨ Billa Clintona, Billovi Clintonovi …
　Boris Nikolajevič Jeľcin（ボリス・ニコラエヴィチ・エリツィン）
　　⇨ Borisa Nikolajeviča Jeľcina, Borisovi Nikolajevičovi Jeľcinovi …

②単数主格が，ギリシャ語起源の語尾 -as，-es，-os，およびラテン語起源の語尾 -us で終わる人名は，chlap タイプに準じて変化する．その際に単数主格以外では，これらの語尾が失われて，格変化語尾が，直接に語幹につけられることがある．

例 Pytagor-as（ピタゴラス）⇨ Pytagor-a, Pytagor-ovi …
　Aristotel-es（アリストテレス）
　　　　　　　　　　⇨ Aristotel-a, Aristotel-ovi …
　Sizyf-os（シジフォス）⇨ Sizyf-a, Sizyf-ovi …
　Promete-us（プロメテウス）⇨ Promete-a, Promete-ovi …

> 注）スロヴァキア語に定着した人名の場合は，これらの語尾は失われない．
>
> 　例 Johanides（ヨハニデス＜苗字＞）
> 　　　　　　　⇨ Johanides-a, Johanides-ovi …
> 　　Július（ユーリウス＜名前＞）⇨ Július-a, Július-ovi …
> 　　Rúfus（ルーフス＜苗字＞）⇨ Rúfus-a, Rúfus-ovi …

③一部のギリシャ・ラテンの人名は，単数主格とそのほかの格の形が異なる．

例 Cicero（キケロ）⇨ Cicerón-a, Cicerón-ovi …
　Nero（ネロ）⇨ Nerón-a, Nerón-ovi …
　Paris（パリス）⇨ Parid-a, Parid-ovi …
　Xenofón（クセノフォン）⇨ Xenofont-a, Xenofont-ovi …

④単数主格が -el，-er で終わる外国の苗字では，ふつう変化形で母音 e

第 2 部　形態論　Morfológia

は脱落しない．

例　Kornel（コルネル）⇨ Kornel-a, Kornel-ovi ...
　　Herder（ヘルダー）⇨ Herder-a, Herder-ovi ...

> 注）一部の苗字では，母音 e が脱落するヴァリアントが併用される場合もある．
>
> 例　Hegel（ヘーゲル）⇨ Hegel-a, Hegel-ovi ...
> 　　　　　　　　　　　 Hegl-a, Hegl-ovi ...
> 　　Schneider（シナイダー）⇨ Schneider-a, Schneider-ovi ...
> 　　　　　　　　　　　　　　　Schneidr-a, Schneidr-ovi ...

⑤単数主格が -o で終わる外国の人名（名前と苗字）は，chlap タイプに準じて変化する．

例　Marco [marko] Polo（マルコ・ポーロ）
　　　　⇨ Marca Pola, Marcovi Polovi ...
　　Victor Hugo [viktor ügo]（ヴィクトル・ユゴー）
　　　　⇨ Victora Huga, Victorovi Hugovi ...
　　Taras Ševčenko（タラス・シェフチェンコ）
　　　　⇨ Tarasa Ševčenka, Tarasovi Ševčenkovi ...

⑥単数主格が -u, -ó などで終わる外国の人名（名前と苗字）は，chlap タイプに準じて変化する．その際に，複数主格では格変化語尾 -ovia を，複数造格では -ami をとる．

例　László [lásló]（ラースロー＜ハンガリーの名前＞）
　　　　⇨ László-a, László-ovi ...
　　Rousseau [rusó]（ルソー）⇨ Rousseau-a, Rousseau-ovi ...
　　Szabó [sabó]（サボー＜ハンガリーの苗字＞）
　　　　⇨ Szabó-a, Szabó-ovi ...

⑦単数主格が，発音されない -e で終わるイギリスとフランスの人名は，

I　名詞　Podstatné mená

ふつう単数主格以外では -e を脱落させて，chlap タイプに準じて変化する．

例　Shakespeare [šekspír/šeĭkspír]（シェークスピア）
　　　⇨ Shakespear-a, Shakespear-ovi ...
　　Hume [hjúm]（ヒューム）⇨ Hum-a, Hum-ovi ...
　　Wilde [vajld]（ワイルド）⇨ Wild-a, Wild-ovi ...
　　Robespierre [robespjér]（ロベスピエール）
　　　⇨ Robespierr-a, Robespierr-ovi ...
　　de Gaulle [degól]（ドゴール）
　　　⇨ de Gaull-a, de Gaull-ovi ...
　　Saussure [sosýr]（ソシュール）
　　　⇨ Saussur-a, Saussur-ovi ...

注）単数主格が -ce, -ge, -che で終わる語の場合は，-e はすべての格において省略されない．

　　例　Joyce [džoĭs]（ジョイス）⇨ Joyce-a, Joyce-ovi ...
　　　Malebranche [malbránš]（マルブランシュ）
　　　　⇨ Malebranche-a, Malebranche-ovi ...

⑧単数主格が -y で終わるハンガリーの苗字は，-y を保ったまま，chlap タイプに準じて変化する．

例　Arany [araň]（アラニュ）⇨ Arany-a, Arany-ovi ...
　　Király [kiráĭ]（キラーイ）⇨ Király-a, Király-ovi ...
　　Nagy [nad']（ナジ）⇨ Nagy-a, Nagy-ovi ...

注）単数主格が -ai, -ay で終わるハンガリーの苗字の場合は，下記の Goethe タイプに準じて変化することもある．

　　例　Révai（レーヴァイ）⇨ Révai-ho, Révai-mu ...

第2部　形態論　Morfológia

> 　　　　　　　　　　Révai-a, Révai-ovi …
> Kállay（カーライ）⇨ Kállay-ho, Kállay-mu …
> 　　　　　　　　　　Kállay-a, Kállay-ovi …

⑨単数主格が，-i, -í, -y, -e, -é, -ě, -ä で終わる外国の人名（名前と苗字）は，次のように変化する．

	単　数	複　数
主格	Goethe [göte]	Goethe-ovia
生格	Goethe-ho	Goethe-ov
与格	Goethe-mu	Goethe-om
対格	Goethe-ho	Goethe-ov
前置格	Goethe-m	Goethe-och
造格	Goethe-m	Goethe-ami

例　Dante（ダンテ），Dolejší（ドレイシー＜チェコの苗字＞），
　　Giovanni（ジョヴァンニ），Hrabě（フラビェ＜チェコの苗字＞），
　　Jégé（イェーゲー＜スロヴァキア作家のペンネーム＞），
　　Purkyně（プルキニェ＜チェコの苗字＞），
　　Škultéty（シクルテーティ＜スロヴァキアの苗字＞），
　　Vivaldi（ヴィヴァルディ）

> 注）外来語の男性普通名詞の一部も，このタイプに準じて変化する．
> 　例　dandy [dendi]（ダンディー），kuli（苦力＜クーリー＞）

⑩単数主格が，-kij, -skij, -ckij, -ckoj, -oj で終わるロシア語の苗字，-ki, -ski, -cki で終わるポーランド語の苗字は，単数主格以外では，スロヴァキア語の pekný タイプの硬変化形容詞に準じて変化する（⇨§46）．

例　Čajkovskij（チャイコフスキー）

— 180 —

Ⅰ　名詞　Podstatné mená

⇒ Čajkovského, Čajkovskému ...
Tolstoj（トルストイ）⇒ Tolstého, Tolstému ...
Sikorski（シコルスキ）⇒ Sikorského, Sikorskému ...
Konwicki（コンヴィツキ）⇒ Konwického, Konwickému ...

⑪外国の女性の苗字の場合も，ふつう語尾 -ová がつけられる．

例　Indíra Gándhíová（インディラ・ガンジー），
　　Françoise Saganová（フランソワ・サガン），
　　Margaret Hilda Thatcherová [tečerová]
　　（マーガレット・ヒルダ・サッチャー），
　　Sadako Ogatová（緒方貞子）

注）一部の外国の女性の苗字の場合は，語尾 -ová をつけずに，男性形がそのまま用いられることもある．これらの苗字は格変化しない．

　例　Gina Lollobrigida（ジーナ・ロロブリジーダ）
　　　⇒ Giny Lollobrigida ...

第 2 部　形態論　Morfológia

II　形容詞　Prídavné mená

§44　スロヴァキア語の形容詞
Prídavné mená v slovenčine

(1)スロヴァキア語の形容詞は，格変化する品詞のひとつであり，人物や事物などの性質や状態などを表現する．スロヴァキア語の形容詞は，性・数・格において，それが属する名詞に一致する．これを文法上の一致 gramatická zhoda (kongruencia) と呼ぶ．

例　主格　－　*spisovná slovenčina*（標準スロヴァキア語）
　　生格　－　dejiny *spisovnej slovenčiny*
　　　　　　　（標準スロヴァキア語の歴史）
　　与格　－　láska k *spisovnej slovenčine*
　　　　　　　（標準スロヴァキア語への愛情）
　　対格　－　Žiaci sa učia *spisovnú slovenčinu.*
　　　　　　　（生徒たちは標準スロヴァキア語を学んでいる）
　　前置格　－　prednáška o *spisovnej slovenčine*
　　　　　　　（標準スロヴァキア語についての講義）
　　造格　－　Jazykovedci porovnali dialekty so *spisovnou slovenčinou.*
　　　　　　　（言語学者たちは，方言と標準スロヴァキア語を比較した）

(2)形容詞は意味の上から，人物や事物の性質を表現する性質形容詞 vlastnostné prídavné mená と，事物の起源や所有者を表現する関係形容詞 vzťahové prídavné mená に分類することができる．

　　性質形容詞の例　－　zelená lúka（緑の草地），
　　　　　　　　　　　drevený stôl（木製のテーブル），
　　　　　　　　　　　veselé dieťa（陽気な子供）

　　関係形容詞の例　－　minulý rok（去年），kozie mlieko（ヤギの乳），

II 形容詞 Prídavné mená

　　　　　otcov hlas（父親の声），matkin list（母親の手紙）

(3)形容詞は文法上の形から，硬変化形容詞（pekný タイプ），軟変化形容詞（cudzí タイプ），所有形容詞（páví タイプと otcov タイプ）に分類することができる．

§45　形容詞の用法　Používanie prídavných mien

(1)形容詞は，定語・述語・補語として用いられる．

　定語の例 － *zdravý* človek（健康な人）／*horúci* čaj（熱いお茶）
　述語の例 － Matka je *zdravá*.（母親は健康だ）
　　　　　　Čaj je *horúci*.（お茶は熱い）
　補語の例 － Diet'a sa narodilo *zdravé*.（子供は健康で生まれた）
　　　　　　Čaj som vypil ešte *horúci*.
　　　　　　（私はまだ熱いうちにお茶を飲み干した）

> 注）形容詞は，定語として用いられる場合がもっとも多く，述語・補語の順で使用頻度は低くなる．

(2)形容詞は，名詞の代用をすることがある．

　例　*Sýty hladnému* neverí.（満腹した者に飢えた者の心はわからない）

(3)次のような形容詞は，名詞として用いられる．

①人間の名称

　例　domáca（主婦），domáci（主人），hlavný（給仕長），chorý（病人），chyžná（小間使い），starká（老婆），vedúci（責任者），veriaci（信者）

②事物の名称

　例　desiata（午前の軽食），hradská（国道），invalidné（障害年金），

－ 183 －

nemocenské（医療補助金），nočná（夜勤），poistné（保険金），starobné（養老年金），vstupné（入場料）

③地名

例 Dunajská Lužná（ドゥナイスカー・ルジナー），Jasová（ヤソヴァー），Partizánske（パルティザーンスケ），Trstená（トルスチェナー）

④苗字（⇨§43）

例 Dobšinský（ドプシンスキー），Jesenský（イェセンスキー），Ďuríčková（ジュリーチコヴァー），Šoltésová（ショルテーソヴァー）

§46 硬変化形容詞 － pekný タイプ
Tvrdé prídavné mená － vzor pekný

	単数			
	男性活動名詞	男性不活動名詞	女性	中性
主格	pekn-ý	pekn-ý	pekn-á	pekn-é
生格	pekn-ého	pekn-ého	pekn-ej	pekn-ého
与格	pekn-ému	pekn-ému	pekn-ej	pekn-ému
対格	pekn-ého	pekn-ý	pekn-ú	pekn-é
前置格	pekn-om	pekn-om	pekn-ej	pekn-om
造格	pekn-ým	pekn-ým	pekn-ou	pekn-ým

	複数	
	男性活動名詞	男性不活動名詞・女性・中性
主格	pekn-í	pekn-é
生格	pekn-ých	pekn-ých
与格	pekn-ým	pekn-ým

II 形容詞　Prídavné mená

対格	pekn-ých	pekn-é
前置格	pekn-ých	pekn-ých
造格	pekn-ými	pekn-ými

(1) pekný タイプに準じて変化するのは，次のような語である．

① 単数主格の語尾の形が，男性で -ý (-y)，女性で -á (-a)，中性で -é (-e) で終わる形容詞．これらの形容詞は，語幹末に硬子音 〔d, t, n, l：k, h, ch〕か，中立子音 〔b, p, v：m, r：s, z〕があり，硬変化形容詞と呼ばれる．

例　celý（全体の），červený（赤い），čistý（清潔な），ďaleký（遠い），dlhý（長い），dobrý（良い），iný（別の），jediný（唯一の），ľavý（左の），malý（小さい），mäkký（軟らかい），mladý（若い），mokrý（濡れた），nový（新しい），pekný（きれいな），pestrý（多彩な），posledný（最後の），pravý（右の），silný（強い），slabý（弱い），slovenský（スロヴァキアの），smelý（勇敢な），starý（古い），suchý（乾いた），tvrdý（硬い），umelý（人工の），veľký（大きな），veselý（陽気な），vlastný（固有の），vlhký（湿った），vysoký（高い），vzdialený（遠くの），zelený（緑の），zlý（悪い）

biely（白い），blízky（近い），čierny（黒い），krásny（美しい），krátky（短い），múdry（賢明な），nízky（低い），prázdny（からの），riedky（薄い），rýchly（速い），úzky（狭い）

② 名詞化した形容詞－語尾が -ý (-y)，-á (-a)，-é (-e) のいずれかで終わり，語幹末に硬子音か中立子音がある語

例　hlavný（給仕長），hradská（国道），poistné（保険金）

③ 地名と苗字－語尾が -ý (-y)，-á (-a)，-é (-e) のいずれかで終わり，語幹末に硬子音か中立子音がある語

例　Jasová（ヤソヴァー），Dobšinský（ドプシンスキー）

第2部　形態論　Morfológia

④代名詞の一部－語尾が男性で -ý (-y), 女性で -á (-a), 中性で -é (-e) で終わり, 語幹末に硬子音か中立子音がある語 (⇨§56/57/58)

例　aký (どのような), každý (それぞれの), koľký (何番目の), ktorý (どの), samý (まさにその), taký (そのような)

⑤大部分の順序数詞－語尾が男性で -ý (-y), 女性で -á (-a), 中性で -é (-e) で終わり, 語幹末に硬子音か中立子音がある語 (⇨§64)

例　prvý (第1の), desiaty (第10の), stý (第100の)

⑥被動形動詞 (⇨§84)

例　robený (作られたところの), spracovaný (加工されたところの), vyžatý (刈られたところの)

(2) pekný タイプの硬変化形容詞においては, リズム短縮の規則が, すべての格において厳密に守られ, 先行音節が長い場合に, 語尾は短縮する (⇨§18).

例　krásny (美しい) ⇨ krásneho, krásnemu …
　　【比較例　pekný (きれいな) ⇨ pekného, peknému …】
　　čierny (黒い) ⇨ čierneho, čiernemu …
　　【比較例　verný (忠実な) ⇨ verného, vernému …】

(3) pekný タイプの硬変化形容詞では, 語尾 -i, -e, -í の前の子音 d, t, n, l は, すべての格において硬子音として発音される (⇨§9).

例　krásne [krásne] jazero (美しい湖)
　　【比較例　Ona spievala krásne [krásňe]. (彼女は見事に歌った)】
　　jedného krásneho [krásneho] dňa (ある晴れた日に)
　　tvrdí [tvr̥dí] junáci (頑強な若者たち)
　　stáli [stáli] návštevníci divadla (劇場の常連たち)

II 形容詞　Prídavné mená

§47　軟変化形容詞 － cudzí タイプ
　　Mäkké prídavné mená － vzor cudzí

	単　　　　数			
	男性活動名詞	男性不活動名詞	女　性	中　性
主格	cudz-í	cudz-í	cudz-ia	cudz-ie
生格	cudz-ieho	cudz-ieho	cudz-ej	cudz-ieho
与格	cudz-iemu	cudz-iemu	cudz-ej	cudz-iemu
対格	cudz-ieho	cudz-í	cudz-iu	cudz-ie
前置格	cudz-om	cudz-om	cudz-ej	cudz-om
造格	cudz-ím	cudz-ím	cudz-ou	cudz-ím

	複　　　　数	
	男性活動名詞	男性不活動名詞・女性・中性
主格	cudz-í	cudz-ie
生格	cudz-ích	cudz-ích
与格	cudz-ím	cudz-ím
対格	cudz-ích	cudz-ie
前置格	cudz-ích	cudz-ích
造格	cudz-ími	cudz-ími

(1) cudzí タイプに準じて変化するのは，次のような語である．

① 単数主格の語尾の形が，男性で -í (-i)，女性で -ia (-a)，中性で -ie (-e) で終わる形容詞．これらの形容詞は，語幹末に軟子音〔c, š, ž, č, dz〕があり，軟変化形容詞と呼ばれる．

例　cudzí（よその），ďalší（次の），domáci（家の），horúci（熱い），peší（徒歩の），rúči（巧みな），rýdzi（純粋な），súci（巧みな），terajší（今日の），žací（刈り取りの）

第2部 形態論 Morfológia

②名詞化した形容詞－語尾が男性で -í (-i)，女性で -ia (-a)，中性で -ie (-e) のいずれかで終わり，語幹末に軟子音がある語

例 domáci（主人），veriaci（信者）

③形容詞の比較級と最上級（⇨§51）

例 silnejší（より強い），najsilnejší（もっとも強い）
milší（より親切な），najmilší（もっとも親切な）

④代名詞の一部－語尾が男性で -í，女性で -ia，中性で -ie で終わり，語幹末に軟子音がある語（⇨§57／58／59）

例 čí（だれの），inakší（べつの），niečí（だれかの）

⑤順序数詞の一部（⇨§64）

例 tretí（第3の），tisíci（第1000の），dvojtisíci（第2000の）

⑥能動形動詞現在と能動形動詞過去（⇨§82／83）

例 nesúci（担うところの），chytivší（捕まえたところの）

(2) cudzí タイプの軟変化形容詞においても，リズム短縮の規則は，すべての格において厳密に守られ，先行音節が長い場合に，語尾は短縮する（⇨§18）．

例 rýdzi（純粋な）⇨ rýdzeho, rýdzemu ...
【比較例 cudzí（よその）⇨ cudzieho, cudziemu ...】
domáci（家の）⇨ domáceho, domácemu ...
【比較例 prijímací（受容の）⇨
prijímacieho, prijímaciemu ...】

注）能動形動詞現在の形では，語尾はつねに短い（⇨§82）．

例 stojaci（立っているところの）⇨ stojaceho, stojacemu ...
nesúci（運ぶところの）⇨ nesúceho, nesúcemu ...

II 形容詞　Prídavné mená

§48　所有形容詞 (1) － páví タイプ
Privlastňovacie prídavné mená (1) － vzor páví

	単　　　数			
	男性活動名詞	男性不活動名詞	女　性	中　性
主格	páv-í	páv-í	páv-ia	páv-ie
生格	páv-ieho	páv-ieho	páv-ej	páv-ieho
与格	páv-iemu	páv-iemu	páv-ej	páv-iemu
対格	páv-ieho	páv-í	páv-iu	páv-ie
前置格	páv-om	páv-om	páv-ej	páv-om
造格	páv-ím	páv-ím	páv-ou	páv-ím

	複　　　数	
	男性活動名詞	男性不活動名詞・女性・中性
主格	páv-í	páv-ie
生格	páv-ích	páv-ích
与格	páv-ím	páv-ím
対格	páv-ích	páv-ie
前置格	páv-ích	páv-ích
造格	páv-ími	páv-ími

(1) páví タイプに準じて変化するのは，単数主格の語尾の形が，男性で -í，女性で -ia，中性で -ie で終わる所有形容詞である．このタイプに属する所有形容詞は，おもに生物名を示す名詞から派生し，一般的な種類をさす．

例　boh/Boh（神）⇨ boží/Boží（神の）／had（蛇）⇨ hadí（蛇の）
　　hus（ガチョウ）⇨ husací/husí（ガチョウの）
　　kohút（おんどり）⇨ kohútí（おんどりの）
　　koza（ヤギ）⇨ kozací/kozí（ヤギの）
　　krokodíl（ワニ）⇨ krokodílí（ワニの）

第2部 形態論 Morfológia

lev（ライオン）⇨ leví（ライオンの）
líška（キツネ）⇨ lišací/líščí（キツネの）
mamut（マンモス）⇨ mamutí（マンモスの）
medveď（クマ）⇨ medvedí（クマの）
mravec（アリ）⇨ mravčí（アリの）
obor（巨人）⇨ obrí（巨人の）／páv（孔雀）⇨ páví（孔雀の）
pes（犬）⇨ psí（犬の）／ryba（魚）⇨ rybací/rybí（魚の）
slon（ゾウ）⇨ sloní（ゾウの）／tiger（トラ）⇨ tigrí（トラの）
včela（蜜蜂）⇨ včelí（蜜蜂の）／vták（鳥）⇨ vtáčí（鳥の）
žaba（カエル）⇨ žabí/žabací（カエルの）

babie leto（小春日和），Božie slovo（神の言葉＝福音）
krokodílie slzy（ワニの涙＝見せかけの同情）
levia hriva（ライオンのたてがみ）
medvedie pohyby（＜クマのような＞鈍重な動き）
psie počasie（悪天候）
slávičí spev（＜ウグイスのような＞美しい歌声）
včelí med（蜂蜜），v mene Božom（神の御名において）

(2) páví タイプに準じて変化する所有形容詞では，cudzí タイプの場合と異なって，リズム短縮の規則が守られず，先行音節が長い場合も，語尾は短縮しない（⇨§19）．

例　kohútí（おんどりの）⇨ kohútieho, kohútiemu ...
　　páví（孔雀の）⇨ pávieho, páviemu ...
　　vtáčí（鳥の）⇨ vtáčieho, vtáčiemu ...

注）単数主格が -j, -ja で終わる名詞から派生した所有形容詞の場合は，語尾中の二重母音 ie, ia, iu が短縮する．

　例　papagáj（オウム）⇨ papagája hlava（オウムの頭）
　　　zmija（マムシ，毒蛇）⇨ zmije hniezdo（毒蛇の巣）

II 形容詞　Prídavné mená

(3) pávíタイプに準じて変化する所有形容詞では，語尾 -i, -e, -í の前の子音 d, t, n, l は，すべての格において，軟子音として発音される（⇒§9）．

例　hadí [had'í], hadej [had'ei̯], hadie [had'ie] (蛇の)
　　kohútí [kohút'í], kohútej [kohút'ei̯],
　　kohútie [kohút'ie] (おんどりの)
　　sloní [sloňí], slonej [sloňei̯], slonie [sloňie] (ゾウの)
　　krokodílí [-díl'í], krokodílej [-díl'ei̯],
　　krokodílie [-díl'ie] (ワニの)

§49　所有形容詞 (2) — otcov タイプ
Privlastňovacie prídavné mená (2) — vzor otcov

	単　　数			
	男性活動名詞	男性不活動名詞	女　性	中　性
主格	otcov	otcov	otcov-a	otcov-o
生格	otcov-ho	otcov-ho	otcov-ej	otcov-ho
与格	otcov-mu	otcov-mu	otcov-ej	otcov-mu
対格	otcov-ho	otcov	otcov-u	otcov-o
前置格	otcov-om	otcov-om	otcov-ej	otcov-om
造格	otcov-ým	otcov-ým	otcov-ou	otcov-ým

	複　　数	
	男性活動名詞	男性不活動名詞・女性・中性
主格	otcov-i	otcov-e
生格	otcov-ých	otcov-ých
与格	otcov-ým	otcov-ým
対格	otcov-ých	otcov-e
前置格	otcov-ých	otcov-ých
造格	otcov-ými	otcov-ými

第 2 部　形態論　Morfológia

(1) otcov タイプに準じて変化するのは，次のような語である．

　①単数主格の語尾の形が，男性で -ov，女性で -ova，中性で -ovo で終わる所有形容詞．このタイプは男性活動名詞から派生する．

　　例　brat（兄弟）　⇨　brat-ov, brat-ova, brat-ovo（兄弟の）
　　　　otec（父親）　⇨　otc-ov, otc-ova, otc-ovo（父親の）
　　　　kolega（同僚）⇨　koleg-ov, koleg-ova, koleg-ovo（同僚の）

　②単数主格の語尾の形が，男性で -in，女性で -ina，中性で -ino で終わる所有形容詞．このタイプは女性名詞から派生する．

　　例　matka（母親）　⇨　matk-in, matk-ina, matk-ino（母親の）
　　　　sestra（姉妹）　⇨　sestr-in, sestr-ina, sestr-ino（姉妹の）
　　　　žena（女，妻）⇨　žen-in, žen-ina, žen-ino（女の，妻の）

(2) otcov タイプに属する所有形容詞は，人間を意味する男性活動名詞と女性名詞から派生する．普通名詞からも固有名詞からも派生させることができ，ある特定の人物をさす．スロヴァキア語では，所有を表現する場合に，このタイプの所有形容詞がよく用いられる．

　　例　bratov kabát（兄弟のコート），synova žena（息子の妻），
　　　　kolegovo auto（同僚の車）

　　　　matkin list（母親の手紙），ženina sestra（妻の姉妹），
　　　　učiteľkino slovo（女教師の言葉）

注 1)　固有名詞から派生された所有形容詞は，語頭に大文字を用いる（⇨ §21）．

　　　　例　Švantner（シヴァントネル）⇨
　　　　　　　　Švantnerov román（シヴァントネルの長編小説）
　　　　　　Rúfus（ルーフス）⇨ Rúfusove básne（ルーフスの詩）
　　　　　　Timrava（チムラヴァ）⇨
　　　　　　　　Timravina poviedka（チムラヴァの短編小説）

II 形容詞　Prídavné mená

> 注2）中性名詞からは，otcov タイプの所有形容詞は派生されない．中性名詞の所有を表現する場合は，生格の形が用いられる．
>
> 例　úsmev dievčat'a（娘のほほえみ）
> 　　čiapka diet'at'a（子供の帽子）

(3) 公共施設などに，個人の苗字が冠せられる場合は，ふつう otcov タイプの所有形容詞の形が用いられる（⇨ §43）．

例　Štúr（シトゥール）⇨ Štúrova ulica（シトゥール通り）
　　Šafárik（シャファーリク）⇨
　　　　　　　　　Šafárikovo námestie（シャファーリク広場）
　　Rázus（ラーズス）⇨ Rázusovo nábrežie（ラーズス河岸通り）

(4) otcov タイプの所有形容詞の，女性名詞から派生する形では，語尾 -i, -e の前の子音 n は，すべての格において硬子音として発音される（⇨ §9）．

例　ženini [žeňini] rodičia（妻の両親）
　　sestrine [sestriňe] kolegyne（姉妹の同僚たち）
　　starý otec z matkinej [matkiňej] strany（母方の祖父）

(5) 所有形容詞を，所有する物をさす名詞に性・数・格ともに一致させ，所有形容詞に付随する形容詞や代名詞などを，生格の形で示す用法もある．

例　Navštívila nás *starej mamina* najlepšia kamarátka.
　　（おばあさんのいちばんの親友が私たちの家を訪れた）

§50　形容詞の短語形　Krátke tvary prídavných mien

(1) 標準スロヴァキア語では，形容詞の短語尾形はすでに使われていない．しかし次の6語は，かつて存在したその名残りで，短語形と呼ばれ，述語や補語としてのみ用いられる．

dlžen（～するべき），hoden [hoden]（～にふさわしい），

第 2 部　形態論　Morfológia

　　nehoden [ňehoden]（〜にふさわしくない），
　　vinen [vinen]（責任がある），
　　rád（〜が嬉しい，〜するのが好き），nerád（〜が嫌だ，〜するのが嫌い）

(2)形容詞 dlžný（＜道徳的に見て＞〜するべき，借りのある）は，普通の形以外に，dlžen という短語形を持つ．

　　例　Som mu dlžen dvetisíc korún.
　　　（私〔男性〕は彼に 2000 コルナの借りがある）

(3)形容詞 hodný（〜にふさわしい）は，普通の形以外に，hoden, hodna, hodno, hodni [hodni], hodny [hodni] という短語形を持つ．

　　例　Toľkej chvály predsa ani nie som hoden.
　　　（そんなにほめられるほどのことはしていませんよ）
　　　To nie je hodno ani deravý groš.
　　　（これには一文の値打ちもない）

(4)形容詞 nehodný（〜にふさわしくない）は，普通の形以外に，nehoden, nehodna, nehodno, nehodni [ňehodni], nehodny [ňehodni] という短語形を持つ．

　　例　Je nehoden verejnej pochvaly.（彼は公けの称賛にあたいしない）

(5)形容詞 vinný（責任がある）は，普通の形以外に，vinen という短語形を持つが，アルカイズム（古風な表現）であり，現在ではほとんど用いられない．

(6)形容詞 rád（〜が嬉しい，〜するのが好き）と，その否定形 nerád（〜が嫌だ，〜するのが嫌い）は短語形のみがあり，rád, rada, rado, radi [rad'i], rady [radi] と，nerád, nerada, nerado, neradi [ňerad'i], nerady [ňeradi] という形を持つ．また rád の比較級の形は radšej [ra〉čeĭ]，最上級の形は najradšej である．

　　例　Som rád, že si prišiel.（ぼくは君が来てくれて嬉しい）
　　　Rád chodí do kina.（彼は映画館に通うのが好きだ）

II 形容詞　Prídavné mená

Zuzana rada číta básne.（ズザナは詩を読むのが好きだ）
Oni majú radi klasickú hudbu.（彼らはクラシック音楽が好きだ）

> 注）単数の相手に基本人称代名詞 vy を用いる場合は，rád, hoden など
> を含むすべての形容詞は，単数を用い，該当人物の性にしたがうのが
> ふつうである．
>
> 例　Pán Mihalík, akú hudbu máte *rád*?
> 　　（ミハリークさん〔男性〕，どんな音楽がお好きですか）
> 　　Pani Mihalíková, ktorých spisovateľov *rada* čítate?
> 　　（ミハリーコヴァーさん〔女性〕，どの作家を愛読していますか）

§51　形容詞の比較級と最上級
Komparatív a superlatív prídavných mien

(1)スロヴァキア語の形容詞の大部分は，通常の形である原級 pozitív のほかに，比較級 komparatív（より～な）と最上級 superlatív（もっとも～な）を持つ．形容詞の比較級は，語幹に語尾 -ejší あるいは -ší をつけることによって派生される．最上級は，比較級の形に接頭辞 naj- をつけることによって派生される．形容詞の比較級と最上級は，いずれも cudzí タイプの軟変化形容詞に準じて変化する（⇒§47 参照）．

(2)比較級は，次のようにして派生される．

①語尾 -ejší によって比較級を派生させる語（この形がより多く用いられる）

(a)語幹が子音グループで終わる語の多く

例　bystr-ý（すばやい）⇒ bystr-ejší
　　čerstv-ý（新鮮な）⇒ čerstv-ejší
　　čist-ý（清潔な）⇒ čist-ejší／hust-ý（濃い）⇒ hust-ejší
　　ľudsk-ý（人間的な）⇒ ľudsk-ejší

第2部　形態論　Morfológia

  múdr-y（賢明な）⇨ múdr-ejší
  ostr-ý（鋭い）⇨ ostr-ejší
  rozumn-ý（理性的な）⇨ rozumn-ejší
  siln-ý（強い）⇨ siln-ejší

(b)語幹が母音（あるいは音節をなす l, r）+子音 dz, c, s, z, č, ž で終わる語

例　belas-ý（空色の）⇨ belas-ejší／cudz-í（よその）⇨ cudz-ejší
  drz-ý（厚かましい）⇨ drz-ejší／horúc-i（熱い）⇨ horúc-ejší
  kus-ý（断片的な）⇨ kus-ejší／sviež-i（新鮮な）⇨ sviež-ejší

(c)語尾 -atý, -itý, -vý, -avý, -l'avý, -ivý, -livý を持つ, 名詞から派生した形容詞

例　cit（感情）　⇨ citliv-ý（感じやすい）　　　⇨ citliv-ejší
  krik（叫び）⇨ krikl'av-ý（叫びに似た, 派手な）⇨ krikl'av-ejší
  krv（血）　⇨ krvav-ý（血まみれの）　　⇨ krvav-ejší
  vlas（髪）　⇨ vlasat-ý（蓬髪の）　　　　⇨ vlasat-ejší

(d)被動形動詞から派生した形容詞

例　obl'úbit' si（好きになる）⇨ obl'úben-ý（人気のある）
            ⇨ obl'úben-ejší
  otvorit'（開ける）　　⇨ otvoren-ý（開かれた）
            ⇨ otvoren-ejší
  trvat'（続く）　　　　⇨ trval-ý（持続的な）
            ⇨ trval-ejší

(e)長い語根を持つ形容詞の一部

例　hlúp-y（愚かな）⇨ hlúp-ejší／skúp-y（けちな）⇨ skúp-ejší
  sýt-y（満腹した）⇨ sýt-ejší／znám-y（有名な）⇨ znám-ejší

②語尾 -ší によって比較級を派生させる語

(a)語幹が, 母音（あるいは音節をなす l, r）+子音（dz, c, s, z, č, ž

II 形容詞　Prídavné mená

以外の）で終わる語

例　dlh-ý（長い）⇨ dlh-ší／drah-ý（高価な，親愛な）⇨ drah-ší
　　hrub-ý（厚い）⇨ hrub-ší／mil-ý（親切な）⇨ mil-ší
　　mlad-ý（若い）⇨ mlad-ší／nov-ý（新しい）⇨ nov-ší [noŭší]
　　star-ý（古い）⇨ star-ší／such-ý（乾いた）⇨ such-ší
　　tich-ý（静かな）⇨ tich-ší／tmav-ý（暗い）⇨ tmav-ší [tmaŭší]
　　tvrd-ý（硬い）⇨ tvrd-ší／vesel-ý（陽気な）⇨ vesel-ší
　　zdrav-ý（健康な）⇨ zdrav-ší [zdraŭší]

(b)語尾 -ký, -eký, -oký で終わる語の多く－この場合，語尾 -ší は語根に直接つけられる．

例　mäk-ký（軟らかい）⇨ mäk-ší／hlb-oký（深い）⇨ hlb-ší
　　šir-oký（広い）⇨ šir-ší／slad-ký（甘い）⇨ slad-ší
　　ten-ký（薄い）⇨ ten-ší

> 注）hork-ý（苦い）⇨ hork-ejší と，krehk-ý（壊れやすい）⇨ krehk-ejší は例外

(3)語尾 -ejší によって派生される比較級では，語幹末の d, t, n, l は，軟子音として発音される．

例　čistejší [čisťeĭší]（より清潔な），silnejší [silňeĭší]（より強い），rýchlejší [ríxľeĭší]（より速い）

(4)語尾 -ší によって派生される比較級の長語幹は，リズム短縮の規則に従って短縮する（⇨§18）．

例　biely（白い）⇨ belší／krátky（短い）⇨ kratší
　　riedky（薄い）⇨ redší

> 注）語尾 -ejší によって派生される比較級の場合は，長語幹の短縮は起こ

第2部　形態論　Morfológia

らないが，čiern-y（黒い）⇨ čern-ejší は例外

(5)語尾 -ší をつけて比較級を派生させる語の場合，語尾 -ký, -oký の前に，z あるいは s を持つ語は，比較級で z ⇨ ž, s ⇨ š に子音が交替する．

例　blíz-ky（近い）⇨ bliž-ší／níz-ky（低い）⇨ niž-ší
　　úz-ky（狭い）⇨ už-ší／vys-oký（高い）⇨ vyš-ší

(6)語幹が子音 p, m, t, l, n, k で終わる形容詞のなかには，語尾 -ejší と -ší の選択において揺れのある語がある．

例　bohat-ý（豊かな）⇨ bohat-ejší/bohat-ší
　　krotk-ý（おとなしい）⇨ krot-ší/krotk-ejší
　　pln-ý（いっぱいの）⇨ pln-ejší/pln-ší
　　plytk-ý（浅い）⇨ plytk-ejší/plyt-ší
　　strm-ý（険しい）⇨ strm-ejší/strm-ší
　　tup-ý（鈍い）⇨ tup-ejší/tup-ší
　　vlhk-ý（湿った）⇨ vlh-ší/vlhk-ejší

(7)比較級が用いられる際の，性質の程度の差異は，接続詞 ako, než や，前置詞 od, nad によって表現される．

例　Som o dva roky starší ako moja sestra.
　　（私は妹よりも2歳年上だ）
　　Táto aktovka je ťažšia ako kufor.
　　（このかばんはスーツケースよりも重い）
　　Lepšie dávať než pýtať．（乞うよりも与えるほうがいい）
　　Mám brata mladšieho odo mňa o tri roky.
　　（私には3歳年下の弟がいる）
　　Nebolo lepšieho rozprávača nad nášho deda.
　　（私たちのおじいさんよりも優れた語り手はいなかった）

(8)比較級の形容詞を用いて，具体的な二つのものの比較を意味せずに，中程度の性格を表現する場合がある．

II 形容詞　Prídavné mená

例　staršií muž（まだ老人ではない男＝初老の男）
　　Milan odišiel na dlhšiu cestu.（ミランはちょっと長めの旅に出た）

(9)形容詞の最上級は，比較級の形に接頭辞 naj- をつけて作られる．

例　silnejší（より強い）⇨ naj-silnejší（もっとも強い）
　　drahší（より高価な）⇨ naj-drahší（もっとも高価な）

(10)最上級が用いられる際の，性質の程度の差異は，前置詞 z, spomedzi, medzi, nad によって表現される．

例　Janko je najlepší žiak z našej triedy.
　　（ヤンコは私たちのクラスでいちばんよく出来る生徒だ）
　　Anna je spomedzi nás najšikovnejšia.
　　（アンナは私たちのなかでいちばん器用だ）
　　Jožko je najsilnejší medzi všetkými spolužiakmi.
　　（ヨシコはすべての同級生のなかでいちばん強かった）

(11)最上級の形容詞を用いて，最高ではないが，ひじょうに高い程度の性格を表現する場合がある．

例　Radil som sa s najlepšími advokátmi.
　　（私はひじょうに優秀な弁護士たちと相談した）
　　V referáte som uviedol niekoľko najdôležitejších údajov.
　　（報告のなかで，私はいくつかのひじょうに重要なデータを挙げた）
　　Dunaj je jedna z najdlhších európskych riek.
　　（ドナウ河はヨーロッパのひじょうに長い川のひとつである）

(12)次のような形容詞は，不規則な形の比較級と最上級を持つ．

例　dobrý（良い）　　⇨ lepší　⇨ najlepší
　　malý（小さな）　 ⇨ menší ⇨ najmenší
　　pekný（美しい）　⇨ krajší ⇨ najkrajší
　　veľký（大きな）　⇨ väčší　⇨ najväčší
　　zlý（悪い）　　　⇨ horší　⇨ najhorší

第2部　形態論　Morfológia

(13)形容詞の原級の前に，副詞の比較級 viac, menej をつけて比較級を，副詞の最上級 najviac, najmenej をつけて最上級をつくる場合がある．

　例　viac rozumný（より理性的な），
　　　menej rozumný（より理性的でない），
　　　najviac múdry（もっとも賢明な），
　　　najmenej múdry（もっとも賢明でない）

(14)助詞 čím を形容詞の比較級とともに，助詞 čo を形容詞の最上級とともに書くと，最大限の規模を示す（⇨§108／110）．

　例　získať čím väčší podiel（できるかぎり大きな取り分を獲得する）
　　　dosiahnuť čo najväčší výkon（最大限の効率を達成する）

(15)形容詞には上述の3つの形（原級・比較級・最上級）以外に，絶対最上級 elatív がある．今日ではこの形が，修辞的表現手段としてしばしば用いられる．絶対最上級は，次のようにして作られる．

　①接頭辞 pre- を前接する．

　例　preďaleký（ひじょうに遠い），predrahý（ひじょうに親愛な）

　②語を変形させる．

　例　krááásny（とても美しい），vysokýýý（ひじょうに高い）

　③語を反復する－冗言法 pleonazmus

　例　vysoký-prevysoký（限りなく高い）

　④語彙によって補充する．

　例　ohromne veľký（ものすごく大きい），
　　　nesmierne múdry（きわめて賢い）

II 形容詞　Prídavné mená

§52 不変化形容詞　Nesklonné prídavné mená

少数だが，格変化しない不変化形容詞がある．

①一部の外来語起源の語（おもに色や色調，善悪や美醜の評価を示す語）

例　bordó（ボルドー色の），extra（特別の），fajn（良い），
　　fit（健康な），nóbl（高級な），príma（優れた），super（優れた），
　　šik（趣味の良い）

　　To je *fajn*.（それは素敵だ）
　　On ešte nie je úplne *fit*.
　　（彼はまだかんぜんに健康というわけではない）
　　Tie šaty sú *šik*.（この洋服は趣味が良い）

②一部の俗語表現

例　bezva（すばらしい）

注）こうした不変化形容詞はしだいに，格変化する通常の形容詞の形に移行している．

　　例　bordó（ボルドー色の）⇒ bordový
　　　　fajn（良い）⇒ fajnový/fajný

第2部　形態論　Morfológia

III　代名詞　Zámená

§53　スロヴァキア語の代名詞　Zámená v slovenčine

(1)代名詞は，一般的な意義を持った語で，それ自身では客観的現実の現象を命名せず，名詞・形容詞・副詞・数詞の代理の役割をはたし，それらを指示したり（指示機能 ukazovacia funkcia），テクストのなかで伝達したりする（伝達機能 odkazovacia funkcia）．代名詞が意味する対象は，文脈のなかでのみ明らかになる．

(2)代名詞には，格変化する語も格変化しない語もあるが，格変化する場合は，性・数・格において，修飾する語に一致する（文法上の一致）．

(3)スロヴァキア語の代名詞は，意味によって次のように分類される．

①人称代名詞 osobné zámená
(a)基本人称代名詞 základné osobné zámená
　− ja, ty, on/ona/ono, my, vy, oni/ony
(b)所有人称代名詞 osobné privlastňovacie zámená
　− môj, tvoj, jeho/jej/jeho, náš, váš, ich

②再帰代名詞 zvratné zámená
(a)基本再帰代名詞 základné zvratné zámeno
　− sa
(b)所有再帰代名詞 zvratné privlastňovacie zámeno
　− svoj

③指示代名詞 ukazovacie zámená
　− ten, tento, tamten, henten, tenže, onen, oný, taký, takýto, onaký, toľký ...

④疑問代名詞 opytovacie zámená

III 代名詞　Zámená

　　－ kto, čo, aký, ktorý, čí, koľký …

⑤定代名詞 vymedzovacie zámená
　　－ sám, všetok, každý, iný, taký istý, samý, inakší, ten istý, ten samý, nikto/nik, nič, nijaký, žiaden/žiadny, ničí …

⑥不定代名詞 neurčité zámená
　　－ niekto, niečo, nejaký, niektorý, niečí, dakto, dačo, dajaký, daktorý, dačí, voľakto, voľačo, voľajaký, voľaktorý, voľačí, ktosi, čosi, akýsi, ktorýsi, čísi …

§54　人称代名詞　Osobné zámená

(1)基本人称代名詞の主格

	単　　数	複　　数
1人称	ja（私）	my（私たち）
2人称	ty（君）	vy（君たち，あなた方／あなた）
3人称	on（彼，それ） ona（彼女，それ） ono（それ）	oni（彼ら） ony（彼女たち，それら）

①1人称は話し手を，2人称は話し相手（聞き手）を，3人称はそれ以外の人物や事物をさす．

②単数2人称 ty（とそれに対応する動詞の形）は，家族や友人など親しい間柄の相手と話す場合や，大人が子供に話しかける場合などに用いられるのが普通である（tykanie）．

例　Otec, čo si o tom myslíš？（とうさん，それをどう思う？）
　　Pavol, ty si sa vôbec nezmenil.
　　（パヴォル，君はぜんぜん変わらないね）
　　Porozprávaj, prosím, Zuzana, čo si zažila počas prázdnin.

第2部　形態論　Morfológia

（ズザナ，休暇中になにを体験したか話してごらん）

注）単数2人称 ty は，神や君主に呼びかける場合にも用いられる．

例　Otče náš, ktorý si na nebesiach! Posvät' sa meno Tvoje! Príd' královstvo Tvoje! Bud' vôl'a Tvoja ako v nebi, tak i na zemi!
（天におられるわたしたちの父よ，御名が崇められますように．御国が来ますように．御心が行われますように，天におけるように地の上にも．＜マタイによる福音書　6章9節＞）
Sedembolestná panna Mária, Tebe Slovenská spieva krajina.
（受難の聖母マリアさま，スロヴァキアの国は汝を讃えます）
Jasný král', čo si o tom myslíš?
（賢明なる陛下，それをいかにお考えですか）

③単数3人称 on は男性名詞を，ona は女性名詞を，ono は中性名詞をさす．

④複数2人称 vy（とそれに対応する動詞の形）は，単数の話し相手にたいして用いられると，尊敬の念をこめた丁寧なニュアンス，あるいは公式的なニュアンスを持つ（vykanie）．

例　Pán profesor, čo si o tom myslíte?
（先生，それをどう思われますか？）
Pán sused, vy ste sa vôbec nezmenili.
（お隣さん，ぜんぜん変わりませんね）
Porozprávajte, prosím, čo ste zažili počas dovolenky.
（休暇中になにを体験したか話してみてください）

注）かつて複数3人称 oni/ony（とそれに対応する動詞の形）を使って，いっそうの尊敬の念を表明する用法（onikanie）が使われていたが，

III 代名詞　Zámená

> 現在ではアルカイズム（古風な表現）と見なされている．
>
> 例　Stará matka, ako sa majú？（おばあさん，お達者ですか）

⑤複数3人称 oni［oňi］は男性活動名詞をさし，ony［oni］は男性不活動名詞・女性名詞・中性名詞をさす．

⑥スロヴァキア語では，基本人称代名詞の主格は，強調される場合以外はあまり用いられない．

例　Ja nesiem za to zodpovednosť.
　　（それにたいして責任を負っているのは私だ）
　　【比較例　Nesiem za to zodpovednosť.
　　　　　　（私はそれにたいして責任を負っている）】
　　Prišli sme len my.（やって来たのは私たちだけだった）
　　【比較例　Prišli sme.（私たちはやって来た）】

(2)基本人称代名詞の変化

	単　　数	
	1人称	2人称
主格	ja	ty
生格	mňa, ma	teba, ťa
与格	mne, mi	tebe, ti
対格	mňa, ma	teba, ťa
前置格	mne	tebe
造格	mnou	tebou

	単　　数		
	3　人　称		
	男　性	女　性	中　性
主格	on	ona	ono

— 205 —

第 2 部　形態論　Morfológia

生格	jeho, ho, (neho, -ňho, -ň)	jej, (nej)	jeho, ho, (neho, -ňho, -ň)
与格	jemu, mu, (nemu)	jej, (nej)	jemu, mu, (nemu)
対格	jeho, ho, (neho, -ňho, -ň)	ju, (ňu)	ho (-ň)
前置格	ňom	nej	ňom
造格	ním	ňou	ním

	複　　　数	
	1 人称	2 人称
主格	my	vy
生格	nás	vás
与格	nám	vám
対格	nás	vás
前置格	nás	vás
造格	nami	vami

	複　　　数	
	3 人　称	
	男性活動名詞	男性不活動名詞・女性・中性
主格	oni	ony
生格	ich, (nich)	ich, (nich)
与格	im, (nim)	im, (nim)
対格	ich, (nich)	ich, (ne)
前置格	nich	nich
造格	nimi	nimi

①基本人称代名詞 ja, ty, on, ono の生格・与格・対格には，長語形 (mňa, teba, jeho, jeho ; mne, tebe, jemu, jemu ; mňa, teba,

III 代名詞 Zámená

jeho) とならんで，短語形 (ma, ťa, ho, ho ; mi, ti, mu, mu ; ma, ťa, ho, ho) がある．

②長語形が用いられるのは，次のような場合である．

(a)代名詞が文頭に位置する場合

例　*Mňa* sa tá vec netýka. (私にはその件は関係がない)
　　Tebe som svoj názor nepovedal.
　　(君にはぼくは自分の考えを言わなかった)
　　Jeho zaujímajú historické témy.
　　(彼は歴史のテーマに関心がある)

(b)代名詞が強調される場合

例　List napíšte iba *mne*. (手紙はぼくにだけ書いてください)
　　Mám rád len *teba*. (ぼくが好きなのは君だけだ)

(c)代名詞が前置詞と結びつく場合

例　Včera som sa u *teba* zastavil.
　　(きのうぼくは君のところに立ち寄った)
　　Mária prišla ku *mne*. (マーリアが私のところに来た)

③短語形は，その語が強調されない場合に用いられる．この場合は，先行語と続けて1語のように発音される（前接語）．

例　Tá vec sa *ma* netýka. (その件は私には関係がない)
　　Svoj názor som *ti* nepovedal.
　　(ぼくは自分の考えを君に言わなかった)
　　Historické témy *ho* zaujímajú.
　　(歴史のテーマが彼には関心がある)

(a)短語形はふつう，文頭の語や表現の次（二番目の位置）に置かれる．ただし再帰代名詞 sa, si や，不規則動詞 byť' の過去形 (som, si, sme, ste) がある場合は，それらの次に置かれる．

— 207 —

第2部 形態論 Morfológia

例 Mám sa *mu* ospravedlniť?
(彼にお詫びしなければならないだろうか)
Chcel by som sa *ťa* na niečo opýtať.
(君にちょっと聞きたいことがあるんだけど)

(b)短語形は，文頭と前置詞の後には用いられない．

④単数と複数の3人称の，n-(ň-)で始まる形（変化表のカッコ内の形）は，前置詞と結びついた場合にのみ用いられる．

例 do neho, do nej, do nich／k nemu, k nej, k ním
o neho, o ňu, o nich, o ne

> 注）所有人称代名詞 jeho, jej, jich の場合は，前置詞のあとに置かれても，n- はつけられない．
>
> 例 na jeho počesť（彼の名誉のために）
> pri jej dome（彼女の家のそばで）
> s ich dcérou（彼らの娘とともに）

⑤単数3人称 on, ono の生格と対格では，母音で終わる前置詞と結びつく場合に，短縮した形 -ňho, -ň も用いられる．-ňho は男性活動名詞の場合に，-ň はおもに男性不活動名詞と中性名詞の場合に用いられる．

例 do neho ⇒ doňho, doň／na neho ⇒ naňho, naň
o neho ⇒ oňho, oň／po neho ⇒ poňho, poň
pre neho ⇒ preňho, preň／u neho ⇒ uňho, uň
za neho ⇒ zaňho, zaň

Zastavil som sa u priateľa.（私は友人のところに立ち寄った）
⇒ Zastavil som sa uňho.（私は彼のところに立ち寄った）
Pozrela na mladšieho brata.（彼女は弟のほうに目を向けた）
⇒ Pozrela naňho.（彼女は彼のほうに目を向けた）
Oprel sa chrbtom o zábradlie.（彼は背中で手すりに寄りかかっ

III 代名詞　Zámená

た）
　　⇨ Oprel sa oň chrbtom.（彼は背中でそれに寄りかかった）

⑥単数3人称 on, ono の対格と，前置詞 cez, nad, pod, pred が結びつく場合は，それぞれ cezeň, nadeň, podeň, predeň という形も用いられる．この場合，nadeň [nadeň], podeň [podeň], predeň [predeň] と発音される（⇨§9）.

例　Vlak prešiel cez železničný most.
　　（列車は鉄道橋を渡っていった）
　　　　⇨ Vlak prešiel cezeň.（列車はそれを渡っていった）
　　Zavesila obraz nad gauč.（彼女は絵をソファーの上にかけた）
　　　　⇨ Zavesila obraz nadeň.（彼女は絵をその上にかけた）
　　Zasunul kufor pod stôl.
　　（彼はスーツケースをテーブルの下に押し込んだ）
　　　　⇨ Zasunul kufor podeň.
　　　　　（彼はスーツケースをその下に押し込んだ）
　　Vyšli sme pred dom.（私たちは家の前に出た）
　　　　⇨ Vyšli sme predeň.（私たちはその前に出た）

(3)所有人称代名詞の主格

	単　　数	複　　数
1人称	môj（私の）	náš（私たちの）
2人称	tvoj（君の）	váš（君たちの，あなた方の／あなたの）
3人称	jeho（彼の，その） jej（彼女の，その） jeho（その）	ich（彼らの，彼女たちの，それらの）

注）所有人称代名詞の数と人称にかかわる用法は，基本人称代名詞の用法に対応している．

— 209 —

第 2 部　形態論　Morfológia

(4)所有人称代名詞の変化
①所有人称代名詞 môj（私の）は，次のように変化する．

	単　　　数			
	男性活動名詞	男性不活動名詞	女　　性	中　　性
主格	môj	môj	moja	moje
生格	môjho	môjho	mojej	môjho
与格	môjmu	môjmu	mojej	môjmu
対格	môjho	môj	moju	moje
前置格	mojom	mojom	mojej	mojom
造格	mojím	mojím	mojou	mojím

	複　　　数	
	男性活動名詞	男性不活動名詞・女性・中性
主格	moji	moje
生格	mojich	mojich
与格	mojim	mojim
対格	mojich	moje
前置格	mojich	mojich
造格	mojimi	mojimi

②所有人称代名詞 môj においては，男性単数の主格・生格・与格・対格，中性単数の生格・与格の形では，語幹の母音が長く（ô），そのほかの場合は短い（o）．

例　môj dom（私の家），blízko môjho domu（私の家の近くで），
　　k môjmu domu（私の家のほうへ），
　　poza môj dom（私の家の後ろへ），
　　o mojom dome（私の家について），
　　pred mojím domom（私の家の前で）

III 代名詞　Zámená

③所有人称代名詞 tvoj（君の）は，次のように変化する．

	単　　　数			
	男性活動名詞	男性不活動名詞	女　性	中　性
主格	tvoj	tvoj	tvoja	tvoje
生格	tvojho	tvojho	tvojej	tvojho
与格	tvojmu	tvojmu	tvojej	tvojmu
対格	tvojho	tvoj	tvoju	tvoje
前置格	tvojom	tvojom	tvojej	tvojom
造格	tvojím	tvojím	tvojou	tvojím

	複　　　数	
	男性活動名詞	男性不活動名詞・女性・中性
主格	tvoji	tvoje
生格	tvojich	tvojich
与格	tvojim	tvojim
対格	tvojich	tvoje
前置格	tvojich	tvojich
造格	tvojimi	tvojimi

④所有人称代名詞 tvoj においては，すべての性・数・格において，語幹の母音は短い（o）．

例　tvoj dom（君の家），blízko tvojho domu（君の家の近くで），
　　k tvojmu domu（君の家のほうへ），
　　poza tvoj dom（君の家の後ろへ），
　　o tvojom dome（君の家について），
　　pred tvojím domom（君の家の前で）

⑤所有人称代名詞 náš（私たちの）は，次のように変化する．

第2部　形態論　Morfológia

	単　　　数			
	男性活動名詞	男性不活動名詞	女　性	中　性
主格	náš	náš	naš-a	naš-e
生格	náš-ho	náš-ho	naš-ej	náš-ho
与格	náš-mu	náš-mu	naš-ej	náš-mu
対格	náš-ho	náš	naš-u	naš-e
前置格	naš-om	naš-om	naš-ej	naš-om
造格	naš-ím	naš-ím	naš-ou	naš-ím

	複　　　数	
	男性活動名詞	男性不活動名詞・女性・中性
主格	naš-i	naš-e
生格	naš-ich	naš-ich
与格	naš-im	naš-im
対格	naš-ich	naš-e
前置格	naš-ich	naš-ich
造格	naš-imi	naš-imi

⑥所有人称代名詞 váš（君たちの，あなた方の／あなたの）も，náš に準じて変化する．その際，単数生格・与格はそれぞれ，nášho [nážho]，nášmu [nážmu]，vášho [vážho]，vášmu [vážmu] と発音される（⇒§14）．

⑦所有人称代名詞 náš と váš においては，男性単数の主格・生格・与格・対格，中性単数の生格・与格の形では，語幹が長く（á），そのほかの場合は短い（a）．

例　náš dom（私たちの家），
　　blízko nášho domu（私たちの家の近くで），
　　k nášmu domu（私たちの家のほうへ），
　　poza náš dom（私たちの家の後ろへ），

— 212 —

III 代名詞 Zámená

o našom dome（私たちの家について），
pred naším domom（私たちの家の前で）

⑧3人称の所有人称代名詞 jeho（彼の，その），jej（彼女の，その），jeho（その），ich（彼らの，彼女たちの，それらの）は，格変化しない．

例 jeho dom（彼の家），blízko jeho domu（彼の家の近くで），
k jeho domu（彼の家のほうへ），
poza jeho dom（彼の家の後ろへ），
o jeho dome（彼の家について），
pred jeho domom（彼の家の前で）

§55 再帰代名詞 Zvratné zámená

(1)基本再帰代名詞 sa（自分自身）は，次のように変化する．

主格	—
生格	seba
与格	si, sebe
対格	sa, seba
前置格	sebe
造格	sebou

①基本再帰代名詞 sa は主格の形を持たず，また単数と複数の形が同じ（単複同形）である．

②基本再帰代名詞 sa には，次のような意味がある．

(a)行為の主体と同一の事物を表現

例 Ona sa obzerala v zrkadle.（彼女は鏡で自分の姿を見ていた）
On hovorí len o sebe.（彼は自分のことばかり話している）
Ich deti majú pred sebou nádejnú perspektívu.
（彼らの子供たちは将来有望だ）

— 213 —

第2部　形態論　Morfológia

(b)「たがいに，相互に」の意味を表現

例　My bývame vedľa seba. （私たちは隣りあって住んでいる）
　　Pomáhajte si navzájom. （お互いに助け合いなさい）
　　Naši súrodenci sa majú radi. （私たちの兄弟は仲が良い）
　　Mladomanželia pozerali na seba šťastne.
　　（新婚夫婦は幸せそうにお互いを見つめていた）

(c)利益や不利益を表現（利害の与格）

例　Oni si vkusne zariadili byt.
　　（彼らは自分のマンションを趣味よく整えた）
　　Otec objednal dcére džús a sebe pivo.
　　（父親は娘にはジュースを，自分にはビールを注文した）

(d)「自分の」の意味を表現（所有の与格）

例　Jozef si hľadal klobúk. （ヨゼフは自分の帽子を探した）
　　Roztrhol som si nohavice. （私は自分のズボンを破ってしまった）

(e)感情を表現（倫理の与格）

例　Zaspievali si staré populárne pesničky do vôle.
　　（彼らは昔の流行歌を心ゆくまで歌った）
　　Daj si s nimi pokoj. （あの連中とは関わらないほうがいい）

③与格 sebe と対格 seba は，強調される場合と前置詞のあとに用いられる．

例　Mne nekupuj, sebe kúp!
　　（私には買わないで，自分のために買いなさい）
　　Ona prišla k sebe. （彼女は我に返った）

④基本再帰代名詞 sa は，再帰動詞の一部として用いられる場合もある（⇒§70）．

⑤基本再帰代名詞 sa は，受動構文の一部として用いられる場合もある

III 代名詞　Zámená

(⇒§85).

(2)所有再帰代名詞 svoj（自分の）は，次のように変化する．

	単数			
	男性活動名詞	男性不活動名詞	女性	中性
主格	svoj	svoj	svoja	svoje
生格	svojho	svojho	svojej	svojho
与格	svojmu	svojmu	svojej	svojmu
対格	svojho	svoj	svoju	svoje
前置格	svojom	svojom	svojej	svojom
造格	svojím	svojím	svojou	svojím

	複数	
	男性活動名詞	男性不活動名詞・女性・中性
主格	svoji	svoje
生格	svojich	svojich
与格	svojim	svojim
対格	svojich	svoje
前置格	svojich	svojich
造格	svojimi	svojimi

①所有再帰代名詞 svoj（自分の）は，文の主語である人物や事物への帰属をあらわす．

例　Ja mám svoj názor.（私には自分の考えがある）
　　Ona myslí na svoje deti.
　　（彼女は自分の子供たちのことを考えている）
　　Oni idú svojou cestou.（彼らは我が道を行っている）

②所有再帰代名詞 svoj には，次のような特殊な用法もある．

第2部 形態論 Morfológia

例 On bol svojho času známym básnikom.
（彼はかつて有名な詩人だった）
Janko má svoje dva metre.
（ヤンコはゆうに2メートルはある）
Môj ujo už má svoje roky.
（ぼくの叔父さんはもうかなりの年だ）
On trvá na svojom.（彼は自説に固執している）
Ona žije po svojom.（彼女は自己流に生きている）
Oni majú svojím spôsobom pravdu.（彼らはそれなりに正しい）

③所有再帰代名詞 svoj は，話し言葉で名詞として用いられる場合もある．

例 svoj m.（夫，愛しい男性），svoja ž.（妻，愛しい女性）
svoje s.（私有財産），svoji mn. m.（身内，親戚，友人）

Ona býva vo svojom.（彼女は持ち家に住んでいる）
Môj starý otec farmárčil na svojom.
（私の祖父は自分の土地を耕していた）
Už sú svoji.（彼らはもう結婚した）

§56 指示代名詞　Ukazovacie zámená

(1)指示代名詞には，ten（その），tento（この），tamten（その），henten（あの），tenže（その同じ），onen（かの），oný（その），taký（そのような），takýto（このような），onaký（あのような），toľký（かくも）などがある．

(2)指示代名詞 ten（その）は，次のように変化する．

	単		数	
	男性活動名詞	男性不活動名詞	女　性	中　性
主格	ten	ten	tá	to
生格	toho	toho	tej	toho
与格	tomu	tomu	tej	tomu

— 216 —

III 代名詞 Zámená

対格	toho	ten	tú	to
前置格	tom	tom	tej	tom
造格	tým	tým	tou	tým

	複数	
	男性活動名詞	男性不活動名詞・女性・中性
主格	tí	tie
生格	tých	tých
与格	tým	tým
対格	tých	tie
前置格	tých	tých
造格	tými	tými

① 指示代名詞 ten の語頭の t は, ten [ten], tej [teĭ], tí [tí], tie [tĭe] のように, すべての格において硬く発音される (⇒§9).

② 指示代名詞 ten には, 次のような意味がある.

(a) その場にある人物や事物をさす.

例　Čo tu chce ten človek？（あの人はここになにしに来たの？）
　　To slovo podčiarknite.
　　（その語にアンダーラインを引いてください）
　　Deti nepôjdu s nami, tie zostanú doma.
　　（子供たちは私たちと行かないで, 家に残る）

(b) 既知の人物や事物をさすが, tento-ten のペアでは, 2つのうちの離れたほうを, ten-onen のペアでは近いほうをさす.

(c) 現在進行中の時, あるいは文脈のなかで回想されている時をさす.

例　V tom roku bolo veľké sucho.
　　（その年はたいへんな旱魃だった）

第2部　形態論　Morfológia

　　V tom čase, keď som študoval v Bratislave ...
　　（私がブラチスラヴァで勉強していた頃…）
　　od tých čias（その時以来）

(d)不満・不興・怪訝・感激などの感情的なニュアンスを表現する．

例　Čo bude s tým obedom?!（昼食はいったいどうなっているんだ）
　　A ten západ slnka!（なんて素晴らしい日没だろう）

(e)単数中性主格 to は，性と数の区別なしに，人物・事物・事象をさすことができる．

例　To je zaujímavý článok.（それは面白い記事だ）
　　To zostáva pre nás naďalej záhadou.
　　（それは私たちにとってあいかわらず謎だ）

(3)指示代名詞 tento（この）は，次のように変化する．

	単　　数			
	男性活動名詞	男性不活動名詞	女　性	中　性
主格	tento	tento	táto	toto
生格	tohto	tohto	tejto	tohto
与格	tomuto	tomuto	tejto	tomuto
対格	tohto	tento	túto	toto
前置格	tomto	tomto	tejto	tomto
造格	týmto	týmto	touto	týmto

	複　　数	
	男性活動名詞	男性不活動名詞・女性・中性
主格	títo	tieto
生格	týchto	týchto
与格	týmto	týmto
対格	týchto	tieto

III 代名詞　Zámená

前置格	týchto	týchto
造格	týmito	týmito

①指示代名詞 tento の語頭の t は，tento [tento], tejto [teĭto], títo [títo], tieto [tĭeto] のように，すべての格において硬く発音される (⇒§9).

②指示代名詞 tento には，次のような意味がある．

(a)話し手の近くにある人物や事物をさす．

例　tento kabát（このコート），táto úloha（この課題）
　　toto dieťa（この子供），títo ľudia（この人びと）
　　tieto časopisy（これらの雑誌）

(b) tento−ten, tento−tamten のペアでは，2つのうちの近いほうをさす．

例　Tento že je príliš vysoký, a ten zě zase primalý.
　　（これは背が高すぎるし，あれは低すぎる）
　　Toto jablko je kyslé, zober si tamto.
　　（このリンゴは酸っぱいから，あちらのを取りなさい）
　　Mne sa páči aj tamten obraz, aj tento.
　　（私には，あの絵もこの絵も気に入っている）

(c)現在進行中の時をさす．

例　Tohto roku skončí univerzitu.（今年，彼は大学を卒業する）
　　O tomto čase už býva tma.（この時刻にはふつうはもう暗い）
　　v tomto roku（今年に），na tento týždeň（今週に）

(d)肯定的あるいは否定的な感情的評価を表現する．

例　Títo mladí, len samý žart a smiech.
　　（若者たちときたら，なんでも笑い話にしてしまう）

— 219 —

第2部　形態論　Morfológia

(e)単数中性主格 toto は，性と数の区別なしに，話し手の近くにある人物・事物・事象をさすことができる．

例　Toto je ťažký prípad.（これは難しいケースだ）
　　Toto sú moji priatelia zo Slovenska.
　　（こちらはスロヴァキアから来た私の友人たちです）

(4)指示代名詞 tamten（その），henten（あの）は，tam-，hen- の部分は変化せず，-ten の部分が ten に準じて変化する．

①指示代名詞 tamten には，次のような意味がある．

(a)離れた，あるいはすでに言及された人物や事物をさす．

例　tamten kabát（あのコート），tamtá úloha（あの課題），
　　tamto dieťa（あの子供），tamtí ľudia（あの人びと），
　　tamtie šaty（あれらの衣服），

　　Tamten vysoký, to je on.（あそこの背の高いの，あれが彼だ）
　　Po tamtých skúsenostiach trochu zmúdrel.
　　（ああした経験を経て，彼はすこし賢くなった）

(b) ten(to)－tamten のペアでは，2つの人物や事物のうちの離れたほうをさす．

例　Túto knihu som už čítal, tamtú nepoznám.
　　（この本はもう読んだが，あの本は知らない）
　　Títo sa smejú, tamtí zasa plačú.
　　（この人たちは笑っているが，あの人たちは泣いている）

(c)過ぎ去った時をさす．

例　tamten týždeň（あの週），tamtej zimy（あの冬に）

②指示代名詞 henten は，tamten の口語的な表現である．

例　henten človek（あの人），hentá cesta（あの道），
　　hento auto（あの車）

III 代名詞 Zámená

(5)指示代名詞 tenže（その同じ）は，ten- の部分が ten に準じて変化し，-že の部分は変化しない．tenže は同一の事物であることをさす．

例　tenže dom（その同じ家），v tomže prípade（同じ場合に）

> 例）指示代名詞 tenže は，文語的で廃れかけた形であり，現在この意味では，ふつう定代名詞 ten istý（同じような）が用いられる（⇒§58）．

(6)指示代名詞 onen（かの）は，次のように変化する．

	単　　　　数			
	男性活動名詞	男性不活動名詞	女性	中　性
主格	onen	onen	oná	ono
生格	onného/onoho	onného/onoho	onej	onného/onoho
与格	onému/onomu	onému/onomu	onej	onému/onomu
対格	onného/onoho	onen	onú	ono
前置格	onom	onom	onej	onom
造格	oným	oným	onou	oným

	複　　　数	
	男性活動名詞	男性不活動名詞・女性・中性
主格	oní	oné
生格	oných	oných
与格	oným	oným
対格	oných	oné
前置格	oných	oných
造格	onými	onými

①指示代名詞 onen の語幹末の n は，onen [onen]，onej [onei̯]，oní [oní] のように，すべての格において硬く発音される（⇒§9）．

— 221 —

第 2 部　形態論　Morfológia

②onen は次のような意味を持つ．

(a)ふつう ten−onen，tamten−onen のペアで，時間的に離れた対象や，すでに以前に想起された対象をさす．同じ意味の tamten と較べると，より文語的な形である．

例　To je onen skutočný historizmus.
　　（これがかの本当の歴史主義だ）
　　To je jedno, ten či onen.（あれでもこれでも，同じことだ）

(b)一般に知られたものをさす．

例　V onen deň sme neboli doma.
　　（その日に私たちは家にいなかった）

③男性活動名詞の単数生格・単数与格・単数対格，および男性不活動名詞と中性の単数生格・単数与格では，おもに onného, onému という形が用いられる．onoho, onomu の形は，現在ではアルカイズム（古風な表現）と見なされている．

例　*onoho času（あの時），z onoho sveta（死後の世界から）

(7)指示代名詞 oný（その）は単数主格で，pekný タイプの硬変化形容詞（⇒§46）に準じた次のような形を持つ－男性活動・男性不活動 oný，女性oná，中性 oné/onô

① oný は，話し手が思い出せなかったり，口にするのを憚ったりするものをさす場合に用いられる．

例　Podaj mi ten oný ... cukor.（そのあれを…砂糖をとってくれ）

② oný, oná, oné の形は，指示代名詞 onen, oná, ono に取って代わりつつある．

> 注）文学や会話では方言的表現として，中性主格・対格で onô という形が用いられることもある．

III 代名詞 Zámená

(8)指示代名詞 taký（そのような），onaký（あのような），toľký（それほどの）は，pekný タイプの硬変化形容詞に準じて変化する（⇒§46）．指示代名詞 takýto（このような）は，taký- の部分が，pekný タイプの硬変化形容詞に準じて変化し，-to の部分は変化しない．

①taký は次のような意味を持つ．

(a)あるものの属性やその程度の大きさをさす．

例　Taký je život.（人生とはそういうものだ）
Čo si taký smutný?
（なぜ君＜男性＞はそんなに悲しそうなんだい）
Buďte taká dobrá [Buďte taká láskavá], ukážte mi tento tovar.
（＜女性に＞お手数ですが，この商品を見せてください）

(b)あるものの属性やその程度を伝達する．しばしば taký-aký, aký-taký, taký-že, taký-aby などの形で用いられる．

例　Nečakala, že bude mať také šťastie.
（彼女はこんなにうまく行くとは思っていなかった）
Aký človek, taká reč.（文は人なり）
Chlapci sú takí hladní, že zjedia hocčo.
（少年たちはとても空腹なので，なんでも食べてくれるだろう）

(c)感覚的なニュアンスを付け加える（しばしば感嘆文で）．

例　Čo sa trápiš pre také nič!
（そんなつまらないことでなにを悩んでいるんだ）
Všetko je také krásne!（すべてはなんて美しいんだろう）

②指示代名詞 onaký は，離れた（比較してより遠くの）属性を伝達し，ふつう taký-onaký のペアで用いられる．

例　v takej alebo onakej miere（あれこれの規模で）
Zvoľte si takýto alebo onaký spôsob.
（これかあれか，いずれかの方法を選んでください）

第2部　形態論　Morfológia

③指示代名詞 toľký は，次のような意味を持つ．

(a)状況によって身近に定められた量をさしたり，それらを伝達する．しばしば toľký-koľký, koľký-toľký, toľký, že の形で用いられる．

例　Úroda uhoriek je dvakrát toľká ako vlani.
（キュウリの収穫は去年の二倍だ）
moriak toľky ako teľa（子牛ほどの大きさの七面鳥）
Koľká námaha, toľký úžitok.
（努力すれば，それだけの成果が得られる）
Balík bol toľký, že sa nezmestil do kufra.
（小包はスーツケースに入りきらないほど大きかった）

(b)大きな量をしめす．

例　Kde vzal toľkú silu？
（彼はどこからこんな大きな力を得たのだろう）
Pri toľkých deťoch sú starosti.
（こんなにたくさん子供がいると，心配事も多い）

④指示代名詞 takýto は，次のような意味を持つ．

(a)直接に想起された属性や状態をさしたり，それらを伝達する．

例　Mladí ľudia majú radi takéto filmy.
（若い人たちはこんな映画が好きだ）
Aj my máme takéto auto.（私たちもこんな車を持っている）
Príďte sem zajtra o takomto čase.
（明日の同じような時刻にここに来てください）

(b)感情的なニュアンスを付け加える（感嘆文で）．

例　Takáto hanba！（なんて恥ずかしいことだ）

§57　疑問代名詞　Opytovacie zámená

(1)語形変化する疑問代名詞には，kto（だれ），čo（なに），aký（どのよう

III 代名詞 Zámená

な)，ktorý（どの），koľký（何番目の），čí（だれの）などがある．

(2) 疑問代名詞 kto（だれ），čo（なに）には単数のみがあり，次のように変化する．

主格	kto	čo
生格	koho	čoho
与格	komu	čomu
対格	koho	čo
前置格	kom	čom
造格	kým	čím

① 疑問代名詞 kto は，人間にかかわる問いを表現する．

例　Kto je pri telefóne?（＜電話で＞どちらさまですか？）
　　Komu dáme, ak nie deťom?
　　（子供たち以外の，だれにあげるというのですか）
　　Koho sa mám opýtať?（だれに聞けばいいのですか）
　　O kom si hovoril?（だれのことを話していたんだい）

② 疑問代名詞 čo は，動物・事物・現象・状態・量・原因などにかかわる問いを表現する．

例　Čo je to?（それはなんですか）
　　Z čoho je táto bábika?（この人形はなにで出来ていますか）
　　Čo si želáte?（なにをお望みですか）
　　O čom ste hovorili?（なんのことを話していたのですか）

③ 疑問代名詞 kto, čo は，単数のみで用いられるが，伝達機能においては，複数の人物や事物の命名にも用いられる．

例　Kto prišiel? － Deti prišli.
　　（だれがやって来たの？ － 子供たちがやって来たんだ）
　　Čo tam je? － Tam sú noviny.

第2部　形態論　Morfológia

（あそこになにがあるの？ － あそこには新聞がある）

④疑問代名詞 kto, čo は文法性を持たないが，動詞の過去形とともに用いられる場合は，kto は男性単数，čo は中性単数として扱われる．

例　Kto tam bol？（だれがそこにいたのか）
　　Čo sa stalo？（なにが起こったのか）

> 注）人物の性を区別する必要がある場合は，kto のかわりに，疑問代名詞 ktorý が用いられる．
>
> 　　例　Ktorá z nich je vaša dcéra？
> 　　　　（彼女たちのうちのだれが，あなたのお嬢さんですか？）

⑤特殊な成句 čo za は，aký（どのような）と同じ意味をあらわし，za と結びつく名詞は対格か主格となる．

例　Čo je to za človeka (človek)？
　　（あれはいったいどういう人ですか）
　　Čo sú to za poriadky？（これはいったいどういうやり方だ）

(3)疑問代名詞 aký（どのような），ktorý（どの），koľký（何番目の）は，pekný タイプの硬変化形容詞に準じて変化する（⇒§46）.

①疑問代名詞 aký は，属性や質などにかかわる問いを表現する．

例　Aký je váš názor？（あなたの意見はどうですか）
　　Aká hlboká je voda？（水の深さはどのくらいですか）
　　Aká náhoda！（なんという偶然だろう！）

②疑問代名詞 ktorý は，人間や事物の分類にかかわる問いを表現する．

例　Ktorý z nich je váš syn？
　　（彼らのうちのだれが，あなたの息子さんですか？）
　　Ktorých spisovateľov rád čítate？

III 代名詞 Zámená

　　(どの作家を愛読していますか)
　　V ktorom roku ste sa narodili?
　　(あなたは何年に生まれましたか)
　　Ktorým vlakom pôjdete? (どの列車で行くのですか)

③疑問代名詞 koľký は，順番にかかわる問いを表現する．

例　Koľkého je dnes? (今日は何日ですか)
　　Do koľkej (hodiny) obyčajne pracujete?
　　(ふだんは何時まで働いていますか)

(4)疑問代名詞 čí (だれの) は，所有者などにかかわる問いを表現する．単数男性 čí, 単数女性 čia, 単数中性 čie, 複数男性 čí, 複数女性・中性 čie という形をとり，cudzí タイプの軟変化形容詞に準じて変化する (⇒§47).

例　Čí je tento dom? (この家はだれのものですか)
　　Čia zásluha? (だれの功績ですか)
　　Čie je to dieťa? (これはだれの子供ですか)
　　Čie sú tieto topánky? (この靴はだれのですか)
　　S čou pomocou ste to urobili?
　　(だれの助けを借りて，これをやったのですか)

注1) 疑問代名詞 kto, čo, aký, ktorý, čí は，それぞれ -že がつけられると，強調の形になる．-že は格変化しない．

注2) 疑問代名詞 kto, čo, aký, ktorý, čí は，関係代名詞としても用いられる．両者の形態上の差異は，疑問代名詞が主文を導くのにたいして，関係代名詞は従属文を導くことである．

　例　Iba ten to pochopí, *kto* to sám zažil.
　　　(それを理解できるのは，みずから経験した者だけだ)
　　　Mysli si, *čo* chceš.
　　　(好きなように考えたらいい)
　　　Neviem, *aký* bude výsledok.

— 227 —

> (どんな結果になるのか，私はわからない)
> Je to pieseň, *ktorú* mám najradšej.
> (これが私のいちばん好きな歌だ)
> Povedz mi, *čí* je to článok.
> (これがだれの記事か，教えてくれ)

(5)次のような一連の疑問代名詞は，格変化しない (⇒§91).

①場所を示す疑問代名詞－
 kde（どこで），kam（どこへ），odkiaľ（どこから）
 pokade/pokiaľ（どこまで），kade/kadiaľ（どこを通って）

②時を示す疑問代名詞－
 kedy（いつ），odkedy（いつから），dokedy（いつまで）

③原因を示す疑問代名詞－
 prečo（なぜ），začo（どうして），načo（なんのために）

④方法を示す疑問代名詞－
 ako（いかに）

§58 定代名詞 Vymedzovacie zámená

(1)定代名詞には，sám（〜自身），všetok（すべての），každý（それぞれの），iný（別の），taký istý（同じような），samý（まさにその），inakší（別の），ten istý（その同じ），ten samý（その同じ），nikto/nik（だれも〜ない），nič（なにも〜ない），nijaký（どんな〜もない），žiaden/žiadny（どんな〜もない），ničí（だれのものでもない）などがある．

(2)定代名詞 sám は，次のように変化する．

	単	数	
男性活動名詞	男性不活動名詞	女　性	中　性

III 代名詞　Zámená

主格	sám	sám	sama	samo
生格	samého	samého	samej	samého
与格	samému	samému	samej	samému
対格	samého	sám	samu	samo
前置格	samom	samom	samej	samom
造格	samým	samým	samou	samým

	複　　数	
	男性活動名詞	男性不活動名詞・女性・中性
主格	sami	samy
生格	samých	samých
与格	samým	samým
対格	samých	samy
前置格	samých	samých
造格	samými	samými

定代名詞 sám は，次のような意味で用いられる．

① 「ただひとつの，唯一の」の意味（反対語－ všetci, každý）

例　Sme tu sami.（ここにいるのは私たちだけだ）

② 「孤独に，打ち捨てられて」の意味

例　Starec býva sám v chalupe.（老人は一人で小屋で暮らしている）

③ 「他人の助けなしで，独力で」の意味

例　Každý sa musí rozhodnúť sám.
　　（各人が自分で決定しなければならない）

④ 「他人の干渉なしで，自発的に」の意味

例　Starý otec začal o tom rozprávať sám.

第2部　形態論　Morfológia

（祖父はそれについて問わず語りに話しはじめた）

⑤人物あるいは事物の命名を強調する．「みずから，〜自身」の意味

例　Prišiel sám prezident！（大統領がみずからやって来た）

> 注）中性の単数主格・対格で，samo のかわりに samé を，男性不活動名詞・女性・中性の複数主格・対格で，samy のかわりに samé を用いるのは，誤用と見なされている．

(3)定代名詞 všetok は，次のように変化する．

	単数			
	男性活動名詞	男性不活動名詞	女性	中性
主格	všetok	všetok	všetka	všetko
生格	všetkého	všetkého	všetkej	všetkého
与格	všetkému	všetkému	všetkej	všetkému
対格	všetkého	všetok	všetku	všetko
前置格	všetkom	všetkom	všetkej	všetkom
造格	všetkým	všetkým	všetkou	všetkým

	複数	
	男性活動名詞	男性不活動名詞・女性・中性
主格	všetci	všetky
生格	všetkých	všetkých
与格	všetkým	všetkým
対格	všetkých	všetky
前置格	všetkých	všetkých
造格	všetkými	všetkými

III 代名詞 Zámená

①定代名詞 všetok は,「ある事物や現象の総体」の意味を表現する.ふつうは複数で用いられるが,物質名詞・集合名詞・抽象名詞の場合は,単数でも用いられる.

例　my všetci（私たちみな）,
　　všetci obyvatelia tejto obce（この自治体の全住民）,
　　všetky peniaze（あり金すべて）, všetky okná（すべての窓）,
　　zo všetkých síl（全力をつくして）,
　　zo všetkých strán（あらゆる方角から）

　　všetok voľný čas（ひまな時間全部）,
　　všetka zelenina（すべての野菜）

②単数中性の形は,中性名詞 všetko（全体,すべて）に転用される場合がある（反対語－nič）.

例　Všetko alebo nič.（すべてか,無か）
　　podľa všetkého（おそらく,たぶん）, bez všetkého（異議なく）
　　On urobil všetko možné, aby jej pomohol.
　　（彼は彼女を助けるために万策を尽くした）
　　Neboj sa, už je po všetkom.
　　（心配するな,もうすべて終わったよ）

(4)定代名詞 každý（それぞれの）, iný（べつの）, taký istý（同じような）, samý（まさにその）は, pekný タイプの硬変化形容詞に準じて変化する（⇒§46）.

①定代名詞 každý は,人物・事物・現象の総体をさすと同時に,その総体のそれぞれの部分を表現する.

例　Každý človek je smrteľný.（人間はだれでも死ぬものだ）
　　Do práce chodím každý druhý deň.
　　（私は一日おきに仕事に通っている）
　　Hosť môže prísť každú chvíľu.
　　（お客はいつなんどき来るかもしれない）
　　Chcem študovať v Bratislave za každú cenu.

第2部　形態論　Morfológia

(ぼくはなんとしてもブラチスラヴァで勉強したい)

②定代名詞 iný は，本来とは別の事物・現象・属性を表現する．

例　Čakali sme Jána, prišiel iný.
(われわれはヤーンを待っていたが，来たのは別の男だった)
Ona je už celkom iná. (彼女はもうすっかり別人だ)
To je iná vec. (それは別の話だ)
Jedni prichádzajú, iní odchádzajú.
(やって来る者もいれば，立ち去る者もいる)
Moja manželka je v inom stave. (私の妻は妊娠している)

③定代名詞 taký istý は，属性の同一性・類似性を表現する．

例　Tvoj otec bol prchký človek a ty si taký istý.
(君の父親は怒りっぽい人間だったが，君も同じだ)
Mám také isté tričko ako ty.
(ぼくは君と同じTシャツを持っている)
Študovali sme v takých istých podmienkach.
(ぼくたちは同じ条件で勉強していた)

④定代名詞 samý は，唯一の属性や，場所や時間の直接の近さを表現する．

例　Stromy boli samý kvet. (木々は花盛りだった)
Túto skupinu tvoria samí Slováci.
(このグループはスロヴァキア人だけからなっている)
od samého rána do samého večera (朝早くから晩遅くまで)
Došli sme na samý koniec mesta.
(私たちは町のいちばん外れまで来た)
Vystúpili sme na samý vrchol Fudžisanu.
(私たちは富士山のいちばん頂上まで登った)

(5)定代名詞 inakší は，iný と同じく，本来とは別の事物・現象・属性を表現する．inakší は，cudzí タイプの軟変化形容詞に準じて変化する(⇒§47)．

III 代名詞 Zámená

例 Katarína má inakšiu povahu ako jej staršia sestra.
（カタリーナは姉とは違った性格を持っている）
Vtedy boli inakšie časy ako dnes.
（当時は今とは時代が違っていた）

(6)定代名詞 ten istý と ten samý は，ten の部分は指示代名詞 ten に，istý, samý の部分は pekný タイプの硬変化形容詞に準じて変化する（⇒§56／46）．いずれも，人物・事物・現象の同一性や類似性を表現する．

例 Bola to tá istá melódia, ktorú som počul včera.
（それは昨日私が聞いたのと同じメロディーだった）
Stará matka zomrela ešte v tom istom roku.
（祖母はまだその年のうちに亡くなった）
On stále tvrdí jedno a to samé.
（彼はあいかわらず同じことを主張している）

(7)定代名詞 nikto/nik（だれも～ない）は，疑問代名詞 kto に準じて変化し，定代名詞 nič（なにも～ない）は，疑問代名詞 čo に準じて変化する（⇒§57）．否定の接頭辞 ni- は，すべての格において，つねに続けて1語として書かれる．

例 V chate nie je nikto.（山小屋の中にはだれもいない）
Juraj sa nikoho nebojí.（ユライはだれも恐れない）
Starká nemala nikoho.（老婆には身寄りがなかった）
Andrej nechcel s nikým hovoriť.
（アンドレイはだれとも話したがらなかった）

V skrini nebolo nič.（戸棚のなかにはなにもなかった）
Lepšie niečo ako nič.
（なにもないよりは，なにかあるほうがまし）
Z ničoho dávať je ťažko.（ない袖はふれない）
To nestojí za nič.（それにはなんの値打ちもない）

(8)定代名詞 nijaký（どんな～もない）と žiaden/žiadny（どんな～もない）は，pekný タイプの硬変化形容詞に準じて変化する（⇒§46）．

— 233 —

žiaden は特殊な主格の形で, [žiaden] と発音される.

例　Nijaký jednotlivec nežije sám.
（どんな個人も一人で生きているわけではない）
Nemám nijaké námietky.（私にはまったく異論はない）
V nijakom prípade s vami nesúhlasím.
（私はどうしてもあなたに賛成できない）
Nestane sa žiadny (žiaden) zázrak.
（奇跡など起こるわけがない）
Nemá žiadne starosti.（彼にはまったく心配事がない）

(9)定代名詞 ničí（だれのものでもない）は, cudzí タイプの軟変化形容詞に準じて変化する（⇨§47）.

例　Táto kniha nie je ničia.（この本はだれのものでもない）
Nepotrebujem ničiu radu.（私にはだれの助言も必要ない）

§59　不定代名詞　Neurčité zámená

(1)不定代名詞は, 疑問代名詞 kto, čo, aký, ktorý, čí などに, 次のような語を前接あるいは後接して作られる.

前接される語 － nie-(ne-), da-, vol'a- ; hoci-(hoc-), bárs-(bár-) ;
　　　　　　　 kade-, kde-, leda- ; málo-, zriedka-, sotva-,
　　　　　　　 poda- ; všeli- ; ktovie-, bohvie-
後接される語 － -si ; -kol'vek

(2) nie-(ne-), da-, vol'a-, -si をつけて作られる不定代名詞

	nie-(ne-)	da-	vol'a-	-si
kto	niekto	dakto	vol'akto	ktosi
čo	niečo	dačo	vol'ačo	čosi
aký	nejaký	dajaký, dáky	vol'ajaký, vol'áky	akýsi
ktorý	niektorý	daktorý	vol'aktorý	ktorýsi
čí	niečí	dačí	vol'ačí	čísi

III 代名詞 Zámená

① nie-(ne-), da-, vol'a- をつけて作られる不定代名詞は,「一般的なあいまいさ」を表現する. これらの語は, すべて中立的なニュアンスを持っている.

例 Niekto zaklopal na dvere. (だれかがドアをノックした)
Treba niečo robit'. (なんとかしなければならない)
Máte nejaké otázky? (なにか質問がありますか)
Niektoré ovocie je bohaté na vitamíny.
(果物は種類によってビタミンが豊富だ)
Na stole leží vol'ačí slovník.
(テーブルの上にだれかの辞書が置いてある)

② nie- をつけて作られる不定代名詞では, リズム短縮の規則は守られず, 後続の長音節は短縮されない (⇒§19).

例 niečí, niečia, niečie (だれかの), niekým (だれか<造格>)
niečím (なにか<造格>)

③ dajaký, vol'ajaký は口語ではしばしば短縮されて, それぞれ dáky, vol'áky となることがある.

④ -si をつけて作られる不定代名詞は, nie-(ne-), da-, vol'a- をつけて作られる不定代名詞に較べて, あいまいさの程度がより大きいことを表現し, あいまいさを強調する場合に用いられる. 疑問文ではほとんど用いられない.

例 Ktosi sa k nám blíži. (だれかが私たちのほうに近づいてくる)
Chcel čosi povedat'. (彼はなにか言おうとした)
Strýko bol v akomsi športovom spolku.
(おじさんはなにかのスポーツ団体に入っていた)

(3) hoci-(hoc-), -kol'vek, bárs-(bár-) をつけて作られる不定代名詞

	hoci-(hoc-)	-kol'vek	bárs-(bár-)
kto	hocikto, hockto	ktokol'vek	bárskto, bárkto

― 235 ―

第 2 部　形態論　Morfológia

čo	hocičo, hoccčo	čokoľvek	bársčo, bárčo
aký	hocijaký, hocaký	akýkoľvek	bársaký, báraký
ktorý	hociktorý, hocktorý	ktorýkoľvek	bársktorý, bárktorý
čí	—	číkoľvek	—

　hoci-(hoc-), -koľvek, bárs-(bár-) から作られる不定代名詞は，「無差別のニュアンスを伴ったあいまいさ」を表現する．bárs-(bár-) から作られる不定代名詞は，口語で用いられる．

　例　Prihlásiť sa do diskusie môže hocikto.
　　（討論にはだれでも参加することができる）
　　Môžete to povedať hocikomu.
　　（このことはだれに話してもかまいません）
　　Vyberte si hocijakú látku.（どんな生地でも選んでください）
　　Môže to byť ktorýkoľvek z vás.
　　（あなたがたのうちの誰でもけっこうです）
　　Aké chceš auto? — Báraké.
　　（どんな車が欲しいんだい？ — どんなのでもいいよ）

(4) kade-, kde-, leda- をつけて作られる不定代名詞

	kade-	kde-	leda-
kto	kadekto	kdekto	ledakto
čo	kadečo	kdečo	ledačo
aký	kadejaký	kdejaký	ledajaký
ktorý	—	kdektorý	—

　kade-, kde-, leda- から作られる不定代名詞は，「偶然の区別のニュアンスを伴ったあいまいさ」を表現する．なかでも kade- がもっとも頻繁に用いられる．

　例　Kadekto to tu navštevuje.（ここにはいろんな人がやって来る）
　　Kadečo sa v živote stáva.

III 代名詞　Zámená

　　（人生にはいろいろなことが起きるものだ）
　　Boli tam mladí ľudia z kadejakých krajín.
　　（そこにはいろいろな国から来た若者たちがいた）
　　Kdektorý žiak to vie urobiť. （どんな生徒にだってこれはできる）

(5) málo-, zriedka-, sotva-, poda- をつけて作られる不定代名詞

	málo-	zriedka-	sotva-	poda-
kto	málokto	zriedkakto	sotvakto	—
čo	máločo	—	sotvačo	—
aký	—	—	sotvaaký	—
ktorý	máloktorý	zriedkaktorý	sotvaktorý	podaktorý

　málo-, zriedka-, sotva-, poda- から作られる不定代名詞は，「最小限度の量のあいまいさ」を表現する．

　例　Málokto o ňom vedel.
　　　（彼については，ほとんどだれも知らなかった）
　　　Zriedkakto prišiel k nej na návštevu.
　　　（彼女のところを訪れる者はほとんどいなかった）
　　　Z peňazí mi sotvačo ostalo.
　　　（私の有り金はほとんど残らなかった）
　　　Zriedkaktorý deň sa tak vydarí.
　　　（こんなにうまくいく日はめったにない）

(6) všeli- をつけて作られる不定代名詞

	všeli-
kto	všelikto
čo	všeličo
aký	všelijaký

　všeli- から作られる不定代名詞は，「多様性のニュアンスを伴ったあいま

第 2 部　形態論　Morfológia

いさ」を表現する．

　例　Všelikto už o tom vie.（だれかれがもうそのことを知っている）
　　　V škole sa všeličo naučil.（彼は学校でさまざまなことを学んだ）
　　　Na stole ležali všelijaké keramické výrobky.
　　　（テーブルの上にはさまざまな陶器が置いてあった）

(7) ktovie-，bohvie- をつけて作られる不定代名詞

	ktovie-	bohvie-
kto	—	bohviekto
čo	ktoviečo	bohviečo
aký	ktovieaký	bohvieaký

　ktovie-，bohvie- から作られる不定代名詞は，「否定的な感情的評価を伴ったあいまいさ」を表現する．

　例　Stretol sa tam s bohviekým.
　　　（彼がそこでだれと会ったか，わかったもんじゃない）
　　　Namýšľa si o sebe ktoviečo.
　　　（彼は，自分のことをおおいに思い上がっている）
　　　Necítil som ktovieakú radosť.
　　　（私はたいした喜びを感じなかった）

(8) aký，ktorý に，語を前接あるいは後接して作られる不定代名詞は，aký，ktorý の部分が pekný タイプの硬変化形容詞に準じて変化し（⇒§46），前接あるいは後接された語は変化しない．

(9) čí に，語を前接あるいは後接して作られる不定代名詞は，čí の部分が cudzí タイプの軟変化形容詞に準じて変化し（⇒§47），前接あるいは後接された語は変化しない．

(10) kto，čo に，語を前接あるいは後接して作られる不定代名詞は，kto，čo の部分が疑問代名詞 kto，čo に準じて変化し（⇒§57），前接あるいは後接された語は変化しない．

IV 数詞　Číslovky

§60　スロヴァキア語の数詞　Číslovky v slovenčine

(1)数詞は品詞のひとつで，数量をあらわし，格変化する場合も，格変化しない場合もある．個々の数詞は，名詞・形容詞・副詞としての性格を持っている．

(2)スロヴァキア語の数詞は，意味によって次のように分類される．

①個数詞　základné číslovky (kardináliá)
- (a)定個数詞　― jeden, dva, obidva, päť, desať, sto, tisíc, milión …
- (b)不定個数詞　― veľa, mnoho, málo, zopár, niekoľko …
- (c)分数詞　― štvrť, pol, jeden a pol, pol druha, polovica, tretina, desatina, milióntina …

②集合数詞　skupinové číslovky (kolektíva)
- (a)定集合数詞　― dvoje, troje, pätoro, desatoro …
- (b)不定集合数詞　― viacero

③倍数詞　násobné číslovky (multiplikatíva)
- (a)定倍数詞　― jeden raz, dva razy, trikrát, jednorazový, dvojnásobný, dvojitý, trojnásobne, trojmo …
- (b)不定倍数詞　― veľa ráz, mnohokrát, mnohonásobne …

④順序数詞　radové číslovky (ordináliá)
- (a)定順序数詞　― prvý, druhý, piaty, desiaty, stý, tisíci, milióntý …
- (b)不定順序数詞　― ostatný, posledný

⑤種数詞　druhové číslovky (špeciáliá)

― 239 ―

第2部　形態論　Morfológia

(a)定種数詞　　－ jednaký, dvojaký, obojaký, dvojako,
　　　　　　　　trojako, storaký …
(b)不定種数詞　－ niekoľkoraký, mnohoraký …

§61　個数詞　Základné číslovky

(1)スロヴァキア語の定個数詞は，次のようである．

0 － nula

1 － jeden [jeden], jedna, jedno,
　　　jedni [jedni], jedny [jedni]
2 － dvaja, dva, dve　　　　　3 － traja, tri
4 － štyria, štyri　　　　　　　5 － päť (piati)
6 － šesť (šiesti)　　　　　　　7 － sedem (siedmi)
8 － osem (ôsmi)　　　　　　　9 － deväť (deviati)
10 － desať (desiati)

11 － jedenásť [jedenásť] (jedenásti)
12 － dvanásť (dvanásti)　　　13 － trinásť (trinásti)
14 － štrnásť (štrnásti)　　　 15 － pätnásť (pätnásti)
16 － šestnásť [šesnásť] (šestnásti)
17 － sedemnásť (sedemnásti)　18 － osemnásť (osemnásti)
19 － deväťnásť (deväťnásti)
20 － dvadsať [dva〉c-/dvacať] (dvadsiati)
21 － dvadsaťjeden [dva〉c-/dvacaďjeden]
22 － dvadsaťdva [dva〉c-/dvacaďdva]
23 － dvadsaťtri　　　　　　　24 － dvadsaťštyri
25 － dvadsaťpäť　　　　　　　26 － dvadsaťšesť
27 － dvadsaťsedem
28 － dvadsaťosem [dva〉c-/dvacaďosem]
29 － dvadsaťdeväť [dva〉c-/dvaca〉ďevet']
30 － tridsať [tri〉c-/tricať] (tridsiati)

IV 数詞 Číslovky

40 － štyridsať [štiri⟩c-/štiricať] (štyridsiati)
50 － päťdesiat [pe⟩ď-/peďesĭat] (päťdesiati)
60 － šesťdesiat [šezďesĭat] (šesťdesiati)
70 － sedemdesiat (sedemdesiati)
80 － osemdesiat (osemdesiati)
90 － deväťdesiat [deve⟩ď-/deveďesĭat] (deväťdesiati)

100 － sto
102 － stodva/sto dva
111 － stojedenásť/sto jedenásť

101 － stojeden/sto jeden
110 － stodesať/sto desať

200 － dvesto
400 － štyristo
600 － šesťsto [šesto]
800 － osemsto

300 － tristo
500 － päťsto [pecto]
700 － sedemsto
900 － deväťsto [devecto]

1000 － tisíc
1100 － tisícsto/tisíc sto
3000 － tritisíc
5000 － päťtisíc
1万 － desaťtisíc

1001 － tisícjeden/tisíc jeden
2000 － dvetisíc
4000 － štyritisíc
6000 － šesťtisíc
10万 － stotisíc

100万 － (jeden) milión
500万 － päť miliónov
1億 － sto miliónov

200万 － dva milióny
1000万 － desať miliónov
10億 － miliarda [mili-arda]

1兆 － bilión

双方, 両方 － obidva, oba

> 注）定個数詞は，日付・年号・統計史料・数学・簿記などの場合は，ふつうアラビア数字（0, 1, 2, 3 …）で表記されるが，文字が用いられる場合もある。

(2)定個数詞 jeden は，結びつく名詞の性・数・格にしたがって，次のよう

第2部　形態論　Morfológia

に変化する.

	単　　　数			
	男性活動名詞	男性不活動名詞	女　性	中　性
主格	jeden	jeden	jedna	jedno
生格	jedného	jedného	jednej	jedného
与格	jednému	jednému	jednej	jednému
対格	jedného	jeden	jednu	jedno
前置格	jednom	jednom	jednej	jednom
造格	jedným	jedným	jednou	jedným

	複　　　数	
	男性活動名詞	男性不活動名詞・女性・中性
主格	jedni	jedny
生格	jedných	jedných
与格	jedným	jedným
対格	jedných	jedny
前置格	jedných	jedných
造格	jednými	jednými

①jeden [jeden] のdと, jednej [jedneǐ], jedni [jedni] の語幹末のnは, 硬く発音される (⇨§9).

②定個数詞jedenは, 結びつく名詞と性・数・格において一致する (文法上の一致).

例　jeden študent (1人の学生), jeden strom (1本の木),
　　jedna žena (1人の女性), jedno dieťa (1人の子供),
　　jedným slovom (一言で言うと),
　　pod jednou podmienkou (ある条件のもとで)

③複数の形は, 複数専用名詞や, ふつう複数で用いられる語とともに用い

IV 数詞 Číslovky

られる.

例　jedni rodičia（1組の両親），jedny nožnice（ハサミ1挺）
　　jedny papuče（スリッパ1組），jedny ponožky（靴下1足）

④ jeden が「ひとつの，1人の」など数をさす時は，強調される場合や，「～のひとつ」という意味の場合にのみ用いられ，そうでない場合はふつう省略される．

例　Bol tam iba jeden študent.
　　（そこには1人の学生しかいなかった）
　　　【比較例　Bol tam študent.（そこには学生が1人いた）】
　　Každý má len jeden život.（だれでも人生は一度きりだ）
　　　【比較例　Každý má svoj život.（だれにも自分の生活がある）】
　　Slovensko je jeden z najmladších štátov v Európe.
　　（スロヴァキアはヨーロッパでもっとも若い国のひとつである）

⑤ jeden が単独で用いられる場合は，ふつう男性単数が用いられる．

例　jeden, dva, tri（1，2，3）

⑥ jeden は，「同じ，同一の，共通の」という意味で用いられることがある．

例　My pracujeme na jednom pracovisku.
　　（私たちは同じ職場で働いている）
　　Pochádzajú z jednej dediny.（彼らは同じ村の出身だ）
　　Narodili sme sa v jednom roku.（私たちは同じ年に生まれた）

⑦ jeden は，不定代名詞 nejaký, akýsi, ktorýsi, istý（ある）としての意味を持つ場合がある．

例　jedného rána/jedno ráno（ある朝に）
　　Žil raz jeden kráľ.（昔ある王様がいた）
　　list od jedného priateľa（ある友人からの手紙）

⑧ jeden には，定順序数詞 druhý の変化形と結びついて，相互性（互いに，互いを）や交代（つぎつぎに）を示す用法がある．

— 243 —

第2部 形態論 Morfológia

例 Jeden robí a druhý spí.
（働いている者もいれば，寝ている者もいる）
Pomáhajte si jeden druhému.（互いに助けあいなさい）
Oni mali radi jeden druhého.（彼らはお互いを好きだった）

⑨単数中性 jedno は単独で用いられると，「ひとつの事，ある事」という意味を持つ場合がある．

例 Jedno neviem pochopiť.（ひとつだけ理解できないことがある）

⑩ jedno は，「どちらでもよい」という意味を持つ場合がある．

例 Mne je to jedno.（私にはそれはどちらでもよい）
To máš jedno.（それは同じことだよ）

(3)定個数詞 dva（2），tri（3），štyri（4），obidva/oba（双方，両方）は，複数形のみを持ち，性・格にしたがって，次のように変化する．

① dva（2）の変化

	男性活動名詞	男性不活動名詞	女性・中性
主格	dvaja	dva	dve
生格	dvoch	dvoch	dvoch
与格	dvom	dvom	dvom
対格	dvoch	dva	dve
前置格	dvoch	dvoch	dvoch
造格	dvoma/dvomi*	dvoma/dvomi*	dvoma/dvomi*

＊造格では，双数のなごりである dvoma の形のほうがよく用いられる．dvomi の形は，おもに口語で用いられる．

例 budova číslo dva（2号館）
Dva a dva je/sú štyri.（2たす2は4）
diplomatické styky medzi dvoma krajinami
（二国間の外交接触）

IV 数詞 Číslovky

② tri (3) の変化

	男性活動名詞	男性不活動名詞・女性・中性
主格	traja	tri
生格	troch	troch
与格	trom	trom
対格	troch	tri
前置格	troch	troch
造格	troma/tromi*	troma/tromi*

* 造格では，双数のなごりである troma の形のほうがよく用いられる．tromi の形は，おもに口語で用いられる．

③ štyri (4) の変化

	男性活動名詞	男性不活動名詞・女性・中性
主格	štyria	štyri
生格	štyroch	štyroch
与格	štyrom	štyrom
対格	štyroch	štyri
前置格	štyroch	štyroch
造格	štyrmi	štyrmi

④ 定個数詞 dva, tri, štyri と結びつく名詞は，主格（およびそれと等しい対格）の位置では，複数主格の形になる．

例　dvaja (traja, štyria) chlapci（2人〔3人，4人〕の少年）
　　dva (tri, štyri) domy（2軒〔3軒，4軒〕の家）
　　dve (tri, štyri) ženy（2人〔3人，4人〕の女性）
　　dve (tri, štyri) deti（2人〔3人，4人〕の子供）

⑤ そのほかの格では，定個数詞と名詞はそれぞれ該当の格になる．

第2部　形態論　Morfológia

	男性活動名詞	男性不活動名詞	女　性	中　性
主格	dvaja chlapci	dva domy	dve ženy	dve deti
生格	dvoch chlapcov	dvoch domov	dvoch žien	dvoch detí
与格	dvom chlapcom	dvom domom	dvom ženám	dvom deťom
対格	dvoch chlapcov	dva domy	dve ženy	dve deti
前置詞	dvoch chlapcoch	dvoch domoch	dvoch ženách	dvoch deťoch
造格	dvoma chlapcami	dvoma domami	dvoma ženami	dvoma deťmi

例　vybrať si z dvoch možností（2つの可能性のなかから選択する）
　　Dvom pánom sa nedá slúžiť．
　　（2人の主人に仕えることはできない＜マタイによる福音書　6章24節＞）
　　Máme dvoch chlapcov．（私たちには男の子が2人いる）
　　film v dvoch častiach（2部構成の映画）
　　Sedí na dvoch stoličkách．（彼は二股をかけている）
　　Som teraz medzi dvoma kameňmi．（私はいま板ばさみ状態だ）

⑥ obidva/oba（双方，両方）は，次のように変化する．

	男性活動名詞	男性不活動名詞	女性・中性
主格	obidvaja/obaja	obidva/oba	obidve/obe
生格	obidvoch/oboch	obidvoch/oboch	obidvoch/oboch
与格	obidvom/obom	obidvom/obom	obidvom/obom
対格	obidvoch/oboch	obidva/oba	obidve/obe
前置格	obidvoch/oboch	obidvoch/oboch	obidvoch/oboch
造格	obidvoma/oboma	obidvoma/oboma	obidvoma/oboma

⑦定個数詞 obidva/oba（双方，両方）と結びつく名詞は，主格（およびそれと等しい対格）の位置では，複数主格の形になる．

例　obidvaja/obaja chlapi（双方の男），
　　obidva/oba domy（双方の家），
　　obidve/obe ženy（双方の女性），obidve/obe deti（双方の子供）

IV 数詞 Číslovky

注）そのほかの格では定個数詞と名詞は，それぞれ該当の格になる．

⑧定個数詞 dva, tri, štyri, obidva/oba をともなった表現が主語になる場合，述語の動詞は複数3人称の形になる．

例　*Prišli* dvaja vzácni hostia.（2人の賓客がやって来た）
　　Tri študentky sa veselo *rozprávajú*.
　　（3人の女子学生が陽気にお喋りしている）
　　Prešli asi štyri minúty.（およそ4分が過ぎた）
　　Obaja priatelia *súhlasili* s mojím návrhom.
　　（友人は2人とも，私の提案に賛成してくれた）

(4)定個数詞 päť (5) は複数形のみを持ち，性・格にしたがって次のように変化する．

	男性活動名詞	男性不活動名詞・女性・中性
主格	päť (piati)	päť
生格	piatich	piatich
与格	piatim	piatim
対格	piatich	päť
前置格	piatich	piatich
造格	piatimi	piatimi

①6から99までの定個数詞（複合数詞を除く）も，このタイプに準じて変化する．

②定個数詞 päť などの変化形に見られる語幹末の t は，すべての格において，軟らかく発音される．

例　piati [piaťi], piatich [piaťix], piatim [piaťim],
　　piatimi [piaťimi]

③5以上の定個数詞と結びつく名詞は，主格（およびそれと等しい対格）

— 247 —

第2部　形態論　Morfológia

の位置では，複数生格の形になる．

例　päť mužov（5人の男性），päť domov（五軒の家）
　　päť žien（5人の女性），päť detí（5人の子供）

④5以上の男性活動名詞を示す場合，主格の位置では，päť mužov という形とならんで，piati muži という形も用いられる．この場合，名詞は複数主格になる．

例　sedem samurajov/siedmi samuraji（7人の侍）
　　desať kolegov/desiati kolegovia（10人の同僚）
　　dvadsať päť študentov/dvadsiati piati študenti（25人の学生）

⑤そのほかの格では以下の表のように，定個数詞と名詞がそれぞれ該当の格になるか，あるいは定個数詞は変化せずに，名詞のみが変化する．

	男性活動名詞	男性不活動名詞・女性・中性
主格	päť mužov (piati muži)	päť domov
生格	piatich mužov	päť/piatich domov
与格	piatim mužom	päť/piatim domom
対格	piatich/päť mužov	päť domov
前置詞	piatich mužoch	päť/piatich domoch
造格	piatimi mužmi	päť/piatimi domami

⑥5以上の定個数詞をともなった表現が主語になる場合，述語の動詞は単数中性3人称の形になる．

例　*Prišlo* päť zahraničných študentov.
　　（5人の外国人学生がやって来た）
　　Šesť žien sa dlho *rozpráva*.
　　（6人の女性が長いことお喋りしている）
　　Prešlo asi desať minút.（およそ10分が過ぎた）
　　Pätnásť kolegov *súhlasilo* s mojím návrhom.
　　（15人の同僚が私の提案に賛成してくれた）

IV 数詞 Číslovky

> 注) ただし男性活動名詞で，piati muži という形が主語になる場合は，述語の動詞は複数3人称の形になる．
>
> 例 *Prišli* piati zahraniční študenti.
> （5人の外国人学生がやって来た）

(5)定個数詞 sto と tisíc

①定個数詞 sto（100）と tisíc（1000）は，単独で用いられる場合は，次のように変化する．

sto（100）

	単 数	複 数
主格	sto	stá
生格	sta	sto*
与格	stu	stám
対格	sto	stá
前置格	ste/sto	stách
造格	stom/sto	stami

tisíc（1000）

	単 数	複 数
主格	tisíc	tisíce
生格	tisíca	tisícov
与格	tisícu	tisícom
対格	tisíc	tisíce
前置格	tisíci	tisícoch
造格	tisícom	tisícami/tisícmi**

* 複数生格では，ふつう sto のかわりに，stovka の複数生格の形である stoviek/stovák が用いられる．

** 複数造格では，ふつう tisícami の形が用いられる．

例 deliť tisíc stom（1000を100で割る）
jeden prípad z tisíca（千にひとつのケース＝ごくまれなケース）
blížiť sa k tisícu（1000に近づく）

> 例) ただし数学や簿記の表記においては，単独で用いる場合でもふつう変化しない．

第2部　形態論　Morfológia

②名詞と結びついた sto は，すべての格において変化せず，名詞のみが変化する．sto から複合的に形成される dvesto, tristo, štyristo などの場合も，同様である．

例　sto metrov（100メートル），okolo sto metrov（約100メートル），
　　dvaja zo sto ľudí（100人のなかの2人），
　　o dvesto žiakoch（200人の生徒について），
　　pred tristo rokmi（300年前に）

③名詞と結びついた tisíc は，ふつう変化しないが，変化する場合は，複数形のみで格にしたがって変化する．名詞は，いずれの場合も変化する．

主格	tisíc　　　　　　+複数生格
生格	tisíc/tisícich　+複数生格
与格	tisíc/tisícim　　+複数与格
対格	tisíc/tisícich　+複数生格
前置格	tisíc/tisícich　+複数前置格
造格	tisíc/tisícimi　+複数造格

例　tisíc korún（1000コルナ）
　　〈Tisíc a jedna noc〉（『千夜一夜物語』）
　　odpovede od tisíc opýtaných（1000人の回答者からの返答）
　　rozprávka o tisíc mestách（1000の町についてのお伽話）
　　obec s tisíc obyvateľmi（人口1000人の自治体）

④ tisíc から複合的に形成された dvetisíc, tritisíc, štyritisíc などは，変化しない．

例　dvetisíc korún（2000コルナ）
　　odpovede od tritisíc opýtaných（3000人の回答者からの返答）
　　rozprávka o štyritisíc mestách（4000の町についてのお伽話）
　　obec s päťtisíc obyvateľmi（人口5000人の自治体）

⑤定個数詞 milión（100万）と bilión（1兆）は，dub タイプの男性名

— 250 —

IV 数詞 Číslovky

詞に準じて，miliarda（10億）は，žena タイプの女性名詞に準じて変化する（⇒§31／33）．これらの数詞は，ほかの数詞とつねに分離して書かれる．

例　(jeden) milión korún（100万コルナ）
　　dva milióny korún（200万コルナ）
　　päť miliónov korún（500万コルナ）
　　Slovensko má vyše päť miliónov obyvateľov.
　　（スロヴァキアの人口は500万人強である）
　　štát so sto miliónmi obyvateľov（1億人の住民を有する国家）
　　miliardy hviezd（数十億の星＝無数の星）
　　bilióny svetelných rokov（数兆光年）

(6)複合数詞

① 21～29, 31～39 … 91～99 は，十の位の定個数詞と一の位の定個数詞を，連続して書く．

例　dvadsaťjeden [dva>c-/dvacaďjeden]（21）
　　tridsaťdva [tri>c-/tricaďdva]（32）
　　štyridsaťtri [štiri>c-/štiricaťtri]（43）

> 注）前半に一の位の定個数詞を，あいだに接続詞 a を，後半に十の位の定個数詞を，いずれも連続して書くドイツ語風の表記法もあるが，現代の標準スロヴァキア語では，一定の固定した成句表現として，まれに用いられるだけである．
>
> 　　例　Vyťali mu päťadvadsať palicou.（彼は棒で25回打たれた）
> 　　　　Dostaneš päťadvadsať na zadok.
> 　　　　（お尻を棒で25回打たれるぞ）

② -jeden と結合して作られる複合数詞（dvadsaťjeden, tridsaťjeden …）は，変化せず，-jeden はつねに男性の形で書かれる．結びついた名詞のみが変化する．

第 2 部　形態論　Morfológia

例　dvadsat'jeden chlapcov（21 人の少年），
　　tridsat'jeden žien（31 人の女性），
　　štyridsat'jeden detí（41 人の子供），
　　listy od pät'desiatjeden študentov（51 人の学生からの手紙），
　　dáta o šest'desiatjeden krajinách（61 の国についてのデータ），
　　skupina so sedemdesiatjeden turistami
　　（71 人の観光客からなるグループ）

③ -dva, -tri ... -devät' と結合して作られる複合数詞（dvadsat'dva, dvadsat'tri ...）は，変化しても変化しなくてもよい．変化する場合は，2 語にわけて書かれ，両方の部分が変化する．変化しない場合は，1 語で書かれる．また -dva は，つねに男性不活動名詞の形が書かれる．

例　dvadsat'dva korún（22 コルナ）
　　od dvadsat'dva korún/od dvadsiatich dvoch korún
　　（22 コルナから）
　　o dvadsat'dva korunách/o dvadsiatich dvoch korunách
　　（22 コルナについて）
　　s dvadsat'dva korunami/s dvadsiatimi dvoma korunami
　　（22 コルナとともに）

　　tridsat'tri kníh（33 冊の本）
　　od tridsat'tri kníh/od tridsiatich troch kníh（33 冊の本から）
　　o tridsat'tri knihách/o tridsiatich troch knihách
　　（33 冊の本について）
　　s tridsat'tri knihami/s tridsiatimi troma/tromi knihami
　　（33 冊の本とともに）

④ 101 以上の複合数詞は，変化しても，変化しなくてもよい．変化しない場合は，すべてをまとめて 1 語で書いてもよく，わけて書いてもよい．わけて書く場合は，千と百の位でわける．

例　stojeden/sto jeden（101），stojeden mužov（101 人の男），
　　zo stojeden mužov（101 人の男から），

IV 数詞 Číslovky

pred stojeden rokmi（101年前に），
stodva/sto dva/sto dvaja（102），
sto dvaja chlapci（102人の少年），
rok osemstošesťdesiattri/rok osemsto šesťdesiattri（863年），
tisícjeden/tisíc jeden（1001），tisícsto/tisíc sto（1100），
rok dvetisíctri/rok dvetisíc tri（2003年）

> 注）変化する場合は，最後の数詞をわけて書くか，あるいはすべての数詞をわけて書く．
>
> 例 zo sto dvoch chlapcov（102人の少年から）

(7)スロヴァキア語の不定個数詞には，次のようなものがある．

例 dosť（かなりの，十分な），koľko/koľkí/koľké（いくつの），
málo（少しの），menej（より少しの），mnoho/mnohý（多くの），
niekoľko/niekoľkí（いくつかの／いく人かの），pár（いくつかの），
plno（いっぱいの），toľko（それほどの），trocha/trochu（少しの），
veľa（多くの），viac/viacej（より多くの），zopár（いくつかの）

①不定個数詞はふつう変化しない．不定個数詞と結びつく名詞は，数えられないものは単数生格，数えられるものは複数生格の形になる（数量生格）．

例 veľa práce（たくさんの仕事），dosť vody（十分な量の水）

mnoho ľudí（たくさんの人々），málo peňazí（わずかの金）
niekoľko hodín（数時間），zopár týždňov（数週間）

②不定個数詞 mnoho（多くの）は mnohý という形で，koľko（いくつの）は，男性活動名詞が koľkí，男性不活動名詞・女性・中性が koľké という形で，niekoľko（いくつの）は，男性活動名詞が niekoľkí という形で，pekný タイプの硬変化形容詞に準じて変化することもある（⇒§46）．

第2部　形態論　Morfológia

例　Mnohí ľudia prišli na výstavu obrazov.
（多くの人びとが画展にやって来た）
v mnohých prípadoch（多くの場合）
Koľkí poslanci súhlasili s týmto návrhom nového zákona?
（何人の議員がこの新法案に賛成したのか？）
niekoľkí chlapi（＝niekoľko chlapov）（いく人かの男たち）

③不定個数詞 málo（少しの）は，単独で名詞として，「少量」の意味で用いられる場合は，mesto タイプの中性名詞に準じて変化する（⇒ §38）．

例　jeden z mála účastníkov（数少ない参加者のうちの一人）
Oni sa uspokojili s málom.（彼らはわずかなもので満足した）
Ďakujem. － Za málo.（ありがとう － どういたしまして）

(8)スロヴァキア語の分数詞には，次のようなものがある．

例　pol/polovica/polovička（半分），štvrť（4分の1），
tri štvrte/trištvrte（4分の3），jeden a pol/pol druha（1$\frac{1}{2}$），
tretina（3分の1），štvrtina（4分の1），desatina（10分の1），
stotina（100分の1），tisícina（1000分の1），
milióntina（100万分の1）

①分数詞と結びつく名詞は，主格（およびそれと等しい対格）の位置では，単数生格になる．

例　pol roka（半年），štvrť litra（4分の1リットル＝250 cc），
tri štvrte kila/trištvrte kila（4分の3キロ＝750グラム），
pol druha hodiny（1時間半），dva a pol metra（2.5メートル），
tri a pol milióna（350万）

注）sto と tisíc は，分数詞とともに用いられる場合は，変化しない．

　　例　pol druha sto (150), dva a pol tisíc (2500)

IV 数詞 Číslovky

②分数詞 pol は変化しない．pol と結びつく名詞は，すべて単数形で次のような格になる．

主格	pol ＋単数生格
生格	pol ＋単数生格
与格	pol ＋単数与格
対格	pol ＋単数生格
前置格	pol ＋単数前置格
造格	pol ＋単数造格

例　pol druhej (hodiny)（1時半），
　　od pol tretej (hodiny)（2時半から），
　　o pol roka（半年後に），pred tri a pol hodinou（3時間半前に）

③分数詞 štvrť, tri štvrte/trištvrte は，ふつう変化しない．štvrť, tri štvrte/trištvrte と結びつく名詞の数と格は，pol の場合と同様である．

例　štvrť kila（4分の1キロ＝250グラム），štvrť hodiny（15分），
　　tri štvrte metra/trištvrte metra
　　（4分の3メートル＝75センチメートル），
　　o štvrť na päť（4時15分に），
　　pred tri štvrte hodinou/pred trištvrte hodinou（45分前に）

注) štrvť が，単独で名詞として用いられる場合は，dlaň タイプの女性名詞に準じて変化する（⇒§35）．

　　例　v prvej štvrti tohto roka
　　　　（今年の第1四半期に＝今年の1月から3月までに）

④分数詞 pol druha/jeden a pol ($1\frac{1}{2}$), dva a pol ($2\frac{1}{2}$), tri a pol ($3\frac{1}{2}$) なども変化しない．これらの語と結びつく名詞の数と格は，

— 255 —

第2部　形態論　Morfológia

pol の場合と同様である．

例　pol druha litra benzínu（1リットル半＝1500 cc のガソリン）
　　fl'aša s dva a pol litrom vína
　　（2リットル半のワインの入ったビン）
　　pred tri a pol sto rokmi（350年前に）

⑤分数詞 polovica/polovička（半分），tretina（3分の1），štvrtina（4分の1）... desatina（10分の1），stotina（100分の1），tisícina（1000分の1），milióntina（100万分の1）などは，žena タイプの女性名詞に準じて変化する（⇒§33）．

例　v polovici týždňa（週のなかばに），
　　tretina obyvateľstva（住民の3分の1），
　　tri pätiny poslancov（議員の5分の3），
　　jedna celá jedna desatina (1.1),
　　jedna celá dve desatiny (1.2),
　　dve celé tri desatiny (2.3),
　　tri celé päť desatín (3.5),
　　päť celých šesť desatín (5.6),
　　nula celých tri desatiny (0.3),
　　dvanásť celých tridsaťštyri stotín percenta (12.34%)

§62　集合数詞　Skupinové číslovky

(1)スロヴァキア語の定集合数詞には，次のようなものがある．

dvoje（2），troje（3），štvoro（4），pätoro（5），šestoro（6），sedmoro（7），osmoro（8），devätoro（9），desatoro（10），dvadsatoro（20），storo（100），tisícero（1000），obidvoje/oboje（双方，両方）

(2)定集合数詞はふつう変化しない．集合数詞と結びつく名詞は，次のような格になる．

IV 数詞　Číslovky

主格	dvoje＋複数生格＊
生格	dvoje＋複数生格
与格	dvoje＋複数与格
対格	dvoje＋複数生格＊
前置格	dvoje＋複数前置格
造格	dvoje＋複数造格

＊dvoje（obidvoje, oboje）と troje の場合，主格（およびそれと等しい対格）の時は，口語で複数主格になることもある．

例　dvoje detí（子供2人），troje jedál（3種類の食べ物）
　　rokovanie o štvoro riešeniach（4通りの解決法についての交渉）
　　Moja manželka vyskúšala pätoro šiat.
　　（私の妻は5種類の服を試着した）

(3) 集合数詞は個数詞と同じ意味を持つが，個々の対象をまとまったものとして捉える場合に用いられる．しかしこの意味上のニュアンスの相違は，かならずしも明確に意識されているわけではない．今日では集合数詞はおもに，複数専用名詞や，ふつう複数で用いられる語が，数詞と結びつく場合に，個数詞のかわりに用いられる．この場合，集合数詞 dvoje（obidvoje, oboje）と troje は，定個数詞 päť に準じて変化することもある（⇨ §61）．

例　dvoje husieľ/husle（2丁のバイオリン），
　　troje sánok/sánky（3台のそり），
　　štvoro hodiniek（4個の時計），pätoro šiat（5着の服），
　　izba s dvoje dverami/s dvojimi dverami（ドアが2つある部屋）

(4) 固定した語結合で，集合数詞が用いられることがある．

例　desatoro Božích prikázaní（神の十戒）
　　Devätoro remesiel, desiata bieda.
　　（あれこれ職を変えても，良いことはない＜諺＞）

(5) 集合数詞と複数生格が結びついた表現が主語になる場合，述語の動詞は，

第2部　形態論　Morfológia

単数中性3人称の形になる．

例　*Prišlo* dvoje dvojčiat.（2組の双子がやって来た）
Predbehlo nás troje sánok.（3台のそりが私たちを追い越した）

(6)不定集合数詞 viacero（いくつもの）はふつう変化しないが，男性活動名詞 viacerí，男性不活動名詞・女性・中性 viaceré の形で，pekný タイプの硬変化形容詞に準じて変化する場合もある（⇨§46）．

例　viacero týždňov（何週間も），
viacero l'udí/viacerí l'udia（何人もの人びと），
viaceré spôsoby（いくつもの方法），
Viacerí chýbali na vyučovaní.（授業には何人も欠席していた）
Mítingy sa konali vo viacerých mestách.
（集会がいくつもの町で開かれた）

§63　倍数詞　Násobné číslovky

(1)スロヴァキア語の定倍数詞には，次のようなものがある．

jeden raz/jedenkrát（1回），dva razy/dvakrát（2回），
tri razy/trikrát（3回），štyri razy/štyrikrát（4回），
päť ráz/päťkrát（5回），jednorazový（1回の），
dvojnásobný（2倍の），dvojitý（2倍の，二重の），
dvojnásobne, dvojmo, dvojito（2倍に），
trojnásobne, trojmo, trojito（3倍に）

例　raz, dva, tri（1，2，3＜号令＞），
Dvakrát tri je šesť.（2かける3は6），
tri razy denne（1日に3回），
dvojnásobná rýchlosť（2倍のスピード）
Mal som zaplatiť dvojnásobne.
（私は2倍も支払わなければならなかった）
Doklad sme museli predložiť dvojmo.
（私たちは書類を2部提出しなければならなかった）

— 258 —

IV 数詞　Číslovky

> 注）個数詞の後に raz（razy, ráz），あるいは -krát をつけて作られる倍数詞の場合，raz は数詞とわけて書かれるが，-krát は数詞とともに書かれる．ふつうは… raz（razy, ráz）の形が用いられ，…krát の形は，おもに数学や物理などの学術文で用いられる．

(2)スロヴァキア語の不定倍数詞には，次のようなものがある．

mnoho ráz/mnohokrát（何回も），
niekoľko ráz/niekoľkokrát（数回），
pár ráz/párkrát（数回），veľa ráz/veľakrát（何回も），
viac ráz/viackrát（何回も），
nejeden raz/neraz/nie raz（一度ならず），
mnohonásobný, viacnásobný（何倍の，たびたびの），
mnohonásobne, viacnásobne（何倍も，何回も）

例　Mnoho ráz som na toto nebezpečenstvo upozornil.
（私は何度もこの危険性に注意を促した）
Túto rozprávku sme prečítali niekoľko ráz.
（私たちは何度もこのおとぎ話を読んだ）
mnohonásobný úžitok（何倍もの利益）
viacnásobne zväčšiť snímky（写真を何倍も拡大する）

§64　順序数詞　Radové číslovky

(1)スロヴァキア語の定順序数詞は，次のようである．

0. － nultý, -á, -é
1. － prvý, -á, -é
2. － druhý, -á, -é
3. － tretí [treťí], tretia, tretie
4. － štvrtý, -á, -é
5. － piaty, -a, -e
6. － šiesty, -a, -e
7. － siedmy, -a, -e
8. － ôsmy, -a, -e
9. － deviaty, -a, -e
10. － desiaty, -a, -e
11. － jedenásty [jedenásti], -a, -e

第2部 形態論 Morfológia

12. － dvanásty, -a, -e　　　13. － trinásty, -a, -e
14. － štrnásty, -a, -e　　　15. － pätnásty, -a, -e
16. － šestnásty [šesnásti], -a, -e
17. － sedemnásty, -a, -e
18. － osemnásty, -a, -e　　　19. － devätnásty, -a, -e
20. － dvadsiaty, -a, -e　　　21. － dvadsiaty prvý
22. － dvadsiaty druhý　　　30. － tridsiaty, -a, -e
40. － štyridsiaty, -a, -e　　　50. － päťdesiaty, -a, -e
60. － šesťdesiaty [šezďesiati], -a, -e
70. － sedemdesiaty, -a, -e　　80. － osemdesiaty, -a, -e
90. － deväťdesiaty, -a, -e　　100. － stý, stá, sté
101. － stoprvý/sto prvý
121. － stodvadsiaty prvý/sto dvadsiaty prvý
200. － dvojstý, -á, -é　　　300. － trojstý, -á, -é
400. － štvorstý, -á, -é　　　500. － päťstý [pectí], -á, -é
600. － šesťstý [šestí], -á, -é　700. － sedemstý, -á, -é
800. － osemstý, -á, -é　　　900. － deväťstý, -á, -é
1000. － tisíci, -a, -e　　　1001. － tisíc prvý
2000. － dvojtisíci, -a, -e　　3000. － trojtisíci, -a, -e
4000. － štvortisíci, -a, -e　　5000. － päťtisíci, -a, -e
6000. － šesťtisíci, -a, -e　　10000. － desaťtisíci, -a, -e
100000. － stotisíci, -a, -e　　1000000. － miliónty, -a, -e

(2)順序数詞は形容詞に準じて変化する．tretí（第3の），tisíci（第1000の），および-tisíci（dvojtisíci, trojtisíci …）は，cudzí タイプの軟変化形容詞に準じて変化する（⇒§47）．そのほかの順序数詞はすべて，pekný タイプの硬変化形容詞に準じて変化する（⇒§46）．

例　druhý deň（二日目＝翌日），
　　druhá svetová vojna（第二次世界大戦），
　　druhé auto（2番めの車），do druhého domu（2番めの家へ），
　　o druhom meste（2番めの町について），
　　s druhou dcérou（2人めの娘とともに），

－ 260 －

IV 数詞 Číslovky

  tretí deň（三日目），tretia osoba（第三者，3人称），
  tretie okno（3番めの窓），k tretiemu mostu（3番めの橋へ），
  o tretej dimenzii（三次元について），
  s tretím pádom（3番めの格とともに）

(3) 順序数詞の格変化語尾は，先行音節が長い場合は，リズム短縮の規則にしたがって短縮する（⇒§18）．

  例　ôsmy（第8の）⇒ ôsmeho, ôsmemu …
  【比較例 druhý（第2の）⇒ druhého, druhému …】
  tisíci（第1000の）⇒ tisíceho, tisícemu …
  【比較例 tretí（第3の）⇒ tretieho, tretiemu …】

(4) 第21〜29，第31〜39，… 第91〜99までの複合順序数詞は，わけて書かれ，両方の部分が変化する．

  例　dvadsiaty prvý（第21の）⇒
  dvadsiateho prvého, dvadsiatemu prvému …

> 注）まれに，jedenadvadsiaty（第21の），dvaadvadsiaty（第22の）という形の複合順序数詞が用いられる場合もある．この形は1語として書かれ，後半の部分のみが，pekný タイプの硬変化形容詞に準じて変化する（⇒§46）．

(5) 101以上の複合順序数詞では，百や千などの位は個数詞の形をとる．この場合の複合順序数詞は，十の位以上は1語で書いてもよく，百や千の位でわけて書いてもよい．

  例　stoprvý/sto prvý（第101の）
  stodvadsiaty prvý/sto dvadsiaty prvý（第121の）
  tisícdeväťstoštyridsiaty ôsmy rok/
  tisíc deväťsto štyridsiaty ôsmy rok（1948年）
  v tisícdeväťstoštyridsiatom ôsmom roku/
  v tisíc deväťsto štyridsiatom ôsmom roku（1948年に）

第 2 部　形態論　Morfológia

(6)順序数詞がローマ数字やアラビア数字で表記された場合は，数字のあとにピリオド（.）が書かれる（⇒§22）．

例　1. [prvý] diel（第 1 部），2. [druhý] paragraf（第 2 条），
na 21. [dvadsiatej prvej] strane（21 ページに），
pápež Ján Pavol II. [Druhý]（法王ヨハネ・パウロ 2 世），
1. [prvý] január 1993 [tisíc devät'sto devät'desiattri]
（1993 年 1 月 1 日）
Slovenská republika sa 1. [prvého] januára 1993 osamostatnila.
（スロヴァキア共和国は 1993 年 1 月 1 日に独立した）

(7)スロヴァキア語の不定順序数詞には，ostatný（最後の），posledný（最後の）などがある．不定順序数詞 ostatný, posledný は，pekný タイプの硬変化形容詞に準じて変化する（⇒§46）．

例　Je to ostatný raz.（これが最後だ）
Ona stála v rade ostatná.（彼女は行列の最後尾に立っていた）
Silvester je posledný deň roka.
（シルヴェステル〔大晦日〕は一年の最後の日だ）

§65　種数詞　Druhové číslovky

(1)スロヴァキア語の定種数詞には，次のようなものがある．

jednaký（1 種類の），dvojaký, obojaký（2 種類の），
trojaký（3 種類の），jednako（同様に），
dvojako（二重に），trojako（三重に）

(2)定種数詞 jednaký, dvojaký, obojaký などは，pekný タイプの硬変化形容詞に準じて変化する（⇒§46）．定種数詞 jednako, dvojako, trojako などは，変化しない．

例　jednaké závery（同様の結論），
dvojaká odpoveď（二重の答え＝裏表のある答え），
trojaké kone（3 種類の馬），

IV 数詞 Číslovky

obed s trojakým vínom（3種類のワインの添えられた食事），
On odpovedal dvojako.（彼は裏表のある答え方をした）

(3)スロヴァキア語の不定種数詞には，次のようなものがある．

niekoľkoraký（数種類の），mnohoraký（さまざまな種類の），
niekoľkorako（いくつかの方法で），mnohorako（複数の方法で）

(4)不定種数詞 niekoľkoraký, mnohoraký などは，pekný タイプの硬変化形容詞に準じて変化する（⇨§46）．不定種数詞 niekoľkorako, mnohorako は，変化しない．

例　niekoľkoraké triedenie（数種類の分類）
　　z mnohorakých príčin（さまざまな原因で）

§66　数詞から派生した名詞
Podstatné mená odvodené od čísloviek

(1)数詞から派生した名詞には，次のようなものがある．

jednotka（1），dvojka（2），trojka（3），štvorka（4），
päťka/pätorka（5），šestka（6），sedmička（7），
osmička（8），deviatka（9），desiatka（10），jedenástka（11），
dvanástka（12），dvadsiatka（20），tridsiatka（30），
stovka（100），tisícka/tisícovka（1000）

(2)これらの名詞は，当該の数字で示される事物や価値などを示す．

例　Nastúpili sme do trojky.（私たちは＜バスや市電の＞3番に乗った）
　　Po diaľnici jezdia autá viac ako stovkou.
　　（高速道路では車は100キロ以上で走行する）
　　Môj syn mal jednotku z dejepisu.
　　（私の息子は歴史で1評価＜優＞をとった）
　　Mladší brat nedávno oslávil tridsiatku.
　　（弟はこの前30才の誕生日を祝った）
　　Prenocovali sme v hoteli v dvojke.

(私たちはホテルでツインの部屋に泊まった)
Môžem platiť tisíckou/tisícovkou?
(1000コルナ紙幣で支払ってもかまいませんか)

§67 分配をあらわす表現　Výraz, vyjadrujúci rozdelenie

(1)分配をあらわす表現の場合，個数詞 jeden では，前置詞 po＋単数前置格の形が用いられる．

例　po jednom（1つずつ，1人ずつ），
　　po jednom jablku（リンゴ1個ずつ），
　　po jednej korune（1コルナずつで）

> 例）名詞がともなう場合，ふつう個数詞 jeden は省略される．
>
> 　　例　po jablku（リンゴ1個ずつ），po korune（1コルナずつで）

(2)個数詞 dva 以上では，前置詞 po＋複数対格の形が用いられる．

例　po dva/po dve（2つずつ），
　　po dvaja*/po dvoch（2人ずつ），
　　po tri（3つずつ），po traja*/po troch（3人ずつ），
　　po štyri razy（4回ずつ），po päť ráz（5回ずつ）

Študenti sedia v laviciach po dvaja*/po dvoch.
(学生たちは長椅子に2人ずつ腰掛けている)
Jablká sa predávajú po tri kusy.
(リンゴは3個ずつで販売されている)
Predávajú jeden kus po desať korún.
(1個10コルナで売っている)

　　* po dvaja, po traja という形は，アルカイズム（古風な表現）である（この場合の po は助詞と見なされる）．現在ではふつう，po dvoch, po troch という形が用いられる．

V 動詞 Slovesá

§68 スロヴァキア語の動詞 Slovesá v slovenčine

(1)スロヴァキア語の動詞は，語形変化する品詞のひとつであり，行為・状態・関係・特徴と能力などを表現する（動詞の変化は，時制変化časovanie とよばれる）．動詞には，次のような7つの文法カテゴリーがある．

①人称 osoba　　　　　　　− 1人称・2人称・3人称
②数 číslo　　　　　　　　− 単数・複数
③時制 čas　　　　　　　　− 現在形・未来形・過去形・過去完了形
④法 spôsob　　　　　　　− 直説法・命令法・仮定法
⑤相 slovesný rod　　　　　− 能動相・受動相
⑥体 vid　　　　　　　　　− 不完了体・完了体
⑦性 gramatický rod　　　　− 男性・女性・中性

> 注）このうち性のカテゴリーは，過去形・仮定法・形動詞の形でのみ現れる．

(2)動詞の形態には，次のようなものがある．

①不定形 infinitív
②能動相 činný rod
　　直説法 oznamovací spôsob (indikatív)
　　　現在形 prítomný čas (prézent)
　　　未来形 budúci čas (futúrum)
　　　過去形 minulý čas (préteritum)
　　　過去完了形 predminulý čas (antepréteritum)

第2部　形態論　Morfológia

　　　命令法 rozkazovací spôsob（imperatív）
　　　仮定法 podmieňovací spôsob（kondicionál）
③副動詞 prechodník
④形動詞 príčastie
⑤受動相 trpný rod
⑥動名詞 slovesné podstatné meno

(3) 動詞の形態は，現在語幹と過去語幹（あるいは不定形語幹）という2つの語幹から形成される．それぞれの語幹には2つのヴァリアントがある．

現在語幹の第1のヴァリアント
（現在形1人称単数の形から，人称語尾を取り去ったもの）

　例　volá-m, rozumie-m, nesie-m

現在語幹の第2のヴァリアント
（現在形3人称複数の形から，人称語尾を取り去ったもの）

　例　volaj-ú, rozumej-ú, nes-ú

> 注）現在語幹からは，現在形・単純未来形・命令法・副動詞・能動形動詞現在が形成される．

過去語幹（あるいは不定形語幹）の第1のヴァリアント
（不定形の形から，-t'を取り去ったもの）

　例　vola-t', rozumie-t', nies-t'

過去語幹（あるいは不定形語幹）の第2のヴァリアント
（-lで終わる形動詞の形から，-lを取り去ったもの）

　例　vola-l, rozume-l, nieso-l

> 注）過去語幹からは，不定形・過去形・複合未来形・仮定法現在・仮定法

— 266 —

V 動詞 Slovesá

> 過去・能動形動詞過去・被動形動詞・動名詞が形成される．

§69 自立動詞と補助動詞
Významové (plnovýznamové) a pomocné slovesá

(1) 動詞は意味機能の上から，自立動詞と補助動詞に分類することができる．自立動詞とは，単独で，あるいは目的語とともに，行為・状態・関係・特徴と能力などを表現する動詞をさし，補助動詞とは，単独では完全な意味を表現しえない動詞をさす．

(2) 自立動詞は，行為を表現する動詞と状態を表現する動詞に分類される．行為を表現する動詞は「行為の動詞 činnostné slovesá」と呼ばれ，目的語をとらない動詞 nepredmetové slovesá と，目的語をとる動詞 predmetové slovesá に細分される．目的語をとる動詞はさらに，前置詞をともなわない対格の目的語をとる動詞（完全他動詞 prechodné slovesá）と，対格以外の格や前置詞をともなった格で表現された目的語をとる動詞（不完全他動詞 neprechodné slovesá）に細分される．状態を表現する動詞は「状態の動詞 stavové slovesá」と呼ばれ，目的語をとらない．そのほかに，関係を表現する動詞と，特徴と能力を表現する動詞がある．

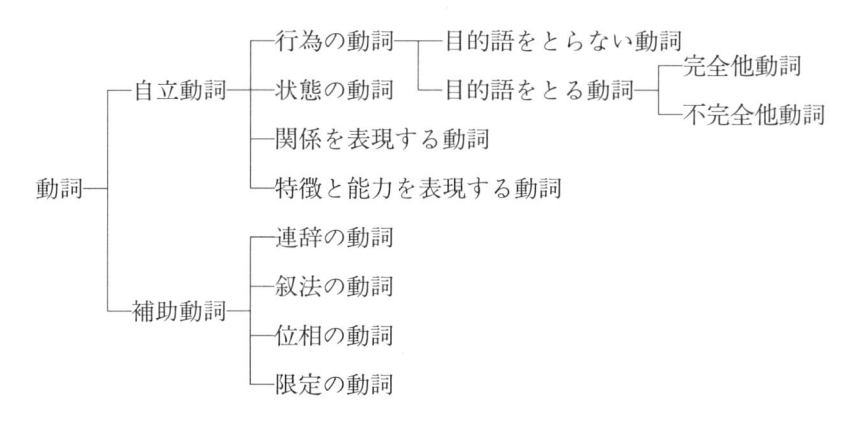

```
                 ┌─行為の動詞──┬─目的語をとらない動詞
         ┌─自立動詞─┤  状態の動詞  └─目的語をとる動詞─┬─完全他動詞
         │         │                                └─不完全他動詞
         │         ├─関係を表現する動詞
動詞─────┤         └─特徴と能力を表現する動詞
         │         ┌─連辞の動詞
         │         ├─叙法の動詞
         └─補助動詞─┤
                   ├─位相の動詞
                   └─限定の動詞
```

— 267 —

第2部　形態論　Morfológia

①行為の動詞（行為を表現する動詞）

(a)目的語をとらない動詞

例　bežat'（走る），ísť（行く），kráčať（歩む），kričať（叫ぶ），padať（散る，降る），plakať（泣く），pracovať（働く），rečniť（発言する），skákať（飛び跳ねる），spať（眠る），šoférovať（運転する），vstúpiť（踏み入る）

Zajac *beží* poľom.（ウサギが野を走っている）
Lístie *padá* zo stromov.（葉が木々から散っている）
Chlapci *skáču* zo skokanského mostíka do vody.
（少年たちは飛び込み板から水に飛びこんでいる）
Deti *spia* tvrdo.（子供たちはよく眠っている）
zákaz *vstúpiť*（立ち入り禁止）

(b)目的語をとる動詞（完全他動詞）

例　čítať（読む），jesť（食べる），klamať（あざむく），napísať（書く），piť（飲む），počúvať（聞く），poznať（知る），prať（洗濯する）

Janko už vie *čítať* mapu.
（ヤンコはもう地図を読むことができる）
Jedia polievku s chuťou.（彼らはスープを美味しそうに飲んでいる）
Rád *počúvam* populárnu hudbu.
（ぼくをポピュラー音楽を聞くのが好きだ）
On konečne *poznal* pravdu.（彼はとうとう真実を知った）

(c)　目的語をとる動詞（不完全他動詞）

例　odolať（負けない），najesť sa（満腹する），vládnuť（支配する），pokračovať（続ける）

On *odolal* pokušeniu.（彼は誘惑に打ち勝った）

— 268 —

V 動詞 Slovesá

Najedol som *sa* chleba.（私はパンを腹一杯食べた）
On *vládne* perom aj slovom.（彼は筆も立つし，弁舌も爽やかだ）
Pokračovali sme v rozhovore.（私たちは会話を続けた）

②状態の動詞（状態を表現する動詞）

例　černiet'（黒くなる），dozriet'（熟する），hnit'（腐る），chorl'aviet'（病弱になる），kvitnút'（花が咲く），oteplit' sa（暖かくなる），vädnút'（萎れる），vychladnút'（冷える），vyzdraviet'（健康になる）

V záhrade *dozrelo* hrozno.（果樹園でブドウが熟した）
Kvitnú fialky.（スミレが咲いている）
Čaj *vychladol*.（紅茶が冷えてしまった）
Náhle sa *oteplilo*.（急に暖かくなった）

③関係を表現する動詞

例　patrit'（属する），podliehat'（従属する），rovnat' sa（等しい），susedit'（隣接する）

On *patrí* k najlepším súčasným slovenským spisovatel'om.
（彼は最良の現代スロヴァキア作家の一人だ）
Slovensko *susedí* s piatimi štátmi.
（スロヴァキアは5ヵ国と隣接している）

④特徴と能力を表現する動詞

例　horiet'（燃える），páchnut'（臭う），voňat'（香る）

V peci *horia* polená.（暖炉のなかで薪が燃えている）
Páchne z neho slivovica.
（彼にはスリヴォヴィツァ（プラム・ブランデー）の匂いがする）
Na dvore *voňajú* ruže.（中庭ではバラが香っている）

(3)補助動詞には，連辞の動詞 sponové slovesá，叙法の動詞 spôsobové (modálne) slovesá，位相の動詞 fázové slovesá，限定の動詞 limit-

第2部　形態論　Morfológia

né slovesá がある.

①**連辞の動詞**は，主語と名詞類の述語 menný prísudok を結びつける役割をはたす．

例　byt' (〜である), bývat' (〜である),
stávat' sa/stat' sa (〜になる)

Slovensko *je* člen/členom Rady Európy.
(スロヴァキアは欧州会議のメンバーである)
Bratislava *sa stala* v roku 1291 [tisíc dvesto devät'desiatjeden] slobodným král'ovským mestom.
(ブラチスラヴァは1291年に国王自由都市になった)

②**叙法の動詞**は，自立動詞の不定形と結びついて，当該の行為をおこなう意志・義務・能力・可能性などを表現する．

例　dat' (〜させる＜使役＞), dat' sa (〜できる＜可能性＞),
dokázat' (〜できる＜能力＞),
dovolit' (〜することを許す＜許可＞),
hodlat' (〜するつもりだ＜意志＞), chciet' (〜したい＜意志＞),
mat' (〜すべきである＜義務＞),
mienit' (〜するつもりだ＜意志＞), môct' (〜できる＜可能性＞),
musiet' (〜しなければならない＜義務＞),
potrebovat' (〜する必要がある＜義務＞),
smiet' (〜してよい＜可能性＞),
vediet' (〜できる＜知的な能力＞),
vládat' (〜できる＜物理的な能力＞)

Otec mi *nedal* dopovedat'.
(父はぼくに終わりまで話させてくれなかった)
Nedá sa nič robit'. (なんともしようがない)
Môj syn sa *hodlá* venovat' hudbe.
(私の息子は音楽に専念するつもりだ)
Deti sa *majú* vel'a učit'.

V 動詞 Slovesá

(子供たちはたくさん勉強しなければならない)
Neviem si vysvetlit' jeho správanie.
(私は彼のふるまいを理解できない)

③**位相の動詞**は，自立動詞の不完了体の不定形と結びついて，行為の位相－すなわち行為の開始・継続・終了－を表現する．行為の開始を表現する動詞（～しはじめる）には，počínat'/počat', začínat'/začat',行為の継続を表現する動詞（～し続ける）には，ostávat'/ostat', zostávat'/zostat', 行為の終了を表現する動詞（～しおわる）には，prestávat'/prestat' などがある．

例 *Začal* preratúvat' všetko od začiatku.
(彼はすべてをはじめからもう一度数えはじめた)
Vonku *začína* pršat'. (外では雨が降りはじめている)
Začal som jej písat' list. (私は彼女に手紙を書きはじめた)
Dlho *zostala* sediet' pod stromom.
(彼女は長いこと木の下に座り続けていた)
Prestal fajčit'. (彼は禁煙した)
Prestaňte už plakat'. (もう泣くのはやめなさい)

④**限定の動詞**は，自立動詞の不定形と結びついて，「行為を実現する準備の完了」を表現する．íst' と mat' の2つが，限定の動詞として用いられる．

例 Srdce jej *išlo* puknút' od žial'u.
(彼女の心は哀しみで張り裂けそうだった)
Narieka, ako keby *mal* umriet'.
(彼はいまにも死にそうに嘆いている)

§70 再帰動詞 Zvratné slovesá

(1)再帰動詞は，自立動詞に属する独立したグループであり，再帰代名詞 sa, si をともなう動詞をさす．再帰代名詞 sa, si は，動詞の基本部から分けて書かれ，文中では，ふつう文の2番目の位置（過去形で，不規則動詞

第2部　形態論　Morfológia

byt'の現在形が用いられる場合は，その後の位置）に置かれる（⇨§55）．

例　zasmiat' sa　⇨　Teta *sa* veselo zasmiala.
　　（おばさんは陽気に笑った）
　　kúpat' sa　⇨　Po obede *sa* ideme kúpat'.
　　（昼食のあとで泳ぎに行こう）
　　všimnút' si　⇨　Nevšimol som *si*, že začalo pršat'.
　　（私は雨が降りはじめたのに気づかなかった）

(2)再帰代名詞 sa をともなう再帰動詞は，次の3つのグループに分類することができる．

①**固有(純粋)再帰動詞** reflexíva tantum（再帰代名詞 sa をともなわない形が存在しないもの．この場合，再帰代名詞 sa に特別の意味はない）

例　bát' sa（恐れる），čudovat' sa（驚く），darit' sa（うまく行く），
　　domnievat' sa（推測する），lesknút' sa（輝く），
　　najest' sa（満腹する），napit' sa（喉を潤す），
　　narodit' sa（生まれる），opovážit' sa（敢えてする），
　　ozvat' sa（声を出す），páčit' sa（気に入る），
　　pýšit' sa（鼻にかける），rozhl'adiet' sa（見回す），
　　rozíst' sa（別れる），smiat' sa（笑う），spol'ahnút' sa（頼る），
　　stat' sa（〜になる），vyspat' sa（熟睡する），
　　zamysliet' sa（考えこむ），zotavit' sa（＜健康が＞回復する），
　　zriect' sa（辞退する）

注）再帰代名詞 sa をともなわない形も存在するが，意味が異なるものも，固有（純粋）再帰動詞に含まれる．

　　例　držat'（握る）　　　　⇨　držat' sa（ふるまう）
　　　　hrat'（演じる）　　　　⇨　hrat' sa（遊ぶ）
　　　　hrýzt'（噛みつく）　　 ⇨　hrýzt' sa（喧嘩する）
　　　　mat'（持つ）　　　　　⇨　mat' sa（暮らす）

V　動詞　Slovesá

>   odvážiť（計量する）　⇒　odvážiť sa（勇気を出す）
>   tárať（無駄話をする）　⇒　tárať sa（さまよう）
>   vadiť（邪魔になる）　⇒　vadiť sa（喧嘩する）

②一般再帰動詞（再帰代名詞 sa をともなわない形が存在するもの）

(a)一般再帰の意味を持つもの

例　belieť（白くなる）　　　⇒　belieť sa（白く見える）
　　černieť（黒くなる）　　　⇒　černieť sa（黒く見える）
　　červenieť（赤くなる）　　⇒　červenieť sa（赤く見える）
　　hnevať（いらだたせる）　⇒　hnevať sa（怒る）
　　kaziť（だめにする）　　　⇒　kaziť sa（だめになる）
　　konať（行う）　　　　　　⇒　konať sa（行われる）
　　mýliť（誤らせる）　　　　⇒　mýliť sa（誤る）
　　tešiť（慰める）　　　　　⇒　tešiť sa（楽しむ）
　　trápiť（悩ます）　　　　　⇒　trápiť sa（悩む）
　　vliecť（ひきずる）　　　　⇒　vliecť sa（のろのろ歩く）

(b)自己再帰の意味を持つもの

例　česať（髪をすく）　　　　⇒　česať sa（自分の髪をすく）
　　kúpať（水浴びをさせる）　⇒　kúpať sa（水浴びをする）
　　obliekať（着物を着せる）　⇒　obliekať sa（着物を着る）
　　umývať（洗う）　　　　　⇒　umývať sa
　　　　　　　　　　　　　　　　（＜自分の顔や手を＞洗う）

(c)相互再帰の意味を持つもの

例　bozkávať（キスする）　⇒　bozkávať sa（キスしあう）
　　objímať（抱擁する）　⇒　objímať sa（抱き合う）
　　radiť（助言する）　　⇒　radiť sa（意見を交換する）
　　rozprávať（話す）　　⇒　rozprávať sa（お喋りする）
　　stretať（出会う）　　⇒　stretať sa（会う）

第2部　形態論　Morfológia

③**非再帰動詞の再帰形**－現代スロヴァキア語では，受動の意味を表現するためや，一般的な意味を持った無人称形を形成するために，再帰代名詞がかなりひんぱんに用いられる．こうした形が用いられるのは，話者が，行為の主体を知らなかったり，口外したくなかったり，主体が一般的なものであったりするためである．

(a)受動形

例　Reči *sa vravia,* chlieb *sa je.*（理論は理論，現実は現実＜諺＞）
Hovorí sa, že onedlho budú predčasné voľby.
（まもなく繰り上げ選挙があるそうだ）
Tieto tvary *sa používajú* preto, lebo hovoriaci niekedy nepozná pôvodcu deja, niekedy ho nechce prezradiť, niekedy je pôvodca všeobecný.
（こうした形が用いられるのは，話者が，行為の主体を知らなかったり，口外したくなかったり，主体が一般的なものであったりするためである）

(b)無人称形

例　*Sedí sa* mi tu dobre.（ここは私には座り心地が良い）
Na jar *sa* mi stále *drieme.*（春は私はいつも眠い）
Dobre *sa* nám *spalo* v stanoch.
（ぼくたちはテントのなかで寝心地が良かった）
Ide sa!（さあ，出発だ），To *sa nesmie.*（それはいけない）
Z komína *sa dymí.*（煙突から煙が出ている）

(3)再帰代名詞 si をともなう再帰動詞は，次の2つのグループに分類することができる．

①**固有(純粋)再帰動詞** reflexíva tantum（再帰代名詞 si をともなわない形が存在しないもの．この場合，再帰代名詞 si に特別の意味はない）

例　obľúbiť si（好きになる），oddýchnuť si（休む）
privlastňovať si/privlastniť si（自分のものにする）

V 動詞 Slovesá

rozmyslieť si（考え直す），
všímať si（気を配る）/všimnúť si（気づく）

Vladimír *si obľúbil* čínske jedlá.
（ヴラジミールは中華料理が好きになった）
Mal by si *si* to *rozmyslieť*.（君はそれを考え直すべきだ）
Nikto *si nevšimol*, že vonku začalo snežiť.
（外で雪が降りはじめたことに，だれも気づかなかった）

② 一般再帰動詞（再帰代名詞 si を持たない形も用いられるもの．この場合，再帰代名詞 si は，「自分に，自分のために，自分の」という意味を持つ）

例 brať si/vziať si（結婚する），dať si（注文する），
kúpiť si（＜自分のために＞買う），ľahnúť si（横になる），
myslieť si（意見を持つ），poradiť si（うまく対処する），
predstavovať si/predstaviť si（イメージする），
sadnúť si（座る），šetriť si（大事にする），
spomínať si/spomenúť si（思い起こす），
trúfať si（敢えてする），
uvedomovať si/uvedomiť si（意識する），
vážiť si（尊敬する），vybojovať si（闘って勝ちとる），
želať si（願う）

Čo *si* o tejto udalosti *myslíte*?
（この事件についてどう考えていますか？）
On *si* vie *poradiť* v každej situácii.
（彼はどんな状況でも切り抜けるすべを知っている）
Neviem *si predstaviť*, ako sa to skončí.
（これがどうなるのか，私には想像できない）
Uvedomil som *si*, že som prehral zápas.
（私は自分が試合に負けたことを悟った）
Môžeš odísť, ak *si* to *želáš*.
（帰りたかったら，帰ってもいいよ）

第 2 部　形態論　Morfológia

§71　動詞の体　Slovesný vid

(1)スロヴァキア語の動詞は，時間における行為の経過を基準にして，不完了体動詞 nedokonavé slovesá と，完了体動詞 dokonavé slovesá に分類される．**不完了体動詞**は，「限定されずに継続する行為（経過していく行為）・厳密に定められていない行為・繰り返される行為」を表現する－「私たちは不完了体動詞の行為を，その流れのなかにいるかのように感受する」－．**完了体動詞**は，「限定されて継続する行為・厳密に定められた行為・一回だけの行為」を表現する－「私たちは完了体動詞の行為を，外側から，全体を視野のなかに収めているかのように見ている」－．不完了体動詞の形が基本的でより一般的であり，完了体動詞のほうは，意味的により厳密に限定されている．スロヴァキア語の動詞の大部分は，不完了体と完了体の形をあわせ持っている（ペアをなす場合は，不完了体／完了体の順で表記する）．

　例　písať/napísať（書く），odnášať/odniesť（運び去る）
　　　skákať/skočiť（飛び跳ねる），sľubovať/ sľúbiť（約束する）

(2)完了体動詞の形成（一連の完了体動詞は，不完了体動詞に接頭辞や接尾辞をつけて形成される）

①「体の接頭辞」をつける方法（この方法がもっとも多く用いられる）－「体の接頭辞」とは，体を変えるだけで，語の意味は変えない接頭辞をさし，次のようなものがある．

　na- : kresliť（描く）⇨ na-kresliť／písať（書く）⇨ na-písať
　　　 rodiť sa（生まれる）⇨ na-rodiť sa
　　　 zbierať（集める）⇨ na-zbierať
　o-　: červenieť（赤くなる）⇨ o-červenieť
　　　 holiť（髭を剃る）⇨ o-holiť
　　　 slabnúť（弱くなる）⇨ o-slabnúť
　　　 soliť（塩味をつける）⇨ o-soliť
　po- : ďakovať（感謝する）⇨ po-ďakovať
　　　 prosiť（頼む）⇨ po-prosiť

V 動詞 Slovesá

   žiadat'（要求する）⇨ po-žiadat'
s- : chudnút'（痩せる）⇨ s-chudnút'
u- : piect'（焼く）⇨ u-piect'／pliest'（編む）⇨ u-pliest'
   robit'（作る）⇨ u-robit'
   varit'（食事の準備をする）⇨ u-varit'
z- : drat'（使い古す）⇨ zo-drat'／miznút'（消える）⇨ z-miznút'
   ničit'（破壊する）⇨ z-ničit'
za- : farbit'（染める）⇨ za-farbit'／hynút'（死ぬ）⇨ za-hynút'
   kričat'（叫ぶ）⇨ za-kričat'／volat'（呼ぶ）⇨ za-volat'

注) ほかの大部分の場合は，接頭辞がつけられると，体だけでなく語の意味も変わる．

 例 íst'（行く）⇨
  dô-jst'（到着する），ná-jst'（見つける），ob-íst'（避けて通る），
  od-íst'（立ち去る），pred-íst'（追い越す），pre-jst'（通る），
  prí-st'（来る），roz-íst' sa（別れる），vo-jst'（入る），
  vy-jst'（出る），zá-jst'（立ち寄る），z-íst'（下りる）

  písat'（書く）⇨
  do-písat'（書き終える），nad-písat'（上に書く），
  o-písat'（記述する），od-písat'（書面で回答する），
  pod-písat'（署名する），pre-písat'（書き直す），
  pred-písat'（命じる），pri-písat'（書き足す），
  roz-písat'（箇条書きにする），v-písat'（書きこむ），
  vy-písat'（書き抜く），za-písat'（書きとめる）

---

② -nút' をつける方法

 例 kopat'（蹴る）⇨ kopnút'／padat'（散る，降る）⇨ padnút'
  sadat'（着席する）⇨ sadnút'／sekat'（切り刻む）⇨ seknút'

(3)不完了体動詞の形成（一連の不完了体動詞は，完了体動詞に -ovat',

第2部　形態論　Morfológia

-vat', -at' をつけることによって形成される)

① -ovat' をつけるもの（この形がもっとも多く用いられる）

例　odbočit'（曲がる）⇨ odbočovat'
　　odprosit'（許しを乞う）⇨ odprosovat'

注) その場合に，しばしば音の交替が起こる．

例　á/a : dokázat'（証明する）　　⇨ dokazovat'
　　　　 oznámit'（告げる）　　　⇨ oznamovat'
　　ia/ä : uviazat'（結ぶ）　　　　⇨ uväzovat'
　　ie/e : rozniet'it'（＜煽って＞点火する）
　　　　　　　　　　　　　　　　⇨ roznecovat'
　　í/i : odpísat'（書面で回答する）⇨ odpisovat'
　　t/c : uchvátit'（奪取する）　　⇨ uchvacovat'
　　d/dz : odsúdit'（判決を下す）　⇨ odsudzovat'
　　ú/u : kúpit'（買う）　　　　　⇨ kupovat'
　　ĺ/l : predĺžit'（延ばす）　　　⇨ predlžovat'
　　ŕ/r : zhŕknut' sa（群がる）　　⇨ zhrkovat' sa

---

② -vat' をつけるもの

例　dozriet'（熟する）⇨ dozrievat'
　　odrezat'（切り取る）⇨ odrezávat'
　　omdliet'（失神する）⇨ omdlievat'
　　podryt'（掘り崩す）⇨ podrývat'
　　spracovat'（加工する）⇨ spracovávat'
　　stretnút'（会う）⇨ stretávat'
　　udržat'（維持する）⇨ udržiavat'
　　vycicat'（吸い出す）⇨ vyciciavat'
　　vyčkat'（待ち受ける）⇨ vyčkávat'
　　vyjasnit'（明らかにする）⇨ vyjasnievat'

V 動詞 Slovesá

zlyhat'（壊れる）⇨ zlyhávat'

注）-ávat' とならんで -úvat' が用いられることもある．

例 spracovat'（加工する）⇨ spracovávat'/spracúvat'
vysedat'（＜座って＞時を過ごす）⇨ vysedávat'/vysedúvat'

---

③ -at' をつけるもの

例 hodit'（投げる）⇨ hádzat'／l'ahnút'（横になる）⇨ líhat'
naplnit'（満たす）⇨ naplňat'
napravit'（修正する）⇨ naprávat'
odrazit'（打ち返す）⇨ odrážat'
splatit'（返済する）⇨ splácat'
utvorit'（つくる）⇨ utvárat'
vyhnat'（追い出す）⇨ vyháňat'
vyletiet'（飛び立つ）⇨ vylietat'
vyšit'（刺繍で飾りつける）⇨ vyšívat'
zamenit'（取り替える）⇨ zamieňat'
zobudit'（起こす）⇨ zobúdzat'
zvrtnút'（向きを変える）⇨ zvŕtat'

注1）その場合に，しばしば音の交替が起こる．

例 a/ie : spol'ahnút' sa（頼る） ⇨ spoliehat' sa
o/á : zavoňat'（香る） ⇨ zaváňat'
u/ú : hupnút'（はまりこむ） ⇨ húpat'
č/k : skočit'（飛び跳ねる） ⇨ skákat'
t/c : vrátit'（戻す） ⇨ vracat'
s/š : skúsit'（試みる） ⇨ skúšat'
z/ž : urazit'（侮辱する） ⇨ urážat'
d/dz : hodit'（投げる） ⇨ hádzat'

第 2 部　形態論　Morfológia

> sl/šl : rozmysliet' si（熟考する）　⇨ rozmýšľat'
> st/št : pustit'（放す）　⇨ púšťat'
> l/ĺ : prehltnúť（飲み込む）　⇨ prehĺtat'
> r/ŕ : vrzgnúť（軋る）　⇨ vŕzgat'
>
> 注2）語幹が母音で終わっている場合は，-vat' あるいは -jat' となる．
>
> 　例　dat'（与える）⇨ dávat'／zabit'（殺す）⇨ zabíjat'

(4) 一部の動詞は，語源的に異なった語が，体のペアを形成している．

　例　brat'/vziat'（とる），klásť/položit'（置く）

(5) 一部の動詞は，不定形において，不完了体と完了体の形が同じである．過去形においては，これらの動詞は完了体である．

　例　abstrahovat'（抽象化する），aplikovat'（適用する），dekorovat'（飾る），emailovat' [imejl-]（E メールを送る），informovat'（情報を与える），konštatovat'（断定する），korunovat'（戴冠させる），odpovedat'（答える）*，počut'（聴く），pomstit'（復讐する），poznat'（知る），privatizovat'（民営化する），venovat'（捧げる），zúfat'（絶望する）

　　*odpovedat'（答える）は，不完了体の場合は odpovedám, odpovedáš ... と，完了体の場合は odpoviem, odpovieš ... odpovedia と変化する．

　Prednášateľ *odpovedá* na otázku.
　（講演者は質問に答えている）（不完）
　Prednášateľ *odpovie* na otázku.
　（講演者は質問に答えるだろう）（完）
　Starý otec *nepočuje* na ľavé ucho.
　（祖父は左の耳が聞こえない）（不完）
　Túto správu som *nepočul*.

V 動詞 Slovesá

（私はこのニュースを聞いていなかった）（完）
Chlapec chce *poznať* svet.
（少年は世間を知りたがっている）（不完）
On *poznal* objektívnu skutočnosť.
（彼は客観的現実を知った）（完）

(6)不完了体動詞の現在形は，ふつう発話の際に行われている行為を表現するが，完了体動詞の現在形の形は，発話が終わってから行われる行為を表現するので，意味的には，未来の行為を表現している（⇨§73／75）．

§72 反復動詞 Opakovacie slovesá

(1)スロヴァキア語では，繰り返される行為を表現する場合に，反復動詞が広く用いられる．反復動詞は，不完了体の場合も完了体の場合もある．不完了体の反復動詞は，「間隔をおいて繰り返される行為」を表現し，不完了体動詞に，-vať（-ávať/-iavať，-avať，-ievať，-úvať）をつけて形成される．

例 držať（握る）⇨ držiavať／hrať（演じる）⇨ hrávať
chodiť（歩く）⇨ chodievať／liať（注ぐ）⇨ lievať
lietať（飛ぶ）⇨ lietavať／písať（書く）⇨ písavať
prosiť（頼む）⇨ prosievať／volať（呼ぶ）⇨ volávať

(2)スロヴァキア語では，反復動詞は現在でも用いられる．その場合は「日常の定期的に繰り返される行為や状態」を表現する．

例 *Obedúvam* obyčajne medzi dvanástou a jednou.
（私はふつう12時から1時のあいだに昼食をとる）
Stará matka v zime *chorľavie*. （祖母は冬は病気がちだ）

(3)反復動詞は，繰り返しを示す副詞などをともなう場合が多い．

例 *Každý deň* som chodieval do knižnice.
（私は毎日図書館に通っていた）
Vždy som tam stretával svojich priateľov.

第2部 形態論 Morfológia

（私はいつもそこで友人たちと顔を会わせていた）
Po večeroch sme vysedávali po kaviarňach.
（晩ごとに私たちは喫茶店に座っていたものだった）

(4)完了体動詞の反復動詞は，「一人の人間が繰り返す同じ行為か，多くの人間が一度に行う同じ行為」を表現する．完了体の反復動詞は，すでに接頭辞を持っている不完了体動詞に，さらに接頭辞 po- をつけて作られる．

例　odnášať（運び去る）⇒ poodnášať
　　vyrezávať（刻む）⇒ povyrezávať
　　vypytovať sa（繰り返し訊ねる）⇒ povypytovať sa

"Iďte* a dôkladne sa povypytujte všetko o tom dieťatku …"
（行って，その子のことを詳しく調べよ…＜マタイによる福音書 2章8節＞）

＊現在では，iďte の代わりに choďte が使われる．

§73 現在形　Prítomný čas (prézent)

(1)不規則動詞 byť（ある）の現在形は，次のような形になる．

	単　数	複　数
1人称	som	sme [zme]
2人称	si	ste
3人称	je	sú

(2)動詞 byť 以外の不完了体動詞の現在形は，現在語幹に，次のような人称語尾をつけることによって形成される．

	単　数	複　数
1人称	-m	-me
2人称	-š	-te
3人称	-∅	-ú/-u, -ia/-a

— 282 —

V 動詞　Slovesá

> 注1）単数3人称には人称語尾がない．複数3人称は2つの人称語尾があり，動詞のタイプによって，いずれかの形をとる（⇨§87）．この場合は，リズム短縮の規則が適用される（⇨§18）．
>
> 注2）完了体動詞の場合は，現在形の形によって未来の意味を表現する（⇨§75）．

(3)現在形は，次のような行為を表現する．

①話し手が文を述べている時点で進行している行為

例　Čo *vidíte* vonku? － *Vidím,* že padá sneh.
（外になにが見えますか？ － 雪が降っているのが見えます）
Teraz *nemám* čas.（私にはいま時間がありません）
Momentálne *sa zaoberám* súrnou prácou.
（目下，急ぎの仕事をしています）

②（未来を示す表現をともなって）未来の行為

例　Zajtra *idem* do kina.（私はあした映画に行く）
Tento zákon *nadobúda* účinnosť 1. [prvého] septembra tohto roku.（本法律は本年9月1日に発効する）

③過去の行為（いわゆる歴史的現在 tzv. historický prézent）

例　Miško *probuje* jesť, ale *nechutí.* Priam v pažeráku *zasekuje,* do brucha nedajbože dostať. *Odloží* misku a *čaká.*
（ミシコは食べようとするが，食べられない．喉元が詰まって，なんとしても腹に入っていかない．皿を脇に退けて，待つ）
Roku 863 [osemsto šesť desiattri] *víta* knieža Rastislav slovanských apoštolov Cyrila a Metoda.
（ラスチスラウ公は，863年にスラヴ人の使徒キュリロスとメトディオスを迎えた）

④普遍的に妥当する行為（いわゆる無時間的現在 tzv. atemporálny prézent）

例　Kosodrevina *rastie* na vysokých horách.
　　（ハイマツは高山で成育する）
　　Zem *sa krúti* okolo svojej osi.
　　（地球は地軸の周囲を回っている）
　　Občan Slovenskej republiky, ktorý je osobou patriacou k národnostnej menšine, *má* právo používať jazyk menšiny.
　　（少数民族に属する者であるスロヴァキア共和国の市民は，少数派の言語を使用する権利を有する）
　　Nedokonavý vid *podáva* dej v jeho priebehu a dokonavý vid *podáva* dej v jeho ucelenosti (komplexnosti).
　　（不完了体動詞は，行為をその経過において表現し，完了体動詞は，行為をその全体性（複合性）において表現する）

⑤諺での表現（いわゆる格言の現在 tzv. gnómický prézent）

例　Vrana k vrane *sadá,* rovný rovného *si hľadá.*
　　（類は友を呼ぶ）
　　Mýliť sa *je* ľudské.（過ちは人の性）

§74　否定形　Záporné tvary

(1)不規則動詞 byť の現在形の否定形は，次のようである．

	単　数	複　数
1人称	nie som	nie sme [zme]
2人称	nie si	nie ste
3人称	nie je	nie sú

— 284 —

V 動詞 Slovesá

例 *Nie som* Čech, ale Slovák.
（ぼくはチェコ人じゃなくて，スロヴァキア人だ）
Viem, že *nie si* spokojný s týmto návrhom.
（きみがこの提案に満足していないことはわかっているよ）
Otec dnes *nie je* doma. （父はきょうは家にいない）
Nie sme z Bratislavy, ale z Košíc.
（私たちはブラチスラヴァではなくコシツェから来ました）
Nie ste hladný? （空腹ではありませんか）
Zajtra *nie sú* prednášky. （明日は講義がない）

> 注1）不規則動詞 byt' が，「存在する」という意味の自立動詞として用いられる場合，3人称単数現在の否定形には，niet/nieto という形も用いられる．この形はふつう生格と結びつく．
>
> 例 Komu *niet* rady, tomu *niet* pomoci.
> （助言に耳を貸さない者は，救いがたい＜諺＞）
> *Niet* takej oslavy, žeby jej konca nebolo.
> （終わりがないような祭りは存在しない）
>
> 注2）3人称単数現在の否定形として，neni という形が用いられることもあるが，標準語ではない口語形と見なされている．

(2) 不規則動詞 byt' 以外のすべての動詞の，現在形の否定形は，ne- を前接することによって形成される．ne- は [ňe-] と発音され，つねに動詞とともに1語として書かれる．

例 Je tu tma, nič *nevidím*. （ここは暗くて，なにも見えない）
Prečo mi nič *nepíšete*?
（どうして私にお手紙をくださらないのですか？）
Žial', *nerozumieme* dobre po nemecky.
（残念ながら，私たちはドイツ語がよくわかりません）
Ustanovenia tohto zákona *sa nevzt'ahujú* na oblast' výchovy

— 285 —

第2部　形態論　Morfológia

a kultúry.
（この法律の規定は，教育と文化の領域にはかかわらない）

§75 未来形　Budúci čas（futúrum）

(1)不規則動詞 byt' の未来形は，次のようである．

	単　数	複　数
1人称	budem	budeme
2人称	budeš	budete
3人称	bude	budú

(2)不規則動詞 byt' 以外の不完了体動詞の未来形は，byt' の未来形と，該当動詞の不定形の結合によって形成される（複合未来形）．

	単　数	複　数
1人称	budem hovorit'	budeme hovorit'
2人称	budeš hovorit'	budete hovorit'
3人称	bude hovorit'	budú hovorit'

(3)一部の不完了体動詞（おもに運動の動詞）には，上記の複合未来形とならんで，接頭辞 po- をつけて形成される未来形がある．

　例　bežat'（走る）⇒ budem bežat' … / po-bežím …
　　　cestovat'（旅行する）⇒ budem cestovat' … /
　　　　　　　　　　　　　　　po-cestujem …
　　　hnat'（駆り立てる）⇒ budem hnat' … / po-ženiem …
　　　kvitnút'（開花する）⇒ bude kvitnút' … / po-kvitne …
　　　letiet'（飛ぶ）⇒ budem letiet' … / po-letím …
　　　niest'（運ぶ）⇒ budem niest' … / po-nesiem …
　　　viest'（導く）⇒ budem viest' … / po-vediem …
　　　viezt'（運ぶ）⇒ budem viezt' … / po-veziem …

V 動詞 Slovesá

(4)不完了体の不規則動詞 íst' の場合は，接頭辞 pô- をつけて形成される未来形のみがある．

	単　数	複　数
1人称	pôjdem	pôjdeme
2人称	pôjdeš	pôjdete
3人称	pôjde	pôjdu

例　Zajtra *pôjdem* na koncert symfonického orchestra.
　　（私はあした交響楽団のコンサートに行くでしょう）
　　Pôjdeme spolu na prechádzku do parku.
　　（一緒に公園に散歩に行きましょう）
　　O týždeň *pôjdu* na dovolenku do Grécka.
　　（一週間後に彼らは休暇でギリシャに行く）

(5)完了体動詞の未来形は，現在形の形で表現される（⇨§73）．

	単　数	複　数
1人称	prehovor-ím	prehovor-íme
2人称	prehovor-íš	prehovor-íte
3人称	prehovor-í	prehovor-ia

例　*Poviem* otvorene svoj názor.
　　（自分の意見をはっきりと言いましょう）
　　Predseda vlády *prehovorí* zajtra o štrnástej v televízii.
　　（首相が明日の午後2時にテレビで演説する）
　　Iste sa mu *podarí* vyriešiť tento problém.
　　（彼はきっとこの問題をうまく解けるだろう）
　　Vezmeme si z týchto chýb ponaučenie.
　　（これらの誤りから教訓を引き出そう）

(6)不完了体動詞の未来形の否定形は，不規則動詞 byť の未来形に ne- を前接することによって，完了体動詞の未来の否定形は，動詞の現在形に ne-

第2部　形態論　Morfológia

を前接することによって形成される.

例　Ja *nebudem* hovoriť nič.（私はなにも喋らないでしょう）
　　Ja vôbec *neprehovorím*.（私はなにも喋りません）

(7)不完了体の未来形は，次のような行為を表現する.

①発話後に行われる行為（基本的な用法）

例　Zajtra *bude snežiť*.（明日は雪が降るだろう）
　　O mesiac *budeme cestovať* po Slovensku.
　　（1カ月後に私たちはスロヴァキアを旅行しているでしょう）

②推測や見積もり

例　Syn *bude* ešte *spať*.（＝Syn ešte asi spí.）
　　（息子はたぶんまだ寝ているのだろう）

③ふさわしくない行為を憤慨して拒否する場合

例　Kto ťa *bude* celý deň *počúvať*?!
　　（だれが君の言うことなんか一日中聞いていられるものか）
　　Budete deti do učenia *nútiť*?
　　（子供たちに勉強を強制するんですか？）

④実現できない行為（疑問代名詞 ako をともなう）

例　Ako *budeme spať* v čakárni!（待合室なんかで眠れるもんか）

⑤非現実的な行為（譲歩の文章で，čo, čo i, čo aj, i keď, ak aj, nech などをともなう場合が多い）

例　Žabu čo po samom zlate *vodiť budeš*, predsa nájde mláku － keď chce.
　　（カエルは黄金のただなかを連れ歩いても，その気になれば－水たまりを見つける＜諺－「ブタに真珠」の意味＞）

⑥まちがいなく実現される命じられた行為・推薦される行為

－ 288 －

Ⅴ　動詞　Slovesá

例　Janko, dnes *sa* vonku *hrat'* nebudeš.
　　（ヤンコ，今日は外で遊んではいけないよ）
　　Najlepšie *bude počkat'* na vhodnú príležitost'.
　　（いちばん良いのは好機を待つことだろう）

⑦丁寧な勧めや呼びかけ

例　*Bude sa* vám *páčit'* tento darček?
　　（このプレゼントがお気に召しますか？）
　　Budem si prosit' pohár vody.
　　（水を一杯いただきたいのですが）

(8)完了体の未来形は，次のような行為を表現する．

①その結果が未来に及ぶ現在の行為

例　*Prečítam* tento dokument do večera.
　　（私は晩までにこの書類に目を通します）
　　On pozajtra *odcestuje* na služobnú cestu do Paríža.
　　（彼はあさって出張でパリに出発します）
　　Noviny iste *napíšu* o tejto udalosti.
　　（新聞はきっとこの事件について報道するだろう）

②可能性あるいは不可能性のニュアンス

例　Ja v lietadle *nezaspím*.（ぼくは飛行機のなかでは眠れないんだ）
　　Nespomenieme si na podrobnosti.
　　（ぼくたちは細かい点が思い出せない）

(9)強調された命令や禁止を表現する場合，動詞の未来形が用いられることがある．

例　*Budeš čušat'*！（黙るんだ）
　　Nebudeš mat' iných bohov okrem mňa！
　　（あなたには，わたしをおいてほかに神があってはならない．＜出エジプト記　20章3節＞）

第2部　形態論　Morfológia

A teraz *sa vrátiš* domov！（さあ，もう家にお帰り）

§76　過去形　Minulý čas (préteritum)

(1)動詞の過去形は，不完了体動詞の場合も完了体動詞の場合も，不規則動詞 byt' の現在形と，該当動詞の -l で終わる形動詞によって形成される．-l で終わる形動詞は，動詞の過去語幹（あるいは不定形語幹）に -l をつけて形成される．ただし3人称単数と3人称複数では，不規則動詞 byt' の現在形は欠落する．過去形に含まれる形動詞は，性と数にしたがって変化するが，性による変化（-l, -la, -lo）は単数でのみ生じ，複数においては，すべての性に同じ形（-li）が用いられる．

①不規則動詞 byt' の過去形

	単　数	複　数
1人称	bol (-a, -o) som	boli sme
2人称	bol (-a, -o) si	boli ste
3人称	bol (-a, -o)	boli

②動詞 hovorit' の過去形

	単　数	複　数
1人称	hovoril (-a, -o) som	hovoril-i sme
2人称	hovoril (-a, -o) si	hovoril-i ste
3人称	hovoril (-a, -o)	hovoril-i

(2)不規則動詞 byt' の現在形は，文の2番目の位置に置かれる．

　例　Ja *som* čítal noviny. / Čítal *som* noviny. / Noviny *som* čítal.
　　　（私は新聞を読んでいた）

(3)過去形の否定形は，-l で終わる形動詞に，ne- を前接することによって形成される．

V 動詞 Slovesá

例 Ja som *nehovoril* nič.（私はなにも言わなかった）
　　Nikto z nich *neprehovoril*.（彼らのうちのだれも口を開かなかった）

(4)過去形は，次のような行為を表現する．

①不完了体の過去形の場合 — 過去における行為の経過，行為の限定されない繰り返し，継続される繰り返し，一般化された事実

例 Chlapci *sedeli* pri táboráku a *spievali*.
　　（少年たちはキャンプファイヤーのそばに座って，歌っていた）
　　Dievča *sa* každý deň *učilo* hrat' na husliach.
　　（少女は毎日バイオリンの練習をしていた）
　　Do konca prvej Československej republiky *jestovoval* na Filozofickej fakulte Univerzity Komenského ako učebný predmet len „československý jazyk".
　　（第1チェコスロヴァキア共和国の末期まで，コメンスキー大学の哲学部には，学科目として「チェコスロヴァキア語」しか存在しなかった）

②完了体の過去形の場合—過去において行われ，その結果が現在にまで及んでいる行為

例 *Vyhladli* ste, jedzte.（お腹が空いたでしょう，食べてください）
　　Včera som *stretol* Máriu (a dnes o tom hovorím.)
　　（きのう私はマーリアに会った〔そして今日そのことを話している〕）
　　Slovenský jazyk *sa stal* v roku 1918〔tisíc devät'sto osemnást'〕na Slovensku úradným a vyučovacím jazykom v zásade vo všetkých úradoch a školách.
　　（スロヴァキア語は1918年にスロヴァキアで，基本的にすべての官庁と学校における公用語・教育語になった）

③完了体動詞の直説法過去によって，現在を表現する場合がある．

例 Ked' nastúpime v takejto zostave, ten zápas sme *prehrali*.
　　（こんなメンバーで出場したら，この試合は最初からぼくたちの負け

だよ)

④罵り言葉などでは，直説法過去が仮定法として用いられる場合がある．

例　Bodaj to čert *vzal*！(いったいなんてことだ)

§77　過去完了形　Predminulý čas (antepréteritum)

(1)過去完了形は，不規則動詞 byť の過去形と，該当動詞の -l で終わる形動詞の結合によって形成される．おもに完了体動詞から作られる．

①不規則動詞 byť の過去完了形

	単　数	複　数
1人称	bol (-a, -o) som býval (-a, -o)	boli sme bývali
2人称	bol (-a, -o) si býval (-a, -o)	boli ste bývali
3人称	bol (-a, -o) býval (-a, -o)	boli bývali

②動詞 hovoriť の過去完了形

	単　数	複　数
1人称	bol (-a, -o) som hovoril (-a, -o)	boli sme hovorili
2人称	bol (-a, -o) si hovoril (-a, -o)	boli ste hovorili
3人称	bol (-a, -o) hovoril (-a, -o)	boli hovorili

(2)過去完了形は，過去のある行為を念頭に置いて，それよりさらに以前の行為を表現する場合に用いられた．現代の標準スロヴァキア語では，過去完了形の使用頻度は下がっており，アルカイズム（古風な表現）になりつつある．現在ではこうした行為は，ふつう過去形によって表現される．

例　A hľa, hviezda, ktorú *boli videli* na východe slnca, išla pred nimi...
　　(東方で見た星が，先立って進み…＜マタイによる福音書　2章9節＞)

V　動詞　Slovesá

akoby ich *bola mala* jedna mater...
（まるで一人の母親から生まれたようだった）

§78　命令法　Rozkazovací spôsob

(1)命令法は，ある行為を行うように命令したり，勧めたりする動詞の形態である．スロヴァキア語には，2人称単数・3人称単数・1人称複数・2人称複数・3人称複数にたいする命令法がある．

(2)2人称単数・1人称複数・2人称複数にたいする命令法は，動詞の3人称複数の現在語幹から形成される．基本の形は，2人称単数にたいする命令法であり，次のようにして形成される．

①現在語幹が1つの子音で終わる場合は，そのままの形が命令法になる．

例　brat'（とる）⇒ ber-ú ⇒ ber
　　česat'（髪をくしけずる）⇒ češ-ú ⇒ češ
　　držat'（握る）⇒ drž-ia ⇒ drž
　　niest'（運ぶ）⇒ nes-ú ⇒ nes
　　pracovat'（働く）⇒ pracuj-ú ⇒ pracuj
　　robit'（作る）⇒ rob-ia ⇒ rob
　　rozumiet'（理解する）⇒ rozumej-ú ⇒ rozumej
　　siat'（播く）⇒ sej-ú ⇒ sej
　　volat'（呼ぶ）⇒ volaj-ú ⇒ volaj

②現在語幹が -ij, -yj で終わる場合は，語幹末の j を脱落させる．

例　bit'（打つ）⇒ bij-ú ⇒ bi
　　pit'（飲む）⇒ pij-ú ⇒ pi
　　prikryt'（覆う）⇒ prikryj-ú ⇒ prikry
　　umyt'（洗う）⇒ umyj-ú ⇒ umy
　　žit'（生きる）⇒ žij-ú ⇒ ži

③現在語幹が母音＋子音 d, t, n, l で終わる場合は，これらの子音は口蓋化して，それぞれ d', t', ň, l' になる．

第2部 形態論 Morfológia

例　viesť（導く）⇒ ved-ú ⇒ veď
　　pliesť（編む）⇒ plet-ú ⇒ pleť
　　spomenúť si（思い出す）⇒ spomen-ú si ⇒ spomeň si
　　mlieť（挽く）⇒ mel-ú ⇒ meľ

④現在語幹が，スロヴァキア語において語末に立つことができない子音グループで終わる場合は，-i を添える．

例　padnúť（落ちる）⇒ padn-ú ⇒ padn-i
　　pozvať（招待する）⇒ pozv-ú ⇒ pozv-i
　　spať（眠る）⇒ sp-ia ⇒ sp-i
　　trieť（こする）⇒ tr-ú ⇒ tr-i
　　udrieť（打つ）⇒ udr-ú ⇒ udr-i
　　začať（始める）⇒ začn-ú ⇒ začn-i
　　zohnúť（曲げる）⇒ zohn-ú ⇒ zohn-i

⑤現在語幹が -rč, -st, -šť, -zd, -žd で終わる動詞は，-i をつけない形（この場合，語幹末の t, d には軟音記号が添えられる）と，-i をつける形がある．

例　určiť（定める）⇒ urč-ia ⇒ urč/urč-i
　　pustiť（放す）⇒ pust-ia ⇒ pusť/pust-i
　　pišťať（ぴぃぴぃ言う）⇒ pišt-ia ⇒ pišť/pišt-i
　　brázdiť（溝をほる）⇒ brázd-ia ⇒ brázď/brázd-i
　　rozmliaždiť（押しつぶす）⇒ rozmliažd-ia
　　　　　　　　　　　　　　⇒ rozmliažď/rozmliažd-i

注）現代の標準スロヴァキア語では，2人称単数にたいする命令形は，-i をつけない形のほうがより多く用いられるが，2人称複数にたいする命令形は，-i をつける形のほうがより多く用いられる．

　例　pustiť（放す）⇒ 2人称単数 pusť/pusti
　　　　　　　　　　　2人称複数 pustite/pusťte

V　動詞　Slovesá

⑥Ⅶタイプに属する動詞の一部は，同時にⅠタイプに準じて変化する場合もあるので，2つの形の命令形がある（⇒§87）．

例　luhat'（嘘をつく）⇒ lužú/luhajú ⇒ luž/luhaj
　　metat'（投げる）⇒ mecú/metajú ⇒ mec/metaj
　　motat'（巻く）⇒ mocú/motajú ⇒ moc/motaj
　　šeptat'（ささやく）⇒ šepcú/šeptajú ⇒ šepci/šeptaj
　　trestat'（罰する）⇒ trescú/trestajú ⇒ tresci/trestaj

> 注）一部の語では，Ⅰタイプから派生される命令形しか用いられない．
> 　　例　kývat'（ゆり動かす）⇒ kývajú/kývu ⇒ kývaj

⑦特殊なケース

例　byt'（ある）⇒ bud'／íst'（行く）⇒ id'/chod'/pod'
　　jest'（食べる）⇒ jedz／povedat'（言う）⇒ povedz
　　vediet'（知っている）⇒ vedz

(3) 1人称複数にたいする命令法は，2人称単数の命令法の形に，-me を添えて形成される．この命令法は，話し相手にたいする誘いかけを意味する．

例　pit'（飲む）⇒ pi ⇒ pi-me／robit'（する）⇒ rob ⇒ rob-me
　　spat'（眠る）⇒ spi ⇒ spi-me／viest'（導く）⇒ ved' ⇒ ved'-me

> 注）その際，-me の前の無声子音は，すべて有声化する（⇒§14）．
> 　　例　kúpme [kúbme]（買おう），nesme [ňezme]（運ぼう）
> 　　　　plat'me [plad'me]（支払おう）

(4) 2人称複数にたいする命令法は，2人称単数の命令法の形に，-te を添えて形成される．-te は [-t'e] と発音される．

— 295 —

第2部　形態論　Morfológia

例　pit'（飲む）⇒ pi ⇒ pi-te／robit'（する）⇒ rob ⇒ rob-te
　　spat'（眠る）⇒ spi ⇒ spi-te／viest'（導く）⇒ ved' ⇒ ved'-te

(5) 3人称単数と3人称複数にたいする命令法は，助詞 nech と該当動詞の現在形を結びつけて形成される．

例　*Nech* si deti *idú* svojou cestou.
（子供たちには自分の道を行かせたらいい）
Kráľ je mŕtvy, *nech žije* kráľ!（王さまは死んだ，王さま万歳）
Hospodin dal, Hospodin vzal. *Nech je požehnané* meno Hospodinovo.
（主は与え，主は奪う．主の御名はほめたたえられよ．＜ヨブ記　1章21節＞）

(6)命令法は，次のような行為を表現する（感嘆符の有無については⇒§22）．

①命令や願望

例　*Urob* si to sám.（これを一人でやってごらん）
Ukážte mi, prosím, tamtú bábiku v ľudovom kroji.
（すみませんが，あの民族衣装の人形を見せてください）
Pozdravujte odo mňa celú Vašu rodinku.
（ご家族のみなさんによろしくお伝えください）

②勧誘

例　*Poslúžte* si, *prosím*.
（＜食べ物などを勧めながら＞どうぞ，ご自由におとりください）
Majte sa dobre.（お元気で）

③不可避性，不本意ながら強制された行為

例　Páni si len rozkazujú, sedia v teple, a my *rob* a *dávaj*!
（旦那たちは命令するだけで，暖かい所に座っているが，われわれには働いてよこせだ）

④仮定された行為

V　動詞　Slovesá

例　*Pospi* hodinku, počuješ ráno novinku.
（＝Ak si pospíš hodinku, …）
（小一時間も眠れば，朝には知らせが聞けるよ＝果報は寝て待て＜諺＞）
Urob čertu dobre, peklom sa ti odslúži.
（＝Aj keď urobíš čertu dobre, …）
（鬼に善行を施しても，お返しにくれるのは地獄だ＜諺＞）

§79　仮定法　Podmieňovací spôsob

(1)スロヴァキア語の仮定法には，仮定法現在と仮定法過去の2つの形がある．

(2)仮定法現在は，該当動詞の過去形と，助詞 by の結合によって形成される．

①不規則動詞 byť の仮定法現在

	単　数	複　数
1人称	bol (-a, -o) by som	boli by sme
2人称	bol (-a, -o) by si	boli by ste
3人称	bol (-a, -o) by	boli by

②動詞 volať の仮定法現在

	単　数	複　数
1人称	volal (-a, -o) by som	volali by sme
2人称	volal (-a, -o) by si	volali by ste
3人称	volal (-a, -o) by	volali by

(3)仮定法現在は，次のような行為を表現する．

①現在において，その実現が可能性に留まっている行為

例　Ako ľahko *by sa* nám *kráčalo* svetom, … keby nebolo tejto pavučiny …

第2部　形態論　Morfológia

(もしもこのクモの巣がなければ…身軽に世界を歩き回れるのだが…〔実際には身軽に歩き回れない〕)

②穏やかな命令

例　*Mal by si* odpovedať rýchlo.（早く返事を出したほうがいいよ）
　　Mohli by ste si už odpočinúť.
　　(あなたはもう休息してもいいですよ)

③慎ましい主張

例　*Chcel by som* si rezervovať izbu vo vašom hoteli.
　　(貴ホテルに部屋を予約したいのですが)
　　Nemyslel by som, že váš názor je správny.
　　(あなたの意見が正しいとは思えませんが)
　　Povedali by sme, že sympózium skončilo úspešne.
　　(私たちは，シンポジウムが成功裏に終了したと言いたい)

④（助詞 bodaj, bodajže, kiež, kiežby をともなって）願望

例　Bodaj *by si mal* pravdu!（君が正しいといいけどね）
　　Kiežby *si prišiel* skôr!
　　(もうすこし早く来てくれればよかったのに)

(4)仮定法過去は，該当動詞の過去完了形と，助詞 by の結合によって形成される．

①不規則動詞 byť の仮定法過去

	単　数	複　数
1人称	bol (-a, -o) by som býval (-a, -o)	boli by sme bývali
2人称	bol (-a, -o) by si býval (-a, -o)	boli by ste bývali
3人称	bol (-a, -o) by býval (-a, -o)	boli by bývali

②動詞 volať の仮定法過去

V 動詞　Slovesá

	単　数	複　数
1人称	bol (-a, -o) by som volal (-a, -o)	boli by sme volali
2人称	bol (-a, -o) by si volal (-a, -o)	boli by ste volali
3人称	bol (-a, -o) by volal (-a, -o)	boli by volali

(5)仮定法過去は，過去における当該の行為の実現が，可能性に留まっていたことを表現する．

例　Keby bolo treba, *bol by som prišiel.*
　　（もし必要だったら，もちろん私は来たのだが〔実際には来なかった〕）
　　Keby sme boli mohli, *boli by sme utiekli.*
　　（もしわれわれに逃げる可能性があったのなら，逃げていただろう〔実際には逃げることができなかった〕）
　　Ktovie, ako dlho *by bola stála* Eva Hlavajová pri plote, keby po ceste náhodou nebol išiel Ondrej Koreň.
　　（たまたまオンドレイ・コレニが道をやってこなかったら，エヴァ・フラヴァヨヴァーがどのくらい柵のそばに立っていたかは，誰にもわからない）

(6)仮定法の構文において助詞 by は，つねに文の 2 番目の位置（過去形で，不規則動詞 byt' の現在形が用いられる場合は，その前の位置）に置かれる．動詞は，助詞 by から離れた場所に置かれてもよい．

例　Nepovedal *by* som to.（=To *by* som nepovedal.）
　　（私だったらそうは言わないのだが）
　　Nikdy *by* sme to neboli povedali.
　　（=To *by* sme neboli nikdy povedali.）
　　（われわれはまさかそんなことを想像もしていなかった）

§80　不定形　Infinitív

(1)スロヴァキア語の不定形は，動詞の不定形語幹に -t' をつけて形成される．

第2部　形態論　Morfológia

例　chyta-t'（つかむ），rozumie-t'（理解する），nies-t'（運ぶ），
hynú-t'（滅びる），trie-t'（こする），bra-t'（とる），
česa-t'（髪をくしけずる），ža-t'（刈る），chudnú-t'（痩せる），
žu-t'（かむ），pracova-t'（働く），robi-t'（作る），
vidie-t'（見る），kriča-t'（叫ぶ）

(2)不定形の用法には，次のようなものがある．

①叙法の動詞との結合（⇒§69）

例　Už musím *ísť* domov.（私はもう帰宅しなければならない）
Nesmieš veľa *piť*.（たくさん酒を飲んではいけないよ）
Môžete sa *vyjadriť* slobodne.（自由に発言してかまいません）

②位相の動詞との結合（⇒§69）

例　Poobede začalo *pršať*.（午後に雨が降り出した）
Ján ostal *stáť* na námestí.（ヤーンは広場に立ち続けた）
Môj ujo konečne prestal *fajčiť*.
（私の叔父はとうとう煙草を吸うのをやめた）

③運動の動詞との結合

例　Už idem *spať*.（ぼくはもう寝にいくよ）
Jesť chodíme každé ráno do jedálne internátu.
（ぼくたちは毎朝，寮の食堂に食事に行っている）

④不規則動詞 byť の未来形と結合して，不完了体動詞の未来形を形成
（⇒§75）

例　Budem sa *snažiť*, aby som vyriešil tento problém.
（この問題を解決するように努力します）
Budeme *skúmať* ekologické problémy tohto regiónu.
（私たちはこの地域の環境問題を調査します）

⑤文の主語あるいは述語としての表現

例　*Začať* konať je ťažšie ako *kritizovať*.

(行動を起こすのは，批判するよりも難しい)
Mýlit' sa je l'udské. (過ちは人の常＜諺＞)

⑥乱暴な命令の表現

例　Sadnút' si！(座れ), Vstat'！(立て)

§81　副動詞　Prechodník

(1)スロヴァキア語では副動詞の形は1つであり，副動詞現在のみがある．副動詞現在は，不完了体動詞からも完了体動詞からもひとしく形成され，性・数によって変化することはない．

(2)副動詞現在は，動詞の3人称複数現在語幹に，接尾辞 -úc(-uc), -iac (-ac) をつけることによって形成される．

① I～XIタイプの動詞には，接尾辞 -úc をつける．

例　chytat'（つかむ）　　　　⇨ chytaj-ú　⇨ chytaj-úc
　　rozumiet'（理解する）　　⇨ rozumej-ú ⇨ rozumej-úc
　　niest'（運ぶ）　　　　　　⇨ nes-ú　　 ⇨ nes-úc
　　hynút'（滅亡する）　　　　⇨ hyn-ú　　 ⇨ hyn-úc
　　triet'（こする）　　　　　⇨ tr-ú　　　⇨ tr-úc
　　brat'（とる）　　　　　　 ⇨ ber-ú　　 ⇨ ber-úc
　　česat'（髪をくしけずる）　⇨ češ-ú　　 ⇨ češ-úc
　　žat'（刈る）　　　　　　　⇨ žn-ú　　　⇨ žn-úc
　　chudnút'（痩せる）　　　　⇨ chudn-ú　 ⇨ chudn-úc
　　žut'（かむ）　　　　　　　⇨ žuj-ú　　 ⇨ žuj-úc
　　pracovat'（働く）　　　　 ⇨ pracuj-ú　⇨ pracuj-úc

注）先行音節が長い場合は，リズム短縮の規則が適用され，接尾辞は短縮して -uc になる（⇨§18）．

　　例　písat'（書く）　　　⇨ píš-u　　⇨ píš-uc
　　　　viazat'（束ねる）　 ⇨ viaž-u　 ⇨ viaž-uc

第2部　形態論　Morfológia

> vládnut'（支配する）⇒ vládn-u ⇒ vládn-uc

② XII～XIV タイプの動詞には，接尾辞 -iac をつける．

例　robit'（作る）　　⇒ rob-ia　⇒ rob-iac
　　vidiet'（見える）　⇒ vid-ia　⇒ vid-iac
　　kričat'（叫ぶ）　　⇒ krič-ia　⇒ krič-iac

> 注1）接尾辞 -iac の場合は，リズム短縮の規則が適用されず，先行音節が長くても，接尾辞は短縮しない（⇒§19）．
>
> 　　例　kúpit'（買う）　　　⇒ kúp-ia　⇒ kúp-iac
> 　　　　chválit'（賞賛する）　⇒ chvál-ia　⇒ chvál-iac
> 　　　　mierit'（狙う）　　　⇒ mier-ia　⇒ mier-iac
>
> 注2）3人称複数現在語幹が子音 j で終わる場合は，接尾辞は -ac になる．
>
> 　　例　kojit'（授乳する）　⇒ koj-a　⇒ koj-ac
> 　　　　napojit'（飲ませる）⇒ napoj-a ⇒ napoj-ac
> 　　　　stát'（立っている）　⇒ stoj-a　⇒ stoj-ac

③ VII タイプに属する動詞の一部は，同時に I タイプに準じても変化する．それらの動詞の場合は，接尾辞 -úc(-uc) とならんで，-ajúc というヴァリアントがある（⇒§87）．

例　driemat'（まどろむ）　⇒ driem-uc/driem-ajúc
　　hýbat'（動かす）　　　⇒ hýb-uc/hýb-ajúc
　　kúpat' sa（入浴する）　⇒ kúp-uc sa/kúp-ajúc sa
　　reptat'（不平を言う）　⇒ repc-úc/rept-ajúc

④ 不規則動詞 byt' の副動詞形は，súc である．

(3) 再帰動詞から副動詞現在が形成される場合は，再帰代名詞 sa, si は保たれる．

V 動詞 Slovesá

例　integrovat' sa（統合される）　⇨　integruj-úc sa
　　smiat' sa（笑う）　　　　　　⇨　smej-úc sa
　　spomenúť si（思い出す）　　　⇨　spomen-úc si

(4)不完了体動詞から形成される副動詞現在は，主文の行為と同時に行われる補足的な行為を表現する（〜しながら）．副動詞によって表現される行為の主体は，主文の主体と一致する．

例　Ján vyšiel z domu, *mysliac* na dnešnú prácu.
　　（ヤーンは今日の仕事のことを考えながら，家を出た）
　　Vracajúc sa domov, pred bránou som stretol manželku.
　　（帰宅の途中，門のまえで私は妻と会った）
　　My, národ slovenský, *pamätajúc* na politické a kultúrne dedičstvo svojich predkov a na stáročné skúsenosti zo zápasov o národné bytie a vlastnú štátnosť, ..., *vychádzajúc* z prirodzeného práva národov na sebaurčenie, ..., *usilujúc* sa o uplatňovanie demokratickej formy vlády, záruk slobodného života, rozvoja duchovnej kultúry a hospodárskej prosperity, ... uznášame sa prostredníctvom svojich zástupcov na tejto ústave.（Ústava Slovenskej republiky z roku 1992, preambula）
　　（われわれスロヴァキア民族は，みずからの祖先の政治的文化的遺産と，民族的存在および固有の国家体制をめざす数世紀におよぶ闘いの経験を想起しつつ…民族自決の自然権に立脚しつつ…民主主義的な統治形態，自由な生活の保障，精神文化の発展と経済的繁栄を適用すべく努めながら…みずからの代表を介して本憲法を決議する．＜1992年のスロヴァキア共和国憲法の前文＞）

(5)完了体動詞から形成される副動詞現在は，主文の行為に先行して行われた行為を表現する（〜し終わって，〜してから）．副動詞によって表現される行為の主体は，主文の主体と一致する．

例　*Vyjadriac* svoju mienku, Anna sebavedome odišla.
　　（アンナは自分の意見を述べると，毅然と立ち去った）

第 2 部　形態論　Morfológia

"... a *padnúc* klaňali sa mu a *otvoriac* svoje poklady obetovali mu dary:zlato, kadivo a myrhu."
（彼らはひれ伏して幼子を拝み，宝の箱を開けて，黄金，乳香，没薬を贈り物として捧げた．＜マタイによる福音書　2章11節＞）

(6)以下のような語結合は，すでに副動詞としての意味を失って，副詞，前置詞あるいは前置詞的表現と見なされている（⇨§98／100）．

chtiac-nechtiac（嫌々ながら）
nehľadiac na＋対格（～にもかかわらず）
nepočítajúc (do toho)＋対格（～を勘定に入れないで）
nepozerajúc na＋対格（～をかえりみず）
nevynímajúc (z toho)＋対格（～も含めて）
odhliadnuc od＋生格（～を除いては）
počínajúc＋造格／počínajúc od＋生格（～をはじめとして）
počítajúc (do toho)＋対格（～も勘定に入れて）
súdiac podľa＋生格（～によると）
začínajúc＋造格／začínajúc od＋生格（～をはじめとして）

例　Janko prišiel do školy, *nehľadiac na* zlé počasie.
（ヤンコは悪天候にもかかわらず登校した）
Všetci sú pozvaní, *nevynímajúc z toho* bývalých kolegov.
（昔の同僚も含めて，みんなが招待されている）
Prítomných bolo asi 20 ľudí, *počítajúc do toho* i deti.
（列席したのは，子供たちも含めて約20人だった）
Súdiac podľa príznakov, je to chrípka.
（徴候から判断すると，これは風邪だ）

(7)完了体動詞の過去語幹に，接尾辞 -v，-vši をつけて形成される副動詞形（副動詞過去）は，アルカイズム（古風な表現）と見なされている．現在では，当該動詞の副動詞現在の形が用いられる．

例　zavolať（叫ぶ）　⇨ zavola-l　⇨ zavola-v, zavola-vši
　　　　　　　　　　　　　　　　　　　　　（⇨ zavolajúc）

V　動詞　Slovesá

vrátiť sa（戻る）⇨ vráti-l sa ⇨ vráti-v sa, vráti-vši sa
（⇨ vrátiac sa）

§82　能動形動詞現在　Činné príčastie prítomné

(1) スロヴァキア語には，能動形動詞現在・能動形動詞過去・被動形動詞の3つの形動詞の形がある．かつて存在した被動形動詞現在は，現在ではすでに使われていない．

(2) 能動形動詞現在は，不完了体動詞の3人称複数現在語幹に，接尾辞 -úci (-úca, -úce) か -uci (-uca, -uce)，あるいは接尾辞 -iaci (-iaca, -iace) か -aci (-aca, -ace) をつけることによって形成される．接尾辞の選択基準は，副動詞現在の場合に対応している．

① I～XI タイプの動詞には，接尾辞 -úci (-úca, -úce) をつける．

例　chytať（つかむ）　　　⇨ chytaj-ú　⇨ chytaj-úci,
　　　　　　　　　　　　　　　　　　　　　chytaj-úca,
　　　　　　　　　　　　　　　　　　　　　chytaj-úce
　　rozumieť（理解する）　⇨ rozumej-ú ⇨ rozumej-úci,
　　　　　　　　　　　　　　　　　　　　　rozumej-úca,
　　　　　　　　　　　　　　　　　　　　　rozumej-úce
　　niesť（運ぶ）　　　　　⇨ nes-ú　　⇨ nes-úci, nes-úca,
　　　　　　　　　　　　　　　　　　　　　nes-úce
　　hynúť（滅亡する）　　　⇨ hyn-ú　　⇨ hyn-úci, hyn-úca,
　　　　　　　　　　　　　　　　　　　　　hyn-úce
　　trieť（こする）　　　　⇨ tr-ú　　 ⇨ tr-úci, tr-úca,
　　　　　　　　　　　　　　　　　　　　　tr-úce
　　brať（とる）　　　　　 ⇨ ber-ú　　⇨ ber-úci, ber-úca,
　　　　　　　　　　　　　　　　　　　　　ber-úce
　　česať（髪をくしけずる）⇨ češ-ú　　⇨ češ-úci, češ-úca,
　　　　　　　　　　　　　　　　　　　　　češ-úce
　　žať（刈る）　　　　　　⇨ žn-ú　　 ⇨ žn-úci, žn-úca,
　　　　　　　　　　　　　　　　　　　　　žn-úce

第2部 形態論 Morfológia

  chudnúť（痩せる） ⇒ chudn-ú ⇒ chudn-úci,
                chudn-úca,
                chudn-úce
  žuť（かむ）   ⇒ žuj-ú ⇒ žuj-úci, žuj-úca,
                žuj-úce
  pracovať（働く） ⇒ pracuj-ú ⇒ pracuj-úci,
                pracuj-úca,
                pracuj-úce

> 注) 先行音節が長い場合は，リズム短縮の規則が適用され，接尾辞は短縮して -uci (-uca, -uce) になる【1991年の正書法の規則の改定によって，このように改められた】．
>
> 例 písať（書く） ⇒ píš-u ⇒ píš-uci, píš-uca,
>   píš-uce
>   viazať（束ねる） ⇒ viaž-u ⇒ viaž-uci, viaž-uca,
>   viaž-uce
>   vládnuť（支配する）⇒ vládn-u ⇒ vládn-uci, vládn-uca,
>   vládn-uce

② XII〜XIV タイプの動詞には，接尾辞 -iaci (-iaca, -iace) をつける．

 例 robiť（作る） ⇒ rob-ia ⇒ rob-iaci, rob-iaca, rob-iace
   vidieť（見える）⇒ vid-ia ⇒ vid-iaci, vid-iaca, vid-iace
   kričať（叫ぶ） ⇒ krič-ia ⇒ krič-iaci, krič-iaca, krič-iace

> 注1) 接尾辞 -iaci (-iaca, -iace) の場合は，リズム短縮の規則が適用されず，先行音節が長くても，接尾辞は短縮しない（⇒§19）．
>
> 例 chváliť（賞賛する）⇒ chvál-ia ⇒ chvál-iaci, chvál-iaca,
>   chvál-iace
>   mieriť（狙う） ⇒ mier-ia ⇒ mier-iaci, mier-iaca,

V 動詞 Slovesá

mier-iace

注2) 3人称複数現在語幹が子音jで終わる場合は，接尾辞は-aci (-aca, -ace) になる．

例　kojit'（授乳する）⇒ koj-a ⇒ koj-aci, koj-aca, koj-ace
stát'（立っている）⇒ stoj-a ⇒ stoj-aci, stoj-aca, stoj-ace

(3) 再帰動詞から能動形動詞現在が形成される場合は，再帰代名詞 sa, si は保たれる．

例　integrovat' sa（統合される）⇒ integruj-úci sa,
　　　　　　　　　　　　　　　　 integruj-úca sa,
　　　　　　　　　　　　　　　　 integruj-úce sa
　　smiat' sa（笑う）⇒ smej-úci sa, smej-úca sa,
　　　　　　　　　　　　smej-úce sa
　　všímat' si（気を配る）⇒ všímaj-úci si, všímaj-úca si,
　　　　　　　　　　　　　　všímaj-úce si

(4) 能動形動詞現在は，cudzí タイプの軟変化形容詞に準じて変化し，性・数・格ともに先行詞に一致する（⇒§47）（文法上の一致）．格の接尾辞はつねに短い．

例　chytat'（つかむ）⇒ chytajúci, chytajúceho, chytajúcemu ...

(5) 能動形動詞現在は，名詞に添える定語として用いられ，名詞によって表現される人間・動物・事物が，現在行っている行為や，現在ある状態を表現する（～するところの）．

例　zvuk zvona, *ozývajúci sa* zd'aleka（遠くから響いてくる鐘の音）
integrujúca sa Európska únia（統合されつつある欧州連合）
krajina *vychádzajúceho* slnka（日出ずる国＜日本の美称＞）
Slovenská národná rada vznikla ako dočasný revolučný orgán, *reprezentujúci* slovenský národ.
（スロヴァキア民族会議は，スロヴァキア民族を代表する臨時の革命

機関として形成された)

(6)次のような語は，能動形動詞現在から派生した形容詞である．

 例 budúci（将来の），horúci（熱い），nasledujúci（次の），
   predchádzajúci（前の），prekvapujúci（驚くべき），
   rozhodujúci（決定的な），súci（適った），všemohúci（全能の），
   vyčerpávajúci（疲労困憊させる，徹底的な），vynikajúci（優秀な）

> 注）さらに名詞に転化するケースもある．
>
> 例 cestujúci（乗客），pracujúci（勤労者），vedúci（責任者）

§83 能動形動詞過去 Činné príčastie minulé

(1)能動形動詞過去は，完了体動詞の不定形語幹に，接尾辞 -vší（-všia, -všie）をつけて形成される．

 例 začať'（始める） ⇒ zača-ť' ⇒ zača-vší, zača-všia, zača-všie
   spracovať'（加工する）⇒ spracova-ť' ⇒ spracova-vší, spracova-všia, spracova-všie
   zavolať'（叫ぶ） ⇒ zavola-ť' ⇒ zavola-vší, zavola-všia, zavola-všie
   urobiť'（作る） ⇒ urobi-ť' ⇒ urobi-vší, urobi-všia, urobi-všie
   učesať'（髪をくしけずる）⇒ učesa-ť' ⇒ učesa-vší, učesa-všia, učesa-všie

(2)再帰動詞から能動形動詞過去が形成される場合は，再帰代名詞 sa,

V 動詞 Slovesá

si は保たれる.

例　usmiat' sa（ほほえむ）⇨ usmia-t' sa ⇨ usmia-vší sa,
　　　　　　　　　　　　　　　　　　　　　　usmia-všia sa,
　　　　　　　　　　　　　　　　　　　　　　usmia-všie sa
　　pripomenúť si（思い出す）⇨ pripomenú-ť si*
　　　　　　　　　　　　　　　　⇨ pripomenu-vší si,
　　　　　　　　　　　　　　　　　　pripomenu-všia si,
　　　　　　　　　　　　　　　　　　pripomenu-všie si
　　* この場合，不定形語幹末の ú は短縮する．

(3)能動形動詞過去は，cudzí タイプの軟変化形容詞に準じて変化し，性・数・格ともに先行詞に一致する（⇨§47）（文法上の一致）．

例　vstať（立ち上がる）⇨ vstavší, vstavšieho, vstavšiemu ...

(4)能動形動詞過去は，名詞に添える定語として用いられ，名詞によって表現される人間・動物・事物が，過去に行った行為や，過去にあった状態を表現する（～したところの）．最近では用いられなくなる傾向にあり，アルカイズム（古風な表現）になりつつある．現在では同様の意味は，従属文によって表現される．

例　Mária je dcérou dedinského učiteľa, už *umrevšieho*.
　　（マーリアはすでに亡くなった村の教師の娘だ）
　　（⇨ Mária je dcérou dedinského učiteľa, ktorý už umrel.）
　　V *nastavšom* zmätku sa na vec zabudlo.
　　（訪れた混乱のなかで，この問題は忘れられた）
　　（⇨ V zmätku, ktorý nastal, sa na vec zabudlo.）

(5)不完了体動詞に接尾辞 -vší（-všia, -všie）をつけて形成される形は，アルカイズム（古風な表現）と見なされている．

例　byť（ある）　⇨ byvší, byvšia, byvšie
　　chodiť（歩く）⇨ chodivší, chodivšia, chodivšie
　　písať（書く）⇨ písavší, písavšia, písavšie

第2部　形態論　Morfológia

§84　被動形動詞　Trpné príčastie

(1)被動形動詞は，接尾辞 -ený (-ená, -ené), -ný (-ná, -né), -tý (-tá, -té) をつけて形成される．不完了体動詞からも完了体動詞からも，等しく形成される．

① 3人称複数現在語幹に，**接尾辞 -ený** をつけて形成される場合

(a) III タイプの動詞

　例　niesť'（運ぶ）⇨ nes-ú ⇨ nes-ený, nes-ená, nes-ené

(b) XII タイプの動詞

　例　robiť'（作る）⇨ rob-ia ⇨ rob-ený, rob-ená, rob-ené

(c)不規則動詞 íst' からの派生語と，不規則動詞 jesť' とその派生語

　例　prejsť'（通る）⇨ prejd-ú ⇨ prejd-ený, prejd-ená, prejd-ené
　　　jesť'（食べる）⇨ jed-ia ⇨ jed-ený, jed-ená, jed-ené

② 過去語幹に，**接尾辞 -ný** をつけて形成される場合

(a) I タイプの動詞

　例　chytať'（つかむ）⇨ chyta-l ⇨ chyta-ný, chyta-ná, chyta-né

(b) II タイプの動詞

　例　porozumieť'（理解する）⇨ porozume-l ⇨ porozume-ný,
　　　　　　　　　　　　　　　　　　　　　　　porozume-ná,
　　　　　　　　　　　　　　　　　　　　　　　porozume-né

(c) VII タイプの動詞

　例　učesať'（髪をくしけずる）⇨ učesa-l ⇨ učesa-ný, učesa-ná,
　　　　　　　　　　　　　　　　　　　　　　　učesa-né

(d) XI タイプの動詞

V 動詞 Slovesá

例　spracovat'（加工する）⇨ spracova-l ⇨ spracova-ný,
　　　　　　　　　　　　　　　　　　　spracova-ná,
　　　　　　　　　　　　　　　　　　　spracova-né

(e) XIII タイプの動詞

例　uvidiet'（目にする）⇨ uvide-l ⇨ uvide-ný, uvide-ná, uvide-né

(f) XIV タイプの動詞

例　kričat'（叫ぶ）⇨ kriča-l ⇨ kriča-ný, kriča-ná, kriča-né

(g) 不規則動詞 chciet', vediet' とその派生語

例　chciet'（望む）　　⇨ chce-l ⇨ chce-ný, chce-ná, chce-né
　　vediet'（知っている）⇨ vede-l ⇨ vede-ný, vede-ná, vede-né

③過去語幹に，**接尾辞 -tý** をつけて形成される場合

(a) IV タイプの動詞

例　zahynút'（非業の死を遂げる）⇨ zahynu-l
　　　　　　　　　　　　　　　⇨ zahynu-tý, zahynu-tá, zahynu-té

(b) V タイプの動詞

例　triet'（こする）⇨ tre-l ⇨ tre-tý, tre-tá, tre-té

(c) VIII タイプの動詞

例　žat'（刈る）⇨ ža-l ⇨ ža-tý, za-tá, ža-té

(d) IX タイプの動詞（このタイプの場合は，不定形語幹に接尾辞をつけて形成される．その際に，不定形語幹末の ú は短縮する）

例　schudnút'（痩せる）⇨ schudnú-t' ⇨ schudnu-tý, schudnu-tá,
　　　　　　　　　　　　　　　　　　　schudnu-té

(e) X タイプの動詞

第2部　形態論　Morfológia

例　žut'（かむ）⇒ žu-l ⇒ žu-tý, žu-tá, žu-té

④ I・II・V・VI・VII・X・XIII・XIV タイプに属する動詞のなかには，接尾辞 -tý と -ný の両方の形を持つものがある．全体としては，接尾辞 -tý の形が使用されるケースが増えている．

例　brat'（とる）　　　　　⇒ braný/bratý
　　očerniet'（黒くなる）　⇒ očernetý/očernený
　　prespat'（寝て過ごす）⇒ prespatý/prespaný
　　rozobrat'（分解する）　⇒ rozobratý/rozobraný
　　vybrat'（選ぶ）　　　　⇒ vybratý/vybraný
　　vyhrat'（勝つ）　　　　⇒ vyhratý/vyhraný
　　vytriet'（拭いとる）　　⇒ vytretý/vytrený

(2)再帰動詞から被動形動詞が形成される場合は，再帰代名詞 sa, si は省略される．

例　dotknúť sa（触れる）⇒ dotknú-ť sa ⇒ dotknu-tý, dotknu-tá,
　　　　　　　　　　　　　　　　　　　　　　　dotknu-té
　　všimnúť si（気づく）⇒ všimnú-ť si ⇒ všimnu-tý, všimnu-tá,
　　　　　　　　　　　　　　　　　　　　　　　všimnu-té

(3)被動形動詞の語尾は，先行音節が長い場合は，リズム短縮の規則が適用されて短縮する（⇒§18）．

例　prekliať（呪う）⇒ preklia-l ⇒ preklia-ty, preklia-ta,
　　　　　　　　　　　　　　　　　　preklia-te
　　siať（種をまく）⇒ sia-l　　⇒ sia-ty, sia-ta, sia-te

(4)被動形動詞は，pekný タイプの硬変化形容詞に準じて変化し，性・数・格ともに先行詞に一致する（⇒§46）（文法上の一致）．

例　urobiť（行う）　⇒ urobený, urobeného, urobenému …
　　chytať（つかむ）⇒ chytaný, chytaného, chytanému …
　　triet'（こする）　⇒ tretý, tretého, tretému …

V　動詞　Slovesá

(5)被動形動詞は，名詞に添える定語や文の述語として用いられる．

①対格の目的語をとる動詞（完全他動詞）から形成された被動形動詞は，受動の意味を表現する（～されたところの）．

例　*vypraté* šaty（洗濯された衣服）
　　Šaty sú pekne *vypraté*.（衣服はきれいに洗濯されている）
　　schválený zákon（可決された法律）
　　Tento zákon bol *schválený* väčšinou hlasov.
　　（この法律は賛成多数で可決された）
　　Kocky sú *hodené*.（サイは投げられた）
　　Samostatný česko-slovenský štát bol *vyhlásený* 28. [dvadsiateho ôsmeho] októbra 1918 [tisíc deväť'sto osemnásť'].
　　（独立したチェコ・スロヴァキア国家は1918年10月28日に宣言された）

②目的語をとらない行為の動詞・状態を表現する完了体動詞・再帰動詞の完了体動詞から形成された被動形動詞は，達成された状態を意味する（～したところの）．この場合，意味的には能動形動詞過去に近い．

例　*zamrznutá* cesta（凍った道）
　　Cesta je úplne *zamrznutá*.（道は完全に凍結している）
　　zdravotná starostlivosť' o *zostarnutých* občanov
　　（高齢に達した市民に対する健康福祉）

(6)スロヴァキア語には，被動形動詞の短語尾の形はない．文の述語として用いられる場合も，長語尾の形が用いられる．

例　Som dobre *najedený*.（私はじゅうぶんに満腹している）
　　Dieťa bolo pekne *oblečené*.（子供は趣味よく着飾っていた）

(7)次のような語は，被動形動詞から派生した形容詞である．

例　daný（所与の），nadutý（高慢な），opitý（酔った），otvorený（開かれた），prekliaty（呪われた），unavený（疲れた），usmiaty（笑顔の），ustálený（固定化した），vydatý（＜女性が＞既婚の），vyhranený（明確な）

第２部　形態論　Morfológia

> 注）さらに名詞に転化するケースもある．
>
> 　例　obžalovaný（被告人），postihnutý（被害者）

§85　受動構文　Pasívne konštrukcie

(1)行為の動詞が文の述語になり，行為がおよぶ対象が主語になる構文を，受動構文と呼ぶ．受動構文は，行為者が知られていない場合，行為者について沈黙すべき場合，あるいは行為者が一般的であったり，重要でない場合など，行為の結果のほうを強調する文体において，おもに用いられる．

(2)スロヴァキア語の受動構文は，次の２通りの形で表現される．

　①不規則動詞 byt' の対応する形＋当該動詞の被動形動詞（複合受動相）
　②当該動詞の対応する形＋再帰代名詞 sa（再帰受動相）

　例　Divá zver *je* v istom období *chránená.*
　　　Divá zver *sa* v istom období *chráni.*
　　　（野獣は一定期間保護されている）

(3)動詞 chytat' の受動相

　不定形－① byt' chytaný　② chytat' sa

　直説法現在－
　① som chytaný (chytaná, chytané)　　sme chytaní (chytané)
　　 si chytaný (chytaná, chytané)　　 ste chytaní (chytané)
　　 je chytaný (chytaná, chytané)　　 sú chytaní (chytané)
　② chytá sa ...（不完了体動詞からのみ形成される）

　直説法過去－
　① bol (bola, bolo) som chytaný (chytaná, chytané)
　　 bol (bola, bolo) si chytaný (chytaná, chytané)
　　 bol (bola, bolo) chytaný (chytaná, chytané)

V 動詞 Slovesá

 boli sme chytaní (chytané)
 boli ste chytaní (chytané)
 boli chytaní (chytané)
② chytal sa ... (不完了体動詞からも完了体動詞からも形成される)

直説法未来－
① budem chytaný (chytaná, chytané) budeme chytaní (chytané)
 budeš chytaný (chytaná, chytané) budete chytaní (chytané)
 bude chytaný (chytaná, chytané)   budú chytaní (chytané)
② bude sa chytat'/chytí sa

命令法－
① bud' chytaný (chytaná, chytané), bud'me chytaní (chytané)
 bud'te chytaní (chytané)
② chytaj sa, chytajte sa

仮定法現在－
① bol (bola, bolo) by som chytaný (chytaná, chytané)
 bol (bola, bolo) by si chytaný (chytaná, chytané)
 bol (bola, bolo) by chytaný (chytaná, chytané)
 boli by sme chytaní (chytané)
 boli by ste chytaní (chytané)
 boli by chytaní (chytané)
② chytal by sa ...

仮定法過去－
① bol (bola, bolo) by som býval (bývala, bývalo) chytaný
 (chytaná, chytané)
 bol (bola, bolo) by si býval (bývala, bývalo) chytaný
 (chytaná, chytané)
 bol (bola, bolo) by býval (bývala, bývalo) chytaný
 (chytaná, chytané)
 boli by sme bývali chytaní (chytané)
 boli by ste bývali chytaní (chytané)

　　　　　第2部　形態論　Morfológia

　　　　boli by bývali chytaní (chytané)
　　　②bol by sa chytal

　副動詞－① súc chytaný (chytaná, chytané)　② chytajúc sa

§86　動名詞　Slovesné podstatné mená

(1)スロヴァキア語の動名詞は，被動形動詞の語幹に，接尾辞 -enie, -nie, -tie をつけて形成される．接尾辞の選択基準は，被動形動詞の場合にほぼ対応している．大部分の動名詞は，完全他動詞から形成される．

　　例　vidieť (見える)　　　⇒ vide-ný　　⇒ vide-nie
　　　　držať (支える)　　　⇒ drža-ný　　⇒ drža-nie
　　　　trestať (罰する)　　　⇒ tresta-ný　⇒ tresta-nie
　　　　čakať (待つ)　　　　⇒ čaka-ný　　⇒ čaka-nie
　　　　biť (打つ)　　　　　⇒ bi-tý　　　⇒ bi-tie
　　　　zajať (捕虜にする)　　⇒ zaja-tý　　⇒ zaja-tie
　　　　siať (種をまく)　　　⇒ sia-ty　　 ⇒ sia-tie
　　　　padnúť (落ちる)　　　⇒ padnu-tý　⇒ padnu-tie
　　　　spomenúť (言及する)　⇒ spomenu-tý ⇒ spomenu-tie

　　注) 一部の動名詞の接尾辞の選択は，かならずしも被動形動詞の場合に対応していない．

　　　　例　odieť (着せる)　　　⇒ ode-tý　　　　⇒ ode-nie
　　　　　　prať (洗濯する)　　　⇒ pra-ný/pra-tý　⇒ pra-nie
　　　　　　rozobrať (分解する)　⇒ rozobra-tý/rozobra-ný
　　　　　　　　　　　　　　　　　　　　　　　　⇒ rozobra-nie
　　　　　　zovrieť (握りしめる)　⇒ zovre-tý/zovre-ný ⇒ zovre-tie

(2)動名詞は，被動形動詞の形を持たない動詞からも形成される．

　　例　boliet' (痛む)　　　　⇒ bolenie (痛むこと)

　　　　　　　　　　　　－316－

V 動詞 Slovesá

  byt'（ある）   ⇒ bytie（存在）
  hynút'（滅亡する）   ⇒ hynutie（滅亡）
  chudnút'（痩せる）   ⇒ chudnutie（痩せること）
  šediviet'（髪が白くなる）⇒ šedivenie（髪が白くなること）

(3)動名詞は，不完了体からも完了体からもひとしく形成される．その際に，体の意味が保たれる．

 例 získavat'（獲得する＜不完了体＞）⇒ získavanie
   získat'（獲得する＜完了体＞） ⇒ získanie

   vysvetl'ovat'（説明する＜不完了体＞）⇒ vysvetl'ovanie
   vysvetlit'（説明する＜完了体＞） ⇒ vysvetlenie

   klamat'（欺く＜不完了体＞）⇒ klamanie
   oklamat'（欺く＜完了体＞）⇒ oklamanie

   starnút'（老いる＜不完了体＞）⇒ starnutie
   zostarnút'（老いる＜完了体＞）⇒ zostarnutie

(4)対格の目的語は，動詞が動名詞になると，生格で表現される．

 例 písat' list（手紙を書く） ⇒ písanie listu（手紙を書くこと）
   hl'adat' cestu（道を探す）⇒ hl'adanie cesty（道を探すこと）
   oberat' ovocie（果物を収穫する）
         ⇒ oberanie ovocia（果物の収穫）
   počúvat' hudbu（音楽を聴く）
         ⇒ počúvanie hudby（音楽鑑賞）

注）対格以外の目的語や，前置詞をともなった目的語の場合は，そのままの形が用いられる．

 例 venovat' svoju knihu *manželke*（自著を妻に捧げる）
   ⇒ venovanie svojej knihy *manželke*（自著を妻に捧げること）
   cestovat' *po celom svete*（世界中を旅行する）

第2部　形態論　Morfológia

> ⇨ cestovanie *po celom svete*（世界中を旅行すること）

(5)動名詞は，vysvedčenie タイプの中性名詞に準じて変化する．その際，格変化語尾は，先行音節が長い場合でも短縮しない（⇨§19）．

　例　siatie（種まき）⇨ siatia, siatiu ...

(6)再帰動詞から動名詞が形成される場合は，再帰代名詞 sa, si はふつう保たれる．

　例　zaoberat' sa umením（芸術にたずさわる）
　　　　　　　⇨ zaoberanie sa umením（芸術にたずさわること）
　　učit' sa dejepis（歴史を学ぶ）
　　　　　　　⇨ učenie sa dejepisu（歴史を学ぶこと）
　　osvojovat' si slovenský pravopis
　　（スロヴァキア語の正書法をマスターする）
　　　　　　　⇨ osvojovanie si slovenského pravopisu
　　　　　　　　（スロヴァキア語の正書法をマスターすること）

(7)大部分の動名詞は，プロセスとしての動的な行為を表現する．

　例　vyrábat'（生産する）　　⇨ vyrábanie（生産すること）
　　　　　　　　　　　　　　　【比較例　výroba（生産）】
　　　vyvíjat' sa（発展する）　⇨ vyvíjanie sa（発展すること）
　　　　　　　　　　　　　　　【比較例　vývoj（発展）】
　　　tvorit'（創造する）　　　⇨ tvorenie（創造すること）
　　　　　　　　　　　　　　　【比較例　tvorba（創造）】
　　　podporovat'（支援する）⇨ podporovanie（支援すること）
　　　　　　　　　　　　　　　【比較例　podpora（支援）】

V 動詞 Slovesá

§87 動詞の時制変化　Časovanie slovies

　スロヴァキア語の動詞は，不定形の語幹末の母音と，3人称単数現在と3人称複数現在の語幹末の母音の形によって，以下の5クラス／14タイプの変化形に分類することができる．

クラス	タイプ	模範動詞	不定形	3人称・単数・現在	3人称・複数・現在	
1	I	chytat'	chyt-a-t'	chyt-á-∅	chyt-aj-ú	-a-/-á-/-aj-
2	II	rozumiet'	rozum-ie-t'	rozum-ie-∅	rozum-ej-ú	-ie-/-ie-/-ej-
3	III	niest'	nies-∅-t'	nes-ie-∅	nes-∅-ú	-∅-/-ie-/-∅-
	IV	hynút'	hyn-ú-t'	hyn-ie-∅	hyn-∅-ú	-ú-/-ie-/-∅-
	V	triet'	trie-∅-t'	tr-ie-∅	tr-∅-ú	-∅-/-ie-/-∅-
	VI	brat'	br-a-t'	ber-ie-∅	ber-∅-ú	-a-/-ie-/-∅-
4	VII	česat'	čes-a-t'	češ-e-∅	češ-∅-ú	-a-/-e-/-∅-
	VIII	žat'	ža-∅-t'	žn-e-∅	žn-∅-ú	-∅-/-e-/-∅-
	IX	chudnút'	chudn-ú-t'	chudn-e-∅	chudn-∅-ú	-ú-/-e-/-∅-
	X	žut'	žu-∅-t'	žuj-e-∅	žuj-∅-ú	-∅-/-e-/-∅-
	XI	pracovat'	pracov-a-t'	pracuj-e-∅	pracuj-∅-ú	-a-/-e-/-∅-
5	XII	robit'	rob-i-t'	rob-í-∅	rob-∅-ia	-i-/-í-/-∅-
	XIII	vidiet'	vid-ie-t'	vid-í-∅	vid-∅-ia	-ie-/-í-/-∅-
	XIV	kričat'	krič-a-t'	krič-í-∅	krič-∅-ia	-a-/-í-/-∅-

　注）それぞれのタイプに属する動詞の数と，それが動詞全体のなかで占めるパーセンテージは，次のとおりである．

Ⅰタイプ (chytat') －7505 (30.1％)　　Ⅴタイプ (triet')　－ 121 (0.5％)
Ⅱタイプ (rozumiet') － 891 (3.6％)　　Ⅵタイプ (brat')　－ 117 (0.5％)
Ⅲタイプ (niest')　　－ 291 (1.2％)　　Ⅶタイプ (česat') －1332 (5.3％)
Ⅳタイプ (hynút')　 － 128 (0.5％)　　Ⅷタイプ (žat')　 － 83 (0.3％)

第2部　形態論　Morfológia

```
IXタイプ(chudnúť)  -1799 ( 7.2%)    XIIタイプ(robiť)   -5426 (21.8%)
Xタイプ(žuť)       - 366 ( 1.5%)    XIIIタイプ(vidieť) - 195 ( 0.8%)
XIタイプ(pracovať) -6295 (25.3%)    XIVタイプ(kričať)  - 367 ( 1.5%)
```

Iタイプ（模範動詞 chytať）のパラダイム

不定形	chyt-a-ť
現在形	単数　　　　　　複数 1人称　chyt-á-m　　　chyt-á-me 2人称　chyt-á-š　　　chyt-á-te 3人称　chyt-á-∅　　　chyt-aj-ú
命令法	chyt-aj, chyt-aj-me, chyt-aj-te
未来形	単数　　　　　　　複数 1人称　budem chytať　　budeme chytať 2人称　budeš chytať　　 budete chytať 3人称　bude chytať　　　budú chytať
過去形	単数　　　　　　　　　　複数 1人称　chyta-l (-la, -lo) som　　chyta-li sme 2人称　chyta-l (-la, -lo) si　　　chyta-li ste 3人称　chyta-l (-la, -lo) ∅　　　 chyta-li ∅
仮定法現在	chyta-l (-la, -lo) by som …
副動詞	chytaj-úc
能動形動詞現在	chytaj-úci, chytaj-úca, chytaj-úce …
被動形動詞	chyta-ný, chyta-ná, chyta-né …
動名詞	chyta-nie

(1)不定形で語幹末に短母音 -a- を持ち，3人称単数現在で -á-，3人称複数現在で -aj- を持つ動詞が，このタイプに準じて変化する．このタイプは生産的であり，属する動詞の数は，14タイプのなかでもっとも多い

V 動詞 Slovesá

(7505 動詞／30.1％).

例 bádat'（研究する）, bývat'（住む）, cengat'（ベル・鐘を鳴らす）, čakat'（待つ）, čítat'（読む）, dat'/dávat'（与える）, dbat'（配慮する）, dívat' sa（見つめる）, dúfat'（期待する）, dýchat'（呼吸する）, fúkat'（吹く）, hádat'（当てる）, hl'adat'（探す）, hrat' sa（遊ぶ）, chovat'（飼育する）, chytat'（つかむ）, kajat' sa（悔悟する）, kývat'（揺らす）, lietat'（飛ぶ）, mat'（持つ）, nechat'（放っておく）, padat'（降る, 散る）, páchat'（＜悪事を＞行う）, počítat'（計算する）, podat'（差し出す）, povedat'（言う）, pozerat'（見つめる）, poznat'（知っている）, pridat'（加える）, pýtat' sa（質問する）, rátat'（数える）, sekat'（たたき切る）, siahat'（達する）, spievat'（歌う）, t'ahat'（引っ張る）, trhat'（引き裂く）, trvat'（続く）, utekat'（走る）, vítat'（歓迎する）, volat'（呼ぶ）, všímat' si（気を配る）, vydat' sa（出発する）, vypínat'（＜スイッチを＞切る）, zapínat'（＜スイッチを＞入れる）, zdat' sa（～のように見える）, želat'（願う）

(2)不定形で, 語幹末の短母音 -a- の前に, 軟子音〔ň, l': c, š, č, dz〕がある語の場合は, 現在形では次のようになる.

不定形	vrac-a-t' sa	
現在形	単数	複数
1人称	vrac-ia-m sa	vrac-ia-me sa
2人称	vrac-ia-š sa	vrac-ia-te sa
3人称	vrac-ia-∅ sa	vrac-aj-ú sa

①次のような動詞が, このグループに属する.

例 klaňat' sa（お辞儀をする）, požičat'（貸す）, skúšat'（試みる）, vešat'（掛ける）, voňat'（＜匂いを＞嗅ぐ）, vracat' sa（戻る）,

第2部　形態論　Morfológia

　　znášat'（運び集める）

　②動詞 merat'（計る），stavat'（建設する），večerat'（夕食をとる）も，このグループに属する．

(3)不定形で，語幹末の短母音 -a- の前に軟子音 j がある語の場合は，現在形では -á- と -a- が併用される．

　例　kajat' sa（悔悟する）⇒ kajám sa / kajam sa, kajáš sa / kajaš sa ... kajajú sa

(4)先行音節が長い場合，現在形の人称語尾は，リズム短縮の規則に従って短縮する（⇒§18）．

　例　čítat'（読む）⇒ čít-am, čít-aš, čít-a ...
　　　【比較例　čakat'（待つ）⇒ čak-ám, čak-áš, čak-á ...】
　　　znášat'（運び集める）⇒ znáš-am, znáš-aš, znáš-a ...
　　　【比較例　požičat'（貸す）⇒ požič-iam, požič-iaš, požič-ia ...】

(5)このタイプに属する動詞の一部は，同時にVIIタイプに準じて変化する．

　例　kývat'（揺らす）⇒ kýva/kýve, kývajú/kývu
　　　páchat'（＜悪事を＞行う）⇒ pácha/páše, páchajú/pášu

　　　　II タイプ（模範動詞 rozumiet'）のパラダイム

不定形	rozum-ie-t'	
現在形	単数	複数
1人称	rozum-ie-m	rozum-ie-me
2人称	rozum-ie-š	rozum-ie-te
3人称	rozum-ie-∅	rozum-ej-ú
命令法	rozum-ej, rozu-ej-me, rozum-ej-te	
未来形	単数	複数
1人称	budem rozumiet'	budeme rozumiet'

V 動詞 Slovesá

		単数	複数
	2人称	budeš rozumieť	budete rozumieť
	3人称	bude rozumieť	budú rozumieť
過去形		単数	複数
	1人称	rozume-l (-la, -lo) som	rozume-li sme
	2人称	rozume-l (-la, -lo) si	rozume-li ste
	3人称	rozume-l (-la, -lo) ∅	rozume-li ∅
仮定法現在	rozume-l (-la, -lo) by som ...		
副動詞	rozumej-úc		
能動形動詞現在	rozumej-úci, rozumej-úca, rozumej-úce ...		
被動形動詞	(po)rozume-ný, (po)rozume-ná, (po)rozume-né ...		
動名詞	(po)rozume-nie		

(1) 不定形で語幹末に二重母音 -ie- を持ち，3人称単数現在で -ie-，3人称複数現在で -ej- を持つ動詞が，このタイプに準じて変化する．このタイプは生産的であるが，属する動詞の数はさほど多くない (891動詞／3.6％).

　例　bdieť (起きている), belieť sa (白く光る), bolieť (痛む), cnieť sa (恋しく思う), černieť sa (黒く光る), červenieť sa (赤くなる), hlivieť (なまける), hovieť (甘やかす), chorieť (病気にかかる), chorľavieť (病気がちになる), kamenieť (硬直する), krásnieť (美しくなる), múdrieť (賢くなる), osamieť (一人になる), rozumieť (理解する), silnieť (強くなる), skvieť sa (光り輝く), starieť sa (口を出す), šedivieť (白髪になる), vytriezvieť (酔いが醒める), zdomácnieť (定着する), zdražieť (値上がりする), znieť (響く), želieť (哀れむ)

(2) 不定形と現在形の語幹末の二重母音 -ie- は，長い音節の後でも短縮しない (リズム短縮の規則の例外⇒§19).

第2部 形態論 Morfológia

例 krásniet'（美しくなる）⇒ krásniem, krásnieš, krásnie ...
　 múdriet'（賢くなる）⇒ múdriem, múdrieš, múdrie ...

(3)このタイプに属する動詞の過去形では，不定形の語幹末の二重母音 -ie- が，-e- に交替する．

例 boliet'（痛む）⇒ bolel, bolela, bolelo, boleli
　 zniet'（響く）⇒ znel, znela, znelo, zneli

IIIタイプ（模範動詞 niest'）のパラダイム

不定形	nies-∅-t'	
現在形	単数	複数
1人称	nes-ie-m	nes-ie-me
2人称	nes-ie-š	nes-ie-te
3人称	nes-ie-∅	nes-∅-ú
命令法	nes, nes-me, nes-te	
未来形	単数	複数
1人称	budem niest'/ponesiem	budeme niest'/ponesieme
2人称	budeš niest'/ponesieš	budete niest'/ponesiete
3人称	bude niest'/ponesie	budú niest'/ponesú
過去形	単数	複数
1人称	nies-ol (nies-la, nies-lo) som	nies-li sme
2人称	nies-ol (nies-la, nies-lo) si	nies-li ste
3人称	nies-ol (nies-la, nies-lo) ∅	nies-li ∅
仮定法現在	nies-ol (nies-la, nies-lo) by som ...	
副動詞	nes-úc	
能動形動詞現在	nes-úci, nes-úca, nes-úce ...	
被動形動詞	nese-ný, nese-ná, nese-né ...	
動名詞	nese-nie	

V 動詞 Slovesá

(1) 不定形で語幹末の母音を持たず，3人称単数現在で二重母音 -ie- を持ち，3人称複数現在で語幹末の母音を持たない動詞が，このタイプに準じて変化する．このタイプは生産的ではなく，属する動詞の数は少ない（291動詞／1.2％）．

> 例　hniest'（こねる），hrýzt'（かじる），
> húst'（＜しつこく＞言い聞かせる），klást'（置く），liezt'（這う），
> miast'（混乱させる），miest'（掃く），niest'（運ぶ），
> obliect'（着せる），pást'（放牧する），
> piect'（＜食べ物を＞焼く），pliest'（編む），
> priniest'（持ってくる），rást'（育つ），tiect'（流れる），
> tĺct'（たたく），triast'（揺する），uviest'（導きいれる），
> viest'（指導する），viezt'（乗せていく），vliect'（引きずる），
> zaviest'（連れていく）

(2) このタイプに属する動詞の一部では，不定形の語幹末の子音が，現在形と過去形において交替する．

> 例　c/č/k － piec-t'（＜食べ物を＞焼く）⇒ peč-ie ⇒ piek-ol
> s/d'/d － vies-t'（連れていく）⇒ ved-ie ⇒ vied-ol
> s/t'/t － plies-t'（編む）⇒ plet-ie ⇒ pliet-ol

(3) 不定形で長い語幹を持つ語は，現在形では短い語幹に交替する．

> 例　á/a － rást'（育つ）⇒ rastie
> ý/y － hrýzt'（かじる）⇒ hryzie
> ia/a － triast'（揺する）⇒ trasie
> ia/ä － miast'（混乱させる）⇒ mätie
> ú/u － húst'（＜しつこく＞言い聞かせる）⇒ hudie
> ie/e － viezt'（乗せていく）⇒ vezie
> ĺ/l － tĺct'（たたく）⇒ tlčie

(4) 過去形の男性単数では，不定形語幹と -l のあいだに，短母音 -o- が挿入される．

第 2 部　形態論　Morfológia

例　miest'（掃く）⇒ miet-o-l／pást'（放牧する）⇒ pás-o-l
　　vliect'（引きずる）⇒ vliek-o-l

Ⅳタイプ（模範動詞 hynút'）のパラダイム

不定形	hyn-ú-t'
現在形	単数　　　　　複数 1人称　　hyn-ie-m　　hyn-ie-me 2人称　　hyn-ie-š　　hyn-ie-te 3人称　　hyn-ie-∅　　hyn-∅-ú
命令法	hyň, hyň-me, hyň-te
未来形	単数　　　　　　複数 1人称　　budem hynút'　　budeme hynút' 2人称　　budeš hynút'　　budete hynút' 3人称　　bude hynút'　　budú hynút'
過去形	単数　　　　　　　　複数 1人称　　hynu-l (-la, -lo) som　　hynu-li sme 2人称　　hynu-l (-la, -lo) si　　hynu-li ste 3人称　　hynu-l (-la, -lo) ∅　　hynu-li ∅
仮定法現在	hynu-l (-la, -lo) by som …
副動詞	hyn-úc
能動形動詞現在	hyn-úci, hyn-úca, hyn-úce …
被動形動詞	(za)hynu-tý, (za)hynu-tá, (za)hynu-té …
動名詞	hynu-tie

(1)不定形で語幹末に長母音 -ú- を持ち，3人称単数現在で二重母音 -ie- を持ち，3人称複数現在で語幹末の母音を持たない動詞が，このタイプに準じて変化する．このタイプは非生産的であり，属する動詞の数は少ない（128動詞／0.5％）．

V 動詞 Slovesá

例 hrnúť'(掃き集める), hynúť'(滅亡する), kynúť'(生じる), minúť'(消費する), napomenúť'(注意する), odpočinúť' si (休息する), plynúť'(流れる), pripomenúť'(思い出させる), rinúť' sa (流れ出る), spomenúť' si (思い出す), šinúť' sa (滑らかに動く), tonúť'(沈んでいく), vanúť'(吹く), vinúť'(巻く), vsunúť'(押し入れる), vysunúť'(押し上げる), zahrnúť'(算入する), zasunúť'(押しこむ)

(2) このタイプに属する動詞の過去形では, 不定形の語幹末の長母音 -ú- が短縮する.

例 minúť'(消費する) ⇨ minul, minula, minulo, minuli
odpočinúť' si (休息する) ⇨ odpočinul si, odpočinula si, odpočinulo si, odpočinuli si

Vタイプ(模範動詞 trieť')のパラダイム

不定形	trie-∅-ť'		
現在形		単数	複数
	1人称	tr-ie-m	tr-ie-me
	2人称	tr-ie-š	tr-ie-te
	3人称	tr-ie-∅	tr-∅-ú
命令法	tri, tri-me, tri-te		
未来形		単数	複数
	1人称	budem trieť'	budeme trieť'
	2人称	budeš trieť'	budete trieť'
	3人称	bude trieť'	budú trieť'
過去形		単数	複数
	1人称	tre-l (-la, -lo) som	tre-li sme
	2人称	tre-l (-la, -lo) si	tre-li ste
	3人称	tre-l (-la, -lo) ∅	tre-li ∅

第2部　形態論　Morfológia

仮定法現在	tre-l (-la, -lo) by som ...
副動詞	tr-úc
能動形動詞現在	tr-úci, tr-úca, tr-úce ...
被動形動詞	tre-ný, tre-ná, tre-né ... / tre-tý, tre-tá, tre-té ...
動名詞	tre-nie

(1)不定形で語幹末の母音を持たずに，-iet'の形で終わり，3人称単数現在で二重母音 -ie- を持ち，3人称複数現在で語幹末の母音を持たない動詞が，このタイプに準じて変化する．このタイプは非生産的であり，属する動詞は数が少ない（121動詞／0.5％）．

　例　driet'（使い古す），načriet'（汲みとる），natriet'（塗りつける），
　　　nazriet'（覗きこむ），opriet' sa（寄りかかる），
　　　pozriet' sa（見る），prestriet'（敷き広げる），
　　　prezriet'（調べる），prežriet'（飲みこむ），
　　　triet'（こする），umriet'（死ぬ），vriet'（沸騰する），
　　　vystriet'（伸ばす），vytriet'（拭いとる），zavriet'（閉じる），
　　　zazriet'（気づく），zomriet'（死ぬ），zotliet'（くすぶる）

(2)このタイプに属する動詞の過去形では，不定形の語幹末の二重母音 -ie- は，-e- に短縮する．

　例　driet'（使い古す）⇒ drel, drela, drelo, dreli
　　　pozriet'（見る）⇒ pozrel, pozrela, pozrelo, pozreli

　　　　　　　VIタイプ（模範動詞 brat'）のパラダイム

不定形	br-a-t'	
現在形	単数	複数
1人称	ber-ie-m	ber-ie-me
2人称	ber-ie-š	ber-ie-te

V　動詞　Slovesá

	3人称	ber-ie-∅	ber-∅-ú
命令法	ber, ber-me, ber-te		
未来形		単数	複数
	1人称	budem brat'	budeme brat'
	2人称	budeš brat'	budete brat'
	3人称	bude brat'	budú brat'
過去形		単数	複数
	1人称	bra-l (-la, -lo) som	bra-li sme
	2人称	bra-l (-la, -lo) si	bra-li ste
	3人称	bra-l (-la, -lo) ∅	bra-li ∅
仮定法現在	bra-l (-la, -lo) by som ...		
副動詞	ber-úc		
能動形動詞現在	ber-úci, ber-úca, ber-úce ...		
被動形動詞	bra-ný, bra-ná, bra-né ... / bra-tý, bra-tá, bra-té ...		
動名詞	bra-nie		

(1)不定形で語幹末に短母音 -a- を持ち、3人称単数現在で二重母音 -ie- を持ち、3人称複数現在で語幹末の母音を持たない動詞が、このタイプに準じて変化する。このタイプに属する動詞は、語幹が r, l で終わる。このタイプは非生産的であり、属する動詞は数が少ない（117動詞／0.5％）。

例　brat'（とる）, drat'（磨り減らす）, oprat'（洗ってきれいにする）, orat'（耕作する）, prat'（洗濯する）, rozobrat'（分解する）, stlat'（敷き広げる）, vybrat'（選びだす）, vystlat'（敷く）, zobrat'（拾い上げる）, žrat'（餌を食べる）

(2)このタイプに属する動詞で、不定形語幹が子音グループで終わる場合、現在形では、それらの子音のあいだに、短母音 -e- が挿入される。

第2部　形態論　Morfológia

例　prat'（洗濯する）⇨ periem, perieš, perie ...
　　stlat'（敷き広げる）⇨ steliem, stelieš, stelie ...

Ⅶタイプ（模範動詞 česat'）のパラダイム

不定形	čes-a-t'	
現在形	単数	複数
1人称	češ-e-m	češ-e-me
2人称	češ-e-š	češ-e-te
3人称	češ-e-∅	češ-∅-ú
命令法	češ, češ-me, češ-te	
未来形	単数	複数
1人称	budem česat'	budeme česat'
2人称	budeš česat'	budete česat'
3人称	bude česat'	budú česat'
過去形	単数	複数
1人称	česa-l (-la, -lo) som	česa-li sme
2人称	česa-l (-la, -lo) si	česa-li ste
3人称	česa-l (-la, -lo) ∅	česa-li ∅
仮定法現在	česa-l (-la, -lo) by som ...	
副動詞	češ-úc	
能動形動詞現在	češ-úci, češ-úca, češ-úce ...	
被動形動詞	česa-ný, česa-ná, česa-né ...	
動名詞	česa-nie	

(1)不定形で語幹末に短母音 -a- を持ち，3人称単数現在で短母音 -e- を，3人称複数現在で語幹末の母音を持たない動詞が，このタイプに準じて変化する。このタイプは非生産的であり，多くの動詞がⅠタイプに移行したことによって，数が減少している（1332動詞／5.3％）。

V 動詞 Slovesá

例　brechat'（吠える），česat'（髪をくしけずる），
　　dokázat'（証明する），driemat'（まどろむ），hádzat'（投げる），
　　hýbat'（動かす），chápat'（理解する），
　　kašlat'/kašľat'（咳をする），klamat'（欺く），
　　klopat'（ノックする），kĺzat' sa（＜氷の上を＞滑る），
　　kolísat'（揺らす），kopat'（掘る，蹴る），
　　kresat'（＜オノなどで削って＞加工する），kúpat' sa（入浴する），
　　kývat'（揺らす），lámat'（砕く，挫く），ligotat' sa（輝く），
　　luhat'（嘘をつく），mazat'（塗る），metat'（投げる），
　　motat'（巻く），písat'（書く），plakat'（泣く），poslat'（送る），
　　reptat'（不平を言う），revat'（＜動物が＞うなる），
　　rezat'（切る），sácat'（突き飛ばす），skákat'（飛び跳ねる），
　　stenat'（呻く），šeptat'（ささやく），trestat'（罰する），
　　ukázat'（見せる），viazat'（締める），vládat'（力を持つ），
　　zobat'（＜くちばしで＞ついばむ）

> 注）擬音語（オノマトペ）の間投詞から派生し，不定形が -otat' で終わる動詞も，このタイプに属する．
>
> 　　例　buch（打撃・落下・射撃などの音）
> 　　　　⇒ buchotat'（バタンという音を立てる）
> 　　　　čľap（水面に物が落下したときの音）
> 　　　　⇒ čľapotat'（ぴちゃりという音を立てる）
> 　　　　šuch（なにかの表面をすばやく動くときの音）
> 　　　　⇒ šuchotat'（シュシュという音を立てる）

(2) このタイプに属する動詞では，語幹末の子音が次のように交替する．

　t/c － reptat'（不平を言う）⇒ repcem
　dz/dž － hádzat'（投げる）⇒ hádžem
　d/dz － vládat'（力を持つ）⇒ vládzem
　s/š － písat'（書く）⇒ píšem

第2部　形態論　Morfológia

  ch/š － brechat'（吠える）⇨ brešem
  z/ž － viazat'（締める）⇨ viažem
  h/ž － luhat'（嘘をつく）⇨ lužem
  c/č － sácat'（突き飛ばす）⇨ sáčem
  k/č － plakat'（泣く）⇨ plačem
  n/ň － stenat'（呻く）⇨ stenem
  sl/šľ － poslat'（送る）⇨ pošlem

(3) 3人称複数現在の人称語尾 -ú は，先行音節が長い場合は短縮する（⇨ §18）．

  例　hýbat'（動かす）⇨ hýbu／chápat'（理解する）⇨ chápu
    skákat'（飛び跳ねる）⇨ skáču

(4) このタイプに属する動詞では過去形の語幹は，不定形語幹から形成される．

  例　hádzat'（投げる）⇨ hádzal, hádzala, hádzalo, hádzali
    poslat'（送る）⇨ poslal, poslala, poslalo, poslali

(5) このタイプに属する動詞の一部は，同時にIタイプに準じて変化する．これらの動詞は，しだいにIタイプに移行しつつある．

  例　čľapotat'（ぴちゃりという音を立てる）
     ⇨ čľapoce/čľapotá, čľapocú/čľapotajú
   ligotat' sa（輝く）
     ⇨ ligoce sa/ligotá sa, ligocú sa/ligotajú sa
   luhat'（嘘をつく）⇨ luže/luhá, lužú/luhajú
   metat'（投げる）⇨ mece/metá, mecú/metajú
   motat'（巻く）⇨ moce/motá, mocú/motajú
   reptat'（不平を言う）⇨ repce/reptá, repcú/reptajú
   stenat'（呻く）⇨ stene/stená, stenú/stenajú
   šeptat'（ささやく）⇨ šepce/šeptá, šepcú/šeptajú
   trestat'（罰する）⇨ tresce/trestá, trescú/trestajú

V 動詞 Slovesá

VIIIタイプ（模範動詞 žať）のパラダイム

不定形	ža-∅-ť		
現在形		単数	複数
	1人称	žn-e-m	žn-e-me
	2人称	žn-e-š	žn-e-te
	3人称	žn-e-∅	žn-∅-ú
命令法	žni, žni-me, žni-te		
未来形		単数	複数
	1人称	budem žať	budeme žať
	2人称	budeš žať	budete žať
	3人称	bude žať	budú žať
過去形		単数	複数
	1人称	ža-l (-la, -lo) som	ža-li sme
	2人称	ža-l (-la, -lo) si	ža-li ste
	3人称	ža-l (-la, -lo) ∅	ža-li ∅
仮定法現在	ža-l (-la, -lo) by som …		
副動詞	žn-úc		
能動形動詞現在	žn-úci, žn-úca, žn-úce …		
被動形動詞	ža-tý, ža-tá, ža-té …		
動名詞	ža-tie		

(1)不定形で語幹末の母音を持たず，3人称単数現在で短母音 -e- を持ち，3人称複数現在で語幹末の母音を持たない動詞が，このタイプに準じて変化する．不定形語幹の母音 -a-, -ä- (-ia-) が，現在形で -n- に交替することが，このタイプの特徴である．このタイプは非生産的であり，属する動詞の数は，14タイプのなかでもっとも少ない（83動詞／0.3％）．

例　načať（始める），najať（雇う），napäť（張る），
　　objať（抱きしめる），odňať（奪う），počať（始める），

第2部　形態論　Morfológia

　　　prijat'（受け入れる），pripät'（ピンで留める），vziat'（とる），
　　　začat'（始める），zajat'（捕虜にする），zapät'（ボタンをかける），
　　　zažat'（点火する），žat'（刈る）

(2)このタイプに属する動詞では過去形の語幹は，ふつう不定形語幹から形成される．

　　例　prijat'（受け入れる）⇨ prijal, prijala, prijalo, prijali
　　　　začat'（始める）⇨ začal, začala, začalo, začali

(3) -pät'で終わる動詞の過去形は，不定形語幹から形成される形とならんで，現在語幹に -ol, -la, -lo, -li をつける形も用いられる．

　　例　napät'（張る）⇨ napol, napla, naplo, napli
　　　　　　　　　　　　napäl, napäla, napälo, napäli
　　　　pripät'（ピンで留める）⇨ pripol, pripla, priplo, pripli
　　　　　　　　　　　　　　　　pripäl, pripäla, pripälo, pripäli

　　　　IXタイプ（模範動詞 chudnúť）のパラダイム

不定形	chudn-ú-ť	
現在形	単数	複数
1人称	chudn-e-m	chudn-e-me
2人称	chudn-e-š	chudn-e-te
3人称	chudn-e-∅	chudn-∅-ú
命令法	chudni, chudni-me, chudni-te	
未来形	単数	複数
1人称	budem chudnúť	budeme chudnúť
2人称	budeš chudnúť	budete chudnúť
3人称	bude chudnúť	budú chudnúť
過去形	単数	複数
1人称	chud-ol (-la, -lo) som	chud-li sme
2人称	chud-ol (-la, -lo) si	chud-li ste

V 動詞 Slovesá

3人称	chud-ol (-la, -lo) ∅　　　　chud-li ∅
仮定法現在	chud-ol (-la, -lo) by som ...
副動詞	chudn-úc
能動形動詞現在	chudn-úci, chudn-úca, chudn-úce ...
被動形動詞	s-chudnu-tý, s-chudnu-tá, s-chudnu-té ...
動名詞	s-chudnu-tie

(1)不定形で語幹末に母音 -ú- (-u-) を持ち，3人称単数現在で短母音 -e-，3人称複数現在で語幹末の母音を持たない動詞が，このタイプに準じて変化する．このタイプはすでに生産的ではないが，属する動詞は数が多い (1799動詞／7.2％)．このタイプに属する動詞には，不完了体も完了体も含まれる．

例　blednút' (色あせる), bohatnút' (豊かになる), dosiahnut' (達する), dotknút' sa (触れる), dýchnut' (息を吹きかける), hnút' (動かす), hustnút' (厚くなる), chradnút' (弱まっていく), chudnút' (痩せる), klesnút' (下がる), kopnút' (蹴る), kvitnút' (花が咲く), l'ahnút' (si) (横になる), mrznút' (凍る), natiahnut' (張る), odhadnút' (＜概算で＞評価する), odmietnut' (拒否する), padnút' (倒れる), pĺznut' (毛が抜ける), pohnút' sa (動き出す), prebodnút' (刺す), pŕchnut' (散る), puchnút' (腫れる), rozhodnút' (決定する), sadnút' (si) (座る), schnút' (乾く), siahnut' (手をのばす), starnút' (老いる), stretnút' sa (会う), tuhnút' (堅くなる), usnút' (寝入る), vädnút' (萎れる), viaznut' (＜泥濘などに＞はまり込む), vinút' (巻く), vládnut' (支配する), všimnút' si (気づく), vzniknút' (生じる), zabudnút' (忘れる), zamknút' (閉じる), zdvihnút' (持ち上げる), zmiznút' (消える), zvrtnút' (＜スイッチなどを＞まわす), žasnút' (驚嘆する), žltnút' (黄ばむ)

第2部　形態論　Morfológia

(2) 不定形と3人称複数の人称語尾 -ú は，長い音節の後では短縮する（⇨ §18）．

例　dýchnut'（息を吹きかける）⇨ dýchnu
　　vládnut'（支配する）⇨ vládnu
　　odmietnut'（拒否する）⇨ odmietnu
　　siahnut'（手をのばす）⇨ siahnu
　　pĺznut'（毛が抜ける）⇨ pĺznu／pŕchnut'（散る）⇨ pŕchnu

(3) このタイプに属する動詞の過去形は，不定形から -núť をとったものに，-ol, -la, -lo, -li をつけて作られる．

例　padnúť（倒れる）⇨ padol, padla, padlo, padli
　　sadnúť (si)（座る）⇨ sadol (si), sadla (si), sadlo (si), sadli (si)

注）hnúť（動かす）⇨ hnul, hnula, hnulo, hnuli
　　usnúť（寝入る）⇨ usnul, usnula, usnulo, usnuli などは，例外である．

Xタイプ（模範動詞 žuť）のパラダイム

不定形	žu-∅-ť	
現在形	単数	複数
1人称	žuj-e-m	žuj-e-me
2人称	žuj-e-š	žuj-e-te
3人称	žuj-e-∅	žuj-∅-ú
命令法	žuj, žuj-me, žuj-te	
未来形	単数	複数
1人称	budem žuť	budeme žuť
2人称	budeš žuť	budete žuť

V 動詞 Slovesá

		単数	複数
	3人称	bude žut'	budú žut'
過去形		単数	複数
	1人称	žu-l (-la, -lo) som	žu-li sme
	2人称	žu-l (-la, -lo) si	žu-li ste
	3人称	žu-l (-la, -lo) ∅	žu-li ∅
仮定法現在		žu-l (-la, -lo) by som ...	
副動詞		žuj-úc	
能動形動詞現在		žuj-úci, žuj-úca, žuj-úce ...	
被動形動詞		žu-tý, žu-tá, žu-té ...	
動名詞		žu-tie	

(1) 不定形で語幹末の母音を持たず，3人称単数現在で短母音 -e- を，3人称複数現在で語幹末の母音を持たない動詞が，このタイプに準じて変化する．このタイプは生産的ではなく，属する動詞の数は少ない（366動詞／1.5％）．

例　bit'（叩く），diat' sa（行われる），dobyt'（征服する），dozriet'（熟する），dut'（＜風が＞吹く），chviet' sa（震える），kliat'（罵る），kryt'（隠す），pit'（飲む），pliet'（除草する），pl'ut'（吐く），počut'（聞く），podiet'（しまいこむ），sat'（吸う），siat'（種をまく），smiat' sa（笑う），šit'（縫う），žit'（生きる），žut'（かむ）

(2) 不定形語幹に二重母音 ia を持つ動詞は，現在形で短母音 e に交替する．

例　siat'（種をまく）⇒ sej-em, sej-eš, sej-e ...
　　smiat' sa（笑う）⇒ smej-em sa, smej-eš sa, smej-e sa ...

> 注）kliat' の場合は，現在形で短母音 a に交替する．
>
> 　　例　kliat'（罵る）⇒ kl'aj-em, kl'aj-eš, kl'aj-e ...

第2部　形態論　Morfológia

(3)不定形の語幹に二重母音 ie を持つ動詞は，他のすべての形で，短母音 e に交替する．

例　pliet'（除草する）⇨ plej-em, ple-l, ple-tý

(4)このタイプに属する動詞の過去形は，不定形語幹から直接に作られる．

例　pi-t'（飲む）⇨ pi-l, pi-la, pi-lo, pi-li
　　smia-t' sa（笑う）⇨ smia-l sa, smia-la sa, smia-lo sa, smia-li sa

XIタイプ（模範動詞 pracovat'）のパラダイム

不定形	pracov-a-t'	
現在形	単数	複数
1人称	pracuj-e-m	pracuj-e-me
2人称	pracuj-e-š	pracuj-e-te
3人称	pracuj-e-∅	pracuj-∅-ú
命令法	pracuj, pracuj-me, pracuj-te	
未来形	単数	複数
1人称	budem pracovat'	budeme pracovat'
2人称	budeš pracovat'	budete pracovat'
3人称	bude pracovat'	budú pracovat'
過去形	単数	複数
1人称	pracova-l (-la, -lo) som	pracova-li sme
2人称	pracova-l (-la, -lo) si	pracova-li ste
3人称	pracova-l (-la, -lo) ∅	pracova-li ∅
仮定法現在	pracova-l (-la, -lo) by som …	
副動詞	pracuj-úc	
能動形動詞現在	pracuj-úci, pracuj-úca, pracuj-úce …	
被動形動詞	s-pracova-ný, s-pracova-ná, s-pracova-né …	
動名詞	pracova-nie	

V 動詞 Slovesá

(1)不定形で語幹末に短母音 -a- (-ov+a-) を持ち，3人称単数現在で -je- (-u+je-) を，3人称複数現在で -j- (-u+j-) を持つ動詞が，このタイプに準じて変化する．-ovat' によって作られる動詞，-ovat' で終わる外来語から派生した動詞が，このタイプに属する．このタイプはひじょうに生産的であり，属する動詞は数が多い（6295動詞／25.3％）．

例　bojovat'（戦う）, centralizovat'（中央集権化する）,
cestovat'（旅行する）, civilizovat'（文明化する）,
čudovat' sa（驚く）, d'akovat'（感謝する）, darovat'（贈る）,
emailovat' [imejl-]（電子メールを送る）, existovat'（存在する）,
faxovat'（ファックスを送信する）, gratulovat'（祝福する）,
investovat'（投資する）, jestvovat'（存在する）,
kovat'（＜金属を＞鋳造する）, kupovat'（買う）, l'utovat'（哀れむ）,
lyžovat' sa（スキーをする）, mal'ovat'（描く）,
menovat'（任命する）, milovat'（愛する）, nasledovat'（従う）,
nastupovat'（乗車する）, obedovat'（昼食をとる）,
oddychovat'（休息する）, odpisovat'（書き写す）,
opakovat'（繰り返す）, organizovat'（組織する）,
panovat'（支配する）, parkovat'（駐車する）,
plánovat'（計画を立てる）, pohybovat' sa（動く）,
pokračovat'（続ける）, polarizovat'（両極化する）,
pomenovat'（名づける）, potrebovat'（必要とする）,
považovat'（見なす）, pozorovat'（観察する）, pracovat'（働く）,
predstavovat'（紹介する）, premiest'ovat'（移動させる）,
prerušovat'（中断する）, privatizovat'（民営化する）,
raňajkovat'（朝食をとる）, realizovat'（実現する）,
rokovat'（交渉する）, rozhadzovat'（投げ散らす）,
sledovat'（注目する）, systemizovat'（システム化する）,
šoférovat'（運転する）, telefonovat'（電話する）,
ukazovat'（見せる）, venovat'（捧げる）,

第2部　形態論　Morfológia

　　vybaľovať'（包装を解く），vystupovať'（下車する），
　　žalovať'（提訴する）
(2)このタイプに属する動詞の過去形は，不定形語幹から直接に作られる．
　例　pracova-ť'（働く）⇒ pracova-l, pracova-la, pracova-lo,
　　　　　　　　　　　　　　pracova-li
　　　telefonova-ť'（電話する）⇒ telefonova-l, telefonova-la,
　　　　　　　　　　　　　　　　telefonova-lo, telefonova-li

　　　　XIIタイプ（模範動詞 robiť'）のパラダイム

不定形	rob-i-ť'
現在形	単数　　　　　複数 1人称　rob-í-m　　rob-í-me 2人称　rob-í-š　　rob-í-te 3人称　rob-í-∅　　rob-∅-ia
命令法	rob, rob-me, rob-te
未来形	単数　　　　　　複数 1人称　budem robiť'　budeme robiť' 2人称　budeš robiť'　budete robiť' 3人称　bude robiť'　　budú robiť'
過去形	単数　　　　　　　　　複数 1人称　robi-l (-la, -lo) som　robi-li sme 2人称　robi-l (-la, -lo) si　　robi-li ste 3人称　robi-l (-la, -lo) ∅　　robi-li ∅
仮定法現在	robi-l (-la,-lo) by som ...
副動詞	rob-iac
能動形動詞現在	rob-iaci, rob-iaca, rob-iace ...
被動形動詞	robe-ný, robe-ná, robe-né ...
動名詞	robe-nie

— 340 —

V　動詞　Slovesá

(1) 不定形で語幹末に短母音 -i- を持ち，3人称単数現在で長母音 -í- を持ち，3人称複数現在で語幹末の母音を持たない動詞が，このタイプに準じて変化する．このタイプは生産的であり，属する動詞はひじょうに数が多い（5426 動詞／21.8％）．

例　bedliť（配慮する），cítiť（感じる），celiť（抵抗する），
čistiť sa（きれいになる），hlásiť（報告する），hodiť（投げる），
hojiť（＜傷を＞癒す），hovoriť（話す），hraničiť（隣接する），
chodiť（歩く），chrániť（保護する），chytiť（つかむ），
končiť sa（終わる），kosiť（刈る），kŕmiť（飼う），kúpiť（買う），
ľúbiť（愛する），mastiť（油を加える），mýliť sa（誤る），
nosiť（運ぶ），nútiť（強制する），osamostatniť sa（独立する），
otepliť sa（暖かくなる），ozdobiť（装飾する），
páčiť sa（気に入る），páliť（焼く），patriť（属する），
prosiť（頼む），raziť（鋳造する），robiť（作る），skočiť（跳ぶ），
sladiť（甘くする），slúžiť（奉仕する），snažiť sa（努力する），
snežiť（雪が降る），soliť（塩味を加える），spojiť sa（結びつく），
súdiť（裁く），sušiť（＜熱で＞乾かす），svedčiť（証言する），
škodiť（害をもたらす），tíšiť（宥める），učiť（教える），
urýchliť（加速する），uspokojiť sa（満足する），
variť（煮る，料理する），vážiť si（尊敬する），vodiť（導く），
voziť（＜乗り物で＞運ぶ），vrátiť sa（戻る），
vrcholiť（頂点に達する），vyriešiť（解決する），vyrobiť（製作する），
zbrojiť（武装する），zhoršiť sa（悪化する），
žičiť（＜人びとのためになるように＞願う）

(2) 先行音節が長い場合は，リズム短縮の規則に従って，現在形の人称語尾は短縮する（⇒§18）．

例　hlásiť（報告する）⇒ hlás-im, hlás-iš, hlás-i …
　　【比較例　prosiť（頼む）⇒ pros-ím, pros-íš, pros-í …】
　　súdiť（裁く）⇒ súd-im, súd-iš, súd-i …
　　【比較例　chodiť（歩く）⇒ chod-ím, chod-íš, chod-í …】

第 2 部　形態論　Morfológia

(3) 3 人称複数現在の人称語尾 -ia，副動詞の接尾辞 -iac，能動形動詞現在の接尾辞 -iaci は，リズム短縮の規則の例外として，長い音節の後でも短縮しない（⇨ § 19）．

　　cítiť（感じる）⇨ cítia, cítiac, cítiaci

(4) 不定形語幹が子音 j で終わる動詞は，3 人称複数現在の人称語尾は -a となる．

　例　hoj-i-ť（＜傷を＞癒す）⇨ hoj-a
　　　zbroj-i-ť（武装する）⇨ zbroj-a
　　　uspokoj-i-ť sa（満足する）⇨ uspokoj-a sa

XIII タイプ（模範動詞 vidieť）のパラダイム

不定形	vid-ie-ť	
現在形	単数	複数
1 人称	vid-í-m	vid-í-me
2 人称	vid-í-š	vid-í-te
3 人称	vid-í-∅	vid-∅-ia
命令法	vid', vid'-me, vid'-te	
未来形	単数	複数
1 人称	budem vidieť	budeme vidieť
2 人称	budeš vidieť	budete vidieť
3 人称	bude vidieť	budú vidieť
過去形	単数	複数
1 人称	vide-l (-la, -lo) som	vide-li sme
2 人称	vide-l (-la, -lo) si	vide-li ste
3 人称	vide-l (-la, -lo) ∅	vide-li ∅
仮定法現在	vide-l (-la, -lo) by som …	
副動詞	vid-iac	
能動形動詞現在	vid-iaci, vid-iaca, vid-iace …	

V 動詞 Slovesá

被動形動詞	vide-ný, vide-ná, vide-né …
動名詞	vide-nie

不定形で語幹末に二重母音 -ie- を持ち，3人称単数現在で長母音 -í- を持ち，3人称複数現在で語幹末の母音を持たない動詞が，このタイプに準じて変化する．このタイプは生産的ではなく，属する動詞の数は少ないが，使用頻度の高い基本語が多い（195動詞／0.8％）．

例　boliet'（痛む），duniet'（轟く），hl'adiet'（眺める），
　　horiet'（燃える），letiet'（飛ぶ），mrziet'（残念に思う），
　　musiet'（せねばならない），mysliet'（考える），sediet'（座っている），
　　šumiet'（シューという音をたてる），trpiet'（耐える），
　　vidiet'（見える），visiet'（掛かっている），vraviet'（言う），
　　vrtiet'（回転させる），zahrmiet'（雷鳴が轟く），zuniet'（響く）

XIVタイプ（模範動詞 kričat'）のパラダイム

不定形	krič-a-t'	
現在形	単数	複数
1人称	krič-í-m	krič-í-me
2人称	krič-í-š	krič-í-te
3人称	krič-í-∅	krič-∅-ia
命令法	krič, krič-me, krič-te	
未来形	単数	複数
1人称	budem kričat'	budeme kričat'
2人称	budeš kričat'	budete kričat'
3人称	bude kričat'	budú kričat'
過去形	単数	複数
1人称	kriča-l (-la, -lo) som	kriča-li sme
2人称	kriča-l (-la, -lo) si	kriča-li ste
3人称	kriča-l (-la, -lo) ∅	kriča-li ∅

第 2 部　形態論　Morfológia

仮定法現在	kriča-l (-la, -lo) by som ...
副動詞	krič-iac
能動形動詞現在	krič-iaci, krič-iaca, krič-iace ...
被動形動詞	kriča-ný, kriča-ná, kriča-né ...
動名詞	kriča-nie

　不定形で語幹末に短母音 -a- を持ち，3 人称単数現在で長母音 -í- を持ち，3 人称複数現在で語幹末の母音を持たない動詞が，このタイプに準じて変化する．このタイプに属する動詞の多くは，不定形語幹が軟子音 č, dž, š, ž, あるいは子音グループ šť, žď で終わる．このタイプはすでに生産的ではなく，属する動詞の数は少ない（367 動詞／1.5 %）．

　例　bežať（駆ける），čušať（黙っている），držať（握る），frndžať（ヒューと飛ぶ），hvižďať（ピューという音を出す），kľačať（跪いている），kričať（叫ぶ），ležať（横たわっている），mlčať（沈黙する），pišťať（ぴいぴい鳴く），prináležať（属する），pršať（雨が降る），spať（眠る），svedčať（合っている），vrčať（＜獣が＞うなる），zahučať（＜風などが＞うなる），záležať（次第である）

V 動詞 Slovesá

§88 不規則動詞　Nepravidelné slovesá

ある動詞の語形成上の逸脱が，14の動詞タイプのいずれかのヴァリアントとして説明できない場合は，不規則動詞と見なされる．不規則動詞に属するのは，以下のような動詞である．—

bát' sa（恐れる），byť（ある），chcieť（望む），ísť（行く），jesť（食べる），stať sa（なる），stáť（立っている），vedieť（知っている）

不規則動詞 bát' sa のパラダイム

不定形	bát' sa		
現在形		単数	複数
	1人称	bojím sa	bojíme sa
	2人称	bojíš sa	bojíte sa
	3人称	bojí sa	boja sa
命令法	boj sa, bojme sa, bojte sa		
未来形		単数	複数
	1人称	budem sa báť	budeme sa báť
	2人称	budeš sa báť	budete sa báť
	3人称	bude sa báť	budú sa báť
過去形		単数	複数
	1人称	bá-l (-la, -lo) som sa	báli sme sa
	2人称	bá-l (-la, -lo) si sa	báli ste sa
	3人称	bá-l (-la, -lo) ∅ sa	báli ∅ sa
仮定法現在	bá-l (-la, -lo) by som sa ...		
副動詞	bojac sa		
能動形動詞現在	bojaci sa, bojaca sa, bojace sa ...		
被動形動詞	* * * *		
動名詞	* * * *		

第2部　形態論　Morfológia

次の3語が，このタイプに従って変化する．

báť sa（恐れる），nabáť sa（脅える），zabáť sa（脅える）

不規則動詞 byť のパラダイム

不定形	byť		
現在形		単数	複数
	1人称	som	sme [zme]
	2人称	si	ste
	3人称	je	sú
命令法	buď, buďme, buďte		
未来形		単数	複数
	1人称	budem	budeme
	2人称	budeš	budete
	3人称	bude	budú
過去形		単数	複数
	1人称	bo-l (-la, -lo) som	boli sme
	2人称	bo-l (-la, -lo) si	boli ste
	3人称	bo-l (-la, -lo) ∅	boli ∅
仮定法現在	bo-l (-la, -lo) by som …		
副動詞	súc（廃）byvši*		
能動形動詞現在	* * * *		
能動形動詞過去	（廃）byvší, byvšia, byvšie …*		
被動形動詞	* * * *		
動名詞	bytie		

＊byvši という副動詞の形と，能動形動詞過去の形は，現在ではアルカイズム（古風な表現）と見なされている．

(1) このタイプに準じて変化するのは，byť（ある）のみである．

— 346 —

V　動詞　Slovesá

(2) byt'が自立動詞として用いられる場合，3人称単数現在には，jest/jestoという形も存在する．これらはおもに強調のために用いられるが，現在ではアルカイズム（古風な表現）になりつつある．

　例　V tejto hore jesto dobré hríby.（この森には良いキノコがある）
　　　Tu jest pitná voda.（ここには飲料水がある）

(3) byt'の現在形の否定形については§74を参照．

不規則動詞 chciet' のパラダイム

不定形	chciet'		
現在形		単数	複数
	1人称	chcem	chceme
	2人称	chceš	chcete
	3人称	chce	chcú
命令法	chci, chcime, chcite		
未来形		単数	複数
	1人称	budem chciet'	budeme chciet'
	2人称	budeš chciet'	budete chciet'
	3人称	bude chciet'	budú chciet'
過去形		単数	複数
	1人称	chce-l (-la, -lo) som	chceli sme
	2人称	chce-l (-la, -lo) si	chceli ste
	3人称	chce-l (-la, -lo) ∅	chceli ∅
仮定法現在	chce-l (-la, -lo) by som ...		
副動詞	chcejúc		
能動形動詞現在	chcejúci, chcejúca, chcejúce ...		
被動形動詞	chcený, chcená, chcené ...		
動名詞	chcenie		

第 2 部　形態論　Morfológia

次の 5 語が，このタイプに従って変化する．

chciet' (望む), chciet' sa (〜したい気分になる),
odnechciet' sa (やる気がなくなる), zachciet' sa (〜したくなる),
znechciet' sa (〜したくなくなる)

不規則動詞 íst' のパラダイム

不定形	íst'
現在形	単数　　　複数 1 人称　idem　ideme 2 人称　ideš　idete 3 人称　ide　idú
命令法	id'/ chod'/ pod', id'me/ chod'me/ pod'me, id'te/ chod'te/ pod'te
未来形	単数　　　複数 1 人称　pôjdem　pôjdeme 2 人称　pôjdeš　pôjdete 3 人称　pôjde　pôjdu
過去形	単数　　　　　　　　　　複数 1 人称　[i]šiel ([i]šla, [i]šlo) som　[i]šli sme 2 人称　[i]šiel ([i]šla, [i]šlo) si　　[i]šli ste 3 人称　[i]šiel ([i]šla, [i]šlo) ∅　　[i]šli ∅
仮定法現在	[i]šiel ([i]šla, [i]šlo) by som ...
副動詞	idúc
能動形動詞現在	idúci, idúca, idúce ...
能動形動詞過去	pre-šedší, pre-šedšia, pre-šedšie ...*
被動形動詞	pre-jdený, pre-jdená, pre-jdené ...
動名詞	pre-jdenie

V 動詞 Slovesá

  * 能動形動詞過去の形は，現在ではアルカイズム（古風な表現）と見なされている．

(1) 次のような語が，このタイプに従って変化する．

dôjsť (到着する), ísť (行く), nadísť (<時が>来る), nájsť (見つける), nájsť sa (見つかる), obísť (避けて通る), obísť sa (すれ違う), odísť (立ち去る), podísť (近づく), predísť (追い越す), prejsť (通る), prejsť sa (散歩する), prísť (来る), rozísť sa (別れる), ujsť (逃げる), vojsť (入る), vyjsť (出る), vynájsť (発見する), vzísť (芽を出す), zájsť (立ち寄る), zaobísť sa (〜なしですます), zísť (下りる), zísť sa (集まる)

(2) ísť の命令法の形は，ふつう choď と poď の形が使われる．choď は「離れる動き」を，poď は「接近する動き」を示す（⇒§78）．

  例 Poď a vidz! (来たりて見よ), Choď preč! (あちらへ行け),
  Poďme ďalej! (先へ進みましょう),
  Poďte sem! (こちらへいらっしゃい)

(3) ísť の未来形は，budem ísť... という形は存在せず，pôjdem... という形が用いられる（⇒§75）．

  例 Zajtra pôjdem na univerzitu. (私はあす大学に行きます)
  Pôjdeme spolu do divadla. (いっしょに劇場にいきましょう)

(4) ísť の過去形には，išiel/šiel... の2つの形がある．šiel... の形は，文中の先行語が母音で終わる場合に用いられる．

  例 Všetko šlo hladko. (万事は順調にいった)
  O čo šlo? (なにが問題だったのか？)

(5) ísť の否定形のパラダイムは，次のようである．

不定形	nejsť	
現在形	単数	複数

第 2 部　形態論　Morfológia

	1 人称	nejdem	nejdeme
	2 人称	nejdeš	nejdete
	3 人称	nejde	nejdú
命令法	nejdi /nechod', nejdime /nechod'me, nejdite /nechod'te		
未来形		単数	複数
	1 人称	nepôjdem	nepôjdeme
	2 人称	nepôjdeš	nepôjdete
	3 人称	nepôjde	nepôjdu
過去形		単数	複数
	1 人称	nešiel (nešla, nešlo) som	nešli sme
	2 人称	nešiel (nešla, nešlo) si	nešli ste
	3 人称	nešiel (nešla, nešlo) ∅	nešli ∅

不規則動詞 jest' のパラダイム

不定形	jest'		
現在形		単数	複数
	1 人称	jem	jeme
	2 人称	ješ	jete
	3 人称	je	jedia
命令法	jedz, jedzme, jedzte		
未来形		単数	複数
	1 人称	budem jest'	budeme jest'
	2 人称	budeš jest'	budete jest'
	3 人称	bude jest'	budú jest'
過去形		単数	複数
	1 人称	jed-ol (-dla, -dlo) som	jedli sme
	2 人称	jed-ol (-dla, -dlo) si	jedli ste
	3 人称	jed-ol (-dla, -dlo) ∅	jedli ∅

V 動詞 Slovesá

仮定法現在	jed-ol (-dla, -dlo) by som ...
副動詞現在	jediac
能動形動詞現在	jediaci, jediaca, jediace ...
被動形動詞	jedený, jedená, jedené ...
動名詞	jedenie

次のような語が，このタイプに従って変化する．

dojesť（食べ終わる），jesť（食べる），
najesť sa（＜満腹するほど＞食べる），
odjesť（＜盛りつけた料理の＞ある分量を食べる），
pojesť（＜しだいにすべてを＞食べる），prejesť sa（食べすぎる），
rozjesť sa（＜たくさん＞食べはじめる），
vyjesť（＜容器の中身を＞食べ尽くす），
zajesť si（ちょっとつまむ），zjesť（食べる）

不規則動詞 staťsa のパラダイム

不定形	staťsa		
未来形		単数	複数
	1人称	stanem sa	staneme sa
	2人称	staneš sa	stanete sa
	3人称	stane sa	stanú sa
命令法	staň sa, staňme sa, staňte sa		
過去形		単数	複数
	1人称	sta-l (-la, -lo) som sa	stali sme sa
	2人称	sta-l (-la, -lo) si sa	stali ste sa
	3人称	sta-l (-la, -lo) sa ∅	stali sa ∅
仮定法現在	sta-l (-la, -lo) by som sa ...		
副動詞現在	stanúc sa		

第2部　形態論　Morfológia

能動形動詞現在	*	*	*	*
被動形動詞	*	*	*	*
動名詞	*	*	*	*

次のような語が，このタイプに従って変化する．

dostať（もらう），dostať sa（たどり着く），nastať（やって来る），ostať（留まる），prestať（やめる），pristať（賛成する），stať sa（～になる），stať si（＜ある場所に＞立つ），vstať（立ち上がる），vystať（欠席する），zastať（立ち止まる），zostať（残る）

不規則動詞 stáť のパラダイム

不定形	stáť	
現在形	単数	複数
1人称	stojím	stojíme
2人称	stojíš	stojíte
3人称	stojí	stoja
命令法	stoj, stojme, stojte	
未来形	単数	複数
1人称	budem stáť	budeme stáť
2人称	budeš stáť	budete stáť
3人称	bude stáť	budú stáť
過去形	単数	複数
1人称	stá-l (-la, -lo) som	stáli sme
2人称	stá-l (-la, -lo) si	stáli ste
3人称	stá-l (-la, -lo) ∅	stáli ∅
仮定法現在	stá-l (-la, -lo) by som ...	
副動詞現在	stojac	
能動形動詞現在	stojaci, stojaca, stojace ...	

V 動詞 Slovesá

被動形動詞	u-státy, u-státa, u-státe …
動名詞	státie

次のような語が，このタイプに従って変化する．

obstát'（うまくやり通す），odstát'（＜ある時間＞立ち通す），postát'（＜しばらく＞立ち通す），prestát'（立って過ごす），stát'（立っている），ustát' sa（＜液体が＞澄む），vystát'（立って耐える）

不規則動詞 vediet' のパラダイム

不定形	vediet'	
現在形	単数	複数
1人称	viem	vieme
2人称	vieš	viete
3人称	vie	vedia
命令法	vedz, vedzme, vedzte	
未来形	単数	複数
1人称	budem vediet'	budeme vediet'
2人称	budeš vediet'	budete vediet'
3人称	bude vediet'	budú vediet'
過去形	単数	複数
1人称	vede-l (-la, -lo) som	vedeli sme
2人称	vede-l (-la, -lo) si	vedeli ste
3人称	vede-l (-la, -lo) ∅	vedeli ∅
仮定法現在	vede-l (-la, -lo) by som …	
副動詞	vediac	
能動形動詞現在	vediaci, vediaca, vediace …	
被動形動詞	doz-vedený, doz-vedená, doz-vedené …	
動名詞	vedenie	

能動形動詞過去の形は，現在ではアルカイズム（古風な表現）と見なされている．

次の5語が，このタイプに従って変化する．

dozvediet' sa（情報を得る），prezvediet' sa（＜訊ねて＞情報を得る），vediet'（知っている），vyzvediet'（sa）（＜探索して＞知る），zvediet'（情報を得る）

§89 特殊変化動詞　Slovesá špeciálneho časovania

次のような動詞は，不規則動詞には属さないが，特殊な変化形を持っている．

hnat'（追い立てる），mliet'（挽く），môct'（できる），povedat'（言う），vziat'（とる）

特殊変化動詞 hnat' のパラダイム

不定形	hnat'		
現在形		単数	複数
	1人称	ženiem	ženieme
	2人称	ženieš	ženiete
	3人称	ženie	ženú
命令法	žeň, žeňme, žeňte		
未来形		単数	複数
	1人称	budem hnat'/ poženiem	budeme hnat'/ poženieme
	2人称	budeš hnat'/ poženieš	budete hnat'/ poženiete
	3人称	bude hnat'/ poženie	budú hnat'/ poženú
過去形		単数	複数
	1人称	hna-l (-la, -lo) som	hnali sme
	2人称	hna-l (-la, -lo) si	hnali ste

V　動詞　Slovesá

3人称	hna-l (-la, -lo) ∅	hnali ∅
仮定法現在	hna-l (-la, -lo) by som ...	
副動詞	ženúc	
能動形動詞現在	ženúci, ženúca, ženúce ...	
被動形動詞	hnaný, hnaná, hnané	
動名詞	*　　*　　*　　*	

VIタイプに属する次のような語が，このパラダイムに従って変化する．

dohnat' (追いつく), dohnat' sa (＜騒ぎながら＞やって来る),
hnat' (追い立てる), hnat' sa (走る), odohnat' (追い払う),
prehnat' (追い立てる), prehnat' sa (すばやく通りすぎる),
rozohnat' (追い散らす), rozohnat' sa (＜手を＞振りあげる),
vyhnat' (追い出す), zahnat' (追い返す),
zahnat' sa (＜手を＞振りあげる), zohnat' (追い集める)

特殊変化動詞 mliet' のパラダイム

不定形	mliet'	
現在形	単数	複数
1人称	meliem	melieme
2人称	melieš	meliete
3人称	melie	melú
命令法	mel', mel'me, mel'te	
未来形	単数	複数
1人称	budem mliet'	budeme mliet'
2人称	budeš mliet'	budete mliet'
3人称	bude mliet'	budú mliet'
過去形	単数	複数
1人称	mle-l (-la, -lo) som	mleli sme

第2部　形態論　Morfológia

2人称	mle-l (-la, -lo) si	mleli ste
3人称	mle-l (-la, -lo) ∅	mleli ∅
仮定法現在	mle-l (-la, -lo) by som …	
副動詞	melúc	
能動形動詞現在	melúci, melúca, melúce …	
被動形動詞	mletý, mletá, mleté …	
動名詞	＊　　＊　　＊　　＊	

　Vタイプに属する次のような語が，このパラダイムに従って変化する．

mliet'（挽く），mliet' sa（かけずり回る），pomliet'（挽いて加工する），vymliet'（＜徹底的に＞挽く），zomliet'（挽いて加工する）

特殊変化動詞 môct' のパラダイム

不定形	môct'	
現在形	単数	複数
1人称	môžem	môžeme
2人称	môžeš	môžete
3人称	môže	môžu
命令法	po-môž, po-môžme, po-môžte	
未来形	単数	複数
1人称	budem môct'	budeme môct'
2人称	budeš môct'	budete môct'
3人称	bude môct'	budú môct'
過去形	単数	複数
1人称	moh-ol (-hla, -hlo) som	mohli sme
2人称	moh-ol (-hla, -hlo) si	mohli ste
3人称	moh-ol (-hla, -hlo) ∅	mohli ∅
仮定法現在	moh-ol (-hla, -hlo) by som …	

V 動詞 Slovesá

副動詞	môžuc
能動形動詞現在	môžuci, môžuca, môžuce …
被動形動詞	pre-možený, pre-možená, pre-možene …
動名詞	＊　＊　＊　＊

IIIタイプに属する次のような語が，このパラダイムに従って変化する．

môcť（できる），pomôcť（助ける），pomôcť si（助けあう，賄う），premôcť（打ち勝つ），premôcť sa（我慢する），zmôcť（克服する）

特殊変化動詞 povedať のパラダイム

不定形	povedať		
未来形		単数	複数
	1人称	poviem	povieme
	2人称	povieš	poviete
	3人称	povie	povedia
命令法	povedz, povedzme, povedzte		
過去形		単数	複数
	1人称	poveda-l (-la, -lo) som	povedali sme
	2人称	poveda-l (-la, -lo) si	povedali ste
	3人称	poveda-l (-la, -lo) ∅	povedali ∅
仮定法現在	poveda-l (-la, -lo) by som …		
副動詞	povediac		
能動形動詞現在	＊　＊　＊　＊		
被動形動詞	povedaný, povedaná, povedané …		
動名詞	povedanie		

次のような語が，このパラダイムに従って変化する．

dopovedat'（終わりまで言う）, napovedat'（＜言葉などで＞理解させる）, odpovedat'（返答する）, povedat'（言う）, predpovedat'（予報する）, rozpovedat'（＜詳しく＞物語る）, spovedat'（告白させる）, vypovedat'（供述する）, zapovedat' sa（＜今後は～しないと＞誓う）, zodpovedat'（返答する）

特殊変化動詞 vziat' のパラダイム

不定形	vziat'		
未来形		単数	複数
	1人称	vezmem	vezmeme
	2人称	vezmeš	vezmete
	3人称	vezme	vezmú
命令法	vezmi, vezmime, vezmite		
過去形		単数	複数
	1人称	vza-l (-la, -lo) som	vzali sme
	2人称	vza-l (-la, -lo) si	vzali ste
	3人称	vza-l (-la, -lo) ∅	vzali ∅
仮定法現在	vza-l (-la, -lo) by som ...		
副動詞	vezmúc		
能動形動詞現在	* * * *		
被動形動詞	vzatý, vzatá, vzaté ...		
動名詞	vzatie		

Ⅷタイプに属する次のような語が，このパラダイムに従って変化する．

predsavziat' si（決心する）, prevziat'（渡してもらう）, vziat'（とる）, vziat' sa（現れる）, vziat' si（＜男性が＞結婚する）

VI 副詞 Príslovky

§90 スロヴァキア語の副詞　Príslovky v slovenčine

(1)スロヴァキア語の副詞は，語形変化しない品詞のひとつであり，状況や属性などを表現する．副詞の多くは形容詞から派生するが，代名詞や名詞から派生したり，前置詞と品詞の変化形が一語になって形成される場合もある．

(2)副詞は，動詞・形容詞・副詞・名詞とともに用いられる．

①動詞との結合　－　例　Slnko je už vysoko.（日はもう高い）

　　　　　　　　　　　Táborák veselo praská.
　　　　　　　　　　　（キャンプファイヤーが陽気にはぜている）

②形容詞との結合　－　例　vel'mi milé dojča（とても可愛い赤ん坊）

　　　　　　　　　　　pomerne lacný tovar（比較的安い品物）

③副詞との結合　－　例　D'akujem vel'mi pekne.
　　　　　　　　　　　（たいへんありがとう）
　　　　　　　　　　　Pošta je celkom blízko.
　　　　　　　　　　　（郵便局はすぐ近くです）

④名詞との結合　－　例　čítanie nahlas（朗読）

　　　　　　　　　　　udalosti doma（国内の出来事）

第2部　形態論　Morfológia

§91　副詞の分類　Triedenie prísloviek

(1)副詞は意味の上から，属性の副詞 vlastnostné príslovky と，状況の副詞 okolnostné príslovky に分類することができる．属性の副詞と状況の副詞は，それぞれ場所 miesto，時 čas，原因 príčina（目的・効果・容認など），方法 spôsob（程度，視点など）を表現することができる．

(2)場所の副詞は，疑問代名詞 kde（どこで），kam（どこへ），odkiaľ（どこから），pokade/pokiaľ（どこまで），kade/kadiaľ（どこを通って）などに答えるものである．

　例　blízko（近くで，近くへ），ďaleko（遠くで，遠くへ），
　　　dnu（内で，内へ），dohora（上へ），doľava（左へ），
　　　dolu（下で，下へ），doma（家で），domov（家へ），
　　　doprava（右へ），dopredu（前へ），dovnútra（内へ），
　　　dozadu（後ろへ），hore（上で，上へ），južne（南に），
　　　krivo（曲がって），mimo（わきに，避けて），nadol（下へ），
　　　nahor（上へ），napred（前へ），naspäť（もとの場所へ），
　　　nazad（もとの場所へ），neďaleko（近くに），nízko（低く），
　　　okolo（周囲に），preč（向こうへ），priamo（まっすぐに），
　　　prostriedkom（まんなかを），rovno（まっすぐに），
　　　sem（こちらへ），severne（北に），späť（もとの場所へ），
　　　sprava（右から），stredom（まんなかを），
　　　tam（あそこに，あそこへ），tu（ここに），vľavo（左で，左へ），
　　　vnútri（内部に），von（外へ），vonku（外で），
　　　vpravo（右で，右へ），vpred（前へ），vpredu（前に），
　　　východne（東に），vysoko（高く），vzad（後ろへ），
　　　vzadu（後ろに），západne（西に），zdola（下から），
　　　zhora（上から），zľava（左から），
　　　znútra/zvnútra（内から），zvonka/zvonku（外から）

(3)時の副詞は，疑問代名詞 kedy（いつ），odkedy（いつから），dokedy（いつまで），ako dlho（どれぐらい）などに答えるものである．

— 360 —

VI 副詞 Príslovky

例 časom（やがて），často（しばしば），dávno（かつて），
denne（毎日），dlho（長く），dnes（今日），dodnes（今日まで），
dovčera（昨日まで），dozajtra（明日まで），hneď（すぐに），
chvíľu/chvíľku（しばらく），krátko（短く），
minule（最後に，この間），naveky（永遠に），navždy（永遠に），
nedávno（最近），neprestajne（たえず），
neskoro（＜時間が＞遅く），neskôr（より以後に），
niekedy（ときどき），občas（ときどき），oddnes（今日から），
odvčera（昨日から），okamžite（すぐに），podnes（今日まで），
pozajtra（明後日），predvčerom（一昨日），prv（より以前に），
ráno（朝に），skoro（＜時間が＞早く），spočiatku（最初から），
stále（たえず），teraz（いま），včas（時間どおりに），
včera（昨日），večer（晩に），večne（永遠に），vlani（昨年），
vždy（つねに），zajtra（明日），zaraz（すぐに），zriedka（まれに）

(4) 原因（目的・効果・容認など）の副詞は，疑問代名詞 prečo（なぜ），
začo（どうして），načo（なんのために），s akým cieľom（なんの目的で），s akým výsledkom（どんな結果をもって）などに答えるものである．

例 bezcieľne（無目的に），bezdôvodne（理由なく），
darmo（無駄に），márne（無駄に），mimovoľne（無意識に），
nadarmo（無駄に），náhodne/náhodou（たまたま），
napospas（言いなりに），napriek（意志に反して），
nazmar（不首尾に），nechtiac（いやいや），
neprávom（不当に），nevhod/nevhodne（間が悪く），
omylom（誤って），právom（正当に），služobne（仕事で），
úmyselne（故意に），úspešne（首尾よく），
vhod/vhodne（良い時に），zámerne（故意に），
zbytočne（無駄に）

(5) 方法（程度，視点など）の副詞は，疑問代名詞 ako（いかに），nakoľko（どれだけ），do akej miery（どの程度），v akom zmysle（どん

— 361 —

第 2 部　形態論　Morfológia

な意味で)，z akého hľadiska（どんな視点から）などに答えるものである．

例　behom（走って），bratsky（兄弟のように），celkom（完全に），
celkove（全体として），citovo（感情的に），čiastočne（部分的に），
dobre（よく），dosť（かなり），dôstojne（威厳を持って），
duchovne（精神面で），duševne（精神的に），
fantasticky（あり得ないほど），fyzicky（肉体的に），
hodne（かなり），hrubo（荒々しく），chladne（冷たく），
chytro（すばやく），jemne（優しく），kúsok（ちょっと），
ľahko（たやすく），láskavo（親切に），
mimoriadne（なみはずれて），mlčky（黙って），
mokro（湿って），múdro（賢く），nahlas（声に出して），
náhle（とつぜん），naoko（見かけは），naplno（全力で），
napospol（全体として），navzájom（相互に），
neúplne（不完全に），neuveriteľne（信じがたいほど），
očistom（見かけは），opačne（逆に），pekne（きれいに），
pomaly（ゆっくりと），potichu（静かに），potme（暗闇で），
príliš（あまりに），rozumne（理性的に），rýchlo（すばやく），
sčasti（部分的に），silno（強く），slabo（弱く），
smutne（陰気に），spamäti（暗記で），sucho（乾いて），
surovo（荒々しく），šeptom（ささやき声で），ťažko（重々しく），
teplo（暖かく），ticho（静かに），trocha/trochu（すこし），
úplne（完全に），úradne（仕事で），určite（絶対に，かならず），
úspešne（うまく），vcelku（全体として），veľmi（とても），
veselo（陽気に），vôbec（一般に），vzájomne（相互に），
zdanlivo（見かけは），zle（悪く），značne（きわだって）

(6)副詞のなかには，内容の副詞 obsahové príslovky（あるいは文の副詞 vetné príslovky）と呼ばれる特別なグループがある．内容の副詞は，「一般的な状態」の意味を持つ動詞（byť，prísť など）と結びついて，無人称文の述語を形成する（現在形においては，動詞が省略される場合がある）．この場合副詞は，単項文の文の基礎としての機能を果している．

VI 副詞　Príslovky

内容の副詞は，状態の副詞 stavové príslovky と，様態の副詞 modálne príslovky に分類することができる．

① 状態の副詞は，上記の動詞と結びついて，さまざまな状態や，状態の維持と変化を表現する．状態の副詞には，次のようなものがある．

dobre（良い），dusno（蒸し暑い），hlučno（騒がしい），chladno（冷たい），jasno（晴れている），l'ahko（簡単だ），l'úto（気の毒だ），nevedno（分からない），nevidno（見えない），nevol'no（具合が悪い），oblačno（曇っている），smutno（憂鬱だ），t'ažko（難しい），teplo（暖かい），tesno（狭い），ticho（静かだ），veselo（陽気だ），vidno（見える），vol'no（空いている），zle（悪い）

例　V hore je *ticho*.（森のなかは静かだ）
　　Vonku je už *teplo*.（戸外はもう暖かい）
　　Nevedno, ako sa nám rozhodne.
　　（私たちはいかに決定すべきか分からない）
　　Ráno bolo *chladno*.（朝方は寒かった）
　　Vo tme nebolo nič *vidno*.（暗闇のなかではなにも見えなかった）
　　Zajtra bude *jasno*.（明日は晴天だろう）
　　Prišlo mi *zle*.（私は気分が悪くなった）

注) 次のような名詞は，無人称文の述語を形成する場合がある．

　　čudo, div（奇蹟）／nie čudo, nie div（驚くにあたらない），hanba（恥）／（恥ずかしい），škoda（損害）／（残念だ），tma（暗闇）／（暗い），zima（冬，寒さ）／（寒い）

　　例　Nie *div*, že zablúdili v meste.
　　　　（彼らが町中で迷ったのは驚くにあたらない）
　　　　Škoda nám každej koruny.
　　　　（私たちには1コルナだって惜しい）
　　　　Je mi *zima* na nohy.（私は足元が寒い）
　　　　Vonku bolo už celkom *tma*.（外はもう真っ暗だった）

第 2 部　形態論　Morfológia

②様態の副詞は，動詞の不定形と結びついて，当該の行為を行う可能性・不可避性・必要性・意志などを表現する．様態の副詞には，次のようなものがある．

 hodno（～する価値がある），možno（～できる＜可能性＞），
 načim（～する必要がある），nehodno（～する価値がない），
 nemožno（～できない＜不可能性＞），
 neslobodno（～してはいけない＜禁止＞），
 netreba（～する必要がない），slobodno（～できる＜可能性＞），
 treba（～する必要がある）

 例 *Nehodno* sa za to trápiť. （そんなことを悩むには及ばない）
  Tu *neslobodno* fajčiť. （ここで喫煙してはいけない）
  Treba sa učiť sústredene. （集中して学ばなければならない）
  Bezsponové treba, možno a iné *načim* chápať na pozadí bolo＋treba ako ∅＋treba. （連辞のない treba, možno などは，〔過去形〕bolo＋treba となることから考えて，連辞が省略されていると理解すべきである）
  Nebolo *možno* o tom hovoriť.
  （それについて話すことができなかった）

§92　副詞の形成（1）－ 形容詞から派生した副詞
Tvorenie prísloviek (1) － príslovky odvodené od prídavných mien

(1)副詞の多くは，性質形容詞の語幹に -o, -e, -y をつけて形成される（-o をつけて作られる場合がいちばん多く，多くの場合 -e をつける場合と競合し，それにとって替わりつつある）．

(2) -o をつけて形成される副詞

 ① -avý, -ivý, -istvý, -vý (-vy) で終わる形容詞（この場合は，例外なく -o をとる）

  (a) -avý で終わる形容詞

VI 副詞 Príslovky

例　chápavý（理解の早い）⇒ chápavo
　　nedočkavý（せっかちな）⇒ nedočkavo
　　prenikavý（突き刺すような）⇒ prenikavo
　　štipľavý（ひりひりする）⇒ štipľavo
　　ťahavý（引き伸ばした）⇒ ťahavo
　　usmievavý（ほほえんだ）⇒ usmievavo
　　zriedkavý（まれな）⇒ zriedkavo

(b) -ivý で終わる形容詞

例　bláznivý（気違いじみた）⇒ bláznivo
　　búrlivý（嵐のような）⇒ búrlivo
　　dôverčivý（信じやすい）⇒ dôverčivo
　　plačlivý（泣くような）⇒ plačlivo
　　starostlivý（面倒見のよい）⇒ starostlivo
　　trpezlivý（忍耐強い）⇒ trpezlivo／zúrivý（凶暴な）⇒ zúrivo

(c) -istvý で終わる形容詞

例　celistvý（完全な）⇒ celistvo
　　mladistvý（若々しい）⇒ mladistvo

(d) -vý（-vy）で終わる形容詞

例　čerstvý（新鮮な）⇒ čerstvo／mĺkvy（寡黙な）⇒ mĺkvo
　　nový（新しい）⇒ novo／surový（生の）⇒ surovo
　　triezvy（冷静な）⇒ triezvo

② 語幹が，k, h, ch：b, p, m：r：d, t：s, z, š, ž, dz, c；l で終わる形容詞

(a) 語幹が k, h, ch で終わる形容詞

例　blízky（近い）⇒ blízko／ďaleký（遠い）⇒ ďaleko
　　dlhý（長い）⇒ dlho／drahý（高価な）⇒ draho
　　hlboký（深い）⇒ hlboko／ľahký（軽い）⇒ ľahko

— 365 —

第2部　形態論　Morfológia

  mäkký（軟らかい）⇨ mäkko／mnohý（多い）⇨ mnoho
  prudký（激しい）⇨ prudko／rovnaký（等しい）⇨ rovnako
  široký（広い）⇨ široko／ťažký（重い）⇨ ťažko
  tichý（静かな）⇨ ticho／tuhý（かたい）⇨ tuho
  úbohý（哀れな）⇨ úboho／vysoký（高い）⇨ vysoko

(b) 語幹が b, p, m で終わる形容詞

例 hrubý（厚い，無礼な）⇨ hrubo／priamy（直接の）⇨ priamo
  slabý（弱い）⇨ slabo／slepý（盲目の）⇨ slepo

> 注）vedomý（意識的な）⇨ vedome
>   zrejmý（明らかな）⇨ zrejme は例外

(c) 語幹が r で終わる形容詞

例 bystrý（すばやい，鋭い）⇨ bystro
  chytrý（すばやい）⇨ chytro
  múdry（賢明な）⇨ múdro／ostrý（鋭い）⇨ ostro
  skorý（＜時間が＞早い）⇨ skoro
  neskorý（＜時間が＞遅い）⇨ neskoro

> 注）dobrý（良い）⇨ dobre は例外

(d) 語幹が d, t で終わる形容詞の多く

例 bohatý（豊かな）⇨ bohato／častý（しばしばの）⇨ často
  hrdý（誇り高い）⇨ hrdo／mladý（若い）⇨ mlado
  opitý（酒に酔った）⇨ opito／tvrdý（硬い）⇨ tvrdo
  ustatý（疲れた）⇨ ustato

(e) 語幹が s, z, š, ž, dz, c で終わる形容詞

VI 副詞 Príslovky

例 bosý（素足の）⇨ boso／cudzí（余所の）⇨ cudzo
　　peší（徒歩の）⇨ pešo／rýdzi（純粋な）⇨ rýdzo
　　svieži（新鮮な）⇨ sviežo
　　vyčerpávajúci（徹底的な）⇨ vyčerpávajúco

> 注) horúci（暑い）⇨ horúco/horúce は例外

(f) 語幹が l で終わる形容詞の多く

例 biely（白い）⇨ bielo／čulý（元気な）⇨ čulo
　　kyslý（酸っぱい）⇨ kyslo／milý（親切な）⇨ milo
　　smelý（勇敢な）⇨ smelo／nesmelý（勇気のない）⇨ nesmelo
　　teplý（暖かい）⇨ teplo／veselý（陽気な）⇨ veselo

③ -ný（-ny）で終わる形容詞の一部

例 dávny（かつての）⇨ dávno／drevený（木製の）⇨ dreveno
　　nedávny（最近の）⇨ nedávno
　　nerovný（曲がった）⇨ nerovno
　　prázdny（からの）⇨ prázdno／rovný（まっすぐな）⇨ rovno
　　zelený（緑の）⇨ zeleno

④ -o は，複合副詞や複合形容詞などの前半部末で，結合素としても用いられる．

例 ist*o*-iste（確実に），sv ät*o*sväte（まちがいなく）
　　denn*o*denne（日々毎日），vedeck*o*-technický（科学技術の）
　　bansk*o*štiavnický（バンスカー・シチアウニツァの）

(3) -e をつけて形成される副詞

① -ný（-ny）で終わる形容詞の多く（その際に，発音上で n/ň の交替がある）

例 denný（毎日の）⇨ denne／falošný（偽りの）⇨ falošne

第2部　形態論　Morfológia

　　　konečný（最終的な）⇒ konečne／mocný（強い）⇒ mocne
　　　obyčajný（ふつうの）⇒ obyčajne
　　　podobný（似た）⇒ podobne
　　　pekný（きれいな）⇒ pekne／presný（正確な）⇒ presne
　　　príjemný（気持ちのいい）⇒ príjemne
　　　prísny（厳格な）⇒ prísne
　　　skutočný（実際の）⇒ skutočne
　　　správny（本当の）⇒ správne
　　　súčasný（現在の）⇒ súčasne／úspešný（上首尾の）⇒ úspešne
　　　výrazný（はっきりした）⇒ výrazne

② -ovitý で終わる形容詞の多く（その際に，発音上でt/t'の交替がある）

　例　menovitý（名目の）⇒ menovite
　　　plánovitý（計画的な）⇒ plánovite

③ -itý で終わる形容詞の多く（その際に，発音上でt/t'の交替がある）

　例　náležitý（しかるべき）⇒ náležite
　　　okamžitý（即時の）⇒ okamžite
　　　svedomitý（良心的な）⇒ svedomite

④ -lý（-ly）で終わる形容詞の一部（その際に，発音上でl/l'の交替がある）

　例　dokonalý（完璧な）⇒ dokonale
　　　minulý（この間の）⇒ minule
　　　nezávislý（独立した）⇒ nezávisle
　　　okrúhly（丸い）⇒ okrúhle
　　　stály（恒常的な）⇒ stále／zlý（悪い）⇒ zle

(4) -o と -e の双方のヴァリアントを持つ副詞

　① -o と -e で意味を区別しない場合

VI 副詞　Príslovky

(a) -ný (-ny) で終わる形容詞の一部（その際に -e をとる場合，発音上で n/ň の交替がある）

例　drobný（細かい）⇒ drobno/drobne
　　jasný（明るい）⇒ jasno/jasne
　　prísny（厳しい）⇒ prísno/prísne
　　rušný（騒がしい）⇒ rušno/rušne
　　silný（強い）⇒ silno/silne
　　temný（暗い）⇒ temno/temne

(b) -ovitý で終わる形容詞の一部（その際に -e をとる場合，発音上で t/t' の交替がある）

例　bezmyšlienkovitý（深く考えない）
　　　　　　　　　　⇒ bezmyšlienkovito/bezmyšlienkovite
　　horúčkovitý（熱狂的な）⇒ horúčkovito/horúčkovite
　　zákonitý（合法則的な）　⇒ zákonite/zákonito

(c) -itý で終わる形容詞の一部（その際に -e をとる場合，発音上で t/t' の交替がある）

例　dôležitý（重要な）　⇒ dôležito/dôležite
　　neurčitý（あいまいな）⇒ neurčite/neurčito
　　zložitý（複雑な）　⇒ zložito/zložite

(d) -tý で終わる形容詞の一部（その際に -e をとる場合，発音上で t/t' の交替がある）

例　istý（確かな）⇒ iste/isto／prostý（単純な）⇒ prosto/proste

(e) -lý (-ly) で終わる形容詞の一部（その際に -e をとる場合，発音上で l/l' の交替がある）

例　náhly（突然の）　⇒ náhle/náhlo
　　rýchly（早い）　⇒ rýchlo/rýchle
　　skvelý（見事な）　⇒ skvele/skvelo

第2部　形態論　Morfológia

```
        trvalý（恒常的な）      ⇒ trvalo/trvale
        umelý（人工の）        ⇒ umelo/umele
        zdvorilý（礼儀正しい） ⇒ zdvorilo/zdvorile
```

(f) -ový で終わる形容詞の大部分（-o をとるケースが圧倒的に多く，標準語では，-e のみをとるケースは一語もない）．

```
例  bleskový（突然の）      ⇒ bleskovo/bleskove
    rámcový（大枠の）       ⇒ rámcovo/rámcove
    významový（意味上の）   ⇒ významovo/významove
```

② -e と -o で意味を区別する場合－内容の副詞（文の副詞）に属する状態の副詞として使われる場合は，-o が用いられ，通常の副詞として，行為が行われる様子をあらわす場合は，-e が用いられる．

```
例  chladný（冷たい）⇒ chladno/chladne
    Vonku je chladno.（外は寒い）
    Odpovedal mi chladne.（彼は私に冷たく答えた）
    slobodný（自由な）⇒ slobodno/slobodne
    Slobodno hovoriť otvorene.（腹蔵なく話してもかまわない）
    On žije slobodne.（彼は自由に生きている）
    smutný（悲しげな）⇒ smutno/smutne
    Je mi smutno.（ぼくはゆううつだ）
    Teta smutne zakývala hlavou.
    （おばさんは悲しげに頭をふった）
    tesný（狭い）⇒ tesno/tesne
    V izbe bolo tesno.（部屋のなかは狭苦しかった）
    Domov sme sa vrátili tesne po polnoci.
    （私たちは真夜中直後に帰宅した）
    voľný（自由な）⇒ voľno/voľne
    V hľadisku je ešte voľno.（観客席にはまだ空席がある）
    On sa správa voľne.（彼はのびのびと振る舞っている）
```

VI 副詞　Príslovky

> 注）次のような語の場合は，内容の副詞の形のみがある．
>
> 　例　dusný（蒸し暑い）⇨ dusno／oblačný（曇りの）⇨ oblačno

(5) -y によって形成される副詞

① -ský（-sky），-cký（-cky）で終わる形容詞から派生した副詞は，-y をとる．

　例　bratský（兄弟のような）⇨ bratsky
　　　ekonomický（経済的な）⇨ ekonomicky
　　　fyzický（肉体的な）⇨ fyzicky／letecký（飛行用の）⇨ letecky
　　　ľudský（人間的な）⇨ ľudsky／mužský（男性の）⇨ mužsky
　　　politický（政治的な）⇨ politicky
　　　priateľský（友情のこもった）⇨ priateľsky
　　　slovenský（スロヴァキアの）⇨ slovensky
　　　spoločenský（社会的な）⇨ spoločensky
　　　umelecký（芸術的な）⇨ umelecky
　　　vedecký（学問的な）⇨ vedecky
　　　vojenský（軍事的な）⇨ vojensky
　　　ženský（女性の）⇨ žensky

　List do Spojených štátov som poslal *letecky*.
　（私はアメリカ合衆国への手紙を航空便で送った）
　Priateľsky sme sa rozlúčili.
　（私たちは友情のこもった別れを告げた）

> 注）終わりから2番目の音節が長い語の場合は，形容詞の男性単数主格の形と副詞が同形になる．
>
> 　例　kamarátsky（友だちの）　　⇨ kamarátsky
> 　　　hospodársky（経済の）　　　⇨ hospodársky
> 　　　poľnohospodársky（農業の）⇨ poľnohospodársky

② -sky, -cky で終わる副詞が, 助詞 po とともに用いられると,「～語で／～風に／～らしく」という意味になる.

例 po otcovsky（父親らしく）, po priateľsky（友人らしく）
po slovensky（スロヴァキア語で, スロヴァキア風に）
po spišsky（スピシ風に）, po vojensky（軍隊式に）

§93 副詞の形成（2）— 代名詞から派生した副詞
Tvorenie prísloviek (2) — príslovky odvodené od zámen

(1) 不定副詞は, 疑問代名詞 ako（いかに）, kde（どこで）, kam（どこへ）, kedy（いつ）, kade（どこを通って）, odkiaľ（どこから）, koľko（いくつ）に, 次のような語を前接, あるいは後接して作られる.

前接される語 — nie- (ne-), da-, voľa-；hoci- (hoc-),
bárs- (bár-)；kade-, kde-, leda-；málo-,
zriedka-, sotva-；všeli-；ktovie-, bohvie-
後接される語 — -si；-koľvek

(2) nie- (ne-), da-, voľa-, -si をつけて作られる不定副詞

	nie- (ne-)	da-	voľa-	-si
ako	nejako	dajako, dáko	voľajako, voľáko	akosi
kde	niekde	dakde	voľakde	kdesi
kam	niekam	dakam	voľakam	kamsi
kedy	niekedy	dakedy	voľakedy	kedysi
kade	niekade	dakade	voľakade	kadesi
odkiaľ	odniekiaľ	—	—	odkiaľsi
koľko	niekoľko	dakoľko	voľakoľko	koľkosi

① nie- (ne-), da-, voľa-, -si をつけて作られる不定副詞は,「もっとも一般的なあいまいさ」の概念を表現する. これらの語は, すべて文体的に中立である.

VI 副詞　Príslovky

例　Musíme *nejako* prejsť cez hranice.
　　（なんとか国境を通過しなければならない）
　　Ujo odcestoval *niekde* ďaleko.
　　（おじさんはどこか遠くに旅立った）
　　Dakde sa zastavme na oddych.
　　（休息のために、どこかで立ち止まろう）
　　Bolo to *voľakedy* na jar.（それはいつだったか春のことだった）

② nie- と odkiaľ が結合すると、odniekiaľ となる。その際に、長音節の短縮は起こらない．

例　Ladislav pochádza *odniekiaľ* z juhu.
　　（ラジスラウはどこか南のほうの出身だ）

③ dajako, voľajako は、口語ではしばしば短縮されて、それぞれ dáko, voľáko となることがある．

例　*Voľajako*（*Voľáko*）si poraďme s týmto problémom.
　　（なんとかこの問題をうまく解決しよう）

④ -si をつけて作られる不定副詞は、nie-（ne-）, da-, voľa- をつけて作られる不定副詞に較べて、あいまいさの程度がさらに大きいことを表現し、あいまいさを強調する場合に用いられる。疑問文などでは、ほとんど用いられない．

例　*Kdesi* celkom blízko som počul kukučie hlasy.
　　（どこかすぐ近くでカッコウの声が聞こえた）
　　Odkiaľsi sa ozval kostolný zvon.
　　（どこからか教会の鐘の音が響いてきた）

(3) hoci-（hoc-）, bárs-（bár-）, -koľvek をつけて作られる不定副詞

	hoci-（hoc-）	bárs-（bár-）	-koľvek
ako	hocijako, hocako	bársako, bárako	akokoľvek
kde	hocikde, hockde	bárskde, bárkde	kdekoľvek

第2部　形態論　Morfológia

kam	hocikam	—	kamkoľvek
kedy	hocikedy, hockedy	bárskedy, bárkedy	kedykoľvek
kade	hocikade, hockade	bárskade, bárkade	kadekoľvek
odkiaľ	—	—	odkiaľkoľvek
koľko	hocikoľko, hockoľko	bárskoľko, bárkoľko	koľkokoľvek

　hoci-（hoc-），bárs-（bár-），-koľvek をつけて作られる不定副詞は，「無差別のニュアンスをともなったあいまいさ」の概念を表現する．bárs-（bár-）をつけて作られる不定副詞は，口語で用いられる．

例　Môžeš sa rozhodnúť *hocijako*.
　　（どんな風に決めてもかまわないよ）
　　Mladí turisti sa ubytujú *bárskde*.
　　（若い旅行者たちはどんなところにでも泊まれる）
　　Môžete sa vrátiť domov *kedykoľvek*.
　　（いつ帰宅してもかまいません）
　　Môj syn si nájde kamarátov *hocikoľko*.
　　（私の息子はいくらでも友人を見つけることができるだろう）

(4) kade-, kde-, leda- をつけて作られる不定副詞

	kade-	kde-	leda-
ako	kadejako	—	ledajako
kedy	—	—	—
kde	kadekde	—	ledakde
kade	—	kdekade	—

　kade-, kde-, leda- をつけて作られる不定副詞は，「偶然の区別のニュアンスをともなったあいまいさ」の概念を表現する．なかでも kade- が，もっとも頻繁に用いられる．

例　*Kdekade* po poli boli rozhádzané snopy.
　　（畑のそこここに藁束がまき散らされていた）

VI 副詞　Príslovky

(5) málo-, zriedka-, sotva- をつけて作られる不定副詞

	málo-	zriedka-	sotva-
kde	málokde	zriedkakde	sotvakde
kedy	málokedy	zriedkakedy	sotvakedy

　málo-, zriedka-, sotva- をつけて作られる不定副詞は，「最小限のあいまいさ」の概念を表現する．

　例　Taký prípad sa vyskytne *málokde*.
　　　（こんなケースはめったに起こらない）
　　　Švagor nás navštevuje len *zriedkakedy*.
　　　（義兄はごくまれにしか私たちのところを訪問しない）
　　　Dnes nosia ľudové kroje už *sotvakde*.
　　　（今日では民族衣装を着るようなところはもうほとんどない）

(6) všeli- をつけて作られる不定副詞

	všeli-
ako	všelijako
kade	všelikade

　všeli- をつけて作られる不定副詞は，「多様性のニュアンスをともなったあいまいさ」の概念を表現する．

　例　Do divadla sa ľudia obliekajú *všelijako*.
　　　（劇場へは人びとはさまざまに着飾っていく）
　　　Slnko presvitalo cez oblaky *všelikade*.
　　　（日の光が雲間のあちこちから差しこんでいた）

(7) ktovie-, bohvie- をつけて作られる不定副詞

	ktovie-	bohvie-
ako	ktovieako	bohvieako

— 375 —

第2部　形態論　Morfológia

kde	ktoviekde	bohviekde
kedy	ktoviekedy	bohviekedy
kade	ktoviekade	bohviekade
odkiaľ	ktovieodkiaľ	bohvieodkiaľ
koľko	ktoviekoľko	bohviekoľko

　ktovie-，bohvie- をつけて作られる不定副詞は，「否定的な感情的評価をともなったあいまいさ」の概念を表現する．

例　*Ktovieako* prišiel k peniazom.
　　（彼は怪しげな方法で金を手に入れた）
　　Bohviekedy v noci sa vrátil do izby.
　　（彼は夜中にいつのまにか部屋に戻ってきた）
　　Blúdili sme po starom meste *bohviekoľko* hodín.
　　（私たちは旧市街のなかをずいぶん長いことさまよっていた）

§94　副詞の形成（3）− 前置詞と自立的な品詞の変化形が結びついて形成された副詞
Tvorenie prísloviek (3) − príslovky tvorené spájaním predložiek s plnovýznamovými slovnými druhmi

前置詞と自立的な品詞の変化形が結びついて形成された一連の副詞がある．

(1)前置詞と名詞の結合

　例　doslova（文字通り），nahlas（声に出して），naoko（見かけは），
　　　nasilu（力づくで，無理やり），poobede（昼食後に），
　　　popoludní（午後に），potme（暗闇で），predobedom（昼食前に），
　　　predpoludním（午前に），sčasti（部分的に），
　　　spočiatku（最初から），spravidla（ふつう），
　　　vcelku（全体として），včas（時間どおりに），vskutku（本当に）

(2)前置詞と代名詞の結合

　例　medzitým（そのあいだに），nato（そのあとに），

— 376 —

VI 副詞　Príslovky

potom（そのあとに），predovšetkým（まずなによりも），
predtým（その前に），pritom（同時に），
vtom（ちょうどその時），zakaždým（毎回）

(3)前置詞と副詞の結合

例　dodnes（今日まで），doteraz（今日まで），navždy（永遠に），
onedlho（近いうちに），poniže（下手に），pospolu（一緒に），
povyše（上手に），zadarmo（無料で），zdola（下から），
zhora（上から）

(4)前置詞と，色を表現する形容詞の語幹の結合（この場合は，分離して書かれることもある）

例　nabielo（na bielo）/dobiela（do biela）（白い色に），
načerveno（na červeno）/dočervena（do červena）（赤い色に），
načierno（na čierno）/dočierna（do čierna）（黒い色に）

zafarbiť stenu *nabielo*（壁を白い色に塗る）
cestovať *načierno*（無賃乗車する）

§95　副詞の形成（4） ― その他の品詞から派生した副詞
Tvorenie prísloviek (4) ― príslovky odvodené od iných slovných druhov

その他の品詞から派生した一連の副詞がある．

(1)名詞の特定の格から形成される場合

例　bok（わき）（造）　　　　　⇨ bokom（わきに）
　　celok（全体）（造）　　　　⇨ celkom（完全に）
　　čas（時）（造）　　　　　　⇨ časom（しだいに）
　　chvíľa/chvíľka（瞬間）（対）⇨ chvíľu/chvíľku（しばらく）
　　chvíľa/chvíľka（瞬間）（造）⇨ chvíľami/chvíľkami（しばしば）
　　krok（歩み）（造）　　　　　⇨ krokom（ゆっくりと）
　　kúsok（かけら）（対）　　　⇨ kúsok（ちょっと離れて）

第2部　形態論　Morfológia

  miesto（場所）（造） ⇒ miestami（ところどころ）
  omyl（誤り）（造） ⇒ omylom（誤って）
  právo（権利）（造） ⇒ právom（正当に）
  raz（回）（造） ⇒ razom（とつぜん）
  ráno（朝）（対） ⇒ ráno（朝に）
  strana（わき）（造） ⇒ stranou（わきに）
  šepot（ささやき声）（造） ⇒ šeptom（ささやき声で）
  večer（晩）（対） ⇒ večer（晩に）

(2) -ky をつけて形成される場合

 例　bežky（走りながら），idúcky（歩きながら），mlčky（黙って），ležiačky/poležiačky（横になったままで），plačky（泣きながら），pospiačky（眠りながら），sediačky/posediačky（座ったままで），stojačky/postojačky（立ったままで）

(3) -mo をつけて形成される場合

 例　koňmo（馬に乗って），kradmo（忍び足で），letmo（軽く），ležmo（横になったままで），rozkročmo（両足を広げて），skusmo（試しに），stojmo（立ったままで）

§96　副詞の比較級と最上級
Komparatív a superlatív prísloviek

(1) 性質形容詞から形成される副詞は，比較級と最上級を持つ．比較級は，語幹に接尾辞 -šie あるいは -ejšie をつけて形成される．接尾辞の選択の基準は，形容詞の場合と同じである（⇒§51）．最上級は，比較級の形に接頭辞 naj- をつけて形成される．

 例　bystr-o（すばやく）　⇒　bystr-ejšie　⇒　naj-bystrejšie
   tvrd-o（硬く）　　　　⇒　tvrd-šie　　⇒　naj-tvrdšie
   vysok-o（高く）　　　⇒　vyš-šie　　⇒　naj-vyššie

(2) 次のような副詞は，不規則な形の比較級と最上級を持つ．

VI 副詞　Príslovky

例　d'aleko（遠く）　　　⇒ d'alej　⇒ najd'alej
　　dobre（良く）　　　　⇒ lepšie　⇒ najlepšie
　　málo（少なく）　　　 ⇒ menej　⇒ najmenej
　　mnoho/vel'a（多く）　⇒ viac　　⇒ najviac
　　zle（悪く）　　　　　⇒ horšie　⇒ najhoršie

(3) 次のような副詞は，対応する原級を持たないが，形態的に見ると，比較級あるいは最上級である．

例　neskôr（後で＝neskoršie），prv（まず，最初に），
　　skorej/skôr（より早く＝skoršie），
　　väčšmi/viacej（より多く＝viac），

　　najneskôr（遅くても＝najneskoršie），
　　najprv/najsamprv（いちばん最初に），
　　najskorej/najskôr（まず最初に，早くても），
　　najväčšmi（いちばん多く＝najviac）

　　Prv sme šli na nákup.（ぼくたちはまず買い物に行った）
　　Ona sa raduje *väčšmi* ako ja.
　　（彼女はぼく以上に喜んでいる）
　　Prídem *najneskôr* o ôsmej večer.
　　（ぼくは遅くても晩の8時に来ます）
　　Najprv nechápal, o čo šlo.
　　（最初，彼はなんのことだか理解できなかった）

(4) 助詞 čím を副詞の比較級とともに，助詞 čo を副詞の最上級とともに書くと，最大限の規模を示す（⇒§108／110）．

例　Príd' čím skôr.（できるだけ早く来てくれ）
　　Urobil som to čo najlepšie.（ぼくはベストを尽くしてそれをやった）

(5) 形容詞とおなじく副詞にも，上述の3つの形（原級・比較級・最上級）のほかに，絶対最上級 elatív がある（⇒§51）．

— 379 —

第2部　形態論　Morfológia

①接頭辞 pre- あるいは pri- を前接する．

例　prekrásne（ひじょうに美しく），priveľmi（ひじょうに）

②語を反復する－冗言法 pleonazmus

例　isto-iste（確実に），svätosväte（まちがいなく），
　　dennodenne（日々毎日），voľky-nevoľky（いやいやながら），
　　zle-nedobre（たいへんに）

③語彙によって補充する．

例　veľmi dobre（ひじょうに良く），
　　nesmierne draho（きわめて高価で）

VII 前置詞　Predložky

§97　スロヴァキア語の前置詞　Predložky v slovenčine

(1)スロヴァキア語の前置詞は，語形変化しない品詞のひとつである．前置詞は，後続の語の格を支配する．前置詞の意味は，後続する一定の格の語，および動詞と結びついた場合に，はじめて具体的なものになる．

(2)前置詞は機能の観点から見ると，基本的前置詞 prvotné predložky と，派生的前置詞 druhotné predložky に分けることができる．基本的前置詞とは，前置詞としてのみ用いられる語で，標準スロヴァキア語には次の 22 語がある（bez, cez, do, k, medzi, na, nad, o, od, okrem, po, pod, pre, pred, pri, proti, s, skrz, u, v, z, za）．派生的前置詞は，ほかの品詞から転化してきた語（namiesto, okolo, pomocou, začínajúc など）をさし，約 200 語がある．

(3)前置詞は形態の観点から見ると，単純前置詞 jednoduché predložky と，複合前置詞 zložené predložky に分けることができる．単純前置詞は 1 つの部分からなる語で（bez, blízo, cez, do, k, miesto, nad, o, po, pre など），複合前置詞は 2 つ以上の部分からなる語である（pomedzi, pomimo, ponad, popod, poza, vnútri, vrátane など）．標準スロヴァキア語には，3 つの部分からなる複合前置詞（spomedzi, sponad, spopod, spopred, spoza など）も存在する．

§98　おもな前置詞　Hlavné predložky

(基本的前置詞には * 印をふした)

bez（bezo）*　(1)（存在）～なしで　bez výnimky（例外なく），jazdiť
　＋(生)　　　　bez nehody（無事故で運転する），„Výkriky bez ozveny"（『こだまなき叫び』）

第2部　形態論　Morfológia

　　　　　　　　(2)（数式）引く（－）　Osem bez troch je päť．（8引く3は5）

blízko/blízo　(1)（場所）～の近くで　obchod blízko námestia（広場
＋（生）　　　　　　の近くの店）
　　　　　　　　(2)（時間）～の近くで　byť blízko smrti（死期が近い）
　　　　　　　　(3)（近似値）～近く　Je to blízko pravdy．（それはほぼあたっている）

cez（cezo）*　(1)（方向）～を通して　pozerať cez oblok（窓越しに見る），
＋（対）　　　　　　most cez Dunaj（ドナウ川にかかる橋）
　　　　　　　　(2)（仲介）～を介して　pôsobiť cez masmédium（マスメディアを介して働きかける），citová výchova cez literatúru（文学を通じた情操教育）
　　　　　　　　(3)（時間）～の期間中に　cez dovolenku（休暇中に），cez prestávku（休憩中に）

do*＋（生）　(1)（方向）～のなかへ／～まで　vojsť do izby（部屋のなかに入る），cestovať do Bratislavy（ブラチスラヴァに旅行する），vlak do Košíc（コシツェ行きの列車），„Dúchanie do pahrieb"（『残り火を吹く』）
　　　　　　　　(2)（時間）～まで　do večera（晩まで），do konca decembra（12月末まで）
　　　　　　　　(3)（目的）～へ　dať do opravy（修理に出す），chodiť do školy（学校に通う），voľby do parlamentu（議会選挙），vstup do EÚ（EU加盟）
　　　　　　　　(4)（程度）～まで　vypiť pohár do dna（グラスを底まで飲み干す），poznať do podrobností（詳しく知っている）
　　　　　　　　(5)（手段）～によって　utrieť slzy do vreckovky（涙をハンカチでぬぐう）
　　　　　　　　(6)（転義）　preklad do slovenčiny（スロヴァキア語への翻訳）

dolu＋（造）　（方向）～の下手へ　bežať dolu schodmi（階段を駆けおりる）

VII 前置詞 Predložky

formou＋(生)	(方法)	～の形で odpoveď formou listu（書面での回答）
hore＋(造)	(方向)	～の上手へ ísť hore kopcom（丘をのぼる），obrátiť pohár hore dnom（グラスをさかさまにする），hore nohami（さかさまに）
k (ku)＊＋(与)	(1) (方向)	～のほうへ bežať k rieke（川のほうに駆けていく），pripojenie južných oblastí k Maďarsku（南部地域のハンガリーへの併合）
	(2) (限界)	～までに k večeru（晩までに），od Dunaja k Tatrám（ドナウ川からタトリ山地まで）
	(3) (目的)	～のために blahoželať k narodeninám（誕生日を祝う），ísť k zubnému lekárovi（歯医者に行く）
	(4) (視点)	～にたいする príspevok k riešeniu problému（問題解決に向けた論文），láska k rodnému kraju（郷土愛），slobodný prístup k informáciám（情報への自由なアプローチ）
	(5) (転義)	dôjsť k záveru（結論に達する），pribrať sa k práci（仕事にとりかかる），prísť k sebe（我に返る），„K problematike predložiek"（「前置詞の問題に寄せて」）
koncom＋(生)	(時間)	～の終わり頃 koncom tohto týždňa（今週末に）
konča＋(生)	(場所・方向)	～のはずれの dom konča ulice（通りのはずれの家）
končiac＋(造)	(限界)	～にいたるまで počínajúc začiatočníkmi a končiac pokročilými（初級者にはじまって上級者にいたるまで）
kvôli＋(与)	(利益・目的)	～のために pracovať kvôli rodine（家族のために働く），kvôli úplnosti（万全を期して）
medzi＊＋(対)	(方向)	～のあいだへ postaviť sa medzi dvere（戸口に立つ）

第2部　形態論　Morfológia

+（造）	（場所）～のあいだに　dohoda medzi slovenskou a japonskou vládou（スロヴァキア政府と日本政府のあいだの協定），krajina medzi Tatrami a Dunajom（タトリ山地とドナウ川のあいだにある国＜スロヴァキアの美称＞）
miesto+（生）	（代理）～のかわりに　Miesto vody pijú víno.（彼らは水がわりにワインを飲む）
mimo+（生）	(1) （場所）～の外に　bývať mimo mesta（町の外に住む）
	(2) （状態）～なしで　Atómová elektráreň je momentálne mimo prevádzky.（原子力発電所は目下のところ稼働していない）
na*+（対）	(1) （方向）～へ　skočiť na zem（地面に飛び下りる），organizovať zájazd na Spiš（スピシ地方への団体旅行を組織する）
	(2) （目的）～のために　ísť na obed（昼食に行く），pripiť na zdravie（健康のために乾杯する），kefa na obuv（靴ブラシ），štátny rozpočet na rok 2004（2004年度国家予算），na pomoc postihnutým zemetrasením（地震による被災者を援助するために）
	(3) （程度）～ほど　Je vyčerpaný na smrť.（彼は死ぬほど疲れている）
	(4) （結果）～に　zafarbiť stenu na bielo（壁を白く塗る）
	(5) （時間）～に　na jar（春に），na jeseň（秋に），na budúci týždeň（来週に），na chvíľu（しばらく），na Vianoce（クリスマスに）
	(6) （原因）～で　umrieť na rakovinu（ガンで死ぬ）
	(7) （転義）　skloňovanie priezvisk na -o（-oで終わる苗字の格変化）
+（前）	(1) （場所）～で　bývať na Slovensku（スロヴァキアで暮らす），nárečie na Orave（オラヴァ地方の方言），„Obchod na korze"（『メイン・ストリートに面した店』）

— 384 —

VII 前置詞 Predložky

  (2)（目的）〜のために　byt' v Tatrách na dovolenke（休暇でタトラ山地に滞在する）
  (3)（手段）〜によって　hrat' na klavíri（ピアノを弾く）
  (4)（視点）〜において　získat' na váhe（体重が増える），zdravý na tele i na duchu（心身ともに健康な）
  (5)（時間）〜に　na začiatku tohto storočia（今世紀初頭に），na konci minulého storočia（前世紀末に）
  (6)（原因）〜で　smiat' sa na vtipoch（気のきいたユーモアで笑う）
  (7)（状態）〜に　Dnes nemám nič na programe.（きょうぼくはなんの予定もない）

nad（nado）* +（対）
  (1)（方向）〜の上へ　Orol vyletel nad vrchy.（ワシが山上の空に飛び立った）
  (2)（視点）〜よりも　Zdravie je drahšie nad zlato.（健康は黄金よりも貴重だ）
  (3)（程度）〜以上に　l'udia nad 60 rokov（60才以上の人びと）

+（造）
  (1)（場所）〜の上で　Sokol lieta vysoko nad horami.（タカが山々の上を高く飛んでいる）
  (2)（上位）〜より上位の　Nad obcami je okres a nad okresmi je kraj.（自治体の上には郡が，郡の上には県がある）
  (3)（目的）〜に　sediet' nad učebnicou（教科書に取り組む）
  (4)（原因）〜なので　radovat' sa nad rastom diet'at'a（子供の成長を喜ぶ）
  (5)（転義）vít'azstvo Rimanov nad Markomanmi（ローマ人のマルコマンニ族にたいする勝利），Nové Mesto nad Váhom（ノヴェー・メスト・ナド・ヴァーホム＜ヴァーフ河畔のノヴェー・メストの意味＞）

namiesto+（生）（代理）〜のかわりに　Namiesto rodinného domu sme kúpili byt.（私たちは一戸建ての家のかわりにマ

第2部　形態論　Morfológia

		ンションを買った）
naprieč＋(生)	(場所)	～を横切って　Naprieč cesty leží strom. (道を横切って木が倒れている)
＋(造)	(方向)	～を横切って　cesta naprieč Saharou (サハラ砂漠を横切る旅)
napriek＋(与)	(譲歩)	～にもかかわらず　Napriek zlému počasiu lietadlo vzlietlo. (悪天候にもかかわらず飛行機は飛び立った), Dcéra išla na diskotéku napriek otcovmu zákazu. (父親が禁止したにもかかわらず，娘はディスコに行った)
naprostred ＋(生)	(場所)	～の真ん中に　Položte tú vázu naprostred stola. (その花ビンをテーブルの真ん中に置いてください)
naproti＋(与)	(場所)	～の向かいに　Naproti nášmu domu je krásny park. (私たちの家の向かいに美しい公園がある)
následkom ＋(生)	(帰結)	～の結果　zraniť sa následkom neopatrnosti (不注意の結果，負傷する)
naspodku＋(生)	(場所)	～の下に　Naspodku skrine je zásuvka. (戸棚の下には引き出しがある)
naspodok＋(生)	(方向)	～の下へ　uložiť cennosti naspodok tašky. (貴重品を鞄の下にしまう)
navrch＋(生)	(方向)	～の上へ　Mesiac si stal navrch vysokého topoľa. (月は高いポプラの木の上にかかった)
navrchu＋(生)	(場所)	～の上に　Navrchu skrine sú exotické ozdoby. (戸棚の上にはエキゾチックな飾り物が置いてある)
neďaleko＋(生)	(場所)	～の近くに　My bývame neďaleko stanice. (私たちは駅の近くに住んでいる)
nepočítajúc ＋(対)	(除外)	～を勘定に入れないで　Mám 1200 korún nepočítajúc drobné. (小銭をのぞくと，私は1200コルナ持っている)
nevynímajúc	(包摂)	～も含めて　Všetci sú pozvaní, nevynímajúc

VII 前置詞 Predložky

+（対）	bývalých spolužiakov.（かつての同級生たちも含めて、全員が招待されている）
niže+（生）	（場所）～より下に　Niže chaty tečie horský potok.（山小屋の下手に渓流が流れている）
o*+（対）	(1) （接触）～に触れて　opriet' sa o stenu（壁に寄りかかる）, hodit' loptu o zem（ボールを地面に投げつける）
	(2) （目的）～のための　spor o postavenie Slovenska（スロヴァキアの地位をめぐる論争）, pokus o zásadnú reformu（根本的な改革の試み）, boj o vedúci post v strane（党内の指導的なポストをめぐる争い）
	(3) （程度）Brat je odo mňa o dva roky starší.（兄は私より2歳年上だ）, devalvácia slovenskej koruny o 10 percent（スロヴァキア・コルナの10パーセント平価切り下げ）
	(4) （時間）～の後に　príst' o hodinu（1時間後に来る）, o pät' minút dvanást'（12時5分前）
	(5) （原因）～についての　Nemám obavy o budúcnost' tejto krajiny.（私はこの国の将来に不安を抱いていない）
+（前）	(1) （時間）～時に　Schôdzka sa začína o druhej [hodine].（会議は2時に始まる）
	(2) （対象）～について　diskutovat' o výsledkoch volieb（選挙結果について論議する）, zákon o pozemkovej reforme（土地改革に関する法律）, vedecké predstavy o vesmíre（宇宙についての科学的イメージ）
	(3) （方法）～で　chodit' o palici（杖をついて歩く）
od (odo)*+（生）	(1) （空間）～から　vstat' od písacieho stola（机から立ち上がる）, územie na juh od Karpát（カルパチア以南の領土）
	(2) （時間）～から　od rána（朝から）, od začiatku do konca（始めから終わりまで）, od októbra（10月か

第2部　形態論　Morfológia

ら)
(3) (原因) 〜のために　triasť sa od zimy (寒さのあまり震える)
(4) (方法) 〜から　zmeniť spôsob života od základu (生活形態を根本から変える)
(5) (視点) 〜よりも　Manželka je trochu mladšia odo mňa. (妻は私よりもすこし若い)

ohľadne/ohľadom
+(生)　　(関連) 〜についての　náš názor ohľadne/ohľadom tejto udalosti (この事件についてのわれわれの見解)

okolo+(生)　(1) (場所) 〜のまわりに　Chlapci sedia okolo táboráku. (少年たちはキャンプファイアーを囲んで座っている)、lúka okolo jazera (湖の周囲の草地)
(2) (運動) 〜のまわりの　prechádzka okolo hradu (城の周囲の散歩)
(3) (領域) 〜を　pomáhať otcovi okolo záhrady (父の庭仕事を手伝う)
(4) (概数) 〜ころ／〜ぐらい　okolo polnoci (真夜中ごろ)、teplota okolo nuly (零度前後の温度)

okrem*
+(生)　(1) (例外) 〜を除いて　Predajňa je otvorená každý deň okrem nedele. (売店は日曜日を除いて毎日開いている)
(2) (存在) 〜以外に　Ona sa stará okrem detí aj o svojich rodičov. (彼女は子供以外に自分の両親の面倒も見ている)

oproti+(与)　(1) (場所) 〜の真向かいに　stáť oproti obloku (窓に向かって立つ)
(2) (視点) 〜に対して　Oproti včerajšku je teplejšie. (昨日に較べて暖かい)

po*+(対)　(1) (空間) 〜まで　od hlavy po päty (頭のてっぺんからかかとまで)
(2) (目的) 〜のために　ísť po lekára (医者を呼びに行く)

VII　前置詞　Predložky

	(3)	(時間) 〜のあいだに　po celý deň（1日中）
	(4)	(分配) 〜ずつ　predávať vajcia po 5 korún（タマゴを1個5コルナで売る）
＋(前)	(1)	(運動の場所) 〜を　cestovať po celom svete（世界中を旅行する），chodiť po starom meste（旧市街を歩き回る），Plť pláva po vode.（いかだが水の上を流れている）
	(2)	(方法) 〜によって　dopraviť kontajnery po železnici（コンテナを鉄道で運搬する）
	(3)	(分配) 〜ずつ　Matka rozdala deťom po jednom jablku.（母親が子供たちにリンゴを1個ずつ配った），skúmať nárečia po dedinách（村ごとに方言を調査する）
	(4)	(目的) 〜のために　chodiť po múzeách（博物館を渡り歩く）
	(5)	(視点) 〜の面では　posudok po odbornej stránke（専門的な面での評価）
	(6)	(時間) 〜の後に　krátko po polnoci（真夜中の直後に），deň po dni（毎日），Je po ňom.（彼は死んでしまった）
	(7)	(起源) 〜の　zdediť po otcovi（父のあとを継ぐ）
počas＋(生)		(時間) 〜の期間中に　počas dovolenky（休暇中に），počas pobytu v Japonsku（日本滞在中に）
počínajúc＋(造)		(端緒) 〜をはじめとして　počínajúc 1. [prvým] januárom（1月1日からはじまって）
počítajúc＋(対)		(包摂) 〜も勘定にいれて　Pasažierov bolo 130, počítajúc i deti.（子供もふくめて乗客は130人だった）
pod (podo)*＋(対)	(1)	(方向) 〜の下へ　Mačka sa skryla pod gauč.（ネコがソファーの下へ隠れた）
	(2)	(程度) 〜以下に　Teplota klesla pod nulu.（気温が零度以下に下がった）
	(3)	(目的) 〜のために　vziať sirotu pod ochranu（孤

— 389 —

第2部　形態論　Morfológia

+（造）	児を庇護のもとに置く） (1)（場所）〜の下で　Nič nového pod slnkom.（この世のなかに新しいことはなにもない），delegácia pod vedením premiéra（首相の率いる代表団），pod hrozbou povodne（洪水の脅威のもとで） (2)（方法）〜によって　písať pod pseudonymom（ペンネームで書く） (3)（原因）〜によって　odmietnuť pomoc pod zámienkou, že ...（〜を口実にして援助を断る） (4)（条件）〜のもとで　urobiť kompromis pod jednou podmienkou（ある条件のもとで妥協する）
podľa+（生）	(1)（方法）〜にしたがって　užívať liek podľa receptu（処方箋にしたがって薬を用いる） (2)（程度）〜にしたがって　Podľa možnosti pomáham v domácnosti.（私はできるかぎり家事を手伝っている） (3)（視点）〜によれば　Podľa mňa je to rozumné riešenie.（私にいわせれば，これは理性的な解決策だ），podľa predpovede počasia（天気予報によると），podľa všetkého（おそらく，たぶん） (4)（起源）〜によって　Poznal som ju podľa hlasu.（私は声で彼女とわかった）
pomedzi+（対）	（方向）〜のあいだを　prejsť pomedzi chodcov（通行人のあいだを通りぬける）
pomimo+（生）	（場所）〜のかたわらを　Išli sme pomimo Štefánikovho pomníka.（私たちはシチェファーニクの銅像のかたわらを過ぎた）
pomocou+（生）	（手段）〜の助けによって　vyhrať pomocou rozumu（理性の助けで勝利する）
ponad+（対）	（方向）〜の上を　ponad vysoké hory, ponad rovné polia（高い山々の上を，平らな平原の上を），hľadieť ponad okuliare（メガネ越しに見つめる）
poniže+（生）	（場所）〜より下で　Poniže Strečna je Váh úzky.

VII 前置詞　Predložky

	（ストレチノより下流でヴァーフ川は狭くなる）
popod+（対）	（方向）〜の下を　Loď preplávala popod Most Lafranconi.（船はラフランコニ橋の下を通り過ぎた）
popred+（対）	（方向）〜の前を　Niekto prešiel popred dvere.（だれかがドアの前を通りすぎた）
popri+（前）	(1)（場所）〜のかたわらに　Cesta vedie popri potoku.（道は小川に沿って通っている）, stromy popri ulici（街路樹）
	(2)（存在）〜のかたわら　Môj syn popri hudbe aj športuje.（私の息子は，音楽のかたわらスポーツもやっている）
povedľa+（生）	（方向・場所）〜のかたわらを　Diaľnica vedie povedľa malého jazera.（高速道路は小さな湖のかたわらを通っている）
povyše+（生）	（場所）〜より上で　tráva povyše kolien（膝より高く生えた草）
poza+（対）	（方向）〜の後ろを　Železnica vedie poza kopec.（鉄道は丘の向こう側を走っている）
pozdĺž+（生）	（場所）〜に沿って　Pozdĺž steny sú lavice.（壁沿いにベンチが置いてある）
pre*+（対）	(1)（原因）〜のために　Pre dážď som zostal doma.（雨のために私は家に留まった）
	(2)（視点）〜のための　On má zmysel pre humor.（彼にはユーモアのセンスがある）
	(3)（寄与）〜向けの　literatúra pre deti a mládež（青少年向けの文学）
	(4)（目的）〜のための　potreby pre domácnosť（生活必需品）, Organizácia pre hospodársku spoluprácu a rozvoj（経済協力開発機構＜OECD＞）
pred(predo)*+（対）	(1)（方向）〜の前へ　postaviť sa pred oltár（祭壇の前に立つ）
	(2)（目的）〜のために　postaviť obžalovaného pred

第2部　形態論　Morfológia

súd（被告を裁判にかける）

＋(造)　　(1) (場所) ～の前で　Brankár stojí pred bránou.（ゴールキーパーがゴールの前に立っている）
　　　　　(2) (時間) ～の前に　pred rokom（1年前に）, pred východom slnka（日の出前に）, pred príchodom Slovanov（スラヴ族の到来以前に）
　　　　　(3) (視点) ～にたいして　mat' rešpekt pred staršími（年長者を敬う）
　　　　　(4) (原因) ～にたいして　kapitulovat' pred nepriateľom（敵に降伏する）

pri*＋(前)　(1) (場所) ～のそばに　bitka pri Moháči（モハーチ近郊の戦い）
　　　　　(2) (存在) ～のもとで　pracovat' pri polícii（警察で働く）
　　　　　(3) (目的) ～のために　sediet' pri večeri（夕食の席に着いている）
　　　　　(4) (時間) ～の際に　pri raňajkách（朝食の際に）, pri práci（仕事中に）, pri príležitosti Dňa vzniku Slovenskej republiky（スロヴァキア共和国成立記念日の機会に）, Pri jedle sa nerozpráva.（食事の席では話はしないもの）
　　　　　(5) (条件) ～のもとで　Pri dobrej strave zosilnie.（食事が良いと力がつく）
　　　　　(6) (譲歩) ～にもかかわらず　Pri všetkej opatrnosti som dostal nádchu.（とても用心していたけれど，ぼくは鼻風邪をひいてしまった）

prostredníctvom（仲介）～を介して　rokovat' so slovenskou delegáciou prostredníctvom tlmočníka（スロヴァキア代表団と通訳を介して交渉する）
＋(生)

prostriedkom　(方向) ～の真ん中を　Prostriedkom hlavnej ulice tečie potôčik.（メイン・ストリートの真ん中を小さな小川が流れている）
＋(生)

proti*＋(与)　(1) (方向) ～に逆らって　Kanoe pláva proti prúdu.

VII　前置詞　Predložky

（カヌーが流れに逆らって進んでいる），Nefotografujte proti slnku.（逆光で写真をとらないでください）
- (2)（視点）〜に対して　Úroda je proti vlaňajšku lepšia.（収穫は去年に較べると良い），
- (3)（方法）〜に反して　správanie proti zdravému rozumu（常識に反したふるまい）
- (4)（目的）〜に対抗するための　liek proti chrípke（風邪薬），boj proti totalite（全体主義にたいする闘い），Verejnosť proti násiliu（暴力に反対する公衆＜組織の名称＞）

s (so)*＋（造）
- (1)（同伴）〜とともに　rodičia s deťmi（両親と子供たち），prechádzka s priateľmi（友人たちとの散歩），štátna hranica Slovenska s Ukrajinou（スロヴァキアとウクライナの国境）
- (2)（内容）〜の入った　skriňa s potravinami（食料品の入った戸棚）
- (3)（属性）〜を持った　dievča s pekným menom（美しい名前の少女）
- (4)（行為の方法）　piť pivo s chuťou（ビールをおいしそうに飲む）
- (5)（同時）〜とともに　rásť s mladším bratom v zahraničí（弟と一緒に外国で育つ）
- (6)（条件）〜とともに　S množstvom rastie chuť.（あればあるほど欲しくなる）
- (7)（目的）〜のために　Hospitalizovali ho s vysokou horúčkou.（彼は高熱のために入院させられた）
- (8)（視点）〜にかんして　Je na tom dobre so zdravím.（彼は健康にかんしては良好だ）

skraja＋（生）　（場所）〜の端に　chata skraja lesa（森の端にある山小屋）

skrz (skrze)*＋（対）　（空間）〜を通して　Svetlo prešlo skrz oblaky.（光が雲間を通してさした）

第2部　形態論　Morfológia

spod+(生)	(方向) ~の下から　vytiahnuť papuče spod postele (ベッドの下からスリッパを引き出す)、„Spod kosy" (『大鎌の下から』)
spomedzi+(生)	(方向) ~のあいだから　Vybrali ho spomedzi viacerých žiadateľov.(何人もの志願者のなかから彼が選ばれた)
sponad+(生)	(方向) ~の上から　Sponad strechy vyšlo slnko.(屋根の向こうから太陽が顔を出した)
spopod+(生)	(方向) ~の下から　ľudia spopod Tatier (タトリの麓から来た人びと＜スロヴァキア人の美称＞)
spopred+(生)	(方向) ~の前から　Syn mi zmizol spopred očí.(息子は私の目の前から姿を消した)
spoza+(生)	(方向) ~の陰から　vyskočiť spoza stromu (木陰から飛び出す)
spred (spredo) +(生)	(1) (方向) ~の前から　Ľudia sa pohli spred kostola.(人びとは教会の前から動きはじめた)
	(2) (期間) ~以前の　udalosti spred dvadsiatich rokov (20年前の出来事)
stredom+(生)	(方向) ~の真ん中を　Potok tečie stredom dediny.(小川が村の真ん中を流れている)
u*+(生)	(1) (存在) ~のもとで　u nás (わが国で、わが家で、私の職場で)、audiencia u pápeža Jána Pavla Druhého (法王ヨハネ・パウロ2世の謁見)、U červeného raka (赤海老亭＜レストランの名前＞)
	(2) (視点) ~のもとで　farba peria u vtákov (鳥たちの羽の色)
	(3) (源泉) ~のもとで　On sa učil u Michelangela [mikelandžela].(彼はミケランジェロのもとで学んだ)
	(4) (受け手) ~へ　Ona sa sťažovala u šéfa.(彼女は上司に苦情を言った)
uprostred+(生)	(1) (場所) ~の真ん中に　Uprostred záhrady stojí jabloň.(庭の真ん中にリンゴの木が立っている)

VII　前置詞　Predložky

	(2)（時間）〜の真ん中に　uprostred noci（真夜中に）
	(3)（期間）〜の最中に　Vyrušili ma uprostred spánku.（私は眠っている最中に邪魔された）
v (vo)* ＋（対）	(1)（方向）〜へ　pozrieť v tú stranu（その方角を見る）
	(2)（時間）〜に　v pondelok（月曜日に），v stredu（水曜日に），v deň svadby（結婚式の日に）
	(3)（結果）〜へ　Sneženie prechádza v dážď.（降雪が雨に変わりつつある）
	(4)（目的）〜のために　v prospech všetkých občanov（全市民の利益のために）
＋（前）	(1)（場所）〜で　v centre mesta（町の中心部で），bývať v Košiciach（コシツェに住む），výslovnosť v spisovnej slovenčine（標準スロヴァキア語における発音）
	(2)（関心領域）〜の領域で　majstrovstvá sveta vo futbale（サッカーの世界選手権），spolupráca v oblasti kultúry（文化領域での協力関係）
	(3)（時間）〜の時期に　v noci（夜に），v lete（夏に），v zime（冬に），v januári（1月に），vo februári（2月に），v tom čase（その頃），v prvej svetovej vojne（第一次世界大戦期に），v polovici 20. [dvadsiateho] storočia（20世紀の半ばに）
	(4)（状態）〜に　Životné prostredie sa ocitlo v nebezpečenstve.（生活環境は危険な状態に陥った）
	(5)（範囲）〜において　v plnom rozsahu（完全な規模で）
	(6)（付随する状況）V núdzi poznáš priateľa.（まさかの時の友こそ真の友＜諺＞）
	(7)（視点）〜における　zmeny v spoločenskom vývine（社会発展における変化）
vďaka＋（与）	（原因）〜のおかげで　vďaka úsiliu（努力したおかげで）
vedľa＋（生）	(1)（場所）〜のかたわらで　Dcéra sedí vedľa mňa.（娘は私のかたわらに座っている），Tisíc rokov sme

— 395 —

第2部　形態論　Morfológia

      bývali vedľa seba.（私たちは1000年間隣りあって暮らしてきた）

    (2)（方向）〜のかたわらへ　chodník vedľa cintorína（墓地のかたわらを抜ける歩道）

vinou+（生）　（原因）〜の責任で　K nehode došlo vinou šoféra.（運転手の責任で事故が起こった）

vnútri+（生）　（場所）〜の内部に　ekonomické pomery vnútri štátu（国内の経済状況）

voči+（与）　（視点）〜に対して　Žiaci prechovávali voči učiteľovi úctu.（生徒たちは教師に対して尊敬の念を抱いていた）

vôkol+（生）　（場所）〜のまわりに　Vôkol zámku sú samé lesy.（城の周囲は一面の森だ）

vplyvom+（生）　（影響）〜のために　Kov sa rozťahuje vplyvom tepla.（金属が熱のために膨脹している）

vrátane+（生）　（包含）〜を含めて　Bolo ich päť vrátane detí.（彼らは子供たちも含めて5人だった）

vyše+（生）　(1)（場所）〜より上に　Vyše dediny je hora.（村の上手は森だ）

    (2)（分量）〜以上の　Čakal som ju vyše hodiny.（私は彼女を1時間以上も待っていた）

z (zo)*+（生）(1)（場所）〜のなかから　vyjsť von z budovy（建物の外に出る），zoskočiť z koňa（馬から飛び降りる）

    (2)（時間）〜から　v noci z pondelka na utorok（月曜日から火曜日にかけての夜に），ústava z roku 1992（1992年憲法），mail z 15. [pätnásteho] januára（1月15日付けのメール）

    (3)（出身）〜から　On pochádza z Gemera.（彼はゲメル地方の出身だ），Venuša z Moravian（モラヴァニから出土したヴィーナス像）

    (4)（材料）〜から　Bude z neho vynikajúci športovec.（彼は優秀なスポーツマンになるだろう），múr z ka-

VII　前置詞　Predložky

meňa（石造りの壁）
- (5) （原因）～から choroba z prechladnutia（身体を冷やすことから生じる病気）
- (6) （方法）～によって　bežať z celej sily（全力で走る）
- (7) （手段）～によって　piť víno z pohára（ワインをグラスで飲む），vystreliť na jeleňe z poľovníckej pušky（シカを猟銃で撃つ）
- (8) （視点）～から　rada z odborného stanoviska（専門的観点からの助言），útok zo všetkých strán（あらゆる方面からの攻撃）

za* + （生）
- (1) （期間）～のあいだに　za vojny（戦争中に），za cisára Františka Jozefa（フランツ・ヨーゼフ皇帝の治世に）
- (2) （条件）～のもとで　za horúčavy（暑いさなかに），za účasti mnohých ľudí（多くの人の参加をえて）

+ （対）
- (1) （方向）～の後ろへ　sadnúť si za stôl（テーブルにつく）
- (2) （接触の場所）～を　Chytil som syna za ruku.（私は息子の手をつかんだ）
- (3) （原因）～に対して　hanbiť sa za svoj čin（自分の行為を恥じる），Nobelová cena za mier（ノーベル平和賞）
- (4) （条件）Musíme vyhrať tento zápas za každú cenu.（私たちはなんとしてもこの試合に勝たなければならない）
- (5) （程度）zjesť za tanier polievky（スープを一皿たいらげる）
- (6) （期間）～のあいだに　opraviť auto za deň（車を一日で修理する），za okamih（一瞬のうちに），za prvé tri dni（最初の三日間に），raz za týždeň（週に一回）
- (7) （目的）～のために　zápas za ľudské práva（人権

— 397 —

第2部　形態論　Morfológia

のための闘い）
　　　　　　　(8)（代理）〜のかわりに　podpísať zmluvu za firmu（会社の代理で契約にサインする）
　　　　　　　(9)（結果）〜として　zvoliť ho za predsedu výboru（彼を委員長に選出する）
+（造）　　(1)（場所）〜の後ろで　stáť za živým plotom（生け垣の向こうに立つ），Loď zmizla za obzorom.（船は水平線の彼方に姿を消した）
　　　　　　　(2)（順番）〜の後に　Za silným zemetrasením prišlo cunami.（強い地震に続いて津波が来た）
　　　　　　　(3)（方法）〜にならって　Zopakoval som všetko za ním.（私はすべてを彼にならってやった）
　　　　　　　(4)（目的）〜のために　ísť do Ameriky za robotou（仕事を求めてアメリカに行く）
　　　　　　　(5)（原因）〜のために　plakať za zosnulým（故人を偲んで泣く）

začiatkom　　（時間）〜のはじめ頃　Prázdniny sa začínajú za-
+（生）　　čiatkom júla.（学校の休暇は7月初頭にはじまる）
začínajúc　　（端緒）〜をはじめとして　Začínajúc pondelkom
+（造）　　prestávam fajčiť.（ぼくは月曜日から禁煙している）
zásluhou　　（仲介）〜のおかげで　zásluhou technických inová-
+（生）　　cií（技術革新のおかげで）

VII　前置詞　Predložky

§99　派生的前置詞　Druhotné predložky

派生的前置詞とは，ほかの品詞から前置詞に派生した語をさす．

(1)副詞から派生した前置詞

例　副詞　　　　　　　　　　　　　前置詞
　　blízko/blízo（近くで）　　⇨　blízko/blízo＋（生）（〜の近くで）
　　dolu（下で）　　　　　　　⇨　dolu＋（造）（〜の下手へ）
　　hore（上で）　　　　　　　⇨　hore＋（造）（〜の上手へ）
　　kvôli（意志にしたがって）⇨　kvôli＋（与）（〜のために）
　　mimo（わきに）　　　　　　⇨　mimo＋（生）（〜の外で）
　　naprieč（横に）　　　　　 ⇨　naprieč＋（生）/（造）（〜を横切って）
　　napriek（意志に反して）　⇨　napriek＋（与）（〜にもかかわらず）
　　naprostred（真ん中に）　　⇨　naprostred＋（生）（〜の真ん中に）
　　naproti（反対側に）　　　 ⇨　naproti＋（与）（〜の向かいに）
　　neďaleko（近くに）　　　　⇨　neďaleko＋（生）（〜の近くに）
　　niže（より低く）　　　　　⇨　niže＋（生）（〜より下に）
　　okolo（周囲に）　　　　　 ⇨　okolo＋（生）（〜のまわりで）
　　oproti（反対側に）　　　　⇨　oproti＋（与）（〜の真向かいに）
　　pomimo（周囲に）　　　　　⇨　pomimo＋（生）（〜のかたわらを）
　　poniže（より下で）　　　　⇨　poniže＋（生）（〜より下で）
　　povedľa（かたわらに）　　 ⇨　povedľa＋（生）（〜のかたわらを）
　　povyše（より上で）　　　　⇨　povyše＋（生）（〜より下で）
　　proti（反対側に）　　　　 ⇨　proti＋（与）（〜に対して）
　　uprostred（真ん中に）　　 ⇨　uprostred＋（生）（〜の真ん中に）
　　vedľa（かたわらに）　　　 ⇨　vedľa＋（生）（〜のかたわらで）
　　vnútri（内部に）　　　　　⇨　vnútri＋（生）（〜の内側に）
　　vôkol（周囲に）　　　　　 ⇨　vôkol＋（生）（〜のまわりで）
　　vrátane（含めて）　　　　 ⇨　vrátane＋（生）（〜を含めて）
　　vyše（より高く）　　　　　⇨　vyše＋（生）（〜より上に）

第 2 部　形態論　Morfológia

> 注）次のような前置詞は，助詞としても用いられる．
>
> 　例　前置詞　　　　　　　　　　　　　助詞
> 　　　blízko/blízo＋（生）（～の近くで）　－　blízko/blízo（ほとんど）
> 　　　niže＋（生）（～より下に）　　　　－　niže（～以下の）
> 　　　okolo＋（生）（～のまわりで）　　 －　okolo（約～）
> 　　　vyše＋（生）（～より上に）　　　　－　vyše（～以上の）

(2)名詞の変化形から派生した前置詞

　例　forma（形態）（造）　　⇒　formou＋（生）（～の形で）
　　　koniec（終わり）（造）　⇒　koncom＋（生）（～の終わり頃）
　　　miesto（場所）（対）　　⇒　miesto＋（生）（～のかわりに）
　　　následok（結果）（造）　⇒　následkom＋（生）（～の結果）
　　　ohľad（視点）（造）　　 ⇒　ohľadom＋（生）（～についての）
　　　pomoc（助け）（造）　　⇒　pomocou＋（生）（～の助けで）
　　　prostredníctvo（仲介）（造）
　　　　　　　　　　　　　　⇒　prostredníctvom＋（生）（～の仲介で）
　　　prostriedok（中央）（造）
　　　　　　　　　　　　　　⇒　prostriedkom＋（生）（～の真ん中を）
　　　stred（中央）（造）　　　⇒　stredom＋（生）（～の真ん中を）
　　　vďaka（感謝）（主）　　 ⇒　vďaka＋（与）（～のおかげで）
　　　vina（責任）（造）　　　⇒　vinou＋（生）（～の責任で）
　　　vplyv（影響）（造）　　 ⇒　vplyvom＋（生）（～の働きかけで）
　　　začiatok（端緒）（造）　⇒　začiatkom＋（生）（～のはじめ頃）
　　　zásluha（功績）（造）　 ⇒　zásluhou＋（生）（～のおかげで）

(3)動詞の副動詞形から派生した前置詞

　例　končiť（終える）　　⇒　končiac＋（造）（～にいたるまで）
　　　počítať（勘定する）　⇒　počítajúc＋（対）（～も勘定に入れて）
　　　　　　　　　　　　　　 nepočítajúc＋（対）（～を勘定に入れない

VII 前置詞 Predložky

                   で)
  vynímať（除外する） ⇒ nevynímajúc＋（対）（～も含めて）
  počínať（はじめる） ⇒ počínajúc＋（造）（～をはじめとして）
  začínať（はじめる） ⇒ začínajúc＋（造）（～をはじめとして）

§100 前置詞的表現　**Predložkové výrazy**

　次のような語結合は，「前置詞的表現」として，副次的に前置詞の役割を果たす．

(1)「前置詞＋名詞」で表現される前置詞的表現

　例　bez rozdielu＋（生）（～の区別なく）
　　　na úkor＋（生）（～を犠牲にして）
　　　na základe＋（生）（～に基づいて）
　　　po boku＋（生）（～と肩をならべて）
　　　pod vplyvom＋（生）（～の影響下で）
　　　s výnimkou＋（生）（～を除いて）
　　　v dôsledku＋（生）（～の結果）／v duchu＋（生）（～にしたがって）
　　　v mene＋（生）（～の名において）
　　　v neprospech＋（生）（～に不利に）
　　　vo forme＋（生）（～の形で）／v priebehu＋（生）（～のあいだに）
　　　v prípade＋（生）（～の場合）／v prospech＋（生）（～に有利に）
　　　v rámci＋（生）（～の枠内で）／v ústrety＋（与）（～に向かって）
　　　v záujme＋（生）（～のために）／v znamení＋（生）（～にしたがって）
　　　v zmysle＋（生）（～に準じて）／z hľadiska＋（生）（～の観点から）
　　　za cenu＋（生）（～を犠牲にして）
　　　zo stanoviska＋（生）（～の立場から）
　　　zo strany／zo stránky＋（生）（～の側から）

(2)「前置詞＋名詞＋前置詞」あるいは「名詞＋前置詞」で表現される前置詞的表現

　例　bez ohľadu na＋（対）（～にかかわりなく）

― 401 ―

第 2 部　形態論　Morfológia

　　　na rozdiel od＋（生）（～と違って）
　　　s ohl'adom na＋（対）（～を考慮して）
　　　so zretel'om na＋（対）（～を考慮して）
　　　vo vzt'ahu k＋（与）（～に対して）
　　　v pomere k＋（与）（～と比較して）
　　　v porovnaní s＋（造）（～と比較して）
　　　v súhlase s＋（造）（～に合わせて）
　　　v súlade s＋（造）（～に従って）
　　　v súvislosti s＋（造）（～に関連して）
　　　v závislosti od＋（生）（～しだいで）
　　　vzhl'adom na＋（対）（～を考慮して）
　　　v zhode s＋（造）（～に合わせて）

(3)「副動詞形＋前置詞」で表現される前置詞的表現（⇒§81）

　例　nehl'adiac na＋（対）（～にもかかわらず）
　　　nepočítajúc do toho＋（対）（～を勘定に入れないで）
　　　nepozerajúc na＋（対）（～をかえりみず）
　　　nevynímajúc z toho＋（対）（～も含めて）
　　　odhliadnuc od＋（生）（～を除いては）
　　　počínajúc od＋（生）（～をはじめとして）
　　　počítajúc do toho＋（対）（～も勘定に入れて）
　　　súdiac podl'a＋（生）（～によると）
　　　začínajúc od＋（生）（～をはじめとして）

§101　前置詞と格の結合　O spájaní predložiek s pádmi

　前置詞は結びつく格の数によって，次のように分類することができる（基本的前置詞には＊印をふした）．

(1) 1つの格と結びつく前置詞

　①生格と結びつく前置詞

　　　bez (bezo)＊（～なしで），blízko/blízo（～の近くで），

VII 前置詞 Predložky

do*（~のなかへ），konča（~のはずれの），miesto（~のかわりに），
mimo（~の外で），namiesto（~のかわりに），
naprostred（~の真ん中に），následkom（~の結果），
naspodku（~の下に），naspodok（~の下へ），navrch（~の上へ），
navrchu（~の上に），ned'aleko（~の近くに），niže（~より下に），
od（odo）*（~から），ohl'adne/ohl'adnom（~については），
okolo（~のまわりで），okrem*（~以外は），počas（~のあいだに），
podl'a（~にしたがって），poniže（~より下で），
povedl'a（~のかたわらを），povyše（~より上で），
pozdĺž（~に沿って），prostred（~の真ん中に），skraja（~の端に），
spod（~の下から），spomedzi（~のあいだから），
sponad（~の上から），spopod（~の下から），spopred（~の前から），
spoza（~の陰から），spred（spredo）（~の前から），
stredom（~の真ん中を），u*（~のもとで），
uprostred（~の真ん中に），vedl'a（~のかたわらで），
vnútri（~の内部に），vôkol（~のまわりで），vplyvom（~のために），
vprostred（~の真ん中に），vrátane（~を含めて），
vyše（~より上に），z（zo）*（~のなかから）

②与格と結びつく前置詞

k（ku）*（~のほうへ），kvôli（~のために），
napriek（~にもかかわらず），naproti（~の向かいに），
oproti（~の真向かいに），proti*（~に対して），voči（~に対して）

③対格と結びつく前置詞

cez（cezo）*（~を通して），pomedzi（~のあいだを），
ponad（~の上を），popod（~の下を），popred（~の前を），
poza（~の後ろを），pre*（~のために），
skrz（skrze）*（~を通して）

④前置格と結びつく前置詞

popri（~のかたわらを），pri*（~のそばで）

⑤造格と結びつく前置詞

　　dolu（〜の下手へ），hore（〜の上手へ），s（so）*（〜とともに）

(2) 2つの格と結びつく前置詞

　①生格・造格と結びつく前置詞

　　naprieč（〜を横切って／〜を横切って）

　②対格・前置格と結びつく前置詞

　　na*（〜へ／〜で），o*（〜に触れて／〜に），po*（〜まで／〜を），
　　v（vo）*（〜へ／〜で）

　③対格・造格と結びつく前置詞

　　medzi*（〜のあいだへ／〜のあいだに），
　　nad（nado）*（〜の上へ／〜の上で），
　　pod（podo）*（〜の下へ／〜の下で），
　　pred（predo）*（〜の前へ／〜の前で）

(3) 3つの格と結びつく前置詞

　生格・対格・造格と結びつく前置詞

　　za*（〜のあいだに／〜の後ろへ／〜の後ろで）

§102　方向と場所を示す前置詞
Predložky, ukazujúce smer a miesto deja

方向と場所を示す前置詞は，次のように分類することができる．

(1)前置詞 medzi, nad, pod, pred, za は，方向を示す場合は対格と結びつき，場所を示す場合は造格と結びつく．

　例　medzi stromy（木々のあいだへ），nad oblaky（雲の上へ），
　　　pod most（橋の下へ），pred školu（学校の前へ），
　　　za stodolu（納屋の後ろへ）

— 404 —

VII　前置詞　Predložky

　　medzi stromami（木々のあいだで），nad oblakmi（雲の上で），
　　pod mostom（橋の下で），pred školou（学校の前で），
　　za stodolou（納屋の後ろで）

(2) 接頭辞 po- をともなう複合前置詞は，対格と結びつく．

　例　pomedzi stromy（木々のあいだを），ponad oblaky（雲の上を），
　　　popod most（橋の下を），popred školu（学校の前を），
　　　poza stodolu（納屋の後ろを）

(3) 接頭辞 s+po をともなう複合前置詞は，すべて生格と結びつく．

　例　spod stromov（木々の下から），
　　　spomedzi stromov（木々のあいだから），
　　　sponad stromov（木々の上から），
　　　spopod stromov（木々の下から），
　　　spopred stromov（木々の前から），
　　　spoza stromov（木々の陰から）

(4) 場所を示す用法の場合，前置詞 v+（前）をとる語と，前置詞 na+（前）をとる語がある．基本的なものは v であり，na は一般的に定着した場合にのみ用いられる．

　①場所を示す場合に前置詞 v+（前）をとる語は，方向を示す場合は前置詞 do+（生）を，前置詞 na+（前）をとる語は，方向を示す場合は前置詞 na+（対）をとる．

　例　cestovat' do Japonska（日本に旅行する）
　　　bývat' v Japonsku（日本に居住する）

　　　cestovat' na Slovensko（スロヴァキアに旅行する）
　　　bývat' na Slovensku（スロヴァキアに居住する）

　②前置詞 na をとる普通名詞には，次のようなものがある．

　例　cintorín（墓地），fakulta（学部），front（前線），
　　　gymnázium（ギムナジウム），juh（南），koncert（コンサート），

第2部　形態論　Morfológia

konferencia（会議），kopec（丘），korzo（メインストリート），
kuchyňa（台所），letisko（空港），lúka（草地），miesto（場所），
nábrežie（河岸通り），námestie（広場），návšteva（訪問），
obloha（空），oddelenie（部門），ostrov（島），
polostrov（半島），pošta（郵便局），pracovisko（職場），
rokovanie（交渉），sever（北），schôdza（会議），snem（議会），
strana（側），stretnutie（出会い），súd（裁判），trh（市場），
ulica（通り），univerzita（大学），úrad（役所），územie（領土），
vidiek（地方），vrch（丘），východ（東），
vysoká škola*（大学），západ（西），zastávka（停留所），
železnica（鉄道），zjazd（会議）

＊škola（学校）は前置詞 v をとる．

③前置詞 na をとる固有名詞には，次のようなものがある．

例　Balkán（バルカン），Horehronie（フロン川上流地域），
Kysuce（キスツェ），Morava（モラヴィア），Orava（オラヴァ），
Považie（ヴァーフ川流域），Sibír（シベリア），
Slovensko（スロヴァキア），Spiš（スピシ），
Štrbské pleso（シトルバ湖），Ukrajina（ウクライナ），
Záhorie（ザーホリエ），Žitný ostrov（ジトニー・オストロウ）

④次のような語は，前置詞 v をとる場合と na をとる場合で，意味を区別する．

例　život *na zemi*（地上での生活），sediet' *na zemi*（地面の上に座っている）―
Jačmeň je už *v zemi*.（大麦はもう地中に播かれている）

cesta *na mori*（海上の旅）― utopit' sa *v mori*（海で溺れる）

Pontón je *na vode*.（浮き橋が水の上に浮かんでいる）―
L'ad sa roztopil *vo vode*.（氷が水のなかで溶けた）

⑤次のような語は，意味を区別することなく，前置詞 v あるいは na をと

VII　前置詞　Predložky

る．

例　na poli/v poli（畑で），na dedine/v dedine（村で）

§103　前置詞の母音化　Vokalizácia predložiek

(1)対格・前置格と結合する前置詞 v（〜へ／〜で）は，後続の語が v, f, あるいはそれらの子音を含む子音グループではじまる場合は，vo という形が用いられる．

例　vo vete（文章のなかで），vo vode（水のなかで），
　　vo februári（2月に），vo filme（映画のなかで），
　　vo vlaku（列車のなかで），vo svete（世界で），
　　vo sviatok（祭日に），vo dverách（ドアのなかで），
　　vo štvrtok（木曜日に）

> 注1）次のような語の場合も，vo という形が用いられる．
>
> 　　例　vo mne（私の心のなかで），vo dne（日中に），
> 　　　　vo (v) sne（夢のなかで），vo (v) snách（夢のなかで）
>
> 注2）この原則は，書き言葉では守られない場合がある．

(2)音節をなす前置詞の場合は，後続の語が同じ子音ではじまっていても，母音を加えることはないが，次のような場合は，例外的に母音 o を加える．

①単数1人称の基本人称代名詞 ja の変化形と結びつく場合

例　bezo mňa（私ぬきで），cezo mňa（私を通して），
　　nado mňa（私の上へ），nado mnou（私の上で），
　　odo mňa（私から），podo mňa（私の下へ），
　　podo mnou（私の下で），predo mňa（私の前へ），
　　predo mnou（私の前で），spredo mňa（私の前から）

②次のような語と結びつく場合

— 407 —

第2部　形態論　Morfológia

例　odo dverí*（ドアから），odo/od dňa odchodu（出発の日から），predo dvermi**（ドアの前で）

　　* od dvier,　** pred dverami と表記される場合もある（⇒§34）．

(3) 生格と結合する前置詞 z（～のなかから）は，後続の語が s, z, š, ž, あるいはそれらの子音を含む子音グループではじまる場合は，zo という形が用いられる．zo はつねに［zo］と発音される（⇒§15）．

(4) 造格と結合する前置詞 s（～とともに）は，後続の語が s, z, š, ž, あるいはそれらの子音を含む子音グループではじまる場合は，so という形が用いられる．so は，so mnou 以外は［zo］と発音される（⇒§15）．

(5) 与格と結合する前置詞 k（～のほうへ）は，後続の語が k, g, あるいはそれらの子音を含む子音グループではじまる場合は，ku という形が用いられる．ku は，ku mne 以外は［gu］と発音される（⇒§15）．

VIII　接続詞　Spojky

§104　スロヴァキア語の接続詞　Spojky v slovenčine

(1)スロヴァキア語の接続詞は，語形変化しない品詞のひとつである．接続詞は単独で，文の成分のあいだの関係や，文のあいだの関係を表現する．文の成分を結びつける接続詞は，文の成分の接続詞 členské spojky，文を結びつける接続詞は，文の接続詞 vetné spojky と呼ばれる．接続詞は1語のものも，2語以上からなるものもある．接続詞はふつう，関係する文や項のかしらに位置する．

(2)機能の観点から見ると接続詞は，並列接続詞 priraďovacie spojky と，従属接続詞 podraďovacie spojky に分類することができる．並列接続詞は，文法上で等価の単位を結びつけ，連結接続詞 zlučovacie spojky (a, aj, ako, ani, i ...)，反意接続詞 odporovacie spojky (ale, avšak, lež, no ...)，区分接続詞 vylučovacie spojky (alebo, buď, či ...) などに分類される．従属接続詞のほうは，文法上で等価でない文を結びつけ，時の接続詞 časové spojky (ako, hneď, keď, kým, len čo ...)，原因の接続詞 príčinné spojky (čo, keďže, lebo, pretože ...)，譲歩の接続詞 prípustkové spojky (bárs, hoci, čo aj ...)，視点の接続詞 zreteľové spojky (nakoľko, pokiaľ ...) などに分類される．

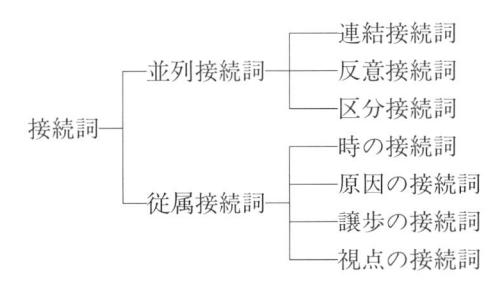

```
                   ┌── 連結接続詞
         ┌─ 並列接続詞 ──┤── 反意接続詞
         │          └── 区分接続詞
 接続詞 ──┤
         │          ┌── 時の接続詞
         │          │── 原因の接続詞
         └─ 従属接続詞 ──┤── 譲歩の接続詞
                    └── 視点の接続詞
```

(3)形態の観点から見ると，接続詞は単純接続詞 jednoduché spojky，複合接続詞 zložené spojky，二項相関接続詞 dvojčlenné súvzťažné spojky に分類される．単純接続詞はさらに，個別接続詞 jednotlivé spojky と反復接続詞 opakované spojky に細分される．

§105 おもな接続詞　Hlavné spojky

a　　　(1)（連結）Japonsko a Slovensko（日本とスロヴァキア），včera a dnes（昨日と今日），veselé a zdravé dieťa（陽気で健康な子供），Prišla jeseň a nastali pľušte.（秋が来て，雨がちになった）
　　　(2)（反意）Už bolo tma, a cieľ cesty je ešte ďaleko.（日暮れて道遠し）
　　　(3)（結果）Prečítajte si príručku, a tak sa presvedčíte.（ガイドブックを読めば，納得できますよ）
　　　(4)（程度）Nájomné je rozumné, a najmä, poloha je vynikajúca.（家賃は適当だし，とくにロケーションがすばらしい）
　　　(5)（説明・因果関係）a to/a veď
　　　　　sedem divov sveta, a to:...（世界の七不思議，つまり…）
　　　(6)（選択）a či　Bolo nás dohromady desať a či jedenásť.（われわれは合わせて10人か11人だった）
　　　(7)（許容）Smejete sa a situácia je vážna.（あなたたちは笑っているが，事態は深刻だ）
　　　(8)（極端な条件）a čo　A čo sa na hlavu postavíš, urobím to.（きみが反対しても，ぼくはこれをやりとげる）
aby　　(1)（目的）Stará mať nosí okuliare, aby dobre videla.（おばあさんは，よく見えるようにメガネをかけている）

VIII 接続詞　Spojky

- (2)（原因）Bojím sa, aby som nespadol z koňa.（ぼくは落馬してしまわないかと心配だ）
- (3)（結果）Nie som diet'a, aby si ma poúčal.（子供じゃないから、お説教はいらないよ）
- (4)（方法）Svetlo stačilo natol'ko, aby sme videli pod nohy.（光は私たちの足もとを照らすのにはじゅうぶんだった）
- (5)（対象）Žiadal som ho, aby mi pomohol pri práci.（私は、仕事を手伝ってくれるように彼に頼んだ）
- (6)（定語）Predseda predložil návrh, aby sa začalo rokovat'.（議長は、交渉を開始するようにという提案を提出した）
- (7)（主語）Nemá zmyslu, aby sme sa hádali medzi sebou.（われわれが内輪もめするのは意味がない）
- (8)（補語）Ešte som ju nepočul, aby nariekala.（私はまだ、彼女が愚痴をこぼすのを聞いたことがない）

aj
- (1)（程度）*ba aj/nielen - ale aj* Táto udalost' má nielen domáci, ale aj medzinárodný význam.（この事件は、国内的だけでなく国際的な意義もある）
- (2)（連結）otec aj syn（父親も息子も）, aj zhora, aj zdola（上からも下からも）, Stromy dávajú málo tône, aj zem je horúca.（木々はわずかな影しか投げかけず、地面も熱い）
- (3)（許容・極端な条件）*čo aj/hoci aj/ked' aj/aj ked'/keby aj/aj keby* Budem t'a čakat' hoci aj pät' rokov.（ぼくは5年でもきみを待っているよ）, Aj ked' sem prišiel, nikdy sa dlhšie nezdržal.（彼はここにやって来ても、一度も長いこと留まらなかった）

ak/akže
- (1)（条件）Ak chcete vel'a vidiet', musíte cestovat'.（たくさん物事を見聞したければ、旅行しなければならない）

第2部　形態論　Morfológia

	(2)（対比）Ak sa vlani na letnej škole zúčastnilo 100 ľudí, tento rok ich už bolo 150.（昨年は100名がサマースクールに参加したが，今年はすでに150名になった）
ako	(1)（比較）biely ako sneh（雪のように白い），Rastom sú ako jedle.（背の高さはモミの木のよう），Peter je chudobný ako kostolná myš.（ペテルは教会のネズミのように〔たいへんに〕貧しい）
	(2)（目的語）Premýšľal, ako napraviť chybu.（彼はどうしたら誤りを正せるのか考えた）
	(3)（時間）Odvtedy ako máme deti, máme málo času na cestovanie.（子供ができて以来，旅行する時間がほとんどない）
	(4)（譲歩）*čo ako* Čo ako som sa ponáhľal, nestihol som začiatok predstavenia.（どんなに急いでも，ぼくは上演開始に間に合わなかった）
	(5)（補語）On pôsobí ako dirigent.（彼は指揮者として活躍している）
	(6)（定語）námety, ako znížiť nezamestnanosť（失業率を低下させるための案）
	(7)（列挙）Slová ako delta, elektrón, omega sú gréckeho pôvodu.（デルタ，エレクトローン，オメガのような語はギリシャ語起源である）
	(8)（説明）Ako je známe, jazyk sa vyvíja.（周知のように，言葉は発展している）
	(9)（強調）*ako že/akože* Vyhráme, ako že tu teraz stojíme.（ぼくたちが勝利するのは，今ここに立っているのと同じように確かなことだ）
	(10)（同一性）týždeň ako týždeň（ありふれた一週間），Nie sú peniaze ako peniaze.（ありふれた金ではない）
	(11)（強調された連結）*ako aj/ako i/ako ani*

— 412 —

VIII　接続詞　Spojky

       Milan nešiel do práce, ako ani k lekárovi. （ミランは仕事に行かなかったし, 医者にも行かなかった）

   (12)（程度）*nie tak‐ako*　Nie tak nadanie, ako skôr pracovitosť mu priniesla úspech. （彼に成功をもたらしたのは, 才能というよりもむしろ勤勉さだ）

akoby　　（比較）Zmizol, akoby sa bol pod zem prepadol. （彼は地面に潜ったかのように, 忽然と姿を消した）

ale　　(1)（反意）Náš dom je malý, ale čistý a útulný. （私たちの家は小さいけれども, 清潔で居心地が良い）

   (2)（程度）Nielenže neprišiel, ale sa ani neozval. （彼は来なかったばかりか, 連絡もしなかった）

alebo　　(1)（選択）*alebo‐alebo/buď‐alebo/či‐alebo*　skôr alebo neskôr （遅かれ早かれ）, teraz alebo nikdy （今がチャンス）

   (2)（程度）*alebo aj/alebo i/alebo dokonca/alebo aspoň* Ukáž sa, alebo aspoň napíš list. （姿を見せるか, せめて手紙を書いてくれ）

ani　　(1)（連結）Bohužiaľ, nemám ani čas, ani vôľu. （残念ながら, ぼくには時間もその気もないな）, Ak nepôjdeš ty, nepôjdem ani ja. （きみが行かないんだったら, ぼくもやめておく）

   (2)（程度）*ani nie（tak）‐ako（skôr）*
    Ani nie tak deti, ako skôr ich rodičia za to môžu. （こどもたちというより, 彼らの両親がそれにたいして責任がある）

   (3)（比較）pevný ani skala （岩のように堅固）, Práca mi ide ani po masle. （私の仕事は順調にはかどっている）

   (4)（極端な条件）*ani čo by/ani keby*
    Neprezradil by som, ani čo by ma zabili. （ぼくは殺されたって秘密を洩らさないよ）

avšak　　（反意）Ešte sme nevyhrali, avšak budeme sa snažiť.

第2部　形態論　Morfológia

(私たちはまだ勝っていないけれど、勝つように努力しよう)

až	(1)（時間的限界）	Čítal som, až kým neprišli hostia. (お客が来るまで、ぼくは本を読んでいた)、Až bude vonku teplejšie, budeme chodiť na prechádzky. (戸外がもうすこし暖かくなったら、散歩に出かけることにしよう)
	(2)（程度）	Sokol zaškriekal, až sa v celom lese ozvalo. (タカは、森じゅうにこだまするほどの声で叫んだ)
ba	（程度）	*ba aj/ba až/ba priam/ba dokonca/ba ani/ba i* On utekal, ba priam letel. (彼は文字通り飛んで逃げた)
bárs/bár	（譲歩）	Bárs nie je najmladší, je ešte stále silný. (彼はもうたいして若くはなかったが、まだまだ強健だった)
buď	（選択）	*buď - alebo/buď - buď* Buď zvíťazíme, alebo zahynieme. (勝利するか、それとも破滅するかだ)、buď ty, buď tvoj brat (きみかきみの兄弟が)
či	(1)（目的語）	Štefan sa opýtal, či prídem na jeho svadbu. (シチェファンは、私が彼の結婚式に来るかどうかたずねた)
	(2)（主語）	Nie je isté, či budú predčasné voľby. (繰り上げ選挙があるかどうかは、確かでない)
	(3)（定語）	Kladieme si otázku, či naša organizácia plní svoje poslanie. (私たちの組織が、その使命を果しているかどうかを問うているところだ)
	(4)（原因）	Matka sa zľakla, či si syn neublížil. (母親は、息子が怪我をしなかったかどうか心配になった)
	(5)（目的）	Pozeral som do izby, či sa nevracajú deti. (子供たちが戻っていないかどうか、私は部屋を覗いてみた)

VIII 接続詞　Spojky

  (6)（反意）*či － či / či － alebo*
    Treba platiť daň, či chcete, alebo nechcete.
    (好むと好まざるとにかかわらず，税金を払わなければならない)
  (7)（選択）*a či / či － alebo*
    Bude sa páčiť piva a či vína？（お望みはビールですか，それともワイン？）
  (8)（連結）*či － či*　či v zime, či v lete（冬でも夏でも），Zdravotné sestry musia pracovať či piatok, či sviatok.（看護婦は平日でも祝日でも働かなければならない）
  (9)（可能性）na brehoch veľkých riek či jazier（大きな川か湖の岸辺で），šesť či sedem minút（6，7分）

čím （程度）*čím － tým*
    Čím skôr prídete, tým lepšie.（あなたが早くやって来るほど，それだけ都合がよい）

čiže （説明）druhý pád, čiže genitív（2番目の格，つまり生格）

čo (1)（譲歩）*čo aj / čo i / čo hneď / čo priam / čo ako*
    Poviem pravdu, čo sa aj na mňa nahneváš.（君が怒っても，ぼくは本当のことを言うよ）
  (2)（時間）Uplynulo päť mesiacov odvtedy, čo sme sa vrátili do Japonska.（私たちが日本に帰ってから，5ヵ月が経った）
  (3)（方法）Deti sú ticho, ani čo by ich nebolo.（子供たちは，まるでいないかのように静かだ）
  (4)（視点）Čo ja pamätám, takej tuhej zimy ešte nebolo.（私が覚えているかぎり，こんなに厳しい冬はこれまでになかった）
  (5)（原因）Marián sa celý triasol, čo bol tak dojatý.（マリアーンは全身を震わせていたが，それほど感動していたのだ）
  (6)（比較）Janko uvládze toľko čo dospelý.（ヤンコは大

— 415 —

第2部　形態論　Morfológia

		人と同じくらいの力持ちだ)
hoci/hoc	(譲歩)	Hoci som nemal čas, predsa len som prišiel. (私には時間がなかったけれども、とにかくやって来た)
i	(1)（連結）	Je tu pekne i príjemne. (ここはきれいで気持ちがよい), dňom i nocou (昼も夜も), tu i tam (そこここに), V našej menze dostanete i japonské i európske jedlá. (私たちの学生食堂では、和食も洋食も食べられる)
	(2)（程度）	*ba i/nielen – ale i* Nielen spievali, ale i tancovali. (彼らは歌っただけでなく、踊りも踊った)
	(3)（反意）	Starý otec mal kocúra, i ten zdochol. (おじいさんは雄猫を飼っていたが、それも死んでしまった)
	(4)（結果）	Zdržali ho u priateľa i prišiel neskoro. (彼は友人宅で引き止められたので、来るのが遅くなってしまった)
	(5)（説明）	*i tak/i to*　Včera som nešiel nikam, i tak pršalo. (どうせ雨も降っていたので、きのう私はどこにも行かなかった)
	(6)（極端な条件）	*i čo/i keby/i keď/čo i* Nepôjdem, i keď ma nútiš. (強いられても、ぼくは行かないよ)
iba	(1)（反意）	*ibaže/iba čo* Vedel o tejto epizóde dávno, ibaže doteraz mlčal. (彼はとっくにこの出来事について知っていたが、いままで黙っていた)
	(2)（時間）	*iba (čo) – už/iba keď* Iba čo svitne, odcestujeme. (夜が明けたらすぐに、出発しよう)
	(3)（条件）	*iba ak (by)/ibaže (by)* Dnes nemôžeš, iba ak prídeš zajtra. (今日はだめで、来るとしたら明日だ)

Ⅷ　接続詞　Spojky

ináč/inak/inakšie
  (説明) Ponáhľaj sa, ináč zmeškáš lietadlo.（急がないと飛行機に乗り遅れるぞ）
jednako (反意) *a jednako / ale jednako*
  Chcel som odísť, ale jednako som ostal.（私は立ち去りたかったが，それでも留まった）
keby (1) (条件) Keby ste súhlasili, zúčastnil by som sa.（もしあなたが賛成してくれるなら，参加しますが）
  (2) (極端な条件・譲歩) *keby aj / aj keby / i keby / ani keby*
  Keby si to aj spravil, už je neskoro.（かりにきみがそうしても，もう手遅れだ），Nebudem sa báť, i keby som bol sám.（たとえ一人でも，ぼくは恐れないだろう）
  (3) (主語) Bolo by dobre, keby popršalo.（一雨降ってくれるといいのだが）
  (4) (定語) Bol by som rád, keby sa to už nestalo.（二度とこんなことが起こらないと嬉しいのだが）
  (5) (比較) *ako keby*
  Pozerala na mňa, ako keby ma nebola nikdy videla.（彼女は，まるで一度も会ったことがないかのように，私を見つめた）
keď (1) (時間) Keď som bol vlani na Orave, navštívil som svetoznámy Oravský hrad.（私は去年オラヴァ地方に行ったとき，世界的に名高いオラヴァ城を見学した）
  (2) (条件) Keď vás tento hrad zaujíma, môžem o ňom porozprávať podrobnejšie.（この城に興味がおありでしたら，それについてもっと詳しくお話できます）
  (3) (主語) Situácia sa zlepší, keď ona príde.（彼女が来れば，状況は良くなるだろう）
  (4) (定語) Bolo to v tú sobotu, keď sme navštívili pria-

第2部　形態論　Morfológia

　　　　　　　　tel'a.（それは，私たちが友人宅を訪問したあの土曜日のことだった）
　　　　(5)（極端な条件）*aj ked'/i ked'/ked' aj/ked' i*
　　　　　　　　Nezmením svoj názor, aj ked' sa budeš na mňa hnevat'.（君が怒っても，ぼくは自分の意見を変えないよ）
　　　　(6)（譲歩）*aj ked'/i ked'/ked' aj/ked' i*
　　　　　　　　Mám rád túto krajinu, aj ked' má všelijaké nedostatky.（いろいろな欠点はあるけれど，ぼくはこの国が好きだ）
　　　　(7)（原因）Nemohla príst' načas, ked' sa vlak omeškal.（列車が遅れたので，彼女は時間どおりに来ることができなかった）
　　　　(8)（区別）*ked' (už) nie - aspoň*
　　　　　　　　ked' už nie nový, aspoň čistý dom（新築でないとすれば，せめて清潔な家）
ked'že　　　（原因）Ked'že bol mladý, rýchlo sa uzdravil.（彼は若かったので，すばやく健康を取り戻した）
kým　　(1)（時間）Kým vládzeš, pracuj.（働けるあいだは，働きなさい），Budeme tu čakat' dotial', kým neprídu všetci účastníci.（参加者全員がやって来るまで，ここで待っていよう）
　　　　(2)（主語）Trvalo to dlho, kým kamión naštartoval.（長距離トラックが動きだすまでに長いことかかった）
　　　　(3)（反意）Japonsko má 120 miliónov obyvatel'ov, kým Slovensko má len pät' miliónov.（日本には1億2000万人の住民がいるが，スロヴァキアはわずか500万人だ）
lebo　　(1)（原因）Zdráham sa preto, lebo niet jasnej perspektívy.（ぼくがためらっているのは，確かな見込みがないからだ）
　　　　(2)（説明）Synovec sa mi podobá, lebo je z našej rodi-

VIII 接続詞 Spojky

ny.（甥がぼくに似ているのは，一族だからだ）

len (1)（反意）*lenže* Chcel som mu pomôcť, lenže som nevedel ako.（私は彼を助けたかったが，どうやって助けたらいいのか分からなかった）

(2)（時間）*len čo / len keď* (*už*)

Len čo prišiel na Slovensko, začal sa učiť slovenčinu.（彼はスロヴァキアに来るとすぐに，スロヴァキア語を学びはじめた）

(3)（条件）*len ak*（*by*）

Poviem ti to len ak mi sľúbiš, že to nikomu neprezradíš.（だれにも洩らさないと約束してくれたら，きみに話してあげよう）

(4)（程度）Plesol bičom, len sa tak ozývalo.（彼はムチを鳴らしたが，その音はとても強く響きわたった）

lež (1)（反意）Mária nie je spisovateľka, lež maliarka.（マーリアは作家ではなくて画家だ）

(2)（程度）*nielen* (*že*) − *lež i* (*aj, ani*)

Dom sme nielen postavili, lež aj zariadili.（ぼくたちは家を建てただけでなく，調度も整えた）

medzitým čo （時間）Medzitým čo som čítal, obed sa uvaril.（ぼくが読書しているあいだに，昼食が準備された）

miesto toho, aby / miesto aby

（譲歩）Miesto toho, aby som oddychoval, pracoval som.（私は休息するかわりに働いた）

nakoľko （視点）Nakoľko ste neprišli, šiel som sám.（あなたが来なかったので，私は一人で行った）

nech / nechže

(1)（目的）Choďte von, nech sa deti slobodne prebehnú.（外に出て，子供たちを自由に駆けまわらせなさい）

(2)（目的語）Povedzte mu, nech odprevadí deti do školy.（子供たちを学校に送っていくように，彼に言ってください）

第2部　形態論　Morfológia

    (3)（条件）Nech sa chytí stola, lebo spadne.（テーブルにつかまるように，さもないと倒れてしまうよ）
    (4)（譲歩）Neustúpim, nech by sa stalo čokoľvek.（なにが起ころうとも，ぼくは引き下がらない）

než (1)（比較）Jablká mám radšej než hrušky.（ぼくはナシよりもリンゴのほうが好きだ），Lepšie ísť než čakať.（待っているよりも行ったほうがいい）
  (2)（連結）*než aby/než keď/než kým/než ktorý/než čo*
    Radšej sa nechám liečiť, než aby som zomrel.（死んでしまうよりは，治療を受けたほうがまだましだ）
  (3)（時間）*skôr(,) než/prv(,) než/predtým(,) než*
    On sa vráti prv, než odídete.（彼は，あなたが立ち去る前に戻ってきますよ），Prv než prídeš, zavolaj.（来る前に電話してくれ）

nie (1)（反意）*nie že by – ale (lež)*
    Nie že by sa bol náš ekonomický stav polepšil, ale stával sa ešte horším.（われわれの経済状態は，良くなるどころかいっそう悪化した）
  (2)（譲歩）*keď (už) nie – (tak) aspoň*
    Naučil som sa keď už nie maľovať, tak aspoň kresliť.（私は芸術的に描くとまではいかないにしても，すくなくとも絵を書くことを学んだ）

nielen (1)（分類）Každý chce zarobiť, nielen my.（稼ぎたいのはぼくたちだけじゃなくて，だれでもだ）
  (2)（程度）*nielen (že) – ale i (aj, ani)*
    Slovenčina je nielen jednoduchá, ale aj ľubozvučná.（スロヴァキア語はシンプルであるばかりか響きもいい）

nieto/nietoby/nietožeby/nie to/nie to (že) by/nieto aby
   （譲歩）Nevie ani klamať, nieto podvádzať.（彼は嘘をつくことも，ましてや人を欺くことなどできない）

VIII 接続詞　Spojky

no	（反意）	skromné, no dobré jedlo（質素だけれども美味しい食事），Usilujeme sa, no jednako to nestačí.（ぼくたちは努力しているけれども，しかしそれでじゅうぶんではない）
nuž	（結果）	Počul som hluk, nuž som zapálil svetlo.（物音が聞こえたので，明かりを点けた）
pokiaľ	(1)（視点）	Pokiaľ ide o jeho návrh, pokladám ho za predčasný.（彼の提案にかんしては，ぼくは時期尚早だと思う），Pokiaľ sa pamätám, nestáli tu domy.（私が覚えているかぎり，ここには家は立っていなかった）
	(2)（条件）	Káva, pokiaľ sa pije s mierou, neškodí.（コーヒーは，節度を持って飲むなら害はない）
pokým	（時間）	Počkaj, pokým to dokončím.（ぼくがこれを終えるまで，待っていてくれ）
predsa	（反意）	*a predsa/ale predsa* Bol to pôvabný návrh, a predsa som s ním nesúhlasil.（それは魅力的な提案だったが，ぼくは結局賛成しなかった）
preto	（結果）	*a preto* Moja dcéra ide do škôlky prvý raz, a preto sa bojí.（私の娘は，幼稚園に行くのがはじめてなので，怖がっている）
pretože	（原因）	Pretože je sviatok, obchody sú väčšinou zatvorené.（祭日なので，ほとんどの店が閉まっている），Už sa vrátime domov, pretože je dosť neskoro.（ずいぶん遅いですから，もう帰宅しましょう）
pričom	(1)（時間）	Odpovedala na ťažkú otázku, pričom sa usmiala.（彼女は微笑みを浮かべながら，難しい問題に答えていた）
	(2)（連結・反意）	Zákaz platí, pričom platia i výnimky z neho.（禁止令は有効だが，同時にその例外も有効で

第2部 形態論 Morfológia

ある）

pritom	（対立）	*a pritom/no pritom/pritom však* Obdivujeme cudzie, a pritom vlastné často nepoznáme.（われわれは外国のものに感嘆しているが，しばしば自国のものを知らない）
prv	（時間）	*prv ako/prv než* Prv ako odídete na Slovensko, chcem sa s vami pozhovárať.（あなたがスロヴァキアに出発なさるまえに，お話したいものです）
síce	（反意）	*síce - ale/síce - no/síce - lenže* To sú síce pekné reči, ale nič viac.（巧言令色鮮矣仁）
skôr	(1)（選択）	*skôr - ako/skôr - než* Skôr by sme mali pracovať ako tárať.（私たちはお喋りするよりも，むしろ働くべきだ）
	(2)（時間）	*skôr ako/skôr než* Skôr ako odídete z izby, zhasnite svetlo.（部屋から出ていく前に，明かりを消してください）
sotva/sotvaže	（時間）	Sotva sa najedol, zmizol.（食べ終わるやいなや，彼は姿を消した）
sťa	（比較）	čierny sťa noc（夜のように黒い），rovný sťa jedľa（モミの木のようにまっすぐ）
sťaby	（比較）	Domčeky boli sťaby maľované.（小さな家々はまるで絵に描いたようだった）
tak	(1)（結果）	*a tak* Mám trochu času, a tak sa prechádzam.（ぼくは少し時間があるので，散歩している）
	(2)（説明）	*aj tak/i tak* Už poďme, aj tak iba zabíjame čas.（もう行こう，どうせ暇つぶししているだけなんだから）
	(3)（程度）	*nie tak - ako* Nie tak jeho zjav, ako skôr slová upútali.（彼の見かけというより，むしろ言葉が人びとを引き

— 422 —

VIII 接続詞　Spojky

つけた）
- (4)（軽い程度）*tak - ako*（*aj/i*）
  Každý dobrovoľník je potrebný, tak starý, ako aj mladý.（あらゆるボランティアが必要だ．年をとった人も，若い人も）
- (5)（比較）*tak ako* Náboženská horúčka ho prejde, tak ako mnohých iných.（多くのほかの人とおなじく，彼も宗教的熱狂を卒業するだろう）
- (6)（規模）*len tak* Smiala sa, len sa tak triasla.（彼女はからだを震わせるほど笑った）

takže　（結果）Motor hučal, takže nič nebolo počuť.（モーターが唸っていたので，なにも聞こえなかった）

teda
- (1)（説明）začiatkom tridsiatych rokov, teda v období medzi dvoma vojnami（1930年代の初め頃，つまり両大戦間期に）
- (2)（結果）Chodí tam málo návštevníkov, teda každý je vítaný.（そこを訪れる人はまれなので，だれでも歓迎される）

to jest/t.j.　（説明）Študenti chceli študovať po novom, to jest najnovšími metódami.（学生たちは新式で，つまり最新の方法によって勉強したいと願った）

totiž/totižto　（説明）Neprišli sme včas, totiž meškal vlak.（ぼくたちが時間どおりに来れなかったのは，列車が遅れたからだ）

tým
- (1)（程度）*čím - tým*
  Čím neskôr prídete, tým lepšie.（あなたが遅くやって来るほど，それだけ都合がよい）
- (2)（叙法）*s tým, že* Vstala s tým, že prinesie kávu.（彼女はコーヒーを持ってくるために立ち上がった）

veď　（説明）Otvorte oblok, veď sa tu nedá dýchať.（窓を開けてください，ここは息苦しいですから）

však
- (1)（反意）Išiel som k priateľovi, nebol však doma.（私

第2部　形態論　Morfológia

　　　　　　　　は友人のところに行ったが，彼は家にいなかった）
　　　　　　　　＊この意味の場合は，však は文頭に立つことはない。
　　　(2)（説明）Netreba sa náhlit', však ešte máme čas.（急ぐ必要はないよ，まだ時間があるんだから）

zatial' čo
　　　(1)（時間）Zatial' čo profesor vysvetl'oval, študenti si robili poznámky.（教授が説明しているあいだに，学生たちはノートを取っていた）
　　　(2)（反意）Miloš bol usilovný žiak, zatial' čo jeho brat je lajdák.（ミロシは勤勉な生徒だったが，彼の弟のほうは怠け者だ）

zato
　　　(1)（反意）Nič nerobil, ale zato stále kritizoval.（彼はなにもしなかったくせに，批判ばかりしていた）
　　　(2)（結果）Nesúhlasil s rozsudkom, zato sa odvolal.（彼は判決に同意せずに上訴した）

že
　　　(1)（主語）Je pravda, že naša krajina má teraz mnoho závažných problémov.（わが国がいま多くの深刻な問題を抱えているのは事実だ）
　　　(2)（述語）Tváril som sa, že spím.（ぼくは寝ているふりをしていた）
　　　(3)（文の基礎）Situácia bola už až taká, že nebolo iného východiska.（状況はすでに，ほかの解決策がないところまで来ていた）
　　　(4)（補語）Videl som otca, že sa št'astne hrá s vnukmi.（私は，父親が幸せそうに孫たちと遊んでいるのを見ていた）
　　　(5)（定語）Mal som istotu, že vec je v poriadku.（私は，事が順調であると確信していた）
　　　(6)（目的語）Počul som, že sa otvorili dvere.（私はドアが開く音を聞いた）
　　　(7)（方法）Ruky sa mu triasli, že sotva nahmatal kl'úč.（彼の両手は震えていたので，鍵を探り当てるのもや

Ⅷ　接続詞　Spojky

っとだった）
- (8)（仲介）Vysvetlil som to tým, že potrebujem oddych.（私は自分が休息を必要としていることで，それを説明した）
- (9)（原因）Môj syn mal radosť, že to urobil sám.（一人でそれをやれたことが，私の息子には嬉しかった）
- (10)（結果）Do dvora sa zišiel celý kŕdeľ husí, že bol takmer plný.（中庭にガチョウの群れがみんな集まったので，ほとんどいっぱいになった）
- (11)（目的）Teta sa zvrtla k džbánu, že si naleje vody.（おばさんは水を注ごうとして，水差しのほうに向き直った）
- (12)（譲歩）*napriek tomu, že/vzdor tomu, že*
Neurobil som skúšku napriek tomu, že som sa usilovne učil.（ぼくは一生懸命に勉強したけれども，試験に通らなかった）
- (13)（区分）*nie(to) že by/nie(to) žeby*
Pacient nevládal sedieť, nietožeby chodiť.（患者は座ることさえできなかったし，ましてや歩くことなどできなかった）
- (14)（反意）*nie že by‐ale（lež）*
Nie že by sa polepšil otcov zdravotný stav, ale stáva sa ešte horším.（父の健康状態は良くなるどころか，さらに悪化している）

žeby
- (1)（目的）Vytiahol drobné, žeby kúpil noviny.（彼は新聞を買うために，小銭を取り出した）
- (2)（方法）Nemám toľko peňazí, žeby som mohol rozhadzovať.（ぼくには散財できるほどの金がない）
- (3)（目的語）Nedovolí, žeby mu dcéra chodila na diskotéku.（彼は娘がディスコに行くことを許さない）
- (4)（主語）Hlavné je to, žeby sa vojna skončila.（大事なのは，戦争が終わることだ）

第2部　形態論　Morfológia

§106　反復接続詞・複合接続詞・二項相関接続詞
Opakované spojky, zložené spojky a dvojčlenné súvzťažné spojky

(1)反復接続詞には，次のようなものがある．

　例　aj... aj.../aj... aj... aj.../i... i...（～も，～も）
　　　ani... ani...（～も，～も～ない）
　　　alebo... alebo.../buď... alebo.../či... alebo...
　　　buď... buď.../či... či...（～か，～か）

(2)複合接続詞は，2つ以上の独立した語から構成される．分離したまま表記される場合と，1語で表記される場合がある．

　① a, i, aj, ani, ale を含む複合接続詞は，分離して表記される．

　例　a čo（たとえ～でも），a jednako（～とはいえ），
　　　a predsa（とはいえやはり），
　　　a preto/a tak/a teda（それゆえ），a to/a veď（それも）

> 注) avšak（しかしながら）は例外

　　i čo/i keby/i keď/čo i（たとえ～でも），i tak/i to（～なので），ako i（～も）

　　čo aj/hoci aj/keď aj/aj keď/keby aj/aj keby（たとえ～でも），ako aj（～も）

　　ako ani（～も），ani čo by/ani keby（たとえ～でも）

　　ale jednako（～とはいえ），ale predsa（とはいえやはり），ale zato（でもそのかわり）

　② čo を含む複合接続詞は，分離して表記される．

VIII 接続詞　Spojky

例　čo aj/čo i/čo hneď/čo priam/čo ako（たとえ～でも），
　　len čo（～するやいなや），
　　medzitým čo/zatiaľ čo（～しているあいだに）

③前置詞と接続詞で構成される複合表現は，分離して表記される．

例　bez toho, aby…（～することなく），
　　namiesto toho, aby…（～するかわりに），
　　napriek tomu, že…（～にもかかわらず），
　　okrem toho, že…（～する以外に），
　　s tým, že…（～することで），
　　vzhľadom na to, že…（～を考慮して）

Kúpil nový prístroj *bez toho, aby* vedel, na čo to bude.
（彼は，なんの役に立つのかも知らないで，新しい機械を買った）
Okrem toho, že to spomenul, nepovedal nič.
（彼は，それに言及した以外には，なにも言わなかった）
Vzhľadom na to, že konferencia nebude, treba ubytovanie odvolať.
（会議が開かれないので，宿泊をキャンセルする必要がある）

④ -že をともなう接続詞は，1語で表記される．

例　čiže（あるいは，つまり），keďže（～なので），
　　lenže/ibaže（ただ），nielenže（～ばかりでなく），
　　pretože（なぜならば），takže（それで，だから）

⑤前置詞＋代名詞から生じた接続詞は，1語で表記される．

例　nakoľko（～するかぎり），
　　pokiaľ（～にかんするかぎり，～するかぎり），
　　pokým（～するあいだに），pričom（そのうえ，しかも），
　　pritom（～だが）

⑥ -by をともなう接続詞は，ふつう1語で表記される．

第2部　形態論　Morfológia

例　aby（〜するために），keby（もし〜なら），
　　sťaby/akoby（あたかも〜のように），žeby（〜するために）

> 注）仮定法の文では，ako by, že by などのように，分離して表記される．
>
> 　　例　Neviem, ako by sa tento počítač dalo opraviť.
> 　　　　（どうしたらこのコンピュータを修理できるのか分からない）

(3)二項相関接続詞には，次のようなものがある．

例　nielen(že)..., ale i (aj, ani)...（〜ばかりでなく，〜も），
　　čím..., tým...（〜するほど，〜だ），
　　nie tak..., ako (skôr)...（〜ではなく，むしろ〜），
　　nie že by..., ale (lež)...（〜どころか，むしろ〜），
　　síce..., ale...（〜ではあるが，しかし），
　　tak..., ako (aj, i)...（〜であるように，また）

IX 助詞 Častice

§107 スロヴァキア語の助詞　Častice v slovenčine

(1)スロヴァキア語の助詞は，語形変化しない品詞のひとつである．助詞は，発話内容にたいする発話者の主観的な姿勢を表現する品詞である．

(2)意味の観点から見ると，助詞は導入の助詞 uvádzacie častice と，区分の助詞 vytyčovacie častice に大別することができる．

(3)導入の助詞は，平叙文の文頭に置かれる付加の助詞 pripájacie častice (a, aj, ale, ani, i, napokon, no, nuž, ono, potom, tak, teda, to, však など) と，促進の助詞 pobádacie častice に区分される．促進の助詞は平叙文でない文を導き，命令の助詞 rozkazovacie častice (aby, ale, iba, keby, len, nech, no, ved', že など)，願望の助詞 želacie častice (aby, bár, bárs, bodaj, kiež など)，質問の助詞 opytovacie častice (azda, či, hádam, vari など)，条件の助詞 podmieňovacie častice (by) に細分される．

(4)区分の助詞は，説明の助詞 vysvetl'ovacie častice (ako, ešte, fakticky, hlavne, ináč, inakšie, jednoducho, najmä, napríklad, navyše, povedzme, prakticky, prípadne, reku, respektíve, údajne, už, vlastne, vôbec, vraj など)，評価の助詞 hodnotiace častice，強調の助詞 zdôrazňovacie častice (aj, ani, aspoň, až, ba, ešte, i, iba, jedine, len, práve, priam, tiež, tu, už, vôbec など) に区分される．説明の助詞は，先行する文脈に厳密化した同じ意味の表現を付加する．評価の助詞は，「はい」と「いいえ」を両極とした評価を表現し，確認の助詞 konfirmatívne častice (akiste, áno, ba, bezpochyby, dobre, doista, iste, naozaj, nepochybne, ozaj, pochopitel'ne, pravdaže, prirodzene, rozhodne, samozrejme, skutočne, správ-

第2部　形態論　Morfológia

ne, určite, veru, zaiste, zrejme など），否定の助詞 negatívne častice (bohužiaľ, figu, nie, sotva, ťažko, žiaľ など），仲裁の助詞 arbitratívne častice (asi, hádam, možno など）に細分される．強調の助詞は，後続する文の成分の重要性を強調する．

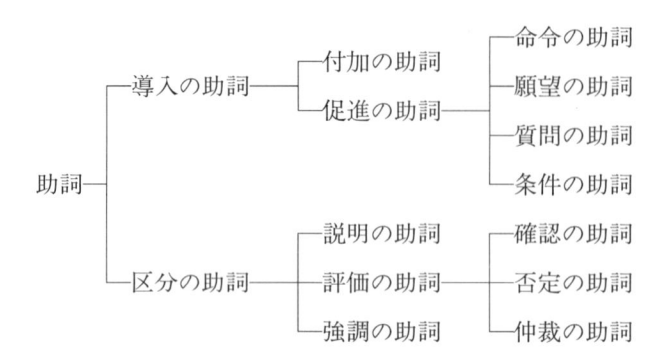

```
助詞─┬─導入の助詞─┬─付加の助詞─┬─命令の助詞
     │             │             ├─願望の助詞
     │             └─促進の助詞─┼─質問の助詞
     │                           └─条件の助詞
     │
     └─区分の助詞─┬─説明の助詞─┬─確認の助詞
                   ├─評価の助詞─┼─否定の助詞
                   └─強調の助詞─┴─仲裁の助詞
```

(5) 形態の観点から見ると，助詞は基本的助詞 primárne častice と派生的助詞 sekundárne častice，および一語の助詞 jednoslovné častice と数語の助詞 viacslovné častice に分類される．

§108　おもな助詞　Hlavné častice

a	（疑問文）	A viete, čo sa stalo?（なにが起きたのか，ご存じなのですか）
aby/abyže	（願望）	Aby si sa nepošmykol!（足を滑らせないようにね）
aj	(1)（付加）	Aj predseda súhlasil s návrhom.（議長も提案に賛成した）
	(2)（確認）	aj tak Aj tak je už neskoro.（そうでなくてももう遅い）
ak	（概数・限定）	Nebolo ich veľa, ak traja, štyria.（彼らは多くはなくて，三，四人ぐらいだった）
akiste	（可能性）	Akiste je to tak.（おそらくそうなのだろう）
ako/akože	（逡巡・幻滅）	Ty si ho ako urazil?（君は彼を侮辱する

IX 助詞　Častice

		ようなことをしてしまったのか）
akoby	(1)（確認）	*akoby nie* Správne som povedal? — Akoby nie.（私の言ったことは正しいですか — もちろんですとも）
	(2)（答えの強調）	*akoby aj/akoby aj nie* Nemýlil sa, veď akoby aj.（彼はまちがえなかったし，まちがえるはずもなかった），Stal sa známy, veď akoby aj nie.（彼は有名になったが，それは当然なことだ）
akurát	(1)（強調）	akurát tisíc korún（きっかり1000コルナ），akurát vtedy（ちょうどその時），Už mám toho akurát dosť.（もうぼくはそれはほんとうにうんざりだ）
	(2)（否定）	No akurát!（とんでもない）
ale	(1)（強調）	Môžem ísť s vami? — Ale áno.（ご一緒してもいいですか — もちろんです）
	(2)（感嘆文）	*aleže* Aleže sa držíte!（がんばっていますね）
	(3)（付加）	Prišiel na návštevu ku mne, ale iba na chvíľu.（彼は私のところを訪問したが，ほんの束の間のことだった）
	(4)（否定・拒否）	*ale kde(že)/ale čo(by)/ale ba* Páči sa vám táto hudba? — Ale kdeže.（この音楽が気に入りましたか — まさか）
ani	(1)（否定の付加）	Nemám ani haliera.（ぼくは一文なしだ），Ako sa máš? — Ani sa nepýtaj!（調子はどうだい — ひどいもんだよ）
	(2)（不決断）	Budeš tu obedovať? — Ani veľmi nie.（ここで昼食するかい — まあやめておこう）
áno	(1)（肯定）	Hovoríte po slovensky? — Áno.（スロヴァキア語を話しますか — はい）
	(2)（肯定的姿勢）	Áno, to bude najrozumnejšie stanovisko.（そう，それがいちばん理性的な態度だろう）

第 2 部　形態論　Morfológia

	(3)（請願）	Nechaj ma chvíľku, áno?（しばらくぼくを放っておいてくれ、いいね）
asi	（推測・概算）	Už asi nepríde.（彼はもうおそらく来ないだろう），asi pred hodinou（約 1 時間前に）
aspoň	(1)（説明）	Nebude nikdy spokojný, aspoň čo sa týka peňazí.（すくなくとも金銭については，彼はけっして満足しないだろう）
	(2)（極端な規模）	Keď už mám ísť do pekla, pôjdem aspoň na peknom koni.（どうしても地獄に行かなければならないなら，せめて美しい馬に乗っていこう）
	(3)（強調）	Daj mi aspoň vody.（ぼくにせめて水をくれ）
azda	(1)（推測・曖昧さ）	Dnes bude azda pršať.（今日はおそらく雨が降るだろう）
	(2)（疑惑）	Azda sa len nezbláznil?（彼は気でも狂ったんじゃないか）
až	(1)（極端な規模）	Snehu bolo až po pás.（雪は腰のところまであった）
	(2)（付加）	Dozviem sa to až zajtra.（それがわかるのは明日になってからだ）
	(3)（強調）	Ivan bol utiahnutý človek až čudák.（イヴァンは奇人と言ってもいいほど引っ込み思案な人間だった）
	(4)（間隔）	od rána až do večera（朝から晩まで），čísla od päť až po desať（5 から 10 までの数字）
ba	(1)（肯定の強調）	Nepoznáte ho? − Ba áno.（彼を知りませんか − 知っていますとも）
	(2)（否定の強調）	ba ešte čo/ba čerta/ba paroma（まさかね）
	(3)（強調）	Ba netáraj!（まさかそんなこと）
bárs/bár	(1)（評価）	Choď bár aj do trantárie!（勝手にどこにでも行きなさい）

— 432 —

IX 助詞　Častice

	(2)（願望）	Bárs by som sa toho dožil.（その時まで生きていればいいけれど）
bezmála	（限定）	Bratislava je už bezmála polmiliónové mesto.（ブラチスラヴァはすでに人口ほぼ50万の都市だ）
bezpochyby	（断言）	Čaká nás bezpochyby vel'a skúšok.（疑いなく，多くの試練が私たちを待っている）
beztak	（確認）	Beztak mu nik neverí.（どうせだれも彼を信じていない）
beztoho	（確認）	Beztoho nebudem mat' dost' času.（そうでなくても，ぼくにはじゅうぶんな時間がないだろう）
bodaj/bodajže	（願望）	Bodaj by si mal pravdu!（君が正しいといいけどね），Bodaj by nie.（もちろんですとも）
bohužial'/žial'/žial'bohu		
	（遺憾）	Bohužial', nemôžem príst'.（残念ですが，私は来られません）
božechráň/bohchráň		
	（強い否定）	Nechcem spolupracovat' s nimi, božechráň.（なんとしても彼らとは協力したくないな）
by	(1)（仮定）	<動詞の過去形／過去完了形とともに仮定法を形成>（⇒§79）Ak by ma žiadali, prídem.（もし頼まれるのだったら，来よう）
	(2)（ほかの助詞との結合）	čo by aj/bodaj by
či	(1)（疑問文）	Či som ti nevravel?（だから言っただろう）
	(2)（呼びかけ）	Či len budeme mat' krásny život!（これからのぼくたちの生活は，なんて素晴らしいんだろう）
	(3)（選択）	šest' či sedem rokov（6年か7年）
	(4)（確認）	že či Máš ju rád? － Že či!（彼女が好きなんだろう？ － もちろんさ）
	(5)（強調）	či nie? Ved' je to jednoduché, či nie?（だってこれは単純だ，そうじゃないか）
čím	（最大限の規模）	Príd' čím najskôr.（できるだけ早く来てくれ）

— 433 —

第2部　形態論　Morfológia

čisto	（限定）	Začal som sa učiť slovenčinu čisto zo zvedavosti.（私は純粋に好奇心からスロヴァキア語を勉強しはじめた）
čo	(1)（否定）	*čože* Čo(že) ja viem? （ぼくが知るものか）
	(2)（同意の促し）	Ty ho poznáš, čo? （君は彼を知っているだろう），Dobrá kniha, čo? （良い本だろう）
	(3)（最大限の規模）	Urobil som to čo najlepšie.（ぼくはベストを尽くしてそれをやった）
	(4)（反復）	deň čo deň （毎日）
	(5)（強調）	*čo len / čo i len* Povedz mi čo len slovo.（一言でもいいから，ぼくに言ってくれ）
	(6)（付加）	*iba čo / len čo* Iba čo ma trápiš.（君はぼくを苦しめているだけだ）
čoby/čožeby	（強い否定）	Čoby som nerozumel.（ぼくにわからないはずがない），To je náhoda. − Čožeby náhoda! （これは偶然だよ − 偶然だって）
div/div že	（限定）	＜しばしば動詞の否定形とともに＞ Dieťa sa div nerozplakalo.（子供はあやうく泣きだすところだった）
dobre	(1)（同意）	Pôjdeme spolu? − Dobre.（一緒に行こうか − いいよ）
	(2)（限定）	*dobre že* Chodil, dobre že si nohy nezodral.（彼は足が棒になるほど歩きまわった）
doista	(1)（確認）	Doista ti zajtra zavolám.（明日かならず君に電話するよ）
	(2)（可能性）	To je doista pravda.（それはおそらく真実だろう）
dokonca	（強調）	Zúčastnil sa dokonca aj prezident.（大統領さえも参加した）
doslova	（確認）	Mali sme doslova minútu na to, aby sme stihli vlak.（列車の発車までに文字どおり1分しかなか

IX 助詞 Častice

った)

ešte (1)(強調) Ešte dodnes to nevie.(今日にいたるまでそれはわからない)
(2)(付加) Ona hovorí po slovensky ešte lepšie.(彼女はもっと上手にスロヴァキア語を話す)
(3)(強調された否定) *ešte čo/ešteže čo*
Zabudnúť? ― Ešteže čo!(忘れなさいだって？ ― それは無理だ)
(4)(推測) Ešte o zdravie prídeš.(いまに健康を損なうぞ)

fakticky (確認) Je to tak, fakticky.(それはほんとうにそうなんだ)

figu (強調された否定) *figu drevenú/figu borovú*
Figu drevenú sú to tvoje peniaze!(これが君の金だなんて、とんでもない)

hádam (推測) Hádam to bude stačiť.(おそらくこれでじゅうぶんだろう)

hej (1)(肯定) Hovoríte po slovensky? ― Hej.(スロヴァキア語を話しますか ― はい)
(2)(促し) Odídeme, hej?(さあ、行きましょうか)

hlavne (優先) Čítam hlavne klasických spisovateľov.(私はおもに古典作家を読んでいる)

ho (強調) Ideš ho preč!(向こうに行け), Budeš ho ticho!(静かにしろ)

hoci/hoc (極端な可能性) Môžete prísť hoci aj hneď.(すぐにでもいらしていただいても構いません)

chvalabohu (満足・喜び) Chvalabohu, nič sa nestalo.(ありがたいことに、何事も起こらなかった)

i (1)(導入) I zasmiala sa.(そして彼女は笑った)
(2)(極端な可能性) *čo i len* Keby si čo i len naznačil.(きみがせめて合図でもしてくれたら)
(3)(付加) Vyhrali sme futbalový zápas i druhý raz.(ぼくたちは二度目もサッカーの試合に勝った)

― 435 ―

第2部 形態論 Morfológia

iba	(1)	(限定)	Mám iba sto korún.（ぼくは100コルナしか持っていない）
	(2)	(評価)	*iba čo*　Ak to urobíš, iba čo ho nahneváš.（そんなことをしたら，彼を怒らせるだけだ）
	(3)	(限定)	*iba tak*　To nie je iba tak.（それは笑いごとじゃないぞ）

ináč/inak/inakšie
- (1)（補足）Ináč sa máte dobre?（ほかの点では順調ですか）
- (2)（説明）Bol to ináč dobrý človek.（彼はまあ良い人間だった）

iste/isto （確認）*isteže/isto-iste*　Isto je to pravda.（それはきっと本当です）

jedine （限定）Záleží to jedine na tebe.（それはまったく君しだいだ）

jednako （確認）Jednako som ho spoznal.（ぼくはとにかく彼と知り合いになった）

jednoducho
- (1)（強調）Povedal jednoducho: nie.（彼はあっさり「いいえ」と答えた）
- (2)（説明）To sa jednoducho nedá urobiť.（それはようするにできない相談だ）

kde/kdeže （強い否定）Už si to urobil? — Ale kdeže.（もうやってしまったかい — とんでもない）

kdeby/kdežeby （強い否定）Stačí vám to? — Kdežeby!（それでじゅうぶんですか — とんでもない）

keby
- (1)（願望）Keby si toľko nerozprával!（そんなにお喋りしないといいのに），Keby ste boli taký dobrý [taká dobrá]...（丁寧な依頼の枕詞）
- (2)（評価）Keby len to!（それだけならまだいいが）

keď' （評価）Keď' ste len tu!（とにかくここにいてくだされば）

kiež/kiežby （願望）Kiežby sa uzdravil.（彼が元気になってくれればいいが）

IX 助詞 Častice

konečne (1)（結合）Ved' konečne možné je všetko.（結局のところなんだって起こりうるんだから）
(2)（満足）No, konečne sme sa dostali do centra mesta.（さあ，とうとう町の中心街に着いたぞ）

koniec koncov/koniec koncom
（結合）Žijeme koniec koncov iba raz.（結局のところ人生は一度きりだ）

ledva/ledvaže
（極端な状況）Ledva som došiel načas.（ぼくはなんとか時間どおりに着いた）

len (1)（強調）Len aby nepršalo!（とにかく雨が降らなければいいが）
(2)（付加）Vezmime si len mapu.（地図だけは持っていこう）
(3)（評価）Keď sa vrátila, len ju tak striaslo od zimy.（帰り着いた時，彼女は寒さでぶるぶる震えていた）
(4)（限定）*len a len* Je len kosť a koža.（彼は骨と皮ばかりだ）
(5)（代名詞の強調）*kto len/čo len/aký len/kde len/kedy len* Povedz čo len slovko.（一言でもいいから言ってくれ）
(6)（肯定）*nemať len*
Nemá len dve pracovité ruky.（彼のもとでは勤勉な二本の手だけだ）
(7)（実現しかけた行為）
len že/len-len (že)/len tol'ko že＋動詞の否定形
Len-len že nespadol.（彼はあやうく転ぶところだった）
(8)（かろうじて実現した行為）
len že/len-len (že)/len tol'ko že＋動詞の肯定形
Len-len že som stihla vlak.（私はやっとのことで列車に間に合った）

第2部　形態論　Morfológia

možno	（可能性）	Možno je doma.（彼はおそらく家にいるだろう）, Prídeš? ‒ Možno.（来るかい ‒ たぶんね）
môžbyt'	（可能性）	Môžbyt' máš pravdu.（君が正しいかもしれない）
nadovšetko	（優先）	Potrebujeme nadovšetko pokojný život.（私たちに必要なのはなによりも穏やかな生活だ）
najmä	（優先）	Dôležitá je najmä kvalita.（重要なのはとくに品質だ）
najskôr/najskorej		
	（可能性）	Najskôr zaspal.（彼はおそらく寝入ったのだろう）
najviac/najviacej		
	（極端な規模）	najviac ak（いちばんましな場合で）
nanajvýš	（極端な規模）	jeden, nanajvýš dva prípady（1つか, 多くても2つのケース）
naopak	（対立）	Koniec? ‒ Naopak, začiatok!（これで終わりかい ‒ とんでもない, はじまりさ）
naozaj	（確認）	naozaj precízna odpoveď（ほんとうに厳密な回答）
napokon	（結合）	Na tom napokon nezáleží.（それにはけっきょく関係がない）
napríklad(1)	（結合）	Chce sa vám napríklad ísť na prechádzku?（たとえば散歩にいらっしゃりたいですか）
(2)	（説明）	Veľké mestá na Slovensku okrem Bratislavy a Košíc sú napríklad Prešov, Nitra, Žilina, Banská Bystrica atď.（ブラチスラヴァとコシツェ以外のスロヴァキアの大都市は, たとえばプレショウ, ニトラ, ジリナ, バンスカー・ビストリツァなどである）
navyše	（結合）	Je lenivý a navyše klame.（彼は怠けものでおまけに嘘をつく）
nebodaj	（驚き・危惧）	Vec je nebodaj vážna.（ことは深刻かもし

IX 助詞 Častice

れない）

nech/nechže
 (1)（願望）＜動詞の現在形とともに命令法を形成＞（⇨§78）
Nech už konečne začne!（とにかくもう始めてほしい）, Nech sa vám páči, sadnite si.（どうぞ、お座りください）, Nech žije kráľovná!（女王さま万歳）
 (2)（諦め・無関心）Tvoj brat je usilovnejší ako ty. — Nech je.（きみの弟はきみより勤勉だよ — それがどうした）

nepochybne（確認）Nepochybne sú tu aj iné príčiny.（これには疑いなくべつの理由もある）

nesporne（確認）Je to nesporne tak.（それは間違いなくそうだ）

nie
 (1)（不同意）Nie, mýlite sa.（いいえ、あなたは間違っていますよ）
 (2)（否定）Nie je to pravda.（それは本当じゃありません）, Nie, neviem o tom.（いいえ、ぼくはそれについて知りません）
 (3)（訂正）Prosil, nie, modlikal.（彼は頼んだ、いや哀願していた）
 (4)（促し）Pôjdeme domov, nie?（もう家に帰らないか）
 (5)（当該の行為を行う力がないこと）*nie a nie*＋不定形
Auto sa nie a nie pohnúť.（車はなんとしても動かない）

nijako（否定の強調）Nie je oblečený nijako skromne.（彼の装いはとても質素とはいえない）

no
 (1)（評価）No, čo ja viem.（さあ、ぼくにはよくわからないよ）
 (2)（同意）Si spokojný? — No!（君は満足かい — ああ）

nuž
 (1)（文脈）Nuž, myslím, že je to dobrý nápad.（まあ、それは良いアイディアだと思うよ）
 (2)（促し）Nuž, poďme!（じゃあ、行こう）, Nuž, začnime!

第2部　形態論　Morfológia

（では，始めよう）

ozaj	(1)	（文脈）	Ozaj, prídeš?（ところで君は来るかい）
	(2)	（確認）	Je ozaj dobrý otec.（彼はほんとうに良い父親だ）
paroma		（否定）	Paroma je tu dobre.（ここが良いところだなんてとんでもない）
po	(1)	（分配）	＜個数詞の主格と結合＞（⇒§67）Študenti sedia v laviciach po dvaja.（学生たちは長椅子に2人ずつ腰掛けている）
	(2)	（副詞的表現）	（⇒§92）po priateľsky（友人らしく），po slovensky（スロヴァキア語で，スロヴァキア風に）
pochopiteľne		（確認）	To je, pochopiteľne, pravda.（それはもちろん本当だ）
pomaly		（限定）	Je už pomaly dievča.（彼女はもうそろそろ年頃だ）
potom	(1)	（付加）	Keď si nič neurobil, prečo si potom utekal?（なにもしなかったのなら，なぜ君は逃げたんだ）
	(2)	（追加）	Boli sme dve ženy, dvaja muži a potom štyri deti.（私たちは女性2人と男性2人，それに子供4人だった）
povedzme		（付加）	Prídem povedzme o hodinu.（そうねえ，一時間後に来よう）
pravda/ pravdaže	(1)	（確認）	Pravda, môžem to dosvedčiť.（もちろん，ぼくは証言してもいい）
	(2)	（可能性の承認）	Pravdaže, dá sa uvažovať aj ináč.（もちろん違った風に考えることもできる）
	(3)	（促し）	Súhlasíš, pravda?（賛成してくれるね）
	(4)	（同意）	Smiem sa opýtať? － Pravdaže!（質問してもいいですか － もちろんです）
pravdepodobne		（蓋然性）	Pravdepodobne už nie je doma.（彼はたぶんもう家にいないだろう）
práve		（強調）	Mám toho práve dosť.（それにはまったくうんざりだ）

IX 助詞 Častice

predovšetkým （優先） Zaujímam sa predovšetkým o hudbu.（ぼくがなにより関心があるのは音楽だ）

predsa (1)（作用） Predsa nemôžem nechat' decko samo doma.（とにかく子供を一人で家に放っておくわけにはいかない）

(2)（強調） Predsa len je na svete spravodlivost'.（それでもやはりこの世には正義が存在する）

priam （強調） Pieseň bola pekná, priam dojímavá.（歌は美しくて，感動的でさえあった）

priamo （強調） To je priamo neuveritel'né.（それはまったく信じがたい）

prípadne (1)（選択肢） Napíš, prípadne zatelefonuj.（手紙を書くか，それとも電話してくれ）

(2)（評価） Nech prídu prípadne aj rodičia.（できたら両親も来させなさい）

prirodzene （確認） Mal som z toho, prirodzene, radost'.（もちろん私はそれが嬉しかった）

prosím (1)（丁寧） Prosím, sadnite si.（どうぞお座りください）

(2)（注意の喚起） Ako je to prosím možné？（いったいどうしてこんな事が起こるのですか）

(3)（同意） Neprišli by ste zajtra？ － Prosím！（明日いらっしゃれませんか － いいですよ）

prosto/proste

（説明） Opatrovala sirotu prosto z l'udkosti.（彼女が孤児の面倒を見ていたのは，ようするに他人への思いやりからだ）

raz (1)（決着） Bud' už raz ticho.（もうとにかく静かにしてくれ）

(2)（評価） Život je už raz taký.（人生というのはまあこんなものだ）

reku （自説の再現） Pôjdem, reku, domov.（家に帰ることにしようと思った）

respektíve （選択肢） Zatelefonujem zajtra, respektíve pozajtra.

第2部　形態論　Morfológia

		(明日か，それとも明後日にお電話します)
rovno	(強調)	Rovno teba tu potrebujem！(君こそがここで必要なんだ)
rozhodne	(確認)	To rozhodne nie！(それは絶対にノーだ)
samozrejme		
	(1) (肯定の回答)	Smiem si požičať vašu ceruzku？ － Samozrejme. (あなたの鉛筆を借りてもいいですか － もちろんです)，Myslíte, že majú pravdu？ － Samozrejme. (彼らが正しいと思いますか － もちろんです)
	(2) (確認)	Samozrejme, pripojím sa k vám. (もちろんぼくは君たちの一行に加わるよ)
skorej	(程度)	Nepustím ťa skorej, kým neporozprávaš celý príbeh. (その出来事を全部話してくれないかぎり，君を帰さないよ)
skoro	(限定)	skoro vždy (ほとんどつねに)，skoro pol roka (ほぼ半年)
skôr	(程度)	Ide skôr o budúcnosť. (問題はむしろ将来のことだ)，Je skôr mestským človekom. (かれはどちらかというと都会人だ)
skrátka	(説明)	Skrátka, je to tak. (つまり，そういうことなんだ)
skutočne	(確認)	To sa skutočne stalo. (それはほんとうに起こった)
slovom/jedným slovom		
	(説明)	Slovom, je nadaný študent. (ようするに，彼は才能のある学生だ)
sotva/sotvaže		
	(1) (困難)	sotva čitateľný rukopis (かろうじて読み取れる原稿)
	(2) (疑い)	Sotva vás počujem. (あなたの言うことがほとんど聞き取れません)

IX 助詞 Častice

správne	（同意）	Správne, to bude najrozumnejšie.（そう，それがいちばん利口だろう）
tak	(1)（様態）	Tak už dosť!（もうこれでじゅうぶんだ）
	(2)（説明）	Nebolo by zle, keby nám tak dačo vysvetlili.（ぼくたちにこんな風になにか説明してくれても，よかっただろうに）
	(3)（評価）	tak okolo šiestej（6時ごろに）
	(4)（極端な規模）	*tak-tak* Tak-tak, že to stihli.（彼らはなんとか間に合った）
	(5)（同意）	Tak, tak, to je ono.（そうそう，それだよ）
takisto	（注意の喚起）	Ty nesieš zodpovednosť takisto ako ostatní.（君もほかの人たちと同じように責任を負っているんだよ）
takmer	（限定）	Tam sa hovorilo takmer výlučne o politike.（そこではもっぱら政治のことばかりが話されていた）
takpovediac	（言い換え）	Článok sa dotýka podstaty, takpovediac samého jadra problému.（この論文は本質に，つまり問題の核心に触れている）
takrečeno	（限定）	Situácia sa zmenila takrečeno zo dňa na deň.（状況はほとんど突然に変化してしまった）
teda	（説明）	Teda, poďme.（それじゃ行こう），Ty mi teda neveríš?（つまり君はぼくを信じないのか）
temer	（限定）	O ekonomike sa temer vôbec nehovorilo.（経済については，ほとんどまったく話題にならなかった）
tiež	（強調）	Toto je tiež taký prípad ako predchádzajúce.（これも以前と同様のケースだ）
tobôž	（程度）	Otec sa zo synovho úspechu tešil, matka tobôž.（父親は息子の成功を喜んでいたが，母親はなおさらだった）
totiž/totižto	（付加）	Totiž aby ste rozumeli, všetko bolo tak.（つ

第2部　形態論　Morfológia

まり理解していただきたいのは，万事がそうだったことです）

| tu | （強調） | Oblakov nikde, a tu riadny lejak.（雲一つないのに，ここでは本降りだ）
| tuším | （推測・概算） | Stalo sa to tuším v sobotu.（それが起こったのは，たしか土曜日のことだった）
| údajne | （伝聞） | Údajne teraz býva v Prahe.（彼は今プラハで暮らしているそうだ）
| určite | （確認） | Za hodinu sa určite vrátim.（一時間以内にきっと戻ってきます）
| už | (1)（説明） | Už nech je akokoľvek, jedno je isté.（事態がどのようであっても，ひとつだけ確かなことがある）
| | (2)（促し） | Treba dačo robiť, už nám vec prerastá cez hlavu.（なにか手を打つ必要がある，この件はもうわれわれの手には負えなくなっているから）
| | (3)（結合） | Na tom sa už nedá nič meniť.（その点はもうなにも変えることができない）
| | (4)（評価） | Už lepšie sa mi pozdáva prvá možnosť.（ぼくには第一の可能性のほうが良いように見える）
| | (5)（強調） | Už zrána bolo horúco.（もう朝方から暑かった）
| | (6)（命令の強め）*už aj*/*už ani*
| | | Von z izby, už aj!（部屋から出ていけ，今すぐにだ）
| | (7)（強意）*už aj*/*už ani*
| | | Už ani hovoriť sa s ním nedá.（もう彼とは話すことさえできない）
| | (8)（緊急の願望）*už aby*
| | | Už aby tu bol ten lekár!（あの医者が早く来てくれたらな）
| vari | (1)（驚き・疑い） | Vari by ste sa nehnevali?（まさかご立腹ではないでしょうね）
| | (2)（蓋然性） | Prší, vari preto nik neprišiel.（雨が降ってい

IX 助詞 Častice

るから，おそらくだれも来なかったのだろう）

(3)（譲歩）Čakal by vari aj do rána.（彼なら朝方まででも待っているだろう）

vcelku （結論）Vcelku sa mi to podarilo.（全体としてそれはうまくいった）

ved' (1)（請け合い）Ved' on príde.（きっと彼は来るよ）

(2)（促し）*ved'že* Ved'že už daj pokoj!（もう放っておいてくれよ）

veru/veruže （確認）Veruže to nie je špás!（まったくそれは冗談事じゃない）

vlastne (1)（訂正）dvaja muži, vlastne iba chlapci（2人の男性，というかまだほんの少年）

(2)（評価）Vlastne ani neviem, ako sa to skončilo.（そもそもぼくは，それがどんな風に終わったかも知らない）

vonkoncom （極端な程度）Mňa už vonkoncom nič neprekvapí.（ぼくはもうなにが起きてもまったく驚かない）

vôbec （極端な程度）Politika ma vôbec nezaujíma.（ぼくは政治にはまったく関心がない），Už mesiac vôbec nepršalo.（もう1カ月もまったく雨が降らなかった）

vraj （伝聞）Tohto roku vraj bude tuhá zima.（今年の冬は厳しくなるそうだ）

vskutku （確認）Kufor bol vskutku t'ažký.（スーツケースはほんとうに重かった）

však (1)（説明）Však sa ti nič nestane.（とにかく君の身にはなにも起こらないから）

(2)（促し）*všakže* [*fšagže*] / *všakver* [*fšagver*] / *všakhej* [*fšaghej*] Pekný výhľad, všakže?（ねえ，見事な眺めでしょう），Všakver si to bol ty, priznaj sa!（それは君だったんだろう，認めろよ）

zaiste （確認）Navštívite nás? – Zaiste.（私たちのところに来

第2部　形態論　Morfológia

てくれますか － もちろんですよ）

zasa/zas/zase
- (1)（対立）Na druhej strane zasa ukázal, že aj on má kus pravdy.（反面，彼の言い分にも一理あることが示された）
- (2)（強調）Starosti a zasa starosti.（苦労の連続だ）

zato
- (1)（文脈）Autor má zato pestrý štýl.（そのかわり著者は多彩な文体を持っている）
- (2)（満足）(no) ved' zato Urobil si skúšku？ － No ved' zato.（試験にパスしたかい － まあなんとかね）

zrejme
- （確信）Zrejme našiel východisko.（彼は解決策を見いだしたようだ）

zvlášť
- （優先）Musíme sa starať zvlášť o čistotu ovzdušia（私たちはとくに大気の清浄さに気を配らなければならない）

že
- (1)（感情的反応）Že sa nehanbíte！（恥ずかしくないのですか）
- (2)（願望）Že nespadneš！（転ばないようにね）
- (3)（評価）Já že nemám peniaze？（ぼくが金を持っていないだって）
- (4)（強調）A tebe že je čo？（おまえはいったいどうなんだ）
- (5)（伝聞）Že ho už chytili？（彼はもう捕まっただって）
- (6)（実現しかけた行為）

  len že/len-len že/len tol'ko že/div že＋動詞の否定形

  Div že nespadol.（彼はあやうく転ぶところだった）
- (7)（かろうじて実現した行為）

  len že/len-len že/len tol'ko že/div že＋動詞の肯定形

  Len-len že som stihol vlak.（ぼくはやっとのことで列車に間に合った）
- (8)（確認）*že či*

  Máš dosť？ － Že či！（それでじゅうぶんかい －

— 446 —

IX 助詞 Častice

もちろんさ）

§109 助詞の形成　Tvorenie častíc

(1)「ほかの品詞＋動詞」の結合から生じた助詞

例　azda（たぶん），bodaj（～だったらいいのに），
bohužial'/žial'bohu（残念ながら），
božechráň/bohchráň（まさか～ではないだろう），
môžbyt'（ひょっとしたら），nebodaj（まさか）

(2)「前置詞＋ほかの品詞」の結合から生じた助詞

例　bezmála（ほとんど），bezpochyby（まちがいなく），
beztak（どうせ），dokonca（さえも），doslova（文字どおり），
nadovšetko（なによりも），naopak（ぎゃくに），
naozaj（ほんとうに），napokon（けっきょく），
napríklad（たとえば），potom（それなら），
predovšetkým（なによりもまず），skrátka（つまり），
vcelku（全体として），vôbec（まったく），
vskutku（ほんとうに），zvlášť（とくに）

§110 独立していない助詞　Nesamostatné častice

(1) by, čo, čím, ho, že などは，独立していない助詞と見なされる．

①助詞 by は，動詞の仮定法において用いられる（⇨§79）．

②助詞 čím は，形容詞・副詞の比較級とともに，助詞 čo は，形容詞・副詞の最上級とともに書かれると，最大限の規模を示す（⇨§51／96）．

例　čím väčší（できるだけ大きな），
čím väčšmi（できるだけ大きく），
čo najlepší（できるだけ良い），
čo najlepšie（できるだけ良く）

第 2 部　形態論　Morfológia

③強調の助詞 ho は，とくに口語において用いられる．

例　Poď ho domov!（もう家に帰ろう）

④助詞 -že, -by, -žeby は，強調の意味を付加する場合に用いられる．

例　aby ⇨ abyže/ako ⇨ akože/ale ⇨ aleže/bodaj ⇨ bodajže
　　iste ⇨ isteže/kde ⇨ kdeže/ledva ⇨ ledvaže
　　možno ⇨ možnože/nech ⇨ nechže/nie ⇨ nieže
　　pravda ⇨ pravdaže/sotva ⇨ sotvaže/veď ⇨ veďže
　　veru ⇨ veruže/však ⇨ všakže

　　ako ⇨ akoby/čo ⇨ čoby/kde ⇨ kdeby/kiež ⇨ kiežby

　　čo ⇨ čožeby/kde ⇨ kdežeby

(2) 次のような場合，助詞は分離して書かれる（数語の助詞）．

①次のような語

例　aj tak（そうでなくても），ba čerta（まさかね），
　　figu drevenú/figu borovú（とんでもない），
　　jedným slovom（ようするに），
　　koniec koncov/koniec koncom（結局のところ），
　　len-len (že)＋動詞の否定形（あやうく），
　　len-len (že)＋動詞の肯定形（かろうじて），
　　nie a nie（どうしても～ない），tak-tak（なんとか），
　　už aj（ただちに），že či（もちろん）

②それぞれが意味を保った助詞が，結びついている場合

例　čo i len（せめて），už čo hneď aj（たとえ～しても），
　　dokonca ani（～でさえも）

X 間投詞 Citoslovcia

§111 スロヴァキア語の間投詞　Citoslovcia v slovenčine

(1)スロヴァキア語の間投詞は，語形変化しない品詞のひとつである．間投詞は，感情・意志・擬音をあらわす語であり，ほかの品詞とくらべて，形態論の上でも正書法の規則の上でも，無定形である．たとえば，おもに痛みの感情をあらわす間投詞 joj は，jojoj あるいは jój と書いてもよく，無関心・反感・安堵・喜びなどの感情をあらわす間投詞 eh は，ech と書いてもよい．ほかの間投詞の場合も，同様である．

(2)間投詞は，本来の間投詞 vlastné citoslovcia と，擬音語（オノマトペ）zvukomalebné slová (onomatopoje) に大別することができる．本来の間投詞は，感情の間投詞 citové citoslovcia と，意志の間投詞 vôľové citoslovcia に細分される．

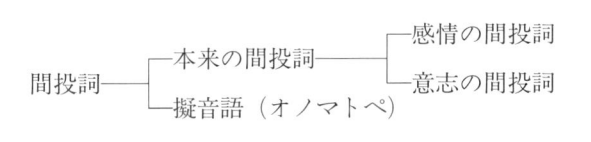

```
                    ┌─本来の間投詞─┬─感情の間投詞
間投詞─┤              └─意志の間投詞
            └─擬音語（オノマトペ）
```

(3)感情の間投詞には，肯定的な感情を表現する語，否定的な感情を表現する語，さらに現象や行為への評価を表現する語がある．感情の間投詞は，ふつう意味の上でひじょうに曖昧である．

①肯定的な感情を表現する語

例　ach/ách（憧れ・驚き），ajaj/ajáj（喜び），
　　dínom-dánom［dí-］（気楽さ・喜び），eh/ech（安堵・喜び），
　　ej（満足・感嘆），ejha（驚き・感嘆・安堵），haj/háj（喜び・驚き），
　　hohó/hó（陽気さ），hoj/hojoj/hojój（喜び・感嘆），
　　hurá（喜び・雄叫び），ih/íh（陽気さ），

第 2 部　形態論　Morfológia

ichu/ichuchu（喜び・上機嫌），joj/jojoj/joj（驚き・感嘆），
juj/jujuj/júj（驚き・感嘆），la/lá/lala（喜び），
nebesá/nebesia（驚嘆・驚嘆），oj/ojoj/ojój（驚き・憧れ・喜び）

②否定的な感情を表現する語

例　ach/ách（痛み・遺憾），aj（憤激・詑り），ajaj/ajáj（詑り・拒否），
au［aǔ］（痛み），beda（痛み・恐怖・絶望・嘆き），
bože（驚き・危惧・心配・痛み・遺憾），
božemôj（嘆息・遺憾・痛み・絶望），br/bŕ（反感・嫌悪・寒さ），
eh/ech（無関心・反感），ej（拒否・遺憾・警告），
fuj/fujha（反感・嫌悪・幻滅），ha（驚き・怒り・指示），
hach（憤激・恐れ・反感・嘲り），hí（驚き・憤激），
hohó/hó（詑り・不満），hoj/hojoj/hojój（憤激），
hu/hú/huhu/huhú（脅え・反感・恐怖），huch（脅え・反感・恐怖），
ih/íh（怒り・痛み），jaj/jajaj/jáj（痛み・不興・遺憾・驚き），
ježišmaria/ježišmária（恐れ・恐怖・詑り・驚き），
joj/jojoj/jój（痛み・遺憾・不興），juj/jujuj/júj（痛み・遺憾・不興），
nebesá/nebesia（恐怖，驚愕），
oh/óh/óha（驚き・遺憾・痛み・不満），
och（遺憾・絶望・憧れ・驚き・恐れ・悪意），
ojej/ojéj（驚き・嘲り・拒否），pf（軽蔑・不興・反感），
panebože［paňe-］（嘆息），preboha（懇願・恐れ・驚き・恐怖），
ú（不愉快）

③現象や行為への評価を表現する語

例　aha/ahá（了解・理解・注意・指示），ajhľa（注意・指示），
dajsamibože/dajsamisvete（軽蔑・安堵），ehe（注意・指示），
hajaj/hajáj（驚嘆），hja/hjaj（諦め・安堵・指示），
hľa（注意・指示），hm（ためらい・困惑・疑い・驚き），
íha（詑り・驚き），jé/jej/jéj（驚き・詑り），
ľa/ľaľa（注意・指示），ľaď/ľaďže（注意・指示），
láry-fáry（安堵・軽蔑），mh/mhm（困惑・疑い・驚き），

X 間投詞 Citoslovcia

na/ná（諦め・安堵），nevídali（安堵・軽蔑），
no（励まし・呼びかけ），
ó（呼びかけ・依頼・憧れ・驚き・驚愕・痛み・遺憾・怒り・安堵），
oho/ohó（不同意・驚き・皮肉・威嚇），
oj/ojoj/ojój（警告・遺憾）

(4)意志の間投詞には，呼びかけと挨拶の言葉，人間にたいする命令の言葉，動物にたいする命令の言葉がある．

①呼びかけと挨拶の言葉

例　ahoj（＜若い世代の＞挨拶），bravo/bravó（称賛・強い同意），
čao/čau（＜若い世代の＞挨拶），
dovi（＜若い世代の＞別れの挨拶），
dovidenia / do videnia（別れの挨拶），
haló（呼びかけ・電話での挨拶），hej（呼びかけ・喜び・鼓舞），
hosana/hossana［-za-］（称賛），
pá/pápá（＜子供との＞別れの挨拶），pardon（謝罪），
servus（＜若い世代の＞挨拶），vitaj（歓迎の挨拶），
zbohom（別れの挨拶）

> 注）口語では上記の語の一部に -te をつけて，vy にたいする表現を形成する場合がある（vykanie）（⇒§54／78）．
>
> 　例　ahoj ⇒ ahojte/čao ⇒ čaote/čau ⇒ caute
> 　　　servus ⇒ servuste/vitaj ⇒ vitajte

②人間にたいする命令の言葉

例　basta（これでじゅうぶん），čary-mary/čáry-máry（魔法の呪文），
čit（静かに），hajde［haide］/hajdy（さあ行こう），
hop/hopsa（飛べ），huš（あっちへ行って），
hybaj/hybáj（さあ行こう），marš（行け），

— 451 —

第 2 部　形態論　Morfológia

　　　　na/nate（さあ，どうぞ），no/nono（だめだよ），
　　　　pst/psst（静かに），stop（止まれ）

③動物にたいする命令の言葉

　例　cic（ネコへの呼びかけ），cip-cip（メンドリへの呼びかけ），
　　　čihi/čihí（馬を左に向けるときのかけ声），
　　　hajs（家畜を追うときの声），heš（鳥などを追い払うときの声），
　　　hijo/hijó/hio/hió（馬を駆り立てるときの声），
　　　hohó/hó（家畜を立ち止まらせるときのかけ声），
　　　hot/hota（馬を右に向けるときのかけ声），
　　　na（家畜への繰り返しの呼びかけ），
　　　pr/prr（馬を立ち止まらせるときのかけ声），
　　　šic（ネコを追い払うときの声）

(5)擬音語（オノマトペ）には，人間の出す音，動物などの鳴き声，物音をまねた言葉（擬声語）や様態を表現する言葉（擬態語）がある．

①人間の出す音

　例　bé（子供の泣き声），bububu/bu-bu-bu（子供を脅かすときの声），
　　　ha-ha/haha/cha-cha/chacha（笑い声），
　　　haja, haja/haju, hajušky（子供をあやして寝かせるときの言葉），
　　　ham（物を食べる音＜幼児語＞），hapčí（くしゃみの音），
　　　he-he/hehe（意地の悪い笑い声），
　　　hej-rup（共同作業をするときの掛け声），
　　　hi-hi/hihi/chi-chi（甲高い笑い声），che-che/cheche（笑い声）

②動物などの鳴き声

　例　bé（ヒツジやヤギの鳴き声），bú（ウシの鳴き声），
　　　cvrk（キリギリスの鳴き声），
　　　čimčara/čimčarara（スズメのさえずり），
　　　čvirik（小鳥のさえずり），gá/gágá/gá-gá（ガチョウの鳴き声），
　　　hav [haŭ]/ hav-hav（イヌの鳴き声），hrkú（ハトの鳴き声），

X　間投詞　Citoslovcia

hu/hú/huhu/huhú（フクロウの鳴き声）, hudry（七面鳥の鳴き声）,
iá [i-á]（ロバの鳴き声）, ihaha/ihahá（ウマのいななき）,
kikiriki/kikirikí（オンドリの鳴き声）, kŕ/kŕŕ（カエルの鳴き声）,
krá/krá-krá（カラスの鳴き声）, kukuk（カッコーの鳴き声）,
mé/méé（ヒツジやヤギの鳴き声）, mihaha（ウマのいななき）,
mňau（ネコの鳴き声）, mú（雌ウシの鳴き声）,
pi-pi（ひな鳥のさえずり）, vr/vrr（動物の唸り声）

③物音をまねた言葉（擬声語）や様態を表現する言葉（擬態語）

例　bác/buch（打撃・落下・射撃などの音）, baf（パイプをふかす音）,
bim/bim-bam（鐘の鳴る音）,
brnk（小鳥が飛び立ったり飛来するときの音／弦やガラスを弾いたときに出る音）,
bum/bums（太鼓・射撃・衝突・落下などの音）,
ceng（硬貨やグラスが当たった時の澄んだ響く音）,
cing/cink（金属やガラスが当たる音）, cingi-lingi（鈴の鳴る音）,
cup/cup-cup（細かい物が落下する音）,
cupi-lupi/cupy-lupy/cupi-dupi/cupy-dupy（殻竿が穀粒を挽く音／早足の音）,
čľap/čľup/čľups（水面に物が落下したときの音）,
draps（布や紙などが破れる音）,
druzg（折れたり，衝突したりする音）,
dup（重い物がどたばたする音）,
dziny-dziny（家畜の首につける鈴の鳴る音／チェンバロの音）,
fác（手のひらで打ったときの音）, fi/fí（物が飛ぶ音）,
fidli, fidli（バイオリンの音）, fľask（頬を平手打ちする音）,
fu/fú/fu-fu（風などが吹く音）,
fuk（消え去る様子・すばやい動き・突然の打撃をあらわす音）,
hop/hop-hop/hopsa（ぴょんと跳ぶ音）,
hr/hrr/hr-hr（細かい物が落下する音）,
hrk（短い鈍い音）, hup/hups（落下や跳ぶときの音）,
chlop（なにかを叩く音）, chmat/chvat（すばやくつかむ様子）,

— 453 —

第 2 部　形態論　Morfológia

  klop（ノックの音），kuk（ものを見る時の様子），
  kvap（水滴がしたたる音），myk（すばやく動く様子），
  pif/pif-paf（射撃の音），
  pich（突き刺したり，押し込んだりする様子），
  prask/prásk（落下・打撃・破損・射撃などの音），
  puk（射撃などの短くて鋭い音），
  rup/rups（物が爆ぜたり，壊れたりする音），
  šuch（なにかの表面をすばやく動くときの音），
  šup/šups（すばやい動きの際に出る音），
  t'ap/t'ap-t'ap（拍手の音・裸足の足音），
  tidli-fidli [tidli-fidli]（バイオリンの音），
  tik [tik]/tik-tak [tik-]（時計が時を刻む音），
  tra-ta-ta（太鼓・射撃の音），tresk（衝突や爆発の際に出る音）

> 注）擬音語（オノマトペ）の間投詞の場合は，硬子音のあとでもふつう i が書かれる（⇒§10）．
>
> 例　tidli-fidli [tidli-fidli]（バイオリンの音）
>   tik [tik]/tik-tak [tik-]（時計が時を刻む音）

(6)間投詞は，動詞述語として用いられる場合がある．

 例　A chlapec *bác* do blata.（そして少年は泥のなかへバチャン）
  Sadol som na koňa a *hajdy*.（馬に乗って，さあ出発）
  Orol sa spustil a *chmat* zajaca do pazúrov.
  （ワシが舞い降りてきて，カギ爪でウサギをさっと引っさらった）

(7)一部の間投詞は，名詞の特定の格，名詞＋代名詞，あるいは前置詞＋名詞の形から派生している．

 例　beda（痛み・恐怖・絶望・嘆き），
  bože（驚き・危惧・心配・痛み・遺憾），
  božemôj（嘆息・遺憾・痛み・絶望），

X 間投詞 Citoslovcia

  dočerta/do čerta（罵り言葉），
  doparoma/do paroma（罵り言葉），
  dopekla/do pekla（罵り言葉），
  ježišmaria/ježišmária（恐れ・恐怖・訝り・驚き），
  kriste/kristepane [krist'epaňe]（思考の素早い動き・憤激・絶望），
  preboha（懇願・恐れ・驚き・恐怖）

(8) 一部の間投詞は，動詞の語幹から派生した（動詞の間投詞）．

 例 chmátat'（すばやくつかむ） ⇒ chmat（すばやくつかむ様子）
   mykat'（くりかえし急にひっぱる）
         ⇒ myk（すばやく動く様子）
   tresknút'（ばたんと音をたてる）
         ⇒ tresk（衝突や爆発の際に出る音）

(9) ぎゃくに間投詞から動詞が派生される場合もある．

 例 hí（驚き・憤激） ⇒ híkat'（ヒーという声を出す）
   kikirikí（オンドリの鳴き声）
     ⇒ kikiríkat'（＜オンドリが＞コケコッコーと鳴く，
        ＜人が喧しく＞しゃべり立てる）
   tik（時計が時を刻む音）⇒ tikat'（時計がカチカチと時を刻む）
   klop（ノックの音） ⇒ klopat'（ノックする）

付録1　スロヴァキア語について

(1) 基本的特徴

　スロヴァキア語 slovenčina/slovenský jazyk は，スロヴァキア共和国に住む461万人（2001年現在）のスロヴァキア人の母語であり，1992年憲法では同国の国語と規定されている．また，チェコ共和国に居住する18万人（2001年現在）のスロヴァキア系市民や，アメリカ合衆国（51万人），ハンガリー（12万人），セルビアのヴォイヴォディナ地方（8万5千人）などに散在するスロヴァキア系移民の子孫のあいだでも話されている．

　系統的にみるとスロヴァキア語は，インド・ヨーロッパ諸語のひとつで，チェコ語，ポーランド語，上ソルブ語・下ソルブ語などとともに，スラヴ語派の西のグループに属する．なかでも西隣りのチェコ語との関係はひじょうに近く，両語の標準語使用者は，たがいに母語で話しても，ほぼ完全に理解しあうことができる．これはスロヴァキア語とチェコ語が，多くの共通性を持った連続した言語グループから派生したためである．しかし歴史的環境のちがいによって，よく似た二つの文章語が成立することになった．

　両語の言語学上の差異は，次のようなものがあげられる．
1) スラヴ祖語の *dj は，スロヴァキア語（sl.）では dz，チェコ語（čes.）では z となる．
　　例）sl. priadza「紡績糸」, hrádza「堤防」: čes. příze, hráz
2) スラヴ祖語の語頭の *jь は，スロヴァキア語では i-，チェコ語では j- あるいは je- となる．
　　例）sl. idem「行く（一人称単数）」, ihla（針）: čes. jdu, jehla
3) スラヴ祖語の *rъ, *rь, *lъ, *lь は，スロヴァキア語では音節をなす r, l となり，チェコ語ではしばしば re, le となる．
　　例）sl. krv「血」, blcha「ノミ」: čes. krev, blecha
4) チェコ語には r と ř の対立があるが，スロヴァキア語には r のみで対立がない．
　　例）sl. hora「森／山」, repa（カブ）: čes. hora「山」, řepa
5) スロヴァキア語には l と l' の対立があるが，チェコ語には l のみで対立が

— 456 —

付録1　スロヴァキア語について

ない．
　例）sl. chvála「賞賛」, chvíl'a「瞬間」：čes. chvála, chvíle

(2) 語彙

　スロヴァキア語の語彙のかなりの部分は，チェコ語と共通している．両語は，スラヴ祖語起源の語彙，あるいは，さらに古い起源の語彙を共有しているばかりでなく，歴史時代以降もスロヴァキア語は，チェコ文化との接触のなかで，多くの語をチェコ語から借用している．
　例）bájka「寓話」(čes. bajka), cit「感情」
とはいえ，よく使われる語彙においても，チェコ語とはことなった語も少なくない．
　例）sl. teraz「いま」, izba「部屋」：čes. ted', pokoj
またチェコ語からの借用語を，ことなった語に置き換える傾向もある．
　例）ovšem → pravda「もちろん」, válka → vojna「戦争」
ドイツ語（nem.）からは，12世紀にはじまるドイツ人の東方植民を通じて，多くの語がスロヴァキア語に取りいれられた．
　例）nem. Zucker → cukor「砂糖」, nem. Farbe → farba「色」
ハンガリー語（mad'ar.）からの借用語もあるが，一般に考えられるほど多くはない．
　例）mad'ar. gulyás → guláš/gul'áš
　　　　　　　　（グラーシュ＜ハンガリー風シチュー＞）
　　　mad'ar. hír → chýr「うわさ」
またカルパチア山脈ぞいの，山岳民ヴァラフ（valach）の入植によって，ルーマニア語（rum.）から羊飼養にかかわる語が入っている．
　例）rum. brînză → bryndza「羊のチーズ」

(3) 方言

　スロヴァキア語の方言は，西部方言，中部方言，東部方言の3つに大別される（次ページの＜図＞参照）．この区別は歴史的に古く，すでに15世紀には形成されていたという．

— 457 —

付録1　スロヴァキア語について

1) 西部方言－トレンチーン（Trenčín），ニトラ（Nitra），トルナヴァ（Trnava），ザーホリエ（Záhorie）などの下位方言から構成される．この方言の特徴は，スラヴ祖語の *ort-，*olt- が，それぞれ rot-，lot- に変わったこと，一部の方言に軟らかい l' がないこと，t'，d' が，それぞれ [c]，[dz] と発音されること，リズム短縮の規則が守られないこと，などである．

2) 中部方言－オラヴァ（Orava），トゥリェツ（Turiec），ズヴォレン（Zvolen），ゲメル（Gemer）などの下位方言から構成され，3方言の中では，分布範囲がいちばん広い．この方言の特徴は，スラヴ祖語の *ort-，*olt- が，それぞれ rat-，lat- に変わったこと，dl，tl が l に変わったこと，接尾辞 -l で終わる動詞の形動詞形の -l が，音節をなさない短い [ŭ] と発音されること（例　bol [boŭ] som doma），リズム短縮の規則が守られること，形容詞の中性単数主格の語尾が，-ô であること（標準語では -é）（例　jarmočnô）などである．中部方言には，南スラヴ諸語と共通の特徴が認められるという説もある．

3) 東部方言－スピシ（Spiš），シャリシ（Šariš），ゼムプリーン（Zemplín）などの下位方言から構成される．この方言の特徴は，スラヴ祖語の *ort-，*olt- が，それぞれ rot-，lot- に変わったこと，t'，d' がそれぞれ [c]，

〈図〉スロヴァキア語の方言分布

出典：『スロヴァキア語地図』第1巻(1968)による．

付録1　スロヴァキア語について

[dz] と発音されること，長い音節がないこと，アクセントが終わりから2番めの音節におかれること，などである．

現在の標準スロヴァキア語は，おおむね中部方言に基づいているが，語彙と語形成の一部には，西部方言の要素も取りいれられている．起源的には，西部方言と東部方言が近いとされているが，分かりやすさの点からいえば，西部方言と中部方言の差異は，さほど大きくないのに対して，東部方言は標準語からかなり隔たっている．

(4) 語史

スラヴ族が東方の原住地から，現在のスロヴァキア地域に定住したとされる紀元5世紀以来，話し言葉としては一貫してスラヴ語の方言が用いられていた．9世紀にスロヴァキア地域のスラヴ族が，ほかの西スラヴ語族とともに形成した最初の国家は，大モラヴィア国と呼ばれるが，この時期に，コンスタンチノープルから派遣された「スラヴ人の使徒」コンスタンティノス・キュリロス（Konštantín-Cyril）とメトディオス（Metod）兄弟が考案したグラゴル文字に基づいて，古代教会スラヴ語が文章語として導入された．しかしこの文章語の伝統は，スロヴァキア地域には定着しなかった．

大モラヴィア国崩壊後の11世紀，スロヴァキア地域は，ハンガリー王国の版図に組み込まれ，以来，19世紀中葉にいたるまで，国家の公用語としてはラテン語が用いられた．いっぽう土着のスラヴ語の方言を書きあらわす文章語として，15世紀以降，古いかたちのチェコ語，いわゆる聖書チェコ語（bibličtina）が導入され，おもにプロテスタントの福音派系スロヴァキア人のあいだで用いられた．

18世紀末にカトリック系知識人のあいだで，独自の文章語制定の動きが起こり，民族啓蒙家アントン・ベルノラーク（Anton Bernolák）の手によって，いわゆるベルノラーク語（bernoláčtina）が考案された．この文章語は西部方言に基づいて作られ，同時代の詩人ヤーン・ホリー（Ján Hollý）らによって用いられたが，福音派系知識人が，伝統的なチェコ語の使用を主張したこともあって，広い影響力を持つことができなかった．

1843年に，民族啓蒙家リュドヴィート・シトゥール（L'udovít Štúr）

付録1　スロヴァキア語について

らが，より広く流通していた中部方言に基づいて，あらたに正書法と文法を制定した．この試みは1850年代初頭に，言語学者マルティン・ハタラ（Martin Hattala）らの手によって若干修正されて，標準スロヴァキア語としての地位を確立した．

19世紀後半にはこの標準語によって文学活動が行われ，民族運動が展開された．しかしその影響力は，スロヴァキア民族運動が相対的に小規模で，またハンガリー政府の側からの同化政策のせいもあって，19世紀後半を通じて限定されたものであった．1863年に開設された民族啓蒙文化団体マチツァ・スロヴェンスカー（Matica slovenská）も，1875年には閉鎖された．

スロヴァキア語の社会的発展にとって転換点になったのは，1918年のチェコスロヴァキア国家成立である．同国の成立を契機に，スロヴァキア語の社会的地位は急速に向上した．1920年憲法では「チェコスロヴァキア語」規定によって，チェコ語との接近と融合の方向性が提示されたが，ナショナルな反発も大きく，1939年の第一次国家解体以降は，スロヴァキア語の独自性を強調する言語純化運動が活発化した．

第二次世界大戦後にチェコスロヴァキア国家が復興され，1948年に社会主義体制が確立すると，スロヴァキア語の独自性は公式に認知されて，科学アカデミー言語学研究所などの制度的枠組みが整えられた．1950-60年代からは，アカデミー版の詳解辞典をはじめとする各種の辞書が刊行された．1969年のチェコスロヴァキア連邦化の際には，スロヴァキア語はチェコ語と同権の言語として，実質的に公用語としての地位を保障された．1989年の体制転換後，スロヴァキア語は連邦内のスロヴァキア共和国の公用語とされたが，1992年憲法ではあらためて国語と規定されて，同共和国の完全独立後の1995年に，国語法が制定された．このようにスロヴァキア語は20世紀を通じて，国家の制度的な庇護を受けることによって，社会生活全般を担うことのできる近代的言語としての体裁を整えていったと言える．

（「スロヴァキア語について」は，『言語学大辞典セレクション　ヨーロッパの言語』（三省堂　1998年）に収録された拙稿「スロバキア語」の項目に，訂正と加筆を施したものである）

付録2　スロヴァキア語関係の参考文献

(1) 辞書

詳解辞典

① PECIAR, Š. a KOLEKTÍV : Slovník slovenského jazyka. I.-VI. Bratislava 1959-1968.（完結した唯一の本格的なスロヴァキア語詳解辞典，第1巻〜第5巻がアルファベット順の詳解辞典，第6巻は補遺と付録－人名と地名－，収録語数は約13万語）

② KAČALA, J., PISÁRČIKOVÁ, M.(red.) : Krátky slovník slovenského jazyka. 4.vydanie, Bratislava 2003.（スタンダードな1巻の詳解辞典，収録語数は約6万語）

二カ国語辞典

スロヴァキア語 ⇨ 英語／英語 ⇨ スロヴァキア語

③ ŠIMKO, J. : Anglicko-slovenský slovník. 4.vydanie, Senica-Wauconda 1991.

④ BARAC L'., CÁNIKOVÁ, A., ČERVENČÍKOVÁ, S., SLOBODNÍKOVÁ, L'. : Slovensko-anglický slovník. 2.vydanie, Bratislava 2002.（約5万語）〔さしあたり最良のスロ英辞典〕

⑤ SMRČINOVÁ, D., HARAKSIMOVÁ, E., MOKRÁ, A. : Anglicko/slovenský a slovensko/anglický slovník. Bratislava 1997.

⑥ BARAC L'., CÁNIKOVÁ, A., ČERVENČÍKOVÁ, S., SLOBODNÍKOVÁ, L'. : Anglicko-slovenský slovník. Bratislava 1998.（4万項目）

⑦ CAFORIO, A. : Anglický slovník I. Slovensko-anglický. Bratislava 1998.

⑧ FRONEK, J., MOKRÁŇ, P. : Anglicko-slovenský slovník s najnovšími výrazmi. Bratislava 1999.

⑨ CAFORIO, A. : Slovensko-anglický slovník. Bratislava 2001.

⑩ KOLEKTÍV : Anglicko-slovenský a slovensko-anglický slovník. 3.vydanie, Košice 2003.

⑪ PIT'OVÁ, M. : Anglicko-slovenský a slovensko-anglický slovník. Bratislava 2002.（5万5000項目）

付録2　スロヴァキア語関係の参考文献

スロヴァキア語 ⇨ ロシア語／ロシア語 ⇨ スロヴァキア語
⑫ FILKUSOVÁ, M. a KOLEKTÍV : Vel'ký rusko-slovenský slovník. I.-V. Bratislava 1960-1970.
⑬ KOLLÁR, D., DOROTJAKOVÁ V., FILKUSOVÁ, M., VASILIEVOVÁ E. : Slovensko-ruský slovník. Bratislava-Moskva 1976.（約4万5000語）
⑭ KOLLÁR, D./SEKANINOVÁ, E. a KOLEKTÍV : Vel'ký slovensko-ruský slovník. I.-VI. Bratislava 1979-1995.
⑮ KOLEKTÍV : Rusko-slovenský slovník. Bratislava-Moskva 1989.（約5万語）

スロヴァキア語 ⇨ ドイツ語／ドイツ語 ⇨ スロヴァキア語
⑯ SIARSKY, J. : Slovensko-nemecký slovník. 2.vydanie, Bratislava 1991.（約6万語）
⑰ DRATVA, T. : Slovensko-nemecký slovník. 3.vydanie, Bratislava 1991.（約2万7000語）
⑱ ČIERNA, M., GÉZE, E., JURÍKOVÁ, M., MENKE, E. : Nemecko-slovenský slovník. 3.vydanie, Bratislava 1991.（約8万語）
⑲ JURÍKOVÁ, M., KRENČEYOVÁ, A., KUPKOVIČ, A., LIŠKOVÁ, D., MÚČKOVÁ, S., ONDRČKOVÁ, E., PÁLOVÁ, A. : Slovensko-nemecký slovník. Bratislava 1997.
⑳ KOLEKTÍV : Nemecko-slovenský a slovensko-nemecký slovník. Bratislava 2001.
㉑ BALCOVÁ, T. : Slovensko-nemecký slovník. Nový nemecký pravopis. Bratislava 2002.
㉒ BALCOVÁ, T. : Nemecko-slovenský slovník. Nový nemecký pravopis. Bratislava 2002.

スロヴァキア語 ⇨ フランス語／フランス語 ⇨ スロヴァキア語
㉓ LIŠČÁKOVÁ, I., GRÜNDLEROVÁ, V., VALENT, O., BENÍK, G. : Francúzsko-slovenský slovník. 3.vydanie, Bratislava 1991.（約5万語）
㉔ ŠKULTÉTY, J. a KOLEKTÍV : Slovensko-francúzsky slovník. Bratislava 1992.

付録2　スロヴァキア語関係の参考文献

㉕ MINÁRIKOVÁ, H., LIŠČÁKOVÁ, I. : Francúzsko/slovenský a slovensko/francúzsky slovník. 2.vydanie, Bratislava 2001.
㉖ PORUBSKÁ, E., GRÜNDLEROVÁ, V. : Francúzsko-slovenský slovník. Bratislava 2002.

スロヴァキア語 ⇨ チェコ語／チェコ語 ⇨ スロヴァキア語
㉗ HORÁK, G. a KOLEKTÍV : Česko-slovenský slovník. 2.vydanie, Bratislava 1981.
㉘ GAŠPARÍKOVÁ, Ž., KAMIŠ, A. : Slovensko-český slovník. 3.vydanie, Praha 1986.（約5万語）
㉙ NEČAS, J., KOPECKÝ, M. : Slovensko-český a česko-slovenský slovník rozdílných výrazů. 2.vydanie, Praha 1989.（各2万語）

正書法辞典
㉚ KOLEKTÍV : Pravidlá slovenského pravopisu. 3.vydanie, Bratislava 2000.

標準発音規則辞典
㉛ KRÁL', Á. : Pravidlá slovenskej výslovnosti. 3.vydanie, Bratislava 1996.

外来語辞典
㉜ ŠALING, S., IVANOVÁ-ŠALINGOVÁ, M. a MANÍKOVÁ, Z. : Veľký slovník cudzích slov. Bratislava-Veľký Šariš 1997.（7万項目）
㉝ PETRÁČKOVÁ, V., KRAUS, J. : Slovník cudzích slov. Bratislava 1997.（Akademický slovník cizích slov. 1.-2. zv., Praha 1995. のスロヴァキア語版）
㉞ ŠALING, S., IVANOVÁ-ŠALINGOVÁ, M. a MANÍKOVÁ, Z. : Slovník cudzích slov. Bratislava-Prešov 1997.（約3万語）

俗語辞典
㉟ HOCHEL, B. : Slovník slovenského slangu. Bratislava 1993.（3443項目）

方言辞典
㊱ RIPKA, I. : Vecný slovník dolnotrenčianskych nárečí. Bratislava 1981.（6510

付録2　スロヴァキア語関係の参考文献

語)
㊲ ORLOVSKÝ, J. : Gemerský nárečový slovník. Martin 1982.
㊳ RIPKA, I. a KOLEKTÍV : Slovník slovenských nárečí. I.(A-K). Bratislava 1994.
㊴ PALKOVIČ, K. : Záhorácky slovník. Bratislava 1997.

古語辞典
㊵ MAJTÁN, M. a KOLEKTÍV : Historický slovník slovenského jazyka. I.(A-J), II.(K-N), III.(O-P), IV.(P), V.(R-Š). Bratislava 1991-2000.

頻度辞典
㊶ MISTRÍK, J. : Frekvencia slov v slovenčine. Bratislava 1969.
㊷ MISTRÍK, J. : Frekvencia tvarov a konštrukcií v slovenčine. Bratislava 1985.

逆引き辞典
㊸ MISTRÍK, J. : Retrográdny slovník slovenčiny. Bratislava 1976. (13万4000語)

同義語辞典
㊹ PISÁRČIKOVÁ, M.(red.) : Synonymický slovník slovenčiny. 2.vydanie, Bratislava 2000. (約4万項目)

慣用句辞典
㊺ SMIEŠKOVÁ, E. : Malý frazeologický slovník. 3.vydanie, Bratislava 1983.

略語辞典
㊻ TUŠER, A. : Svet skratiek a značiek. 2.vydanie, Bratislava 1996. (約8000項目)

同形異義語辞典
㊼ IVANOVÁ-ŠALINGOVÁ, M. : Homonymický slovník. Bratislava-Prešov 1997.

付録2　スロヴァキア語関係の参考文献

形態素辞典
㊽ SOKOLOVÁ, M., MOŠKO, G., ŠIMON, F., BENKO, V. : Morfematický slovník slovenčiny. Prešov 1999.

同根類義語辞典
㊾ ŠKVARENINOVÁ, O. : Paronymický slovník. Bratislava 1999.

図解辞典
㊿ ŠKVARENINOVÁ, O. : Obrázkový slovník slovenčiny. Bratislava 1997.（3000 語）

言語学辞典
㉛ MISTRÍK, J. : Lingvistický slovník. Bratislava 2002.

(2) 教科書

スロヴァキア語
① PROKOP, J. : Základný kurz slovenčiny, 5.vydanie, Bratislava 1995.
② HOLÍKOVÁ, K., WEISSOVÁ, M. : Základy slovenčiny. Učebnice＋Pracovný zošit. Bratislava 1995.
③ DRATVA, T., BUZNOVÁ, V. : Slovenčina pre cudzincov. Bratislava/Wauconda 1999.

英語
④ SWAN, O. : Beginning Slovak. Jeffrey Norton Pub. 1992.
⑤ BÖHMEROVÁ, A. : Slovak for you. Slovak for Speakers of English‐Textbook for Beginners. Bratislava/Wauconda 1996.
⑥ NAUGHTON, J.D. : Colloquial Slovak. The Complete Course for Beginners. Routledge. London/New York 1997.
⑦ MISTRÍK, J. : Basic Slovak. 6.vydanie, Bratislava 1998.

付録2　スロヴァキア語関係の参考文献

ロシア語

⑧ МИСТРИК, Й., ТУГУШЕВА, Р : Учебник словацкого языка. Москва-Братислава 1981.

⑨ БАЛАЖ, П., ДАРОВЕЦ, М., ЧАБАЛА, М. : Словацкий язык для славистов. Братислава 1995.

ドイツ語

⑩ BRINKEL, L'., BERGER, K.-H. : Taschenlehrbuch. 3.Auflage. Leipzig-Berlin-München. 1994.

(3) 研究文献

概論

① KOLEKTIV : Slovenština. 5.vydání, Praha 1976.
② ONDRUŠ, Š., SABOL, J. : Úvod do štúdia jazykov. 3.vydanie, Bratislava 1987.
③ МИСТРИК, Й. : Грамматика словацкого языка. Братислава 1985.
④ FINDRA, J., GOTTHARDOVÁ, G., JACKO, J., TVRDOŇ, E. : Slovenský jazyk a sloh. Bratislava 1986.
⑤ MISTRÍK, J. : A Grammar of Contemporary Slovak. 2.vydanie, Bratislava 1988.
⑥ HORECKÝ, J. : Slovenčina v našom živote. Bratislava 1988.
⑦ MISTRÍK, J. : Moderná slovenčina. 3.vydanie, Bratislava 1996.
⑧ MISTRÍK, J. : Jazyk a reč. 2.vydanie, Bratislava 1999.

音韻論

⑨ ISAČENKO, A.V. : Spektrografická analýza slovenských hlások. Bratislava 1968.
⑩ DVONČOVÁ, J., JENČA, G., KRÁĽ, Á. : Atlas slovenských hlások. Bratislava 1969.
⑪ PAULINY, E. : Slovenská fonológia. Bratislava 1979.
⑫ KRÁĽ, Á., SABOL, J. : Fonetika a fonológia. Bratislava 1989.

付録2　スロヴァキア語関係の参考文献

⑬ SABOL, J. : Syntetická fonologická teória. Bratislava 1989.
⑭ RUBACH, J. : The lexical Phonology of Slovak. Clarendon Press. Oxford 1993.

文法
⑮ PAULINY, E., RUŽIČKA, J., ŠTOLC, J. : Slovenská gramatika. 5.vydanie, Bratislava 1968.
⑯ PAULINY, E. : Slovenská gramatika. (Opis jazykového systému) Bratislava 1981.
⑰ MISTRÍK, J. : Gramatika slovenčiny. Bratislava 1994.
⑱ PAULINY, E. : Krátka gramatika slovenská. 5.vydanie, Bratislava 1997.

形態論
⑲ ИСАЧЕНКО, А. В. : Грамматический строй русского языка в сопоставлении с словацким. Морфология. I-II. Братислава 1954-1960.
⑳ KOLEKTÍV : Morfológia slovenského jazyka. Bratislava 1966.
㉑ DVONČ, L. : Dynamika slovenskej morfológie. Bratislava 1984.
㉒ ORAVEC, J., BAJZÍKOVÁ, E., FURDÍK, J. : Súčasný slovenský spisovný jazyk. Morfológia. Bratislava 1984.

数詞
㉓ ONDRUS, P. : Číslovky v súčasnej spisovnej slovenčine. Bratislava 1969.
㉔ TÝR, M. : Číslovky v spisovnej slovenčine a v spisovnej srbochorvátčine. Nový Sad-Bratislava 1991.

動詞
㉕ ORAVEC, J. : Väzba slovies v slovenčine. Bratislava 1967.
㉖ BUZÁSSYOVÁ, K. : Sémantická štruktúra slovenských deverbatív. Bratislava 1974.
㉗ RUŽIČKOVÁ, E. : Slovesá pohybu v slovenčine a angličtine. Bratislava 1982.
㉘ KAČALA, J. : Sloveso a sémantická štruktúra vety. Bratislava 1989.
㉙ SOKOLOVÁ, M. : Sémantika slovesa a slovesný rod. Bratislava 1993.

付録2　スロヴァキア語関係の参考文献

㉚ ŽIGO, P. : Kategória času v slovenskom jazyku. Bratislava 1997.

前置詞
㉛ ORAVEC, J. : Slovenské predložky v praxi. Bratislava 1968.

統語論
㉜ ORLOVSKÝ, J. : Slovenská syntax. 3.vydanie, Bratislava 1971.
㉝ СВЕТЛИК, Я. : Синтаксис русского языка в сопоставлении со словацким. 3-ье издание, Братислава 1979.
㉞ ORAVEC, J., BAJZÍKOVÁ, E. : Súčasný slovenský spisovný jazyk. Syntax. 2. vydanie, Bratislava 1986.

シンタグマ
㉟ KOČIŠ, F. : Podraďovacie syntagmy v slovenčine. Bratislava 1988.

複文
㊱ KOČIŠ, F. : Zložené súvetie v slovenčine. Bratislava 1973.

補語
㊲ KAČALA, J. : Doplnok v slovenčine. Bratislava 1971.

語順
㊳ MISTRÍK, J. : Slovosled a vetosled v slovenčine. Bratislava 1966.

語彙論
㊴ PROKOP, J. : Lexikálne a gramatické minimum slovenského jazyka. Bratislava 1978.
㊵ ONDRUS, P., HORECKÝ, J., FURDÍK, J. : Súčasný slovenský spisovný jazyk. Lexikológia. Bratislava 1980.
㊶ HABOVŠTIAKOVÁ, K. : Slovenčina známa i neznáma pre Maďarov, ale aj pre Slovákov a Neslovákov. Bratislava 1996.

文体論

㊷ MISTRÍK, J. : Štylistika slovenského jazyka. Bratislava 1977.
㊸ MISTRÍK, J. : Štylistika. Bratislava 1985.

言語地図

㊹ KOLEKTÍV : Atlas slovenského jazyka. I.-Vokalizmus a konsonantizmus. II. -Flexia. III.-Tvorenie slov. IV.-Lexika. Bratislava 1968-1984.

語史

㊺ STANISLAV, J. : Dejiny slovenského jazyka. I.-V. Bratislava 1957-1973.
㊻ RUŽIČKA, J. : Spisovná slovenčina v Československu. Bratislava 1970.
㊼ PAULINY, E. : Dejiny spisovnej slovenčiny. I. Od začiatkov až po L'udovíta Štúra. Bratislava 1971.
㊽ KRAJČOVIČ, R. : Slovenčina a slovanské jazyky. I. Praslovanská genéza slovenčiny. Bratislava 1974.
㊾ BLANÁR, V., JÓNA, E., RUŽIČKA, J. : Dejiny spisovnej slovenčiny. II. Bratislava 1974.
㊿ KONDRAŠOV, N. A. : Vznik a začiatky spisovnej slovenčiny. Bratislava 1974.
(51) NOVÁK, L'. : K najstarším dejinám slovenského jazyka. Bratislava 1980.
(52) KRAJČOVIČ, R. : Svedectvo dejín o slovenčine. Martin 1980.
(53) KRAJČOVIČ, R. : Pôvod a vývin slovenského jazyka. Bratislava 1981.
(54) PAULINY, E. : Dejiny spisovnej slovenčiny od začiatkov po súčasnosť. Bratislava 1983.
(55) KRAJČOVIČ, R. : Vývin slovenského jazyka a dialektológia. Bratislava 1988.
(56) SKLADANÁ, J. : Frazeologický fond slovenčiny v predspisovnom období. Bratislava 1993.
(57) KAČALA, J. : Slovenčina - vec politická? Martin 1994.
(58) KAČALA, J. : Spisovná slovenčina v 20.storočí. 2.vydanie, Bratislava 2001.

方言学

(59) STANISLAV, J. : Liptovské nárečia. Turč.Sv.Martin 1932.

付録2　スロヴァキア語関係の参考文献

⑥⓪ PAULINY, E. : Nárečie zátopových osád na hornej Orave. Martin 1947.
⑥① BUFFA, F. : Nárečie Dlhej Lúky v Bardejovskom okrese. Bratislava 1953.
⑥② VÁŽNÝ, V. : O jménech motýlů v slovenských nářečích. Studie sémasiologická se zřetelem jazykově zeměpisným. Bratislava 1955.
⑥③ HABOVŠTIAK, A. : Oravské nárečia. Bratislava 1965.
⑥④ RIPKA, I. : Dolnotrenčianske nárečia. Bratislava 1975.
⑥⑤ ORLOVSKÝ. J. : Stredogemerské nárečia. Martin 1975.
⑥⑥ ONDRUS, P. : Sociálne nárečia na Slovensku. I. Bratislava 1977.
⑥⑦ DUDÁŠOVÁ-KRIŠŠÁKOVÁ, J. : Goralské nárečia. Bratislava 1993.
⑥⑧ ŠTOLC, J. : Slovenská dialektológia. Bratislava 1994.
⑥⑨ BUFFA, F. : Šarišské nárečia. Bratislava 1995.

国外スロヴァキア人の言語研究
⑦⓪ ŠTOLC, J. : Nárečie troch slovenských ostrovov v Maďarsku. Bratislava 1949.
⑦① BLANÁR, V. : Príspevok ku štúdiu slovenských osobných a pomiestnych mien v Maďarsku. Bratislava 1950.
⑦② ŠTOLC, J. : Reč Slovákov v Juhoslávii. I. Zvuková a gramatická stavba. Bratislava 1968.
⑦③ DUDOK, D. : Nárečie Pivnice v Báčke. Martin 1972.
⑦④ BENEDEK, G. : Slovenské nárečia v stoliciach Sǎlaj a Bihor v Rumunsku. Martin 1983.
⑦⑤ FÜGEDI, E., GREGOR, F., KIRÁLY, P. : Atlas slovenských nárečí v Maďarsku. Budapešť-Budapest 1993.
⑦⑥ HAMMEROVÁ, L. B., RIPKA, I. : Speech of American Slovaks./Jazykové prejavy amerických Slovákov. Bratislava 1994.

言語接触
⑦⑦ DORUĽA, J. : Slováci v dejinách jazykových vzťahov. Bratislava 1977.
⑦⑧ SOTÁK, M. : Kapitoly zo slovensko-ruských jazykových kontaktov. Bratislava 1982.
⑦⑨ HABOVŠTIAK, A. : Zo slovensko-slovanských lexikálnych vzťahov (so

付録2　スロヴァキア語関係の参考文献

zreteľom na lingvistickú geografiu). Bratislava 1993.
⑧⓪ BUFFA, F. : Z poľsko-slovenských jazykových vzťahov. Konfrontačný náčrt. Prešov 1998.

辞書編纂
⑧① HAYEKOVÁ, M. : Dejiny slovenských slovníkov do roku 1945. 2.vydanie, Bratislava 1990.
⑧② HAYEKOVÁ, M. : Dejiny slovenských slovníkov II. 1946-1975. Bratislava 1992.

ビブリオグラフィー
⑧③ DVONČ, L. : Slovenskí jazykovedci. Súborná personálna bibliografia slovenských slovakistov a slavistov (1925-1975). Martin 1987.
⑧④ DVONČ, L. : Slovenskí jazykovedci. Súborná personálna bibliografia slovenských slovakistov a slavistov (1976-1985). Bratislava 1997.
⑧⑤ DVONČ, L. : Slovenskí jazykovedci. Súborná personálna bibliografia slovenských slovakistov a slavistov (1986-1995). Bratislava 1998.
⑧⑥ DVONČ, L. : Slovenskí jazykovedci. Súborná personálna bibliografia slovenských slovakistov a slavistov (1996-2000). Bratislava 2003.

＜補遺＞
スロヴァキア語 ⇨ 英語／英語 ⇨ スロヴァキア語
Ⅰ HARAKSIMOVÁ, E., MOKRÁ, R., SMRČÍNOVÁ, D. : Anglicko-slovenský a slovensko-anglický slovník. Bratislava 2001.
Ⅱ LANGOVÁ, T. : Anglicko-slovenský slovník. Výslovnosť BBC. Bratislava 2001.
Ⅲ LANGOVÁ, T. : Slovensko-anglický slovník. Bratislava 2002.

スロヴァキア語 ⇨ ドイツ語／ドイツ語 ⇨ スロヴァキア語
Ⅳ ČIERNA, M., ČIERNY, L. : Slovensko-nemecký slovník. Nový pravopis. Bratislava 2002.
Ⅴ ČIERNA, M., ČIERNY, L. : Nemecko-slovenský slovník. Nový pravopis.

付録2　スロヴァキア語関係の参考文献

Bratislava 2000.

方言辞典

Ⅵ ONDREJKA, K., CIFRA, Š. : Slovník stredoslovenského nárečia z Liptovských Sliačov a okolia s pôvodom a hniezdovaním slov. Bratislava 1998.
Ⅶ HALAGA, O. R. : Východoslovenský slovník. Historicky dokumentovaný (921-1918) ; paralely české, slovenské ekvivalenty. I.-II. Košice-Prešov. 2002.

格変化

Ⅷ PAULINY, E. : Vývin slovenskej deklinácie. Bratislava 1990.

音韻論

Ⅸ PAULINY, E. : Fonologický vývin slovenčiny. Bratislava 1963.

語彙論

Ⅹ HORECKÝ, J., BUZÁSSYOVÁ, K., BOSÁK, J. a KOLEKTÍV : Dynamika slovnej zásoby súčasnej slovenčiny. Bratislava 1989.

語史

Ⅺ MAJTÁN, M., SKLADANÁ, J. : Pramene k dejinám slovenčiny. Bratislava 1992.
Ⅻ LALIKOVÁ, T., MAJTÁN, M. : Pramene k dejinám slovenčiny. 2. Bratislava 2002.

索　引

【ゴシック体はまとまった記述のある個所を示す】

あ

愛称語　169
アクセント　**45-47**, 88, 458　【⇒強弱アクセント／固定アクセント／副次アクセント】
アポストロフィ　68, **88**
アルカイズム（古風な表現）　41, 110, 151, 154, 159, 160, 194, 205, 222, 264, 292, 304, 309, 346, 347, 349, 354
アルファベット　**3-6**, 461

い

意志の間投詞　449, 451
位相の動詞　267, 269, 271, 300
イタリック体　88
一語の助詞　430
1人称　203, 265
一般再帰動詞　273, 275
引用符　68, 83, **86-88**

う

ヴァリアント　88, 178, 266, 302, 345, 368
運動の動詞　286, 300

お

大文字　5, 55-58, 60-65, 76, 115, 192
大文字の表記　**55-67**
オノマトペ　【⇒擬音語】

音韻論　466, 472
音声　【⇒文字と音声】

か

外来語(起源の語)　6, 9, 10, 12-14, 29-34, 36, 38, 53, 116, 120, 122, 126-128, 134-136, 138, 139, 142, 145, 154-156, 158, 166, 167, 180, 201, 339, 463
外来語の表記　**53-55**
書き言葉　407
角カッコ　89, 90, 93
格言の現在　284
確認の助詞　429, 430
格変化　93, 166, 169, 170, 173, 181, 201, 202, 213, 227, 228, 239, 384, 472　【⇒人名（名前と苗字）の格変化／名詞の格変化】
過去完了形　265, **292-293**, 298, 433
過去形　207, 226, 265, 266, 271, 280, **290-292**, 297, 299, 324, 325, 327, 328, 332, 334, 336, 338, 340, 349, 433
過去語幹（あるいは不定形語幹）　266, 290, 304, 310, 311
カッコ　68, 80, 81, **89-90**, 208　【⇒角カッコ／中カッコ／丸カッコ／山カッコ】
活動名詞　94, 110, 112-114, 120, 122, 130
仮定法　265, 266, 292, **297-299**, 428, 433, 447
仮定法過去　266-267, 297-299, 315
仮定法現在　266, 297, 315
関係形容詞　182
関係代名詞　227

— 473 —

索　引

関係を表現する動詞　267, 269
感情の間投詞　449
間接目的語　103, 104
完全他動詞　102, 105, 267, 268, 313, 316
感嘆符　68, **80-82**, 90, 296
感嘆文　223, 224, 431
間投詞　10, 22, 30, 31, 70, 93, 110, 161, 331, **449-455**【⇒意志の間投詞／感情の間投詞／動詞の間投詞／本来の間投詞】
願望の助詞　429, 430
完了体（動詞）　265, 276, 277, 280-283, 287, 289-292, 301, 303, 304, 308, 310, 313, 315, 317, 335

き

擬音語（オノマトペ）　30, 31, 331, 449, 452, 454
擬声語　452, 453
擬態語　452, 453
基本再帰代名詞　202, 213, 214
基本的助詞　430
基本的前置詞　381, 402
基本人称代名詞　40, 41, 56, 165, 195, 202, 203, 205, 206, 209, 407
疑問代名詞　202, **224-228**, 233, 234, 238, 288, 360, 361, 372
疑問符　68, **79-80**, 81, 90
疑問文　79, 81, 235, 373, 430, 433
強弱アクセント　45
強調の助詞　71, 429, 430, 448
ギリシャ語起源の語　152
ギリシャ語起源の語尾　114, 123, 177

く

具象名詞　94, 124
句読点　68, 90
句読点の用法　**68-90**

区分接続詞　409
区分の助詞　429, 430

け

敬意の表明　55, 56
形態素　93, 465
形態論　**93-455**, 467
形動詞（形）　265, 266, 290, 292, 305, 458【⇒能動形動詞過去／能動形動詞現在／被動形動詞／被動形動詞現在】
形容詞　9, 11, 26, 28, 31, 49, 51, 61, 84, 93, 103, 148, 171, 174, **182-201**, 202, 239, 260, 308, 313, 359, 364-371, 377-379, 447, 458【⇒関係形容詞／原級（形容詞）／硬変化形容詞／所有形容詞／性質形容詞／絶対最上級（形容詞）／短語形（形容詞）／短語尾形（形容詞）／軟変化形容詞／比較級と最上級（形容詞）／否定形（形容詞）／複合形容詞／不変化形容詞】
形容詞から派生した副詞　**364-372**
形容詞の用法　**183-184**
結果の造格　109
結果の対格　106
結合素　367
原因の接続詞　409
原因の副詞　361
原級（形容詞）　195, 200
原級（副詞）　379, 380
現在形　37, 50, 265, 266, 272, 281, **282-284**, 285, 287, 290, 296, 299, 321-323, 325, 329, 333, 337, 341, 347, 362, 439【⇒格言の現在／無時間的現在／歴史的現在】
現在語幹　266, 282, 293, 294, 334
限定の動詞　267, 269, 271

索　引

こ

語彙　167, 200, 380, 457, 459, 468, 472
行為者の造格　108
行為の動詞　267, 268, 313, 314
口蓋化　293
口語(形)　236, 244, 245, 257, 285, 373, 374, 448, 451
硬口蓋　7, 8, 16-18, 20, 22, 23
硬口蓋音　15, 18
硬子音　**25-26**, 28, **30-32**, 110, 121, 122, 133, 172, 185, 186, 193, 454
後接語　46
肯定形　437, 446, 448
喉頭音　15, 18, 24
後部歯茎音　15-17, 19, 22-24
硬変化形容詞　183, **184-186**
呼格　**109-110**
語幹　110, 114, 123, 131, 133, 135-139, 148, 155-157, 177, 195, 198, 210-212, 221, 242, 247, 266, 280, 316, 319-335, 337-339, 341, 343, 344, 364-367, 377, 378, 455
語形成　345, 459
語形変化　48, 224
語形変化しない品詞　93, 359, 381, 409, 429, 449
語形変化する品詞　93, 265
語結合　85
語根　196, 197
個数詞　69, 239, **240-256**, 257, 259, 261, 264, 440
固定アクセント　45
語頭　12, 35, 56, 57, 60-65, 86, 217, 219, 456
語尾 -ová　173, 174, 181
個別接続詞　410
語末　34, 36, 39, 66, 110, 111, 136
小文字　5, 56-67, 115

固有(純粋)再帰動詞　272, 274
固有名詞　6, 55, 58-60, 62-66, 94, 97, 98, 192, 406
誤用　230
コロン　55, 68, **76-77**
コンマ　68, **70-74**, 76, 82

さ

再帰形　【⇒非再帰動詞の再帰形】
再帰受動相　314
再帰代名詞　202, 207, **213-216**, 271-275, 302, 307, 308, 312, 314, 318
再帰動詞　214, **271-275**, 302, 307, 308, 312, 313, 318
最上級（形容詞）　194, 195, 199, 200, 447 【⇒比較級と最上級（形容詞）】
最上級（副詞）　200, 378-380, 447 【⇒比較級と最上級（副詞）】
3人称　57, 203, 213, 265

し

子音　6, 12, **14-44**, 85, 86, 110-112, 135, 141, 161, 162, 167, 168, 172, 173, 176, 186, 191, 196, 198, 293, 307, 331, 342, 407 【⇒硬子音／中立子音／軟子音／二重子音／無声子音／有声子音】
子音結合による同化　**42-44**
子音の同化　**33-44**
資格の造格　108
時間の生格　102
指示機能　202
指示代名詞　29, 202, **216-224**, 233
指小語　29, 114, 116, 118, 124, 157
時制変化（動詞）　93, 265, **319-344**
自然性　95
指大語　154
質問の助詞　429, 430

― 475 ―

索　引

視点と見解の与格　105
視点の接続詞　409
借用語　168，457
斜線　68，88-89
集合数詞　239，**256-258**
集合名詞　96，125，148，231
修辞疑問文　79
従属接続詞　409
従属複文　71，79
従属文　71，72，79，227，309
主格　32，94，**99-100**，109，182，203，205，209，210，212，213，226，234，248，440【⇨状態の主格／内容の主格／命名の主格】
主格（およびそれと等しい対格）　34，245-247，254，257
主語　247-249，257，270，314，411，414，417，418，424，425【⇨文の主語】
種数詞　239，**262-263**
述語　183，193，300，313，314，424【⇨動詞述語／無人称文の述語／名詞類の述語】
述語の動詞　247-249，257
出没母音　113，119，122，129，130，132，173
受動　313
受動形　274
受動構文　108，214，**314-316**
受動相　265，266，314【⇨複合受動相／再帰受動相】
主文　71，79，227，303
順序数詞　28，49，69，186，188，239，**259-262**
状況の造格　107
状況の対格　106
状況の副詞　360
条件の助詞　429，430
冗言法　200，380
状態の主格　100
状態の造格　109

状態の対格　106
状態の動詞　267，269
状態の担い手の対格　106
状態の副詞　363，370
譲歩の接続詞　409
助詞　47，70，71，93，200，264，296-299，372，379，400，**429-448**【⇨一語の助詞／確認の助詞／願望の助詞／基本的助詞／強調の助詞／区分の助詞／質問の助詞／条件の助詞／数語の助詞／説明の助詞／促進の助詞／仲裁の助詞／導入の助詞／独立していない助詞／派生的助詞／否定の助詞／評価の助詞／付加の助詞／命令の助詞】
助詞の形成　**447**
女性名詞　10，31，48，49，51，95，110，**133-151**，167，174，192，193，204，205
所属の生格　101
叙法の動詞　267，269，270，300
所有形容詞　31，51，174，183，**189-193**
所有再帰代名詞　202，215，216
所有人称代名詞　56，202，208-213
所有の与格　105，214
自立動詞　267，270，271，285，347
自立動詞と補助動詞　**267-271**
唇音　7，165
唇歯音　15，17，22，23，35
シンタグマ　468
人名（名前と苗字）の格変化　**168-181**

す

数語の助詞　430，448
数詞　9，49，51，93，202，**239-264**，467【⇨個数詞／集合数詞／種数詞／順序数詞／定個数詞／定集合数詞／定種数詞／定順序数詞／定倍数詞／倍数詞／複合順序数詞／複合数詞／不定個数詞／不定集合数詞／不定種数詞／不定順序数詞／不定倍数詞／分数詞】

— 476 —

索　　引

数詞から派生した名詞　**263-264**
数量生格　101，253

せ

生格　39，94，99，**101-103**，171，182，193，206，208，210，212，285，317，402，404，405，408【⇒時間の生格／所属の生格／数量生格／性質の生格／内容の生格／否定生格／部分生格／ヘブライ生格】
性質形容詞　66，182，364，378
性質の生格　101
正書法（の規則）　8，25，52，**53-90**，176，306，449，459，463
西部方言　457-459
接続詞　7，8，24，47，61，71-73，93，198，251，**409-428**【⇒区分接続詞／原因の接続詞／個別接続詞／視点の接続詞／従属接続詞／譲歩の接続詞／単純接続詞／時の接続詞／二項相関接続詞／反意接続詞／反復接続詞／複合接続詞／文の成分の接続詞／文の接続詞／並列接続詞／連結接続詞】
絶対最上級（形容詞）　200
絶対最上級（副詞）　379
接頭辞　29，35，51，195，199，200，233，276，277，282，286，287，378，380，405
接尾辞　117，276，301，302，304-312，316，342，378，458【⇒体の接尾辞】
説明の助詞　429，430
セミコロン　68，**74-75**，90
先行語　207，349
先行詞　307，309，312
先行文　82
前接語　47，207
前置格　94，99，**107**，182，403，404，407
前置詞　7-9，17，20，27，31，35，39-41，46，62，93，107，198，199，207-209，214，264，267，304，317，359，376，377，**381-408**，427，447，454，468【⇒基本的前置詞／単純前置詞／派生的前置詞／複合前置詞／方向と場所を示す前置詞】
前置詞的表現　304，**401-402**
前置詞と格の結合　**402-404**
前置詞と自立的な品詞の変化形が結びついて形成された副詞　**376-377**
前置詞の母音化　**407-408**
前置詞 z(zo)，s(so)，k(ku) の発音　**39-42**
前部歯茎音　15-17，20-23

そ

噪音　35
造格　40，52，94，99，**107-109**，133，182，235，244，245，404，408【⇒結果の造格／行為者の造格／資格の造格／状況の造格／状態の造格／内容の造格／連体の造格】
双数　99，244，245
挿入文　82
挿入母音　49，51
促音　42
俗語（表現）　201，463
促進の助詞　429，430
属性の副詞　360
側面音　15，19，20，24
その他の品詞から派生した副詞　**377-378**

た

対格　94，99，102，**105-107**，182，206，208-210，212，214，226，267，313，317，403-405，407【⇒主格（およびそれと等しい対格）／状況の対格／状態の対格／内容の対格／呼びかけの対格】
体の接頭辞　276
代名詞　9，47，52，57，72，93，186，188，

— 477 —

索　引

193, **202-238**, 359, 376, 427, 437, 454 【⇒関係代名詞／基本再帰代名詞／基本人称代名詞／疑問代名詞／再帰代名詞／指示代名詞／所有再帰代名詞／所有人称代名詞／短語形（代名詞）／長語形（代名詞）／定代名詞／人称代名詞／不定代名詞】

代名詞から派生した副詞　**372-376**
多重点　68, **77-78**
ダッシュ　68, **82-83**, 86
単項文　79, 80, 100, 362
短語形（形容詞）　**193-195**
短語形（代名詞）　207, 208
短語尾形（形容詞）　193
短語尾（被動形動詞）　313
単純接続詞　410
単純前置詞　381
単純未来形　266
単数(形)　10, 94, 96, 98, 99, 112, 122, 130, 149, 160, 166, 195, 204, 208, 213, 225, 231, 255, 265, 290
単数専用名詞　96
男性活動名詞　10, 31, 110, **112-121**, 131, 154, 171, 192, 205, 208, 222, 248, 249, 253, 258 【⇒活動名詞】
男性不活動名詞　**121-132**, 205, 208, 222, 230, 252, 253, 258 【⇒不活動名詞】
男性名詞　10, 94, 95, 98, 110, 112, 122, 130, 149, 153, 167, 168, 174, 204
単複同形　213
単文　74, 76
短母音　**7-9**, 10-13, 26, 28, 137, 138, 157, 162, 320-322, 325, 329, 330, 335, 337-339, 341, 344

ち

仲裁の助詞　430
抽象名詞　94, 97, 125, 131, 148, 231
中性名詞　8, 49, 51, 95, 111, **151-166**, 167, 193, 204, 205, 208, 231
中部方言　87, 457-459
中立子音　**25-26**, **30-32**, 110, 111, 121, 122, 133, 144, 147, 172, 185, 186
長音記号　6
長音節　48, 50, 140, 155, 156, 162, 235, 373
調音点　15, 33, 39
調音方法　15, 39
長語形（代名詞）　206, 207
長語尾（被動形動詞）　313
長母音　7, **9-11**, 12, 26, 28, 48, 123, 131, 135-138, 140, 141, 156, 157, 162, 326, 327, 341, 343, 344
直説法　265
直説法過去　291, 292, 314
直説法現在　314
直説法未来　315
直接目的語　105
直接話法　76, 83, 86

て

定語　58, 74, 100, 183, 307, 309, 313, 411, 412, 414, 417, 424
定個数詞　239-242, 244-251, 257
定集合数詞　239, 256
定種数詞　240, 262
定順序数詞　239, 243, 259
定代名詞　203, 221, **228-234**
定倍数詞　239, 258
伝達機能　202, 225

と

同音異義語　32
同格語　70
同形異義語　464
統語論　468
同根類義語　465

索　引

動詞　26, 50, 52, 72, 93, 103, 104, 107, 109, 203, 204, 226, **265-358**, 359, 362-364, 381, 400, 433, 434, 437, 439, 446, 447, 455, 458, 467　【⇒位相の動詞／一般再帰動詞／運動の動詞／関係を表現する動詞／完全他動詞／完了体(動詞)／限定の動詞／行為の動詞／固有(純粋)再帰動詞／再帰動詞／時制変化(動詞)／自立動詞／述語の動詞／状態の動詞／叙法の動詞／特殊変化動詞／特徴と能力を表現する動詞／反復動詞／非再帰動詞の再帰形／否定形(動詞)／不完全他動詞／不完了体(動詞)／不規則動詞／補助動詞／目的語をとらない動詞／目的語をとる動詞／連辞の動詞】
動詞述語　454
動詞の間投詞　455
動詞の体　**276-281**
撞着語法　153
導入の助詞　429, 430
東部方言　457-459
動名詞　164, 266, 267, **316-318**
時の接続詞　409
時の副詞　360
特殊変化動詞　**354-358**
特徴と能力を表現する動詞　267, 269
独立していない助詞　**447-448**

な

内容の主格　100
内容の生格　101
内容の造格　109
内容の対格　106
内容の副詞　362, 363, 370, 371
中カッコ　89
名前　12, 23, 30, 36, 58, 77, 90, 168, 169, 172, 175-178, 180　【⇒人名(名前と苗字)の格変化】
軟音記号　6, 16, 20, 22, 26, 31, 294

軟口蓋　7, 8, 17-19
軟口蓋音　15, 17-19, 24, 44
軟子音　12, **25-26**, 28, **30-32**, 88, 110, 111, 129, 130, 139, 144, 147, 158, 187, 188, 191, 197, 321, 322, 344
軟子音 d', t', ň, l' の表記　**26-30**
軟変化形容詞　183, **187-188**

に

二項相関接続詞　410, 428　【⇒反復接続詞・複合接続詞・二項相関接続詞】
二重子音　42, 43
二重点　6
二重母音　6, 7, **11-13**, 26, 28, 48, 85, 114, 137, 141, 157, 162, 166, 190, 323-326, 328, 329, 337, 338, 343
2人称　57, 203, 265
人称代名詞　202, **203-213**

の

能動形動詞過去　52, 188, 267, 305, **308-309**, 313, 346, 349, 354
能動形動詞現在　52, 188, 266, **305-308**, 342
能動相　265

は

倍数詞　239, **258-259**
ハイフン　68, **83-86**
歯茎口蓋音　15, 16, 20, 22-24
破擦音　15-17, 23, 24
場所の副詞　360
派生語　9, 10, 29-31, 36, 43, 44, 310, 311
派生的助詞　430
派生の前置詞　381, **399-401**
話し言葉　28, 165, 216, 459

— 479 —

索　引

反意接続詞　73, 409
反復接続詞　410, 426
反復接続詞・複合接続詞・二項相関接続詞　426-428
反復動詞　50, 52, **281-282**
半母音　11-13, 35, 36

ひ

鼻音　44
比較級（形容詞）　194-200, 447
比較級（副詞）　199, 378-380, 447
比較級と最上級（形容詞）　188, **195-200**
比較級と最上級（副詞）　**378-380**, 447
非再帰動詞の再帰形　274
鼻濁音　17
否定形（形容詞）　194
否定形（動詞）　**284-286**, 287, 290, 347, 349, 434, 437, 446, 448
否定生格　102, 103
否定の助詞　430
被動形動詞　186, 196, 267, 305, **310-314**, 316
被動形動詞現在　305
評価の助詞　429, 430
ピリオド　67, **68-70**, 74, 78, 81, 262
品詞　93, 239, 359, 376, 377, 381, 399, 429, 447, 449　【語形変化しない品詞／語形変化する品詞】

ふ

不活動名詞　94, 110, 112, 121-123, 129, 130
付加の助詞　429, 430
不完全他動詞　267, 268
不完了体（動詞）　265, 271, 276, 277, 280-282, 286-288, 290, 291, 300, 301, 303, 305, 309, 310, 314, 315, 317, 335
不規則動詞　**345-354**

不規則変化名詞　149, 150-151, 160
複合形容詞　84, 367
複合語　37, 38, 45, 83
複合固有名詞　84
複合受動相　314
複合順序数詞　261
複合数詞　51, 247, 251, 252
複合接続詞　410, 426, 427　【⇒反復接続詞・複合接続詞・二項相関接続詞】
複合前置詞　381, 405
複合副詞　367
複合未来形　266, 286
副詞　11, 26, 93, 202, 239, 281, 304, **359-380**, 399, 440, 447　【⇒形容詞から派生した副詞／原因の副詞／原級（副詞）／最上級（副詞）／状況の副詞／状態の副詞／絶対最上級（副詞）／前置詞と自立的な品詞の変化形が結びついて形成された副詞／属性の副詞／その他の品詞から派生した副詞／代名詞から派生した副詞／時の副詞／内容の副詞／場所の副詞／比較級（副詞）／複合副詞／不定副詞／文の副詞／方法の副詞／様態の副詞】
副次アクセント　45
副詞的規定　106
副詞の形成　364-378
副詞の分類　360-364
複数（形）　10, 11, 94, 96-99, 112, 113, 122, 130, 146, 149, 153, 158-160, 163, 165, 166, 208, 213, 225, 231, 242, 244, 247, 250, 265, 290　【⇒ふつう複数で用いられる語】
複数専用名詞　97, 122, 128, 130, 132, 133, 139-141, 143, 145, 151, 153, 161, 165, 242, 257
副動詞（形）　50, 52, 266, **301-305**, 316, 342, 346, 400, 402
副動詞過去　304
副動詞現在　301-305
複文　74-79, 81, 468　【⇒従属複文／並列

— 480 —

索　引

複文】
ふつう複数で用いられる語　98, 122, 128, 130, 133, 139, 145, 151, 161, 165, 242, 257
普通名詞　53, 56-60, 62-65, 94, 180, 192, 405
物質名詞　97, 124, 131, 148, 231
不定形　50, 265, 266, 270, 271, 280, 286, **299-301**, 314, 319-331, 333, 335-339, 341, 343, 344, 364, 439
不定形語幹　299, 308, 309, 311, 325, 329, 332-334, 337, 338, 340, 342, 344 【⇨過去語幹（あるいは不定形語幹）】
不定個数詞　239, 253, 254
不定集合数詞　239, 258
不定種数詞　240, 263
不定順序数詞　239, 262
不定代名詞　52, 203, **234-238**, 243
不定倍数詞　239, 259
不定副詞　372-376
部分生格　102
不変化形容詞　**201**
不変化名詞　53, **166-168**, 170, 172, 173
ふるえ音　15, 24
文　68, 70-73, 76, 78, 80, 82, 89, 93, 313, 314, 409
文語　221, 222
分数詞　239, 254-256
文体論　469
分綴（法）　85, 86
文頭　55, 71, 76, 207, 208, 429
文の基礎　100, 362, 424
文の主語　99, 102, 103, 215, 300
文の成分　70, 73, 77, 93, 409, 430
文の成分の接続詞　409
文の接続詞　409
文の副詞　362, 370
文の目的語　103
分配をあらわす表現　**264**
文法上の一致　182, 202, 242, 312

文法性　226

へ

ペア　26, 33, 35, 37, 38, 88, 217, 219, 220, 222, 223, 276, 280
閉鎖音　15-17, 19, 20, 22-24
平叙文　68, 429
並列接続詞　71, 72, 409
並列複文　71, 79
ヘブライ生格　101

ほ

母音　6, **7-13**, 14, 19, 21, 29, 30, 34, 38-41, 47, 86, 88, 113, 114, 120, 134, 136, 137, 140, 141, 154-158, 162, 177, 178, 196, 208, 211, 280, 293, 319, 325, 326, 328-330, 333, 335, 337, 341, 343, 344, 349, 407 【⇨出没母音／前置詞の母音化／挿入母音／短母音／長母音／二重母音／半母音】
方言　222, 457-459, 463, 469, 472 【⇨西部方言／中部方言／東部方言】
方向と場所を示す前置詞　**404-407**
方法の副詞　361
ポエティズム（詩的な表現）　109, 151, 154
補語　82, 183, 193, 411, 412, 424, 468
補助動詞　267, 269 【⇨自立動詞と補助動詞】
本来の間投詞　449

ま

摩擦音　15, 17, 18, 22-24, 35
丸カッコ　89, 90

み

苗字　55, 58, 115, 150, 168, 169, 171-

— 481 —

索　引

181, 184, 185, 193 【⇨人名（名前と苗字）の格変化】
未来形　265, **286-290**, 300, 349

む

無時間的現在　284
無声化　33-35 【⇨有声子音の無声化】
無声子音　16, **32-33**, 35, 37-41, 43, 295
無声子音の有声化　**37-39**
無人称形　274
無人称文の述語　362, 363

め

名詞　34, 48, 51, 69, 93, **94-181**, 182, 183, 185, 188-190, 196, 202, 216, 239, 242, 245-248, 250, 251, 253-256, 263, 264, 307-309, 313, 314, 359, 363, 376, 377, 401, 454 【⇨活動名詞／具象名詞／固有名詞／集合名詞／女性名詞／数詞から派生した名詞／単数専用名詞／男性活動名詞／男性不活動名詞／男性名詞／抽象名詞／中性名詞／動名詞／不活動名詞／不規則変化名詞／複合固有名詞／複数専用名詞／普通名詞／物質名詞／不変化名詞／両性名詞】
鳴子音　35
名詞の格　**99-110**
名詞の格変化　**110-111**
名詞の数　**96-99**
名詞の性　**94-96**, 111
名詞の変化形　400
名詞類の述語　100, 108, 270
命名の主格　100
命令の助詞　429, 430
命令法　33, 34, 38, 42, 80, 81, 265, 266, **293-297**, 315, 349, 439

も

目的語　102, 267, 313, 317, 412, 414, 419, 424, 425 【⇨間接目的語／直接目的語／文の目的語】
目的語をとらない動詞　267, 268
目的語をとる動詞　267, 268, 313
文字と音声　**3-90**

や

山形記号　4, 6
山カッコ　89

ゆ

有声化　37, 295 【⇨無声子音の有声化】
有声子音　14, 15, **32-33**, 34-41
有声子音の無声化　**33-34**
有声子音 v の発音　**35-37**

よ

様態の副詞　363, 364
与格　24, 32, 41, 94, 99, **103-105**, 182, 206, 210, 212, 214, 403, 408 【⇨視点と見解の与格／所有の与格／利害の与格／倫理の与格／連体の与格】
呼びかけ　70, 80, 81, 100, 289, 433, 451
呼びかけの対格　106

ら

ラテン語起源の語　152, 154, 158
ラテン語起源の語尾　114, 123, 177

— 482 —

索　引

り

利害の与格　105, 214
リズム短縮の規則　**48-52**, 135, 136, 138, 140, 142, 143, 145, 154-156, 158, 162, 186, 188, 190, 197, 235, 261, 283, 301, 302, 306, 312, 322, 341, 458
リズム短縮の規則の例外　**50-52**, 138, 145, 157, 164, 323, 342
略語　67, 68, 464
両唇音　15, 20, 23
両性名詞　96, 154, 167, 168
倫理の与格　214

れ

歴史的現在　283
連結接続詞　409
連辞　82
連辞の動詞　267, 269, 270
連体の造格　109
連体の与格　105

A-Ž

bát' sa（不規則動詞）　**345**
brat'（模範動詞）　**328-329**
byt'（不規則動詞）　37, 47, 207, 271-272, 282, 284-287, 290, 292, 297-300, 302, 314, **346**

cudzí タイプ（の軟変化形容詞）　49, 183, **187-188**, 190, 195, 227, 232, 234, 238, 260, 307, 309

česat'（模範動詞）　**330**
čo　**225**

dáta（複数）　**153**

demokracia　**139-140**
deň　**132**
diet'a　**166**
dievča タイプ　111, **164-166**
dlaň タイプ（の女性名詞）　111, 122, **144-146**, 148, 255
dub タイプ（の男性名詞）　110, 112, **121-129**, 153, 167, 250
dvaja/dva/dve　**244**
dvere（複数）　**143**

gazdiná　**148-149**
Goethe（タイプ）　179, **180**

hnat'（特殊変化動詞）　**354-355**
hovorit'　290, 292
hrdina タイプ　110, **120-121**, 170
hynút'（模範動詞）　**326**

chciet'（不規則動詞）　311, **347**
chlap タイプ　110, **112-119**, 122, 130, 154, 168, 169, 176-179
chudnút'（模範動詞）　**334-335**
chytat'（模範動詞）　**314-316**, 320

íst'（不規則動詞）　271, 287, 310, 348, **349-350**

ja　**205**
jeden　**242**
jest'（不規則動詞）　310, **350-351**

kader（複数）　**146**
kost' タイプ　111, 145, 146, **147-148**
Kováčovci（複数）　**170**
kričat'（模範動詞）　**343-344**
kto　**225**

l'udia（複数）　**119**

— 483 —

索　引

mat'（名詞）　**150**
mat'（動詞）　271
mesto タイプ（の中性名詞）　111, **151-161**, 254
mliet'（特殊変化動詞）　**355-356**
môct'（特殊変化動詞）　**356-357**
môj　210
múzeum　152
my　206

náš　212
nebo　160
niest'（模範動詞）　**324**

obidvaja/obaja　246
oja（複数）　163
oko　158
on　205-206
ona　205-206
onen　221
oni　206
onikanie　204-205
ono　205-206
ony　206
otcov タイプ（の所有形容詞）　28, 66, 171, 183, **191-193**

pani　149
páví タイプ（の所有形容詞）　51, 183, **189-191**
päť　247
pekný タイプ（の硬変化形容詞）　9, 28, 49, 149, 171, 173, 174, 180, 183, **184-186**, 222, 223, 226, 231, 233, 238, 253, 258, 260-263, 312
povedať（特殊変化動詞）　**357**
pracovať（模範動詞）　**338-339**
prasce（複数）　**166**
prehovoriť　287

robiť（模範動詞）　52, **340**
rozumieť（模範動詞）　52, **322-323**

sám　228-229
seba　213
srdce タイプ　111, **161-163**
stať sa（不規則動詞）　**351-352**
stáť（不規則動詞）　**352-353**
sto　249
stroj タイプ　110, 112, **129-132**, 168
svoj　215

štence（複数）　**166**
štyria/štyri　245

teľce（複数）　**166**
ten　216-217
tento　218-219
tisíc　249
traja/tri　245
trieť（模範動詞）　**327-328**
tvoj　211
ty　205
tykanie　203

ucho　159
ulica タイプ　111, 134, **138-143**, 172

vedieť（不規則動詞）　311, **353-354**
vidieť（模範動詞）　**342-343**
volať　297, 298-299
vracať sa　**321**
všetok　230
vy　206
vykanie　204, 451
vysvedčenie タイプ（の中性名詞）　51, 111, **163-164**, 318
vziať（特殊変化動詞）　**358**

žať（模範動詞）　**333**

索　引

žena タイプ（の女性名詞）　110, **133-138**, 143, 149, 172, 251, 256
žut'（模範動詞）　**336-337**

Ⅰタイプ　295, 301, 302, 305, 310, 312, 319, **320-322**, 330, 332
Ⅱタイプ　52, 301, 305, 310, 312, 319, **322-324**
Ⅲタイプ　301, 305, 310, 319, **324-326**, 357
Ⅳタイプ　301, 305, 311, 319, **326-327**
Ⅴタイプ　301, 305, 311, 312, 319, **327-328**, 356
Ⅵタイプ　301, 305, 312, 319, **328-330**, 355
Ⅶタイプ　295, 301, 302, 305, 310, 312, 319, 322, **330-332**
Ⅷタイプ　301, 305, 311, 319, **333-334**, 358
Ⅸタイプ　301, 305, 311, 319, **334-336**
Ⅹタイプ　301, 305, 311, 312, 319, **336-338**
Ⅺタイプ　301, 305, 310, 319, **338-340**
Ⅻタイプ　52, 302, 306, 310, 319, **340-342**
ⅩⅢタイプ　302, 306, 311, 312, 319, **342-343**
ⅩⅣタイプ　302, 306, 311, 312, 319, **343-344**

Index

A

abeceda **3-6**
abstraktné podstatné mená 94, 97, 125, 131, 148, 231
adjektíva ⇨ prídavné mená
adnominálny datív 105
adnominálny inštrumentál 109
adverbiá ⇨ príslovky
akuzatív 94, 99, 102, **105-107**, 182, 206, 208-210, 212, 214, 226, 267, 313, 317, 403-405, 407
akuzatív nositeľa stavu 106
antepréteritum ⇨ predminulý čas
apostrof 68, **88**
arbitratívne častice 430
archaizmus 41, 110, 151, 154, 159, 160, 194, 205, 222, 264, 292, 304, 309, 346, 347, 349, 354
atemporálny prézent 284

B

báť sa (nepravidelné sloveso) **345**
bodka 67, **68-70**, 74, 78, 81, 262
bodkočiarka 68, **74-75**, 90
bokové 15, 19, 20, 24
budúci čas 265, **286-290**, 300, 349
byť (nepravidelné sloveso) 37, 47, 207, 271-272, 282, 284-287, 290, 292, 297-300, 302, 314, **346**

C

citoslovcia 10, 22, 30, 31, 70, 93, 110, 161, 331, **449-455**
citové citoslovcia 449

Č

časovanie slovies 93, 265, **319-344**
časové spojky 409
častice 47, 70, 71, 93, 200, 264, 296-299, 372, 379, 400, **429-448**
čiarka 68, **70-74**, 76, 82
činné príčastie minulé 52, 188, 267, 305, **308-309**, 313, 346, 349, 354
činné príčastie prítomné 52, 188, 266, **305-308**, 342
činnostné slovesá 267, 268, 313, 314
činný rod 265
číslo podstatných mien **96-99**
číslovky 9, 49, 51, 93, 202, **239-264**
členské spojky 409
čo **225**

D

ďasnovopodnebné 15, 16, 20, 22-24
dáta (pomn.) **153**
datív 24, 32, 41, 94, 99, **103-105**, 182, 206, 210, 212, 214, 403, 408
datív zreteľa a mienky 105
demokracia **139-140**
deň **132**
dieťa **166**
diftongy 6, 7, **11-13**, 26, 28, 48, 85, 114, 137, 141, 157, 162, 166, 190, 323-326, 328, 329, 337, 338, 343
dlhé samohlásky 7, **9-11**, 12, 26, 28, 48, 123, 131, 135-138, 140, 141, 156,

Index

157, 162, 326, 327, 341, 343, 344
dlhšie tvary (zámená) 206, 207
dĺžeň 6
dokonavé slovesá 265, 276, 277, 280-283, 287, 289-292, 301, 303, 304, 308, 310, 313, 315, 317, 335
doplnok 82, 183, 193, 411, 412, 424
druhá osoba 57, 203, 265
druhotné predložky 381, **399-401**
druhové číslovky 239, **262-263**
duál ⇨ dvojné číslo
dvaja/dva/dve **244**
dve bodky 6
dvere (pomn.) **143**
dvojbodka 55, 68, **76-77**
dvojčlenné súvzťažné spojky 410, 428
dvojice 26, 33, 35, 37, 38, 88, 217, 219, 220, 222, 223, 276, 280
dvojné číslo 99, 244, 245

E

elatív prídavných mien 200
elatív prísloviek 379
enklitika ⇨ príklonka
etický datív 214

F

fázové slovesá 267, 269, 271, 300
futúrum ⇨ budúci čas

G

genitív 39, 94, 99, **101-103**, 171, 182, 193, 206, 208, 210, 212, 285, 317, 402, 404, 405, 408
genitív času 102
genitív množstva 101, 253
genitív obsahu 101
genitív príslušnosti 101
genitív vlastnosti 101
gnómický prézent 284
gramatická zhoda 182, 202, 242, 312
gramatický rod 226

H

hebrejský genitív 101
historický prézent 283
hlavná veta 71, 79, 227, 303
hnať (sloveso špeciálneho časovania) **354-355**
hodnotiace častice 429, 430
hovoriť 290, 292
hovorová reč 28, 165, 216, 459
hovorový výraz 236, 244, 245, 257, 285, 373, 374, 448, 451
hranaté zátvorky 89, 90, 93
hromadné podstatné mená 96, 125, 148, 231
hrtanové 15, 18, 24
hypokoristikum 169

Ch

chcieť (nepravidelné sloveso) 311, **347**

I

imperatív ⇨ rozkazovací spôsob
indikatív ⇨ oznamovací spôsob
infinitív 50, 265, 266, 270, 271, 280, 286, **299-301**, 314, 319-331, 333, 335-339, 341, 343, 344, 364, 439
inštrumentál 40, 52, 94, 99, **107-109**, 133, 182, 235, 244, 245, 404, 408
inštrumentál pôvodcu 108
interjekcie ⇨ citoslovcia
interpunkčné znamienka 68, 90

Index

íst' (nepravidelné sloveso) 271, 287, 310, **348**, **349-350**

J

ja **205**
jeden **242**
jednočlenná veta 79, 80, 100, 362
jednoduchá veta 74, 76
jednoduché predložky 381
jednoduché spojky 410
jednoslovné častice 430
jednotlivé spojky 410
jednotné číslo 10, 94, 96, 98, 99, 112, 122, 130, 149, 160, 166, 195, 204, 208, 213, 225, 231, 255, 265, 290
jest' (nepravidelné sloveso) 310, **350-351**

K

kadere (pomn.) **146**
kardináliá ⇨ základné číslovky
kmeň 110, 114, 123, 131, 133, 135-139, 148, 155-157, 177, 195, 198, 210-212, 221, 242, 247, 266, 280, 316, 319-335, 337-339, 341, 343, 344, 364-367, 377, 378, 455
kmitavé 15, 24
kolektíva ⇨ skupinové číslovky
komparatív a superlatív prídavných mien 188, **195-200**
komparatív a superlatív prísloviek **378-380**, 447
komparatív prídavných mien 194-200, 447
komparatív prísloviek 199, 378-380, 447
koncovka -ová 173, 174, 181
kondicionál ⇨ podmieňovací spôsob

konfirmatívne častice 429, 430
kongruencia ⇨ gramatická zhoda
koniec slova 34, 36, 39, 66, 110, 111, 136
konjunkcie ⇨ spojky
konkrétne podstatné mená 94, 124
koreň slova 196, 197
Kováčovci (pomn.) **170**
krátke samohlásky **7-9**, 10-13, 26, 28, 137, 138, 157, 162, 320-322, 325, 329, 330, 335, 337-339, 341, 344
krátke tvary prídavných mien **193-195**
kratšie tvary (zámená) 207, 208
kto **225**
kurzíva 88
kvalifikačný inštrumentál 108

L

látkové podstatné mená 97, 124, 131, 148, 231
limitné slovesá 267, 269, 271
lokál 94, 99, **107**, 182, 403, 404, 407
lomené zátvorky 89
lomka 68, **88-89**
l'udia (pomn.) **119**

M

malé písmená 5, 56-67, 115
mäkčeň 6, 16, 20, 22, 26, 31, 294
mäkké podnebie 7, 8, 17-19
mäkké prídavné mená 183, **187-188**
mäkké spoluhlásky 12, **25-26**, 28, **30-32**, 88, 110, 111, 129, 130, 139, 144, 147, 158, 187, 188, 191, 197, 321, 322, 344
mäkkopodnebné 15, 17-19, 24, 44
mat' (podstatné meno) **150**
mat' (sloveso) 271

Index

mená 12, 23, 30, 36, 58, 77, 90, 168, 169, 172, 175-178, 180
menný prísudok 100, 108, 270
miesto artikulácie 15, 33, 39
minulý čas 207, 226, 265, 266, 271, 280, **290-292**, 297, 299, 324, 325, 327, 328, 332, 334, 336, 338, 340, 349, 433
minulý kondicionál 266-267, 297-299, 315
mliet' (sloveso špeciálneho časovania) **355-356**
množné číslo 10, 11, 94, 96-99, 112, 113, 122, 130, 146, 149, 153, 158-160, 163, 165, 166, 208, 213, 225, 231, 242, 244, 247, 250, 265, 290
modálne príslovky 363, 364
modálne slovesá ⇨ spôsobové slovesá
morféma 93
morfológia **93-455**
môct' (sloveso špeciálneho časovania) **356-357**
môj **210**
multiplikatíva ⇨ násobné číslovky
múzeum **152**
my **206**

N

nárečie 222, 457-459
násobné číslovky 239, **258-259**
náš **212**
nebo **160**
nedokonavé slovesá 265, 271, 276, 277, 280-282, 286-288, 290, 291, 300, 301, 303, 305, 309, 310, 314, 315, 317, 335
negatívne častice 430
neohybné slovné druhy 93, 359, 381, 409, 429, 449
neosobný tvar 274
nepravidelné slovesá **345-354**

nepredmetové slovesá 267, 268
neprechodné slovesá 267, 268
nepriamy predmet 103, 104
nesamostatné častice **447-448**
nesklonné podstatné mená 53, **166-168**, 170, 172, 173
nesklonné prídavné mená **201**
nesprávny výraz 230
neurčité druhové číslovky 240, 263
neurčité násobné číslovky 239, 259
neurčité príslovky 372-376
neurčité radové číslovky 239, 262
neurčité skupinové číslovky 239, 258
neurčité základné číslovky 239, 253, 254
neurčité zámená 52, 203, **234-238**, 243
neurčitkový kmeň 299, 308, 309, 311, 325, 329, 332-334, 337, 338, 340, 342, 344
neznelé spoluhlásky 16, **32-33**, 35, 37-41, 43, 295
neživotné podstatné mená 94, 110, 112, 121-123, 129, 130
neživotné podstatné mená mužského rodu **121-132**, 205, 208, 222, 230, 252, 253, 258
nominatív 32, 94, **99-100**, 109, 182, 203, 205, 209, 210, 212, 213, 226, 234, 248, 440
nosové 44
numerália ⇨ číslovky

O

o spájaní predložiek s pádmi **402-404**
obidvaja/obaja **246**
obojaké spoluhlásky **25-26**, **30-32**, 110, 111, 121, 122, 133, 144, 147, 172, 185, 186
obsahové príslovky 362, 363, 370, 371

Index

obsahový akuzatív 106
obsahový inštrumentál 109
obsahový nominatív 100
odkazovacia funkcia 202, 225
odporovacie spojky 74, 409
odvodené slová 9, 10, 29-31, 36, 43, 44, 310, 311
ohýbanie 48, 224
ohybné slovné druhy 93, 265
oja (pomn.) **163**
oko **158**
okolnostné príslovky 360
okolnostný akuzatív 106
okolnostný inštrumentál 107
okrúhle zátvorky 89, 90
on **205-206**
ona **205-206**
onen **221**
oni **206**
onikanie 204-205
ono **205-206**
onomatopoje ⇨ zvukomalebné slová
ony **206**
opakovacie slovesá 50, 52, **281-282**
opakované spojky 410, 426
opakované spojky, zložené spojky a dvojčlenné súvzťažné spojky **426-428**
opytovacia veta 79, 81, 235, 373, 430, 433
opytovacie častice 429, 430
opytovacie zámená 202, **224-228**, 233, 234, 238, 288, 360, 361, 372
ordináliá ⇨ radové číslovky
oslovenie 70, 80, 81, 100, 289, 433, 451
osobné privlastňovacie zámená 56, 202, 208-213
osobné zámená 202, **203-213**
otáznik 68, **79-80**, 81, 90
oxymoron 153
oznamovací spôsob 265

oznamovacia veta 68, 429

P

pád podstatných mien **99-110**
palatalizácia 293
pani **149**
partikuly ⇨ častice
partitívny genitív 102
pasívne konštrukcie 108, 214, **314-316**
päť **247**
perné 7, 165
pernoperné 15, 20, 23
pernozubné 15, 17, 22, 23, 35
písanie mäkkých spoluhlások ď, ť, ň, ľ **26-30**
písanie slov cudzieho pôvodu **53-55**
písanie veľkých písmen **55-67**
písmená a zvuky **3-90**
pleonazmus 200, 380
plnovýznamové slovesá ⇨ významové slovesá
plurál ⇨ množné číslo
plurália tantum ⇨ pomnožné podstatné mená
pobádacie častice 429, 430
podmet 247-249, 257, 270, 314, 411, 414, 417, 418, 424, 425
podmet vety 99, 102, 103, 215, 300
podmieňovací spôsob 265, 266, 292, **297-299**, 428, 433, 447
podmieňovacie častice 429, 430
podraďovacie spojky 409
podraďovacie súvetie 71, 79
podstatné mená 34, 48, 51, 69, 93, **94-181**, 182, 183, 185, 188-190, 196, 202, 216, 239, 242, 245-248, 250, 251, 253-256, 263, 264, 307-309, 313, 314, 359, 363, 376, 377, 401, 454
podstatné mená mužského rodu 10,

Index

94, 95, 98, 110, 112, 122, 130, 149, 153, 167, 168, 174, 204
podstatné mená nepravidelného skloňovania 149, 150-151, 160
podstatné mená odvodené od čísloviek **263-264**
podstatné mená stredného rodu 8, 49, 51, 95, 111, **151-166**, 167, 193, 204, 205, 208, 231
podstatné mená ženského rodu 10, 31, 48, 49, 51, 95, 110, **133-151**, 167, 174, 192, 193, 204, 205
poetizmus 109, 151, 154
pohyblivé samohlásky 113, 119, 122, 128, 130, 132, 173
pomenovací nominatív 100
pomlčka 68, **82-83**, 86
pomnožné podstatné mená 97, 122, 128, 130, 132, 133, 139-141, 143, 145, 151, 153, 161, 165, 242, 257
pomocné slovesá 267, 269
používanie interpunkčných znamienok **68-90**
používanie prídavných mien **183-184**
povedat' (sloveso špeciálneho časovania) **357**
pozitív prídavných mien 195, 200
pozitív prísloviek 379, 380
prasce (pomn.) **166**
pravidlo o rytmickom krátení **48-52**, 135, 136, 138, 140, 142, 143, 145, 154-156, 158, 162, 186, 188, 190, 197, 235, 261, 283, 301, 302, 306, 312, 322, 341, 458
pravopisné pravidlo 8, 25, 52, **53-90**, 176, 306, 449, 459
predklonka 46
predložkové výrazy 304, **401-402**
predložky 7-9, 17, 20, 27, 31, 35, 39-41, 46, 62, 93, 107, 198, 199, 207-209, 214, 264, 267, 304, 317, 359, 376, 377, **381-408**, 427, 447, 454
predložky, ukazujúce smer a miesto deja **404-407**
predmet 102, 267, 313, 317, 412, 414, 419, 424, 425
predmetové slovesá 267, 268, 313
predminulý čas 265, **292-293**, 298, 433
predoďasnové 15-17, 20-23
predpona 29, 35, 51, 195, 199, 200, 233, 276, 277, 282, 286, 287, 378, 380, 405
prehovorit' 287
prechodné slovesá 102, 105, 267, 268, 313, 316
prechodník 50, 52, 266, **301-305**, 316, 342, 346, 400, 402
prepozície ⇨ predložky
préteritum ⇨ minulý čas
prézent ⇨ prítomný čas
priama reč 76, 83, 86
priamy predmet 105
príčastie 265, 266, 290, 292, 305, 458
príčinné spojky 409
prídavné mená 9, 11, 26, 28, 31, 49, 51, 61, 84, 93, 103, 148, 171, 174, **182-201**, 202, 239, 260, 308, 313, 359, 364-371, 377-379, 447, 458
priezviská 55, 58, 115, 150, 168, 169, 171-181, 184, 185, 193
príklonka 47, 207
primárne častice 430
pripájacie častice 429, 430
prípona 117, 276, 301, 302, 304-312, 316, 342, 378, 458
prípona gréckeho pôvodu 114, 123, 177
prípona latinského pôvodu 114, 123, 177
prípustkové spojky 409
priraďovacie spojky 71, 72, 409

— 491 —

Index

priraďovacie súvetie 71, 79
príslovky 11, 26, 93, 202, 239, 281, 304, **359-380**, 399, 440, 447
príslovky času 360
príslovky miesta 360
príslovky odvodené od iných slovných druhov **377-378**
príslovky odvodené od prídavných mien **364-372**
príslovky odvodené od zámen **372-376**
príslovky príčiny 361
príslovky spôsobu 361
príslovky utvorené spájaním predložiek s plnovýznamovými slovnými druhmi **376-377**
prísudok 183, 193, 300, 313, 314, 424
prítomníkový kmeň 266, 282, 293, 294, 334
prítomný čas 37, 50, 265, 266, 272, 281, **282-284**, 285, 287, 290, 296, 299, 321-323, 325, 329, 333, 337, 341, 347, 362, 439
prítomný kondicionál 266, 297, 315
privlastňovací datív 105, 214
privlastňovacie prídavné mená 31, 51, 174, 183, **189-193**
prívlastok 58, 74, 100, 183, 307, 309, 313, 411, 412, 414, 417, 424
prízvuk **45-47**, 88, 458
proklitika ⇨ predklonka
pronominá ⇨ zámená
prospechový datív 105, 214
prvá osoba 203, 265
prvotné predložky 381, 402

R

radové číslovky 28, 49, 69, 186, 188, 239, **259-262**
reflexíva tantum 272, 274

rod podstatných mien **94-96**, 111
rozkazovací spôsob 33, 34, 38, 42, 80, 81, 265, 266, **293-297**, 315, 349, 439
rozkazovacie častice 429, 430

S

sám **228-229**
samohlásky 6, **7-13**, 14, 19, 21, 29, 30, 34, 38-41, 47, 86, 88, 113, 114, 120, 134, 136, 137, 140, 141, 154-158, 162, 177, 178, 196, 208, 211, 280, 293, 319, 325, 326, 328-330, 333, 335, 337, 341, 343, 344, 349, 407
seba **213**
sekundárne častice 430
singulár ⇨ jednotné číslo
singuláría tantum 96
skloňovanie 93, 166, 169, 170, 173, 181, 201, 202, 213, 227, 228, 239, 384
skloňovanie mien a priezvisk **168-181**
skloňovanie podstatných mien **110-111**
skratka 67, 68
skupinové číslovky 239, **256-258**
slangový výraz 201
slová cudzieho pôvodu 6, 9, 10, 12-14, 29-34, 36, 38, 53, 116, 120, 122, 126-128, 134-136, 138, 139, 142, 145, 154-156, 158, 166, 167, 180, 201, 339
slová gréckeho pôvodu 152
slová latinského pôvodu 152, 154, 158
slovesá 26, 50, 52, 72, 93, 103, 104, 107, 109, 203, 204, 226, **265-358**, 359, 362-364, 381, 400, 433, 434, 437, 439, 446, 447, 455, 458
slovesá špeciálneho časovania **354-358**
slovesné podstatné mená 164, 266, 267, **316-318**
slovesný prísudok 454

Index

slovesný vid **276-281**
slovná zásoba 167, 200, 380, 457, 459
slovné druhy **93**, 239, 359, 376, 377, 381, 399, 429, 447, 449
spodobovanie kombináciou spoluhlások **42-44**
spodobovanie spoluhlások **33-44**
spojky 7, 8, 24, 47, 61, 71-73, 93, 198, 251, **409-428**
spojovník 68, **83-86**
spoluhlásky 6, 12, **14-44**, 85, 86, 110-112, 135, 141, 161, 162, 167, 168, 172, 173, 176, 186, 191, 196, 198, 293, 307, 331, 342, 407
sponové slovesá 267, 269, 270
spôsob artikulácie 15, 39
spôsobové slovesá 267, 269, 270, 300
stať sa (nepravidelné sloveso) **351-352**
stát' (nepravidelné sloveso) **352-353**
stavové príslovky 363, 370
stavové slovesá 267, 269
stavový akuzatív 106
stavový inštrumentál 109
stavový nominatív 100
sto **249**
stredoslovenské nárečia 87, 457-459
substantíva ⇨ podstatné mená
superlatív prídavných mien 194, 195, 199, 200, 447
superlatív prísloviek 200, 378-380, 447
súvetie 74-79, 81
svoj **215**

Š

špeciáliá ⇨ druhové číslovky
štence (pomn.) **166**
štyria/štyri **245**

T

tel'ce (pomn.) **166**
ten **216-217**
tento **218-219**
tisíc **249**
traja/tri **245**
tretia osoba 57, 203, 213, 265
tri bodky 68, **77-78**
triedenie prísloviek **360-364**
trpné príčastie 186, 196, 267, 305, **310-314**, 316
trpný rod 265, 266, 314
tvoj **211**
tvorenie častíc **447**
tvorenie prísloviek **364-378**
tvrdé podnebie 7, 8, 16-18, 20, 22, 23
tvrdé prídavné mená 183, **184-186**
tvrdé spoluhlásky **25-26**, 28, **30-32**, 110, 121, 122, 133, 172, 185, 186, 193, 454
tvrdopodnebné 15, 18
ty **205**
tykanie 203

U

ucho **159**
ukazovacia funkcia 202
ukazovacie zámená 29, 202, **216-224**, 233
určité druhové číslovky 240, 262
určité násobné číslovky 239, 258
určité radové číslovky 239, 243, 259
určité skupinové číslovky 239, 256
určité základné číslovky 239-242, 244-251, 257
uvádzacie častice 429, 430
úvodzovky 68, 83, **86-88**

Index

úžinové 15, 17, 18, 22-24, 35

V

variant 88, 178, 266, 302, 345, 368
vediet' (nepravidelné sloveso) 311, 353-354
vedl'ajšia veta 71, 72, 79, 227, 309
vel'ké písmená 5, 55-58, 60-65, 76, 115, 192
verbá ⇨ slovesá
veta 68, 70-73, 76, 78, 80, 82, 89, 93, 313, 314, 409
vetné príslovky 362, 370
vetné spojky 409
vetný člen 70, 73, 77, 93, 409, 430
vetný základ 100, 362, 424
viacrodové podstatné mená 96, 154, 167, 168
viacslovné častice 430, 448
vkladné samohlásky 49, 51
vlastné citoslovcia 449
vlastné podstatné mená 6, 55, 58-60, 62-66, 94, 97, 98, 192, 406
vlastnostné prídavné mená 66, 182, 364, 378
vlastnostné príslovky 360
vokalizácia predložiek 407-408
vokáň 4, 6
vokatív 109-110
volat' 297, 298-299
vôl'ové citoslovcia 449, 451
vracat' sa 321
všeobecné podstatné mená 53, 56-60, 62-65, 94, 180, 192, 405
všetok 230
vy 206
východoslovenské nárečia 457-459
vykanie 204, 451
výkričník 68, 80-82, 90, 296

vylučovacie spojky 409
vymedzovacie zámená 203, 221, **228-234**
výnimky z pravidla o rytmickom krátení **50-52**, 138, 145, 157, 164, 323, 342
výraz, vyjadrujúci rozdelenie **264**
výsledkový akuzatív 106
výsledkový inštrumentál 109
výslovnost' neznelých spoluhlások ako znelých **37-39**
výslovnost' predložiek z(zo), s(so) a k(ku) **39-42**
výslovnost' znelej spoluhlásky v **35-37**
výslovnost' znelých spoluhlások ako neznelých **33-34**
vysvetl'ovacie častice 429, 430
vytyčovacie častice 429, 430
významové a pomocné slovesá **267-271**
významové slovesá 267, 270, 271, 285, 347
vziat' (sloveso špeciálneho časovania) **358**
vzor brat' 301, 305, 312, 319, **328-330**, 355
vzor cudzí 49, 183, **187-188**, 190, 195, 227, 232, 234, 238, 260, 307, 309
vzor česat' 295, 301, 302, 305, 310, 312, 319, 322, **330-332**
vzor dievča 111, **164-166**
vzor dlaň 110, 122, **144-146**, 148, 255
vzor dub 110, 112, **121-129**, 153, 167, 250
vzor gazdiná **148-149**
vzor Goethe 179, **180**
vzor hrdina 110, **120-121**, 170
vzor hynút' 301, 305, 311, 319, **326-327**
vzor chlap 110, **112-119**, 122, 130, 154, 168, 169, 176-179
vzor chudnút' 301, 305, 311, 319, **334-336**

— 494 —

Index

vzor chytať 295, 301, 302, 305, 310, 312, **314-316**, 319, **320-322**, 330, 332
vzor kosť 111, 145, 146, **147-148**
vzor kričať 302, 306, 311, 312, 319, **343-344**
vzor mesto 111, **151-161**, 254
vzor niesť 301, 305, 310, 319, **324-326**, 357
vzor otcov 28, 66, 171, 183, **191-193**
vzor páví 51, 183, **189-191**
vzor pekný 9, 28, 49, 149, 171, 173, 174, 180, 183, **184-186**, 222, 223, 226, 231, 233, 238, 253, 258, 260-263, 312
vzor pracovať 301, 306, 310, 319, **338-340**
vzor robiť 52, 302, 306, 310, 319, **340-342**
vzor rozumieť 52, 301, 305, 310, 312, 319, **322-324**
vzor srdce 111, **161-163**
vzor stroj 110, 112, **129-132**, 168
vzor trieť 301, 305, 311, 312, 319, **327-328**, 356
vzor ulica 110, 134, **138-143**, 172
vzor vidieť 302, 306, 311, 312, 319, **342-343**
vzor vysvedčenie 51, 111, **163-164**, 318
vzor žať 301, 305, 311, 319, **333-334**, 358
vzor žena 110, **133-138**, 143, 149, 172, 251, 256
vzor žuť 301, 305, 311, 312, 319, **336-338**
vzťahové prídavné mená 182
vzťažné zámená 227

Z

začiatok slova 12, 35, 56, 57, 60-65, 86, 217, 219, 456
začiatok vety 55, 71, 76, 207, 208, 429
zadoďasnové 15-17, 19, 22-24
základné číslovky 69, 239, **240-256**, 257, 259, 261, 264, 440
základné osobné zámená 40, 41, 56, 165, 195, 202, 203, 205, 206, 209, 407
základné zvratné zámená 202, 213, 214
zámená 9, 47, 52, 57, 72, 93, 186, 188, 193, **202-238**, 359, 376, 427, 437, 454
západoslovenské nárečia 457-459
záporné tvary **284-286**, 287, 290, 347, 349, 434, 437, 446, 448
záporné tvary prídavných mien 194
záporový genitív 102, 103
zátvorky 68, 80, 81, **89-90**, 208
záverové 15-17, 19, 20, 22-24
záverovoúžinové 15-17, 23, 24
zdôrazňovacie častice 71, 429, 430, 448
zdrobnené podstatné mená 29, 114, 116, 118, 124, 157
zlomkové číslovky 239, 254-256
zložené číslovky 51, 247, 251, 252
zložené predložky 381, 405
zložené prídavné mená 84, 367
zložené príslovky 367
zložené radové číslovky 261
zložené slová 37, 38, 45, 83
zložené spojky 410, 426, 427
zložené zátvorky 89
zložený budúci čas 266, 286
zložený trpný rod 314
zlučovacie spojky 409
znak úcty 55, 56
znelé spoluhlásky 14, 15, **32-33**, 34-41
zreteľové spojky 409
zveličené podstatné mená 154

Index

zvolací akuzatív 106
zvolacia veta 223, 224, 431
zvratné privlastňovacie zámená 202, 215, 216
zvratné slovesá 214, **271-275**, 302, 307, 308, 312, 313, 318
zvratné zámená 202, 207, **213-216**, 271-275, 302, 307, 308, 312, 314, 318
zvratný trpný rod 314
zvratný tvar 274
zvukomalebné slová (onomatopoje) 30, 31, 331, 449, 452, 454
zvuky ⇨ písmená a zvuky

Ž

želacie častice 429, 430
životné podstatné mená 94, 110, 112-114, 120, 122, 130
životné podstatné mená mužského rodu 10, 31, 110, **112-121**, 131, 154, 171, 192, 205, 208, 222, 248, 249, 253, 258

著者紹介

長與　進 ［ながよ・すすむ］
　　　　早稲田大学政治経済学部教授（スロヴァキアの歴史と文化）

目録進呈　落丁本・乱丁本はお取替えいたします。

2004 年 4 月 30 日　　Ⓒ 第 1 版発行

スロヴァキア語文法	著　者　　長與　進
	発行者　　佐藤政人
	発　行　所
	株式会社　**大 学 書 林**
	東京都文京区小石川 4 丁目 7 番 4 号
	振 替 口 座　00120-8-43740
	電　話 (03) 3812-6281～3 番
	郵便番号 112-0002

ISBN4-475-01866-8　　TMプランニング・横山印刷・牧製本

大学書林
語学参考書

著者	書名	判型	頁数
長與　進 編	スロヴァキア語会話練習帳	新書判	216頁
石川達夫 著	チェコ語初級	A5判	400頁
石川達夫 著	チェコ語中級	A5判	176頁
小林正成 編 桑原文子	現代チェコ語日本語辞典	新書判	768頁
金指久美子 編	チェコ語基礎1500語	新書判	200頁
岡野　裕 編	チェコ語常用6000語	B小型	640頁
金指久美子 編	チェコ語会話練習帳	新書判	176頁
小原雅俊 編	ポーランド語基礎1500語	新書判	192頁
小原雅俊 編	ポーランド語会話練習帳	新書判	160頁
三谷惠子 著	ソルブ語辞典	A5判	868頁
三谷惠子 著	クロアチア語ハンドブック	A5判	280頁
三谷惠子 編	クロアチア語常用6000語	B小型	384頁
山崎　洋 編	セルビア語常用6000語	B小型	344頁
山崎　洋 田中一生 編	セルビア・クロアチア語会話練習帳	新書判	208頁
金指久美子 著	スロヴェニア語入門	A5判	248頁
山崎佳代子 編	スロベニア語基礎1500語	新書判	160頁
中島由美 編	マケドニア語基礎1500語	新書判	152頁
中島由美 田中一生 編	マケドニア語会話練習帳	新書判	176頁
松永緑彌 著	ブルガリア語文法	B6判	184頁
松永緑彌 著	ブルガリア語辞典	A5判	746頁
土岐啓子 編	ブルガリア語会話練習帳	新書判	152頁
中井和夫 著	ウクライナ語入門	A5判	224頁
黒田龍之助 編	ウクライナ語基礎1500語	新書判	192頁
黒田龍之助 編	ベラルーシ語基礎1500語	新書判	184頁

――目録進呈――